EL RÉGIMEN JURÍDICO DE
LOS DERECHOS FUNDAMENTALES

RUBÉN HERNÁNDEZ VALLE

Rubén Hernández Valle

EL RÉGIMEN JURÍDICO DE LOS DERECHOS FUNDAMENTALES

COLECCIÓN ESTUDIOS JURÍDICOS

Nº 117

Editorial Jurídica Venezolana

Caracas, 2017

©   Rubén Hernández Valle, 2017
    Email: RHernandez@ollerabogados.com

Hecho el Depósito de Ley

ISBN: 978-980-365-380-4
Depósito Legal: DC2017000540

Editado por: Editorial Jurídica Venezolana
Avda. Francisco Solano López, Torre Oasis, P.B., Local 4, Sabana Grande,
Apartado 17.598 – Caracas, 1015, Venezuela
Teléfono 762.25.53, 762.38.42. Fax. 763.5239
http://www.editorialjuridicavenezolana.com.ve
Email fejv@cantv.net

Impreso por: Lightning Source, an INGRAM Content company
para Editorial Jurídica Venezolana International Inc.
Panamá, República de Panamá.
Email: editorialjuridicainternational@gmail.com

Diagramación, composición y montaje
por: Francis Gil, en letra Times New Roman, 12
Interlineado 13, Mancha 18 x 11.5 cm.

CONTENIDO GENERAL

CAPÍTULO I
TEORÍA GENERAL

I. CONCEPTO

1. *Las dimensiones de los derechos fundamentales*

Los derechos fundamentales presentan modernamente una doble dimensión subjetiva y objetiva.

En su concepción inicial, los derechos fundamentales eran meros límites al ejercicio del poder público, es decir, garantías negativas para tutelar los intereses individuales. Hoy día se han convertido, además, en un conjunto de valores o fines directivos de la acción positiva del Estado y sus instituciones.

Por tanto, los derechos fundamentales responden hoy día a un conjunto de valores y principios de vocación universal, que informan todo el contenido del ordenamiento infraconstitucional.

En su dimensión subjetiva, es evidente que los derechos fundamentales determinan el estatuto jurídico de los ciudadanos, al mismo tiempo que enmarcan sus relaciones con el Estado y con los demás particulares. De esa forma, tales derechos tienden a proteger la libertad, autonomía y seguridad de la persona no sólo frente al poder público, sino también frente a los demás miembros de la comunidad.

La concepción inicial, cristalizada jurídicamente en la teoría de los derechos subjetivos públicos de la doctrina alemana (**Jellinek**), ha sufrido una transformación importante durante el siglo XX. Según Jellinek, los derechos fundamentales se desglosaban en cuatro estados: **a)** *status sujectionis*, que determina la situación pasiva de los destinatarios de la normativa emanada del poder público; **b)** el *status libertatis*, que comporta el reconocimiento de una esfera de libertad individual negativa de los ciudadanos, sea, la garantía de la no intromisión estatal en determinadas materias; **c)** el *status civitatis*, en el que los ciudadanos pueden ejercitar pretensiones frente al Estado, lo que implica poder reclamar un comportamiento positivo de los poderes públicos para la defensa de sus derechos civiles y **d)** el *status activae civitatis*, situación activa en la que el ciudadano goza de derechos políticos, lo que le permite participar activamente en la formación de la voluntad del Estado en cuanto miembro de la comunidad política. Todos estos estados o situaciones jurídicas tienen en común el hecho de concebirse como instrumentos de defensa exclusivamente de intereses individuales.

Modernamente y luego de que se tomó conciencia de que el disfrute real de tales derechos por todos los miembros de la sociedad exigía garantizar, de manera paralela, ciertas cuotas de bienestar económico y social, que permitieran la participación activa de todos los ciudadanos en la vida comunitaria, la teoría de Jellinek ha tenido que ser adicionada con un nuevo status: el *status positivus socialis*.

Este nuevo status que incluye el reconocimiento de los denominados derechos "sociales, económicos y culturales", no tiene como objetivo anular la libertad individual, sino más bien garantizar el pleno desarrollo de la subjetividad humana, la cual exige conjugar, al mismo tiempo, tanto su dimensión personal como social. Por tanto, tales derechos se anudan en la categoría omnicomprensiva de los derechos fundamentales.

En síntesis, como ha dicho felizmente un autor español "En el horizonte del constitucionalismo actual los derechos fundamentales desempeñan, por tanto, una doble función: en el plano subjetivo siguen actuando como garantías de libertad individual, si bien a este papel clásico se aúna ahora la defensa de los aspectos sociales y colectivos de la subjetividad, mientras que en el objetivo han asumido una dimensión institucional a partir de la cual su contenido, debe funcionalizarse para la consecución de los fines y valores constitucionalmente proclamados" (**Pérez Luño**).

Dentro de esta óptica, el propio Tribunal Constitucional español ha dicho que los derechos fundamentales tienen un doble carácter:

"En primer lugar, los derechos fundamentales son derechos subjetivos, derechos de los individuos no sólo en cuanto derechos de los ciudadanos en sentido estricto, sino en cuanto garantizan un status jurídico o la libertad en un ámbito de la existencia. Pero, al propio tiempo, son elementos esenciales de un ordenamiento objetivo de la comunidad nacional, en cuanto ésta se configura como un marco de una convivencia humana justa y pacífica, plasmada históricamente en el Estado de Derecho o el Estado social y democrático de Derecho, según la fórmula de nuestra Constitución" (**Voto 25 del 14/7/81**).

2.   *La diferencia con otras figuras afines*

Los derechos fundamentales deben distinguirse, al menos, de otros dos conceptos jurídicos con los que se suele confundir: los derechos humanos y las libertades públicas.

Por los primeros se entiende el conjunto de facultades e instituciones que, en cada momento histórico, concreta las exigencias de la dignidad, la libertad y la igualdad humanas, las cuales deben ser reconocidas positivamente por los ordenamientos jurídicos a nivel nacional e internacional. Es decir, los derechos humanos tienen una connotación más axiológica que jurídica, pues se refieren a todas aquellas exigencias relacionadas con las necesidades de la vida humana y que, por diversas razones, no se encuentran positivizadas en los diferentes ordenamientos jurídicos.

Los derechos fundamentales, en cambio, se encuentran reconocidos y tutelados por el ordenamiento jurídico, de manera que su eventual violación o amenaza de violación puede ser subsanada o impedida, en su caso, por remedios procesales específicos. En otros términos, "se trata siempre de derechos delimitados espacial y temporalmente, cuya denominación responde al carácter básico o fundamentador del sistema jurídico político del Estado de Derecho" (**Pérez Luño**).

Las libertades públicas, por su parte, se refieren a las facultades y situaciones jurídicas de carácter subjetivo, reconocidas y tuteladas por el ordenamiento jurídico, cuya finalidad es garantizar esferas de autonomías subjetivas (**Rivero**).

Las libertades públicas, dicho en otro giro, son aquellas que el poder estatal reconoce y protege, aunque se ejerciten en el ámbito de las relaciones privadas (como sería el caso de la libertad para contraer matrimonio), con el fin de proteger los tradicionales derechos de libertad, lo que la doctrina norteamericana califica como *"civil rights"*.

Los derechos fundamentales, en cambio, tienen un significado más amplio, pues junto a las tradicionales libertades individuales, abarcan también a los nuevos derechos de carácter social, económico y cultural. Por ello, el concepto de derechos fundamentales es también omnicomprensivo del de libertades públicas. Lo anterior es posible por el carácter histórico de su fundamentación.

En efecto, la fundamentación de los derechos fundamentales se encuentra anclada en la historia, lo que permite la formación de enunciados normativos de acuerdo con las transformaciones de las circunstancias del entorno en el cual se desarrolla la vida del hombre. La dignidad humana no es, de ninguna manera, un principio desvinculado de la realidad de la existencia humana. Su afirmación depende de las circunstancias concretas en que el hombre se sitúa. Por consiguiente, conforme vayan cambiando o evolucionando estas circunstancias, los enunciados normativos derivados del principio de dignidad habrán de ir también adecuándose a los nuevos factores. He aquí la explicación de los nuevos derechos, de los derechos de las últimas generaciones (**Ansuástegui Roy**).

Lo decisivo, en todo caso, es que tanto los derechos fundamentales, como su subespecie las libertades públicas, son aquellos que el ordenamiento jurídico reconoce, organiza y reglamenta.

3. *Aproximación definitoria*

En conclusión, los derechos fundamentales pueden conceptuarse como aquellos reconocidos y organizados por el Estado, por medio de los cuales el hombre, en los diversos dominios de la vida social, escoge y realiza él mismo su propio comportamiento, dentro de los límites establecidos por el propio ordenamiento jurídico.

Lo anterior definición tiene varias consecuencias jurídicas inmediatas: primero, los derechos fundamentales deben estar reconocidos por el ordenamiento jurídico, especialmente por la Constitución, aunque en nuestros días, consecuencia del fenómeno de la internacionalización de los derechos humanos, numerosas legislaciones reconocen los instrumentos internacionales en esa materia como fuentes formales de los derechos fundamentales.

En Costa Rica esta concepción es de recibo, luego de la reforma del artículo 48 de la Constitución y de la promulgación de la LJC en 1989, que elevó a la categoría de derechos fundamentales a los incluidos en instrumentos internacionales sobre Derechos Humanos vigentes en la República, por lo que son tutelables en la vía de amparo.

Dentro de este orden de ideas, los ingleses sostienen que *"where there is no remedy there is no right"*. Sin tutela judicial no hay derecho. Esta constituye, sin duda alguna, otra característica importante del concepto de derechos fundamentales.

En tercer lugar, los derechos fundamentales garantizan siempre a sus titulares áreas irreductibles de acción, ya sea en el plano individual como colectivo.

De esa manera, los ciudadanos son titulares no sólo de los derechos civiles clásicos, sino también de aquellos otros de contenido social, económico y cultural. Dentro de esta segunda categoría se incluyen los denominados "derechos prestacionales". El ejercicio de este tipo específico de derechos crea obligaciones concomitantes para el Estado de dar y hacer y no sólo de abstención, como es lo característico de las libertades públicas tradicionales.

En cuanto a su eficacia, los derechos fundamentales son vinculantes no sólo para el poder público, incluido el legislador, sino también frente a los demás ciudadanos. En Costa Rica esta vinculatoriedad de los particulares frente al ejercicio de los derechos fundamentales está garantizada por la existencia del recurso de amparo contra sujetos de Derecho Privado.

II. FORMACIÓN Y EVOLUCIÓN HISTÓRICA DE LOS DERECHOS FUNDAMENTALES

La formación del moderno concepto de derechos fundamentales surge, más o menos contemporáneamente, tanto en Estados Unidos como en Europa.

En 1787 se promulgó el *"Bill of Rights"* de la Constitución norteamericana, que constituye el primer catálogo de derechos fundamentales debidamente incorporado en un texto constitucional, con todas las consecuencias jurídicas y políticas que ello implica.

Paralelamente, en Francia, como influjo de las ideas de la filosofía de la Ilustración sobre la autonomía del individuo y del contrato social, se fue acuñando el término *"droits fondamentaux"*. Este concepto fue recogido en la célebre "Declaración de los Derechos del Hombre y del Ciudadano" de 1789, la cual sirvió de punto de partida para que, en lo sucesivo, toda Constitución incluyera, dentro de su articulado, Declaraciones similares.

A lo largo del siglo XIX los derechos naturales se fueron incorporando, poco a poco, en los textos constitucionales, con lo cual adquirieron el grado de normas jurídicas positivas, si bien, en muchos casos, de contenido general y de principio; otras veces, la enunciación de los derechos se integró con otras normas encaminadas a ofrecer una completa y detallada regulación jurídica de sus aspectos más importantes, de forma tal que no fuere posteriormente necesaria la intervención del legislador para su plena eficacia. La Constitución belga de 1831 puede considerarse como el paradigma de esta doble transformación en la evolución jurídica de los derechos fundamentales.

Como indicamos supra, a finales del siglo XIX y principios del XX, la dogmática alemana, encabezada por Jellinek, le dio un contenido netamente jurídico a los derechos fundamentales, con su célebre concepción de los derechos subjetivos públicos.

El planteamiento de Jellinek, anclado como vimos en una concepción individualista de los derechos fundamentales, sufrió profundas transformaciones a partir de la promulgación de la Constitución de México (1917) y, sobre todo, de la de Weimar (1919).

En ambos textos constitucionales se potenciaron los derechos de contenido económico y social, lo cual constituye uno de los rasgos esenciales de los derechos fundamentales en nuestros días.

Al filo del inicio de la II Guerra Mundial en los Estados Unidos de América cobra valor una doctrina que ha tenido gran repercusión en nuestra materia de estudio.

En efecto, la jurisprudencia de la Supreme Court creó la doctrina de la *"preferred position"*, la cual implica dos importantes consecuencias: a) frente a la normal presunción de la constitucionalidad de las leyes, esta doctrina postula que existe un margen para juzgar esa presunción cuando la legislación aparece frente a una específica prohibición constitucional de interferir una libertad clásica, como ocurre con las libertades contempladas en el *"Bill of Rights"*; b) de lo anterior se deduce, asimismo, que respecto a la validez de la ley enjuiciada, en casos como éste, la ley en cuestión se encuentra sujeta a una inquisición judicial más rigurosa (**United States vs Carolene Products**).

Sobre esta doctrina incidirá luego la concepción de la *"equal protection"* de la Corte Warren en los años cincuenta y sesenta. Esta doctrina postula ya no sólo la abstención del Estado frente a las libertades individuales básicas, sino también la obligación estatal de proporcionar unas condiciones mínimas de oportunidad real de libertad, de las que a su vez, deriva la necesidad de definir obligaciones positivas de hacer y de dar por parte del Estado para que la libertad pudiera ser real y efectiva (**Tribe**)

Esta segunda vertiente coincidirá con el tratamiento otorgado a los derechos fundamentales en las Constituciones europeas de la postguerra. En ellas, se potencian los derechos de contenido económico y social, lo que permite la decantación jurídica de la categoría de los derechos de prestación, algunos de los cuales serán llevados, en nuestros días hasta sus últimas implicaciones, como consecuencia de las sentencias "manipulativas" o normativas de los Tribunales Constitucionales.

De esa forma podemos concluir que la evolución del concepto de derechos fundamentales se puede resumir jurídicamente en cuatro sentidos: **a)** de derechos meramente individuales pasaron a ser derechos colectivos; **b)** de derechos absolutos a derechos relativos; **c)** de la universalidad a la multiplicidad y **d)** de derechos de libertad a derechos prestacionales y, en algunos casos, a auténticas pretensiones materiales frente al Estado.

1. *El tránsito de derechos individuales a derechos colectivos*

En cuanto al primer aspecto el concepto de derechos fundamentales ha sufrido una transformación importante en los últimos tiempos. En efecto, la proyección social de la persona había sido considerada como una conexión con los derechos de asociación y con el reconocimiento de las sociedades intermedias en el pasado. Ahora, en cambio, la consideración de los perfiles comunitarios de la persona humana asume una relevancia particular.

Se delinea la formación de un derecho a la propia identidad cultural e histórica. En tal modo, que la tutela de la identidad cultural de la comunidad en que el particular vive asume también el rango de carácter esencial del derecho a la identidad personal.

La codificación constitucional de este derecho está particularmente presente, por un lado, en los ordenamientos constitucionales que surgieron de la crisis del colonialismo o que aparecen expuestos a nuevas formas de colonialismo político y cultural, y del otro, aquellos en que viven particulares grupos étnicos originarios, cuyas Constituciones reconocen –para respetar sus raíces históricas– un status particular, es decir, una especie de *status civitatis* reforzado o especial, en el sentido de que devienen titulares no sólo de los derechos reconocidos como universales, sino también de los derechos y garantías específicas, en cuanto pertenecientes a una determinada comunidad reconocida por la Constitución.

Por ello, en el momento en que el derecho a la identidad se extiende del individuo al grupo se plantea el problema de la admisibilidad y, por lo tanto, de la configuración teórica de los derechos de vocación colectiva.

Esta evolución reciente de los derechos fundamentales plantea el problema de si el derecho de identidad cultural es un derecho de la persona o también del grupo que lo ejerce a través de sus expresiones exponenciales. También surge el problema de compatibilizar los derechos tradicionales de la colectividad con los derechos universales de las personas que pertenecen a ella. En otros términos, como se ha dicho con acierto "Así, la misma ideas de *inherent rights* de un grupo comunitario entran en contradicción con la noción de derecho fundamental del individuo" (**Rolla**).

La solución a este conflicto de intereses se resuelve a veces mediante disposiciones constitucionales expresas, que suelen ser de dos tipos: las denominadas cláusulas derogatorias, como ocurre en el caso de Canadá, o bien reconociéndole preeminencia a los derechos fundamentales del individuo, como lo hace el artículo 30 de la Constitución de Sudáfrica, que establece que "Cada uno tiene el derecho de usar la lengua y de participar a la vida cultural según su propia escogencia, pero debe hacerlo en modo coherente con las disposiciones del Bill of Rights"

2. De derechos absolutos a relativos

Hoy día es pacíficamente aceptado que el ejercicio de los derechos fundamentales está sometido a límites generales y específicos. Por ejemplo, en el caso de Costa Rica, los límites generales, como veremos luego, están contemplados en los artículo 28 y 18 de la Constitución y son los siguientes: la moral, las buenas costumbres, el orden público, los derechos de tercero y los deberes constitucionales.

Los específicos son los contemplados en cada caso por la respectiva norma constitucional. Verbigracia, el artículo 45 constitucional autoriza la introducción de limitaciones a la propiedad privada por razones de interés social, en tanto que el 22 de la Carta Política autoriza la restricción de la libertad de tránsito respecto de aquellas personas que están sujetas a algún tipo de responsabilidad judicialmente declarada.

3. De la universalidad a la multiplicidad

En relación con el tercer aspecto se asiste hoy día del tránsito de la universalidad a la multiplicidad, de la igualdad a las diferenciaciones. De la tríada del constitucionalismo liberal – vida, libertad y búsqueda de la felicidad acuñados por el constitucionalismo norteamericano– y de la igualdad, libertad y fraternidad del constitucionalismo europeo, se ha pasado a un complejo mosaico de derechos tutelados por las Constituciones más recientes, en cuanto son reconducibles a la persona humana.

Esta intención de especificar derechos reconducibles a la noción de persona humana deriva consecuencias sobre la estructura de los catálogos más recientes sobre derechos fundamentales.

Se trata, sobre todo, de una labor de especificación, el constitucionalismo se preocupa de evitar que la garantía de la paridad entre las personas y que la prohibición de discriminaciones irrazonables se traduzca en el desconocimiento de múltiples diversidades, individuales y colectivas, en que se articula la sociedad contemporánea.

En otros términos, el principio personalístico es interpretado en modo de tutelar las múltiples diferencias que existen en la sociedad: desde aquellas de carácter sexual a las de connotación étnica; desde aquellas culturales a las de origen lingüístico. Del interno mismo del principio de igualdad se deduce el reconocimiento de las diferencias. (**Rolla**).

En segundo lugar, la especificación presente en los catálogos constitucionales pretende tutelar no la personalidad humana en su conjunto, sino más bien específicas manifestaciones del actuar humano. La persona humana no es considerada tanto en su dimensión abstractamente ontológica, sino más bien en su historicidad, determinada por las preferencias del constituyente.

4. *De derechos de libertad a derechos de prestación*

Esta es una característica que se ha acentuado notablemente con la aparición del Estado social de Derecho, sobre todo a partir de la terminación de la II Guerra Mundial. En efecto, las Constituciones de los países europeos, primero, y luego la de los restantes países del mundo, consagraron una gran cantidad de derechos de contenido social, económico y cultural, que además de exigir una conducta pasiva del Estado como era lo propio y característico de los tradicionales derechos de libertad, establecen obligaciones concretas de hacer o de dar por parte de los órganos estatales.

De esa forma en la actualidad el acento se coloca sobre la forma en que tales derechos deben satisfacerse, a fin de lograr una sociedad más participativa e igualitaria.

III. LOS LÍMITES AL EJERCICIO DE LOS DERECHOS FUNDAMENTALES

1. *La diferencia entre límites y limitaciones*

La reglamentación de los derechos fundamentales plantea el problema inherente a todo régimen democrático de las relaciones entre ciudadano y Estado; es decir, el eterno conflicto entre libertad y autoridad. Tal antinomia es irreductible y la reglamentación constituye justamente el enlace jurídico entre ambos términos antitéticos.

Como dice **Burdeau**, la reglamentación establece un puente entre la libertad y la autoridad, entre los derechos de los ciudadanos y las potestades del Estado, entre las garantías individuales y la seguridad jurídica.

Ahora bien, todos los derechos fundamentales nacen limitados porque se ejercitan dentro del marco de la sociedad. En otros términos, la relatividad de los derechos fundamentales es consustancial a su propia naturaleza. El orden democrático, por consiguiente, es instrumento de la libertad justamente en cuanto organiza su ejercicio, ya que hoy día no es posible concebir a los derechos fundamentales como exentos de reglamentación por parte del Estado.

En primer término, tenemos que hacer una distinción entre límites y limitaciones. (**Morelli**).

Los primeros se refieren al derecho en sí, lo mismo que a la posición de la esfera de acción de un sujeto. Estos límites sirven para definir el contenido mismo del derecho, permaneciendo, por tanto, intrínsecos a su propia definición. Los límites internos constituyen, por consiguiente, las fronteras del derecho, más allá de las cuales no se está ante el ejercicio de éste, sino de otra realidad distinta.

Por ejemplo, no es posible invocar la libertad de tránsito para justificar una colisión intencionada contra el vehículo de un tercero, etc. En este caso se estaría ante una realidad ajena al Derecho, lo que podría calificarse como un caso de "abuso de derecho".

Las limitaciones, en cambio, que algunos denominan límites externos, son aquellos límites al ejercicio del derecho que impone el ordenamiento en forma general para todos, o bien específicamente para algunos de ellos.

En Costa Rica, las limitaciones o límites externos están recogidos en el artículo 28 de la Constitución: a) el orden público; b) la moral y las buenas costumbres y c) los derechos de tercero. Además, habría que añadir una categoría adicional, como son los denominados deberes constitucionales (arts. 18 y 19 de la C.P.).

2. El orden público

a. Concepto y tipos

Es evidente que en una comunidad estatal los principios éticos pueden funcionar como fuentes materiales del ordenamiento, y encontrar su consagración en normas jurídicas. Tal es el caso del orden público, el cual no puede ser determinado en forma absoluta y definitiva, sino que se trata, más bien, de un concepto sometido a las coordenadas tiempo y espacio.

Dentro de este orden de ideas, es importante distinguir entre el orden público constitucional y el de carácter administrativo, los que son susceptibles de ser diferenciados tanto en cuanto a su contenido como en relación al sujeto de imputación.

En efecto, mientras el orden público administrativo está referido al Estado–persona en relación con los denominados poderes de policía y de seguridad interna, el orden público normativo o constitucional se refiere al Estado–ordenamiento, en el sentido de sistema unitario y coherente de principios y normas (**Paladin**).

b. El orden público constitucional

El orden público constitucional está constituido por el conjunto de principios y normas fundamentales que se encuentra en la base misma del ordenamiento, lo cual no significa, bajo ningún concepto, que tales principios se circunscriban sólo a los de carácter político (**Hariou**), ni a los de contenido esencialmente moral como lo sostenía un conocido jurista italiano (**Balladore–Pallieri**), sino que dentro de ese concepto se pueden englobar también otro tipo de valores de muy variada naturaleza.

El concepto de orden público constitucional, por tanto, es un concepto jurídico que puede deducirse del ordenamiento jurídico en su conjunto, inclusive sin apoyo en normas determinadas, porque se encuentra permeado de valores extrajurídicos.

El orden público costarricense, en consecuencia, está integrado por todos los principios fundamentales de carácter económico, social, político, ético, etc., que se derivan de los valores y principios que informan nuestra Carta Política. Así, por ejemplo, el respeto a la dignidad humana, el principio de igualdad ante la ley, la libertad de cultos, el pluralismo político, el principio de la división de Poderes, son conceptos integrantes, entre otros, del orden público constitucional costarricense.

La Sala Constitucional ha definido al orden público como "el conjunto de principios que, por una parte atañen a la organización del Estado y a su funcionamiento, y, por otra, concurren a la protección de los derechos del ser humano y de los intereses de la comunidad, en un justo equilibrio para hacer posible la paz y el bienestar de la convivencia social" (**Voto 3350 - 92**).

c.   *El orden público administrativo*

El orden público administrativo, por su parte, se refiere básicamente a lo que los franceses denominan *"l'ordre dans la rue"*. Como dice un autor italiano "Motivos de orden público administrativo existen, en cambio, toda vez que el Derecho positivo conceda a la autoridad administrativa un poder de escogencia entre varias soluciones, indicando la obligación de seguir aquella que sea más apta al fin de evitar la perturbación de la pacífica convivencia, amenazada por actos que hayan producido o que racionalmente pueden producir, a corto plazo, la comisión de delitos" (**Barile**).

El orden público administrativo está integrado por tres categorías: la tranquilidad, la salubridad y la seguridad.

La tranquilidad concierne al descanso de los habitantes, a la calma de la ciudad, es decir, a la ausencia de ruidos molestos.

La salubridad, por su parte, consiste en el mantenimiento de una cierta higiene que salvaguarde la salud pública contra las epidemias y las enfermedades contagiosas. Además, vela porque los lugares habitables mantengan condiciones mínimas de higiene (casas de habitación, hoteles, etc.) (**Braud**).

Finalmente, la seguridad tiene como fin prevenir la comisión de delitos, lo que presupone una actividad de vigilancia que persigue "la comprobación de la conducta de los administrados en orden al cumplimiento de los límites impuestos por la ley a su libertad" (**Zanobini**). La seguridad suele también referirse a la protección contra los accidentes, especialmente los provenientes de la circulación.

Es conveniente señalar que, en cuanto contenido del orden público administrativo, la seguridad es una actividad preventiva y de control que tiende a evitar la comisión de delitos o de accidentes, lo que la diferencia radicalmente de la policía de seguridad judicial, cuyo objetivo es la represión de los delitos cometidos.

3. *La moral y las buenas costumbres*

Doctrinariamente se discute si las buenas costumbres son algo diferente de la moral, o si forman parte integrante de ellas.

En nuestro ordenamiento ambos conceptos se identifican en uno solo. En general, podemos afirmar que las buenas costumbres son aquel conjunto de reglas de moralidad media que la opinión pública reconoce como válidas en un momento histórico determinado. Constituyen, por tanto, un significado contingente y que se distingue netamente del orden público administrativo, el cual se encuadra más bien, como vimos supra, dentro del ámbito de la pacífica convivencia (**Barile**).

La Sala Constitucional ha dicho que "Por otra parte, la moral no puede concebirse más que como el conjunto de principios y creencias fundamentales vigentes en la sociedad, cuya violación ofenda gravemente a la generalidad de los miembros de esa sociedad" (**Voto 3550 -92**).

Por otra parte, debe quedar claro que el concepto de "lo moral" o las buenas costumbres debe deducirse de un complejo de normas, principios y valores, jurídicas y metajurídicas, que no se agota exclusivamente en el concepto de "prohibido", toda vez que existe una serie de conductas que sin ser prohibidas podrían ser contrarias a la moral y a las buenas costumbres (**Morelli**).

4. *Los derechos de terceros*

El tercer límite que establece nuestra Carta Política en relación con el ejercicio de los derechos fundamentales es "no perjudicar a terceros". Esta alocución debe lógicamente entenderse como respetar los "derechos de los terceros".

La doctrina, en general, reconoce que bajo la expresión "derechos de terceros" o "derechos de los demás" están comprendidos tanto los derechos de carácter público como privado de los ciudadanos.

Dado que ordenamiento concede "derechos" no sólo a una persona en particular, sino a todos los sujetos del ordenamiento, los "derechos de los demás" o "derechos de los terceros", reconocidos en base a la misma disposición constitucional del artículo 28 precitado, se deben conceptuar como un límite al ejercicio de los derechos fundamentales. Pero tal límite no sólo está constituido por el derecho igual de otro, sino por cualquier otro derecho suyo, que eventualmente pueda interferir con el del titular del derecho fundamental de que se trate. En otros términos, cada derecho encuentra un límite genérico en la esfera jurídica que el ordenamiento reconoce a los demás ciudadanos (**Maunz-Durig**).

Dado que en tales casos se produce una evidente colisión de derechos, es necesario que los mismos tienen necesariamente que jerarquizarse, tanto en sí mismos, como en su dimensión concreta, en el sentido de que sólo se justifica regular y eventualmente limitar la libertad para proteger derechos de igual o mayor rango, frente a amenazas de igual o mayor intensidad.

Este límite se encuentra desarrollado en el artículo 18.2 de la LGAP, según el cual "Se entenderá prohibido (para el particular) todo aquello que impida o perturbe el ejercicio legítimo de potestades administrativas o de los derechos del particular, así como que viole el orden público, la moral o las buenas costumbres".

5. *Los llamados deberes constitucionales*

En términos generales, se entiende por deberes aquellos comportamientos, de carácter positivo o negativo, que se imponen a un sujeto en consideración a intereses que no le son propios, sino más bien de otros sujetos o intereses que pertenecen a toda la comunidad.

Esta noción amplia cobija tanto a los deberes como a las obligaciones propiamente dichas. Los primeros, que son de carácter genérico, son aquellos comportamientos que derivan directamente de una norma y obligan, en cuanto tales, tan sólo a facilitar el cumplimiento de esa norma.

Las obligaciones, en cambio, comprenden los comportamientos exigibles dentro del marco de una relación jurídica concreta en la que existe un sujeto capaz de reclamar su cumplimiento. Por tanto, la obligación surge inserta en una relación jurídica existente y se contrapone a la existencia de un derecho subjetivo, que resulta exigible por alguno de los sujetos de la relación.

Trasplantados los anteriores conceptos al ámbito constitucional, es posible afirmar que de la Constitución derivan directamente una serie de deberes en perjuicio de los ciudadanos, los cuales, por intermediación de la ley, se concretan en obligaciones específicas.

Tales deberes son impuestos a los particulares en razón del interés público, y se encuadran dentro del concepto de "relación de sujeción del sujeto privado respecto del Estado", según la terminología acuñada por Barile.

El artículo 18 de la Carta Política establece tres deberes específicos para los nacionales y el 19 los extiende a los extranjeros: a) respetar la Constitución y las leyes; b) defender a la Patria y c) contribuir para los gastos públicos.

El deber de obediencia de los particulares al ordenamiento jurídico se considera como el presupuesto necesario para la existencia misma del Estado. Tal relación se concreta y articula en una serie de deberes particulares, que tienen como objetivo un comportamiento del sujeto privado, no solamente negativo, sino también de carácter positivo. Este comportamiento prescrito viene construido mediante la instauración de relaciones de correspondencia o conexión entre las diferentes figuras del ordenamiento jurídico. Todas estas figuras, ya se trate de deberes generales o especiales, tienen como común denominador el deber de fidelidad al régimen constitucional.

El de defender la Patria, autoriza el eventual reclutamiento militar de los ciudadanos en casos de guerra.

El de contribuir a los gastos públicos, funda no sólo la potestad tributaria del Estado, sino, además, la obligación de los ciudadanos de pagar impuestos.

El artículo 56 ibídem establece la obligación del trabajo para con la sociedad y el 93 prescribe la obligatoriedad del sufragio, el cual se califica como función cívica primordial.

En consecuencia, todos los deberes de rango constitucional devienen en límites al ejercicio de los derechos fundamentales.

IV. LA INTERPRETACIÓN DE LOS DERECHOS FUNDAMENTALES

1. *Los derechos fundamentales como informadores de la interpretación constitucional*

La particular posición de elemento estructural básico que tienen los derechos fundamentales en el ordenamiento, hace que su interpretación presente características propias.

Por una parte, la interpretación del ordenamiento jurídico en su totalidad debe realizarse a la luz de los derechos fundamentales. Este principio, en realidad, es la concreción del principio general de interpretación conforme a Constitución, en la medida en que los derechos fundamentales forman parte de ella.

Ahora bien, tanto la interpretación del ordenamiento a la luz de los derechos fundamentales, como la interpretación de estos mismos, deben responder al principio de interpretación más favorable a su ejercicio, el cual tiene dos manifestaciones: el principio *pro homine* y el principio *pro libertatis*.

2. *Principio pro homine*

Conforme a este principio, el derecho debe interpretarse y aplicarse siempre de la manera que más favorezca al ser humano. Este principio deriva de la posición básica que los derechos fundamentales ocupan como elemento estructural del ordenamiento y como valor fundamental del Estado de Derecho.

De esa forma el sistema de libertad que garantizan los derechos fundamentales deja fuera del alcance de la acción del Estado, ya sea por medio de la ley, de la actividad administrativa o de los tribunales de justicia, una esfera intangible de libertad, la cual no puede ser tocada por ninguna autoridad, porque es el hombre, no la sociedad, quien tiene dignidad y, en consecuencia, corresponde a él la titularidad de los derechos fundamentales.

El ser humano es alfa y omega de las normas jurídicas, por lo que éstas y, especialmente las que consagran derechos fundamentales, deben interpretarse en la forma que más le favorezcan.

La jurisprudencia de la Sala Constitucional ha sostenido, dentro de este orden de ideas, que el citado principio, junto con el de *pro libertatis*, constituyen el meollo de la doctrina de los derechos humanos y significa que " el derecho debe interpretarse y aplicarse siempre de la manera que más favorezca al ser humano" (**Voto 3173- 93**).

La Sala Constitucional ha aplicado este principio en su jurisprudencia en relación con los derechos humanos contemplados en los instrumentos internacionales sobre derechos humanos vigentes en la República. En efecto, ha sostenido la Sala que "Debe decirse que los instrumentos internacionales de Derechos Humanos vigentes en la República, conforme a la reforma del artículo 48 constitucional al integrarse al ordenamiento jurídico al más alto nivel, valga decir, al nivel constitucional, lo complementan en lo que favorezca a la persona" (**Voto 5759- 93**).

No obstante lo anterior, la Sala Constitucional, tratando de llevar a sus últimas consecuencias el principio constitucional en examen, ha llegado a sostener la equivocada tesis de que "los instrumentos de Derechos Humanos vigentes en Costa Rica, tienen no solamente un valor similar a la Constitución Política, sino que en la medida en que otorguen mayores derechos o garantías a las personas, privan por sobre la Constitución" (**Voto 3435- 92**).

La afirmación de que los tratados prevalecen sobre la Constitución no es de recibo en Costa Rica, donde en virtud de lo estipulado en los artículos 7 y 10 de la propia Constitución, se deriva claramente el principio de que los tratados están ubicados, dentro de la jerarquía de las fuentes, en un plano intermedio entre la Constitución y las leyes. Por tanto, lo que ocurre en materia de derechos humanos es que, justamente en virtud del principio *pro-homine*, el juez constitucional costarricense está obligado a aplicar la norma nacional o internacional más beneficiosa para la persona, sin que ello implique, desde el punto de vista jurídico, reconocerle mayor jerarquía normativa a los tratados respecto de la Constitución.

3. *Principio pro libertatis*

Según este principio, los derechos fundamentales deben interpretarse del modo más amplio posible. Es decir, conforme al principio en examen, debe interpretarse extensivamente todo lo que favorezca la libertad y restrictivamente todo lo que la limite.

En efecto, como ha dicho un jurista alemán "Las libertades fijan limites, le dicen lo que deben dejar de hacer. Las libertades son ante todo no mandatos de acción, sino barreras a la acción pública" (**Kirchhof**).

Por ello, en caso de duda, siempre se deberá favorecer la cláusula de la libertad, pues los derechos fundamentales han sido consagrados para proteger la libertad, no para limitarla.

La jurisprudencia de la Sala Constitucional ha establecido que el principio *pro libertatis* implica que "debe interpretarse extensivamente todo lo que favorezca y restrictivamente todo lo que limite la libertad. De acuerdo con ello, el orden público, la moral y los derechos de terceros que permiten, al menos a la ley, regular las acciones privadas, tienen que interpretarse y aplicarse de tal manera que en el primer caso se trate de amenazas graves al orden público" (**Voto 3173- 93**).

Dentro de esta misma óptica, el Tribunal Constitucional español ha dicho que el principio hermenéutico "favor libertatis" postula que los derechos fundamentales deben interpretarse del modo más amplio posible. Siempre dentro de esta misma línea de pensamiento, ha precisado el citado tribunal español que "La legalidad ordinaria ha de ser interpretada de la forma más favorable para la efectividad de tales derechos" (**Voto 17- 85**).

Sin embargo, en una resolución posterior precisó que la interpretación más favorable a los derechos fundamentales presupone la existencia de alguna "res dubia", esto es, de alguna variante en la interpretación de los preceptos legales, ya que de lo contrario no se estaría protegiendo el derecho constitucional, sino confiriendo a las leyes un sentido y alcance que las propias leyes no consienten" (**Voto 32- 89**).

4. *Las restricciones a los derechos fundamentales*

La jurisprudencia de la Sala Constitucional ha establecido algunas reglas en relación con las reglas interpretativas que deben aplicarse en la jurisdicción constitucional en materia de derechos fundamentales.

Ha establecido dicha jurisprudencia que "Para analizar la constitucionalidad de un límite impuesto a un derecho, debe estudiarse si dicho límite quebranta o no el contenido esencial del derecho. El límite de los límites está inserto en la propia necesidad de justificación de éstos. Debe realizarse una relación entre la limitación y el bien cuya protección se persigue. De manera que, ha de realizarse el juicio de proporcionalidad (prohibición del límite arbitrario) y el juicio de razonabilidad (resistencia frente a una limitación injustificada). Es una especie de juicio económico donde ha de analizarse la relación: costo, beneficio y sacrificio del derecho fundamental. El contenido esencial o núcleo del derecho, es lo constitucionalmente garantizado, no así el resto del derecho" (**Voto 1139-97**).

5. *La interpretación constructiva*

Otro principio, en materia de interpretación de los derechos fundamentales, es el de la interpretación constructiva, según el cual la normativa nacional debe ser interpretada, en la medida de lo posible, en armonía con los alcances y el mismo significado que tales derechos tienen en el ámbito internacional.

De esa manera se garantiza una armonización entre el Derecho Internacional de los Derechos Humanos y la normativa interna de los derechos fundamentales. Sin embargo, cuando dicha armonización no sea posible, como vimos supra, se debe aplicar entonces el principio *pro-homine*, en el sentido de aplicar la norma más favorable a la persona en el caso concreto.

V. LA SUSPENSIÓN DE LOS DERECHOS FUNDAMENTALES

1. Situaciones excepcionales y Estado de Derecho

Una de las características del Estado de Derecho es justamente la de ordenar las relaciones humanas en situaciones de normalidad.

No obstante, bajo determinadas circunstancias se pone en peligro el orden político, social y económico existente. En tales casos, el propio ordenamiento debe arbitrar mecanismos para hacerle frente a tales situaciones excepcionales.

De esa forma los ordenamientos modernos prevén una serie de mecanismos jurídicos, todos ellos tendentes a minimizar los efectos de tales estados de excepción y a buscar el retorno, lo antes posible, a la normalidad.

2. La naturaleza jurídica de la suspensión de los derechos fundamentales

La suspensión de los derechos fundamentales en casos de excepción constituye justamente una de las manifestaciones clásicas de la función de gobierno, puesto que la misma es ejercitada por un órgano constitucional, que se refiere al Estado o la comunidad como un todo, por lo que sus actos de ejercicio no son susceptibles de ser impugnados en la vía contencioso-administrativa por no lesionar directamente derechos subjetivos o intereses legítimos.

En el caso de la suspensión de algunos derechos fundamentales, el acto respectivo se limita a suspender la aplicación temporal de determinadas normas constitucionales que las consagran, por lo que aquel acto no tiene el poder de tomar medidas con efecto permanente, dado que cuando se restablece la situación de normalidad, no se crea un nuevo orden constitucional (**Camus**).

En otros términos, la suspensión de los derechos fundamentales no se refiere, por sí misma, ni a la existencia ni a la validez de la norma, sino únicamente a su eficacia. O sea que una vez decretada la suspensión de un derecho fundamental, la norma que la consagra no deja de formar parte del ordenamiento: de hecho no es abrogada y una vez pasado el estado de anormalidad que motivó la suspensión, es nuevamente puesta en vigor mediante un acto de carácter particular. No deja, por tanto, de ser válida, toda vez que para la suspensión de su eficacia no media ningún vicio material ni formal que determine su invalidez, pues terminados los efectos de la suspensión, no es tampoco necesario que la norma sea saneada mediante un acto formal que la convalide.

3. *La suspensión de los derechos fundamentales en Costa Rica*

Una de las atribuciones fundamentales de la Asamblea Legislativa, durante los períodos de sesiones parlamentarias, es la potestad de suspender los derechos fundamentales señalados por el artículo 121 inciso 7 de la Carta Política. Durante los recesos legislativos esa atribución corresponde al Poder Ejecutivo, de conformidad con lo estipulado en el artículo 140 inciso 4 de la misma Constitución.

La suspensión tiene que ser aprobada por dos tercios del total de los miembros de la Asamblea Legislativa y sólo podrá darse por causa de estado de necesidad derivada de la alteración del orden interno o de la invasión al país por fuerzas extrañas, o de una amenaza cierta de alteración o invasión. En caso de que no existiere un estado de necesidad debidamente comprobado, el acuerdo de suspensión sería obviamente inconstitucional.

La suspensión puede extenderse por un máximo de treinta días y no está prevista la posibilidad de prórroga. Puede extenderse a todo el territorio nacional o sólo a parte de él.

Sólo puede suspenderse la vigencia de los siguientes derechos fundamentales: a) libertad de tránsito (art. 22 C.P.); b) requisitos para la legitimidad de las privaciones de la libertad personal (art. 37 C.P.); c) la libertad de domicilio (art. 23 C.P.); d) inviolabilidad de los comunicaciones orales y escritas y derecho a la intimidad (art 24 C.P.); e) libertad de reunión (art. 26 C.P.); f) libertad de prensa (art. 29 C.P.); g) libre acceso a los departamentos administrativos con fines de información (art 30 C.P.) y h) las garantías constitucionales derivadas del artículo 28 C.P.

Por otra parte, si se suspenden las garantías 22 y 37 de la Constitución es lógico concluir que se suspende también, en principio, la posibilidad de plantear habeas corpus.

Podría argumentarse, como se ha hecho otras legislaciones, que el derecho a plantear el recurso de habeas corpus no puede suspenderse durante los estados de excepción. Sin embargo, tal doctrina no sería aplicable respecto del habeas corpus reparador, sea aquel tendente a lograr la libertad de los detenidos arbitrariamente, por cuanto si los requisitos para que las detenciones sean legítimos se encuentran justamente suspendidos, es evidente que un hábeas corpus reparador carecería de sentido jurídico.

La única ventaja que tendría el planteamiento de un hábeas corpus reparador sería el evitar que las autoridades públicas procedan a desaparecer al detenido o a torturarlo, pues al verse obligados a contestar el habeas corpus estarían obligados no sólo a aceptar que se encuentra bajo sus órdenes, sino, además, a permitir la eventual inspección ocular de los Magistrados de la Sala Constitucional para constatar su estado de salud y su integridad física.

En cambio, los denominados habeas corpus correctivos sí podrían interponerse, pues esta modalidad de habeas corpus persigue el traslado de los detenidos de una prisión a otra, con el fin de garantizar la integridad física del detenido o evitarle un "trato indebido".

En el caso concreto de la suspensión de derechos fundamentales, este tipo de habeas corpus se plantearía en los casos en que el Poder Ejecutivo ordenare la detención de una persona en establecimientos destinados a reos comunes o se decretare su confinamiento a lugares deshabitados.

Dado que una vez ratificada la suspensión por la Asamblea cuando ha sido decretada el Poder Ejecutivo, el órgano parlamentario recesa de inmediato, es lógico concluir, conforme lo indicamos en su oportunidad, que el Poder Ejecutivo queda autorizado para dictar decretos de urgencia durante todo el tiempo que dure el estado de anormalidad.

Finalmente, cabe analizar un aspecto muy concreto y controversial de nuestro sistema.

La eventual suspensión de las garantías contenidas en el artículo 28 constitucional, podría producir la paradoja de que el Estado costarricense se pudiere transformar, por mandato constitucional expreso, en un Estado de corte autoritario o, inclusive, totalitario.

En efecto, el artículo 28 de la Constitución garantiza el principio de libertad jurídica, según el cual, como es sabido, los particulares podemos hacer todo aquello que no esté ex-presa o implícitamente prohibido por el ordenamiento jurídico, en términos tales que lo no prohibido está autorizado.

Si esta garantía se suspende, es evidente que tanto la Asamblea Legislativa como el Poder Ejecutivo, en su caso, quedan autorizadas constitucionalmente para establecer cualesquier tipo de restricciones, por más banales o arbitrarias que fueren, a la conducta privada, pues el principio de libertad jurídica no serviría, en tales hipótesis, como límite a la acción de los poderes públicos.

Esta posibilidad de suspender las garantías contenidas en el numeral 28 de la Carta Política, que pende como una espada de Damocles sobre el régimen democrático costarricense, es una aberración jurídica que debe eliminarse, lo antes posible, de nuestro ordenamiento.

CAPÍTULO II
LA INTERPRETACIÓN DE LOS DERECHOS FUNDAMENTALES

I. LOS DERECHOS FUNDAMENTALES COMO INFORMA-DORES DE LA INTERPRETACIÓN CONSTITUCIONAL

La particular posición de elemento estructural básico que tienen los derechos fundamentales en el ordenamiento, hace que su interpretación presente características propias.

Por una parte, la interpretación del ordenamiento jurídico en su totalidad debe realizarse a la luz de los derechos fundamentales. Este principio, en realidad, es la concreción del principio general de interpretación conforme a Constitución, en la medida en que los derechos fundamentales forman parte de ella.

Por otra parte, la interpretación de los derechos fundamentales tiene un sentido eminentemente práctico, pues su finalidad es la resolución de casos concretos. De ahí que como acertadamente haya dicho **Rubio Llorente**, la interpretación jurídica de los derechos fundamentales es, en esencia, la "interpretación judicial de los derechos fundamentales".

La estructura misma de los derechos fundamentales condiciona los métodos interpretativos. En efecto, aquellos aparecen enunciados en la Constitución o en los tratados o convenios internacionales sin mayor grado de desarrollo, es decir, sin que se especifique su significado concreto.

Además, como los derechos fundamentales son directamente aplicables, es necesario que el operador jurídico, especialmente el juez, concretice sus contenidos concretos, lo que constituye el primer paso para su efectiva tutela (**Starck**).

II. LOS CRITERIOS DE INTERPRETACIÓN DE LOS DERECHOS FUNDAMENTALES

Existen tanto en la doctrina especializada como en la jurisprudencia de los tribunales constitucionales criterios especializados de interpretación de los derechos fundamentales, los que analizaremos a continuación con algún detalle.

1. *Principio pro homine*

Conforme a este principio, el derecho fundamental debe interpretarse y aplicarse siempre de la manera que más favorezca al ser humano. Este principio deriva de la posición básica que los derechos fundamentales ocupan como elemento estructural del ordenamiento y como valor fundamental del Estado de Derecho.

De esa forma el sistema de libertad que garantizan los derechos fundamentales deja fuera del alcance de la acción del Estado, ya sea por medio de la ley, de la actividad administrativa o de los tribunales de justicia, una esfera intangible de libertad, la cual no puede ser tocada por ninguna autoridad, porque es el hombre, no la sociedad, quien tiene dignidad y, en consecuencia, corresponde a él la titularidad de los derechos fundamentales.

El ser humano es alfa y omega de las normas jurídicas, por lo que éstas y, especialmente las que consagran derechos fundamentales, deben interpretarse en la forma que más le favorezcan.

El citado principio, junto con el de *pro libertatis*, constituyen el meollo de la doctrina de los derechos humanos y significa que el derecho debe interpretarse y aplicarse siempre de la manera que más favorezca al ser humano.

Los tribunales constitucionales aplican este principio en su jurisprudencia en relación con los derechos humanos contemplados en los instrumentos internacionales sobre esa materia vigentes en cada país. En efecto, los instrumentos internacionales de Derechos Humanos vigentes, al integrarse al ordenamiento jurídico al más alto nivel, valga decir, al nivel constitucional, lo complementan en lo que favorezca a la persona.

Inclusive la jurisprudencia de algunos de ellos sostiene la tesis de que los instrumentos de Derechos Humanos vigentes tienen no solamente un valor similar a la Constitución Política, sino que en la medida en que otorguen mayores derechos o garantías a las personas, privan por sobre ella.

Independientemente de dicho criterio, lo que ocurre en materia de derechos humanos es que, justamente en virtud del principio *pro-homine*, el juez constitucional está obligado a aplicar la norma nacional o internacional más beneficiosa para la persona, sin que ello implique, desde el punto de vista jurídico, reconocerle mayor jerarquía normativa a los tratados respecto de la Constitución.

Este principio, conocido como el de preferencia de normas, se encuentra recogido en el artículo 29 inciso b) de la Convención Americana sobre Derechos Humanos, al señalar que "Ninguna disposición de la presente Convención puede ser interpretada en el sentido: a)...b) Limitar el goce y ejercicio de cualquier derecho o libertad que pueda estar reconocido de acuerdo con las leyes de cualquiera de los Estados Partes o de acuerdo con otra Convención en que sea parte uno de dichos Estados". Este principio cobija también el denominado "principio de primacía de la norma más favorable a la víctima", que ha tenido una aplicación extensa en la jurisprudencia de la Corte Interamericana, cuyo contenido analizaremos más adelante.

Del principio *pro homine* derivan también algunos corolarios, como el principio pro operario en materia laboral, el *indubio pro reo* en materia penal y el principio *pro actione* en materia procesal.

a. *El principio pro operario en materia laboral*

En los ordenamientos modernos se reconoce el principio pro operario en materia laboral, según el cual en caso de duda debe adoptarse la interpretación más favorable de la norma para el trabajador. De esa forma se trata de tutelar los derechos de la parte más débil de la relación laboral.

La duda sobre cuál norma debe aplicarse puede presentarse en dos hipótesis: cuando más de una norma concurra a regular el caso concreto, o bien cuando una disposición normativa tenga más de una interpretación posible.

    b. *El principio in dubio pro reo*

Este principio, como es sabido, postula que en caso de duda sobre las cuestiones de hecho se debe estar a lo más favorable para el imputado. Por ello, para la condena del imputado se necesita la certeza de su culpabilidad, por lo que la simple probabilidad da lugar a una sentencia absolutoria.

Este principio sólo rige en cuanto a la determinación de los hechos acreditados, pero no con respecto a la interpretación de la ley penal o la ley procesal y se aplica al momento de dictarse la sentencia.

    c. *El principio pro actione y el derecho a la tutela judicial efectiva*

El derecho a la tutela judicial efectiva se suele definir como "el derecho de todas las personas a tener acceso al sistema judicial y a ejercer, en el seno del proceso, todas sus facultades para que los órganos jurisdiccionales estudien su pretensión y emitan un resolución motivada y conforme a derecho que, acogiendo o desestimando dicha pretensión, establezca la verdad oficial" (**García Morillo**).

Dentro de sus contenidos esenciales está el principio *pro actione*, el cual se manifiesta fundamentalmente en dos vertientes: primero, el derecho de acceso a la justicia, cuyos requisitos deben ser interpretados de manera restrictiva. De esa forma la ley no puede establecer requisitos que hagan muy difícil o imposible el acceso a los tribunales de justicia o hacer nugatorios los recursos contra las resoluciones que deparen perjuicio a las partes en el proceso.

Íntimamente relacionado con esta primera vertiente está la del principio *pro sentencia*, en el sentido de que toda persona tiene derecho a una sentencia justa. Por ello, las normas procesales deben interpretarse a la luz del principio *pro sentencia*, es decir, en el sentido de facilitar la administración de justicia y no como obstáculo para alcanzarla. De esa forma, el derecho de acceso la justicia no puede ser obstaculizado por formalismos enervantes.

Consecuencia de lo anterior, los requisitos de admisibilidad deben interpretarse restrictivamente y sólo son posible a texto expreso de la ley; por el contrario, debe interpretarse extensivamente y sin sujeción a ningún formalismo, todo aquello que conduzca a la decisión de las cuestiones de fondo en sentencia. Además, las infracciones o formalidades procesales sólo pueden dar lugar a nulidades relativas, por lo que siempre son subsanables, mientras no produzcan indefensión a alguna de las partes.

Dentro de este orden de ideas, el Tribunal Constitucional español ha dicho que "no son admisibles aquellos obstáculos que puedan estimarse excesivos, que sean producto de un formalismo y que no se compaginen con el derecho a la justicia, o que no aparezcan como justificados y proporcionados conforme a las finalidades que se establecen, que deben, en todo caso, ser adecuadas a la Constitución" (**STC 57 / 85**).

En síntesis, los requisitos formales se deben interpretar y aplicar de manera flexible y atendiendo a su finalidad y de que a su incumplimiento no se anuden consecuencias desproporcionadas o excesivamente gravosas.

2. *Principio pro libertatis*

Según este principio, los derechos fundamentales deben interpretarse del modo más amplio posible. Es decir, conforme al principio en examen, debe interpretarse extensivamente todo lo que favorezca la libertad y restrictivamente todo lo que la limite.

En efecto, como ha dicho un jurista alemán "Las libertades fijan limites, le dicen lo que deben dejar de hacer. Las libertades son ante todo no mandatos de acción, sino barreras a la acción pública" (**Kirchhof**).

Por ello, en caso de duda, siempre se deberá favorecer la cláusula de la libertad, pues los derechos fundamentales han sido consagrados para proteger la libertad, no para limitarla.

El principio *pro libertatis* implica que debe interpretarse extensivamente todo lo que favorezca y restrictivamente todo lo que limite la libertad. De acuerdo con ello, el orden público, la moral y los derechos de terceros que permiten, al menos a la ley, regular las acciones privadas, tienen que interpretarse y aplicarse de tal manera que en el primer caso se trate de amenazas graves al orden público.

Dentro de esta misma óptica, el Tribunal Constitucional español ha dicho que el principio hermenéutico "favor libertatis" postula que los derechos fundamentales deben interpretarse del modo más amplio posible. Siempre dentro de esta misma línea de pensamiento, ha precisado el citado tribunal español que "La legalidad ordinaria ha de ser interpretada de la forma más favorable para la efectividad de tales derechos" (**Voto 17- 85**).

Sin embargo, en una resolución posterior precisó que la interpretación más favorable a los derechos fundamentales presupone la existencia de alguna "*res dubia*", esto es, de alguna variante en la interpretación de los preceptos legales, ya que de lo contrario no se estaría protegiendo el derecho constitucional, sino confiriendo a las leyes un sentido y alcance que las propias leyes no consienten" (**Voto 32- 89**).

De lo anterior se deduce que el intérprete constitucional deberá darle preferencia a la interpretación que despliegue mejor la eficacia jurídica de la norma (**Tribunal Constitucional Alemán, BverfGE, 6, 55 (72)**).

3. La posición preferente de los derechos

Como indicamos supra, los derechos fundamentales gozan de una posición preferente dentro del ordenamiento jurídico. Por ello es que los derechos fundamentales impregnan el contenido material de las restantes normas del ordenamiento. Como ha dicho un autor alemán "si antes los derechos fundamentales valían en el ámbito de la ley, hoy las leyes valen sólo en el ámbito de los derechos fundamentales" (**Kruger**).

Este principio hermenéutico tiene diversos alcances según la doctrina de que se trate. Para unos, por ejemplo, los derechos fundamentales prevalecen siempre sobre las aspiraciones colectivas, justamente por su posición preferente en el ordenamiento. Dentro de este orden de ideas, se sostiene que "cuando están en conflicto en un mismo plano, normas sobre derechos (humanos y/o constitucionales) y normas sobre el poder, la controversia debe resolverse acogiendo la norma contentiva de derechos como privilegiada en rango" (**Ayala Corao**).

Otra corriente, sostiene que tal principio implica la existencia de algunos derechos fundamentales axiológicamente más valiosos que otros, de manera tal de que en un supuesto conflicto entre el ellos, el juez constitucional debería optar por proteger al de mayor valor.

Esta tesis está implícitamente reconocida en la Convención Americana sobre Derechos Humanos al establecer, en su cláusula 27, la imposibilidad de suspender la vigencia de algunos derechos durante la declaratoria de los estados de emergencia. Es claro que si determinados derechos no se pueden suspender es porque éstos tienen mayor rango axiológico que aquellos que, en cambio, sí son susceptibles de suspensión. Verbigracia, el derecho a la vida, a la integridad personal, derechos políticos, etc.

La doctrina de la "*preferred position*" surgió en la jurisprudencia de la Supreme Court de los Estados Unidos de América desde principios del siglo XX. Sin embargo, no fue sino hasta en 1942 cuando tal principio fue aceptado expresamente, al establecer la Corte que "La Primera Enmienda no se limita a salvaguardar la libertad de expresión y la libertad de religión frente a los intentos de suprimirlas discriminadamente. Por el contrario, la Constitución, en virtud de sus Enmiendas Primera y Decimotercera, las han situado en una posición preferente" (**Jones vs the City of Opelika, 1942**).

Este principio, en última instancia, ha desembocado en el grado de intensidad del control de constitucionalidad al que se somete cualquier actividad estatal que limite el ejercicio de los derechos fundamentales.

En tratándose de los derechos económicos, que lógicamente están sujetos a un considerable cantidad de limitaciones por razones de interés público, las restricciones que se le introduzcan se someten a un "*reasonableness- test*", en tanto que aquellas libertades que no tienen la condición de derechos preferidos, están sujetos a un "*substantial-rationality-test*". Las libertades preferidas, como las de la Primera y Decimocuarta Enmienda, en cambio están sujetas a un *"strict-scrutinity test"*.

Este escrutinio estricto se articula, por una parte, en exigir una justificación de la actividad limitadora bajo el parámetro de proporcionalidad en sentido estricto, y en la inversión del principio de la constitucionalidad de las leyes por la presunción, *prima facie*, de inconstitucionalidad (**Carpio Marcos**).

Consecuencia de lo anterior, corresponde al Estado la prueba de la carga de la medida limitadora del derecho fundamental. Para ello debe demostrar que existe un *"pressing public necessity"* (un interés estatal urgente). El Tribunal Constitucional, por su parte, debe someter la justificación dada a un escrutinio judicial reforzado.

El standard del *"strict-scrutinity test"* constituye un control más severo que el de la mera razonabilidad de la restricción, en el sentido de que existe un grupo de derechos fundamentales que no sólo merece una mayor protección por parte del Estado, sino que, además, sólo admite una mínima intromisión en su regulación, lo cual debe valorarse según el método de la ponderación.

4. *La mayor protección de los derechos fundamentales*

El surgimiento de este principio tuvo una coyuntura histórica muy particular en los Estados Unidos de América. En efecto, desde la aprobación del Bill of Rights se entendió que ningún Estado podía establecer un nivel de protección menor de los derechos fundamentales que el consagrado en la Declaración de Derechos federal.

En la década de los años setenta del siglo XX, algunas Cortes Supremas estatales llegaron a considerar a los derechos fundamentales reconocidos en las Constituciones de los Estados miembros con un mayor nivel de protección que aquel consagrado en la Constitución Federal. Es decir, se pregonaba la teoría –especialmente sostenida por la Supreme Court del Esado de California– de que la protección acordada en el Bill of Rigts era un standard mínimo que podía ser ampliado en beneficio de los ciudadanos por medio de las diferentes Constituciones estaduales.

En Europa se sostiene hoy día el mismo criterio. Así, por ejemplo, un autor italiano considera que la Convención Europea de Derechos Humanos contiene un standard mínimo por debajo del cual no pueden reconocerse derechos fundamentales en las distintas Constituciones de los Estados miembros. Sin embargo, tales Cartas Políticas pueden otorgar a los ciudadanos un mayor nivel de protección que la Convención (**Ruggeri**).

En América Latina este principio ha sido reconocido por diferentes Tribunales Constitucionales. En el caso de Costa Rica, por ejemplo, se aplican normas de rango legal que consagran derechos fundamentales cuando su protección es más amplia que la acordada por la Constitución, los tratados o convenios internacionales vigentes en la República. Verbigracia, los derechos que tutelan la imagen, cuyo contenido esencial a nivel legal –Código Civil– es más amplio que su desarrollo constitucional.

5. *La ponderación de los derechos fundamentales*

El principio de la ponderación o "balancing" es una técnica utilizada para la decisión de conflictos entre derechos fundamentales o entre éstos y principios. Por eso se discute mucho acerca de si se trata de un principio hermenéutico propiamente dicho o más bien de una técnica de argumentación (**Vespaziani**).

En realidad la relación entre ponderación e interpretación es recíproca, pues una presupone la otra y viceversa. En efecto, la interpretación recae sobre una disposición constitucional, la ponderación, en cambio, sobre intereses o bienes que esas disposiciones consagran.

Por ello cuando existe un conflicto entre derechos fundamentales o entre éstos y principios, los tribunales constitucionales identifican los bienes o intereses en conflicto (actividad de ponderación), luego realizan la actividad de interpretación de las disposiciones que reconocen o consagran tales bienes o intereses, se advierten luego las circunstancias concretas del caso y, finalmente, se procede a realizar la ponderación de los intereses en juego a fin de brindar una solución al caso (**Scaccia**).

La ponderación presupone un conflicto entre derechos fundamentales, es decir, entre normas del mismo rango. La colisión, según un autor alemán, debe entenderse en un doble sentido: "en sentido estricto, cuando la colisión se produce exclusivamente entre derechos fundamentales. En sentido amplio, en cambio, cuando tal colisión se produce con otros bienes o valores del mismo rango" (**Alexy**).

Cuando el juez se encuentra frente a un conflicto de derechos fundamentales o entre éstos y otros principios o normas constitucionales, no puede echar mano a los criterios hermenéuticos tradicionales. En efecto, el criterio de *lex superior derogat lex inferiori* no es de recibo, pues se trata de normas del mismo rango; el de lex posteriori *derogat lex priori*, tampoco es aplicable en la especie pues se trata de un conflicto de normas de distinto contenido material además de coexistir simultáneamente en un mismo texto normativo, ni tampoco el criterio de *lex specialis derogat lex generali* resuelve la colisión, pues entre las normas en conflicto no se presenta una relación de especialidad.

Tampoco puede aplicarse la técnica de subsunción de una norma en otra, pues esta última presupone la colisión de dos reglas, cuya aplicación requiere que se presenten los supuestos de hecho o derecho que contemplan. En otros términos, las reglas son normas con estructura condicional, que son aplicables o no. Por eso la subsunción como técnica para la resolución de conflictos presupone que el caso "pueda ser incluido" en lo dispuesto por el supuesto previsto en la norma, lo que no sucede obviamente en las hipótesis de colisión de derechos fundamentales, puesto éstas no son normas que tengan un supuesto predeterminado, al cual adscriban una consecuencia jurídica, sino más bien mandatos de optimización que exigen ser concretizados y actualizados de manera gradual. En consecuencia, las exigencias de concretización de uno no excluye la del otro, pues la colisión de derechos fundamentales es, a final de cuentas, una colisión entre principios.

El procedimiento para resolver los conflictos entre principios es la técnica de la ponderación. Por ello se ha afirmado, con justa razón, que los tribunales constitucionales no someten la ponderación a un contrabalanceamiento con otros principios, pues la ponderación no es propiamente un principio, sino una regla de uso jurisdiccional para la solución de conflictos entre principios (**Luther**).

La aplicación de esta técnica depende de la naturaleza de la controversia constitucional sometida al tribunal constitucional, así como del tipo de proceso en el cual se presenta aquella.

a. La *"definitional balancing"* o ponderación definitoria

Esta técnica se utiliza cuando se produce un conflicto entre derechos fundamentales, o entre éstos y un principio constitucional. En este caso se individualiza una regla general y abstracta susceptible de aplicación para casos futuros.

En estas hipótesis, el juez constitucional fija un criterio de aplicación general, identificándose en términos abstractos todas aquellas actividades que se incluyen en la esfera protegida de un derecho o por el contrario, se excluye algunas de aquellas. Verbigracia, cuando la Corte Interamericana excluyó la posibilidad de que civiles puedan ser juzgados por tribunales militares, aunque se trate de delitos de traición a la patria o terrorismo, consolidó y amplió el contenido esencial o núcleo duro de la garantía del debido proceso.

En otros términos, mediante la aplicación de esta técnica se "tiende a endurecer la garantía constitucional del derecho, pero por perseguir este fin paga un precio no indiferente: debe proceder a realizar distinciones arduas y dolorosas entre aquello que en abstracto entra y aquello que está fuera de lo garantizado constitucionalmente, lo que implica la búsqueda del fin de la garantía constitucional, es esto, la individualización de un valor (la democracia por ejemplo en relación con la libertad de expresión) respecto al cual la garantía es servil" (**Bin**).

La *"definitional balancing"*, al consolidar una determinada materia o garantía de intereses como contenido esencial de un derecho fundamental, coloca un límite al poder reformador del legislador y, al mismo tiempo, constituye un criterio orientador del control de legitimidad constitucional.

La ponderación definitoria es una técnica que se aplica, preferentemente, en el control abstracto de constitucionalidad de las normas, pues en estos procesos está ausente la defensa de derechos subjetivos. Por ello, el conflicto se resuelve prescindiendo de las circunstancias concretas donde podría aplicarse la norma.

b. El "ad hoc balancing" o ponderación ad hoc

Esta técnica resuelve los conflictos en función de cada caso concreto, es decir, tomando en cuenta los intereses en conflicto y las circunstancias específicas subyacentes.

Por la naturaleza de la técnica, se parte siempre de la enunciación de una regla estable de solución del conflicto, pero la solución concreta del problema planteado se determina en función de las circunstancias concretas del caso.

Dentro de este orden de ideas, ha dicho un autor italiano que "Dicho más claramente, también una decisión ad hoc es formalizable en términos de (aplicación de una) regla general, pero la diferencia respecto de la decisión definicional es que en el primer caso el juez no enuncia la regla, o sea, no declara seguir una regla (también jurisprudencial preconstituida y tampoco dice que el criterio para la solución de aquel específico caso (aquella regla) será aplicable a todos los casos futuros con elementos similares" (**Pino**).

Esta técnica corre el grave riesgo de desembocar en una aplicación discrecional de los valores propios del juez constitucional, con prescindencia de los valores que permean la Constitución. Como ha dicho felizmente un autor italiano, la tesis casuística no sólo conduce a la sustitución del Estado de Derecho por el Estado de Justicia, sino que, de manera simultánea, un tipo de interpretación semejante prescinde de las propias disposiciones constitucionales (**Pace**).

Esta técnica llevada a sus últimas consecuencias convertiría a la Constitución e un instrumento de control social privado de contenido normativo fijo y predeterminado como es la esencia de las Cartas Políticas contemporáneas.

La aplicación de esta técnica se produce en los procesos en que están involucrados derechos subjetivos de las partes, como en los habeas corpus, amparos y habeas data. Verbigracia, cuando en un proceso de amparo se plantea el conflicto entre la libertad de expresión y el derecho a la intimidad.

c. La delegación de la ponderación

Algunas veces los tribunales constitucionales no realizan la ponderación por sí mismos, sino que delegan en los tribunales ordinarios su utilización al momento de decidir el caso concreto que dio origen a la cuestión de constitucionalidad.

La eventual delegación se fundamenta en que sólo los órganos que deben aplicar la ley a un caso concreto están en capacidad de balancear adecuadamente los bienes que se encuentran en conflicto. Estas hipótesis se presentan cuando la incidencia sobre un derecho a través de la ley, en abstracto, no genera un problema de invalidez de la disposición normativa impugnada, pero que eventualmente podría presentarse en su aplicación concreta.

Este ocurre, con alguna frecuencia, en aquellos ordenamientos en que los tribunales constitucionales ejercen el control de constitucionalidad a priori sobre los proyectos de ley. Muchas veces es imposible detectar inconstitucionalidades en abstracto. Sin embargo, al aplicarse dicha normativa a un caso concreto tales inconstitucionalidades se hacen patentes.

6. La interpretación constructiva

Otro principio, en materia de interpretación de los derechos fundamentales, es el de la interpretación constructiva, según el cual la normativa nacional debe ser interpretada, en la medida de lo posible, en armonía con los alcances y el mismo significado que tales derechos tienen en el ámbito internacional.

Dentro de este orden de ideas, por ejemplo, la Cuarta Disposición Final y Transitoria de la Constitución peruana expresamente señala que "Las normas relativas a los derechos y libertades que la Constitución reconoce se interpretan de conformidad con la Declaración Universal de Derechos Humanos y con los tratados y acuerdos internacionales sobre las mismas materias ratificados por Perú".

El artículo 1 de la Ley de la Jurisdicción Constitucional costarricense señala que uno de sus objetos es garantizar también los principios y normas del Derecho Internacional o Comunitario vigentes en la República, así como su uniforme interpretación y aplicación.

De esa forma se integra el Derecho Internacional de los Derechos Humanos al ordenamiento jurídico costarricense y, al mismo tiempo, se obliga a la Sala Constitucional a interpretar los derechos fundamentales a la luz de su significado en el ámbito internacional, especialmente en relación con la jurisprudencia de la Corte Interamericana.

Este principio permite integrar y armonizar las disposiciones internas sobre derechos humanos con las consagradas en instrumentos internacionales. En otros términos, en vez de que el juez constitucional presuma incompatibilidades o realice confrontación entre ambos derechos, este principio permite que aquél los considere como un solo sistema de derechos, el cual debe ser armonizado e integrado cuando fuere necesario.

Una de las consecuencias fundamentales de este principio tiene relación directa con las propias cláusulas de interpretación que se encuentran en los tratados y convenios sobre derechos humanos. En efecto, como en la mayoría de los países latinoamericanos los tratados forman parte del derecho nacional, las disposiciones interpretativas contenidas en aquellos deben ser necesariamente aplicados por los órganos jurisdiccionales internos.

En la Convención Americana existen algunas pautas interpretativas que conviene señalar.

a. Ninguna disposición de la Convención debe ser interpretada en sentido de que permita al Estado suprimir el goce y el ejercicio de los derechos y libertades reconocidas en la Convención y, por mayoría de razón, en la Constitución y en las leyes, o limitarlos en mayor medida de la prevista en tales instrumentos normativos.

b. El artículo 29 inciso b) de la Convención establece que ninguna de las disposiciones de la Convención puede "limitar el goce y ejercicio de cualquier derecho o libertad que pueda estar reconocido de acuerdo con las leyes de cualquiera de los Estados partes o de acuerdo con otra Convención en que sea parte uno de dichos Estados".

Esta norma consagra el principio del standard mínimo del contenido protegido por cada uno de los derechos fundamentales.

c. También la Convención Americana constituye el standard mínimo en el reconocimiento de derechos y libertades fundamentales. Por consiguiente, ninguna de sus disposiciones puede interpretarse en el sentido de "excluir otros derechos y garantías que son inherentes al ser humano o que se derivan de la forma democrática representativa de gobierno". Es decir, esta

pauta hermenéutica permite ampliar considerablemente el catálogo de derechos fundamentales dentro de los distintos ordenamientos jurídicos americanos.

d. Cuando la armonización entre el Derecho Internacional de los
Derechos Humanos y la normativa interna de los derechos fundamentales no sea posible, se debe aplicar entonces el principio
pro-homine, en el sentido de aplicar la norma o la interpretación más favorable a la persona en el caso concreto.

En este sentido, tampoco las disposiciones de la Convención
pueden ser interpretadas en el sentido de "excluir o limitar el efecto
que puedan producir la Declaración Americana de Derechos y Deberes de Hombre y otros actos internacionales de la misma naturaleza" (**Fappiano**).

Finalmente cabe señalar que este principio de interpretación de
los derechos fundamentales permite que los tribunales constitucionales acojan la doctrina y las interpretaciones que sobre aquellos
realicen tribunales internacionales especializados en la materia, tales como la Corte Interamericana y el Tribunal Europeo, además de
organismos internacionales especializados en la materia, tales como
la Comisión Interamericana de Derechos Humanos y el Comité de
Derechos Humanos de las Naciones Unidas

7. *Principio de progresividad y derechos prestacionales*

Como es sabido, los derechos prestacionales carecen de la estructura normativa de los derechos individuales o sociales propiamente dichos. Se trata más bien de mandatos al legislador para que,
dentro de las medidas de las posibilidades financieras y económicas
del Estado, aquel satisfaga la pretensión material que consagra el
derecho prestacional.

Por ello, su interpretación requiere la aplicación de principios
hermenéuticos propios, como el de progresividad.

Este principio tiene dos vertientes: por una parte implica gradualidad en la implementación de sus medidas necesarias que posibiliten a sus titulares su pleno ejercicio. Desde este ángulo las normas que consagran derechos prestacionales deben interpretarse en el
sentido de que contienen un mandato de realización de medidas destinadas a hacerlas efectivas.

Por ejemplo, una norma constitucional que consagre el derecho fundamental al seguro de desempleo debe entenderse como una obligación dirigida al órgano legislativo de crear los mecanismos institucionales y financieros que hagan posible su efectiva existencia, tomando en cuenta la capacidad económica y financiera del Estado para hacerle frente a esa obligación. Es decir, no se le puede exigirle al gobierno de turno la creación inmediata de tal seguro si ello no es económica ni financieramente factible en ese momento, pero al menos sí puede exigírsele que realice estudios o tome medidas concretas para que, en un futuro cercano, su creación sea factible.

La otra vertiente de este principio es la prohibición de regresividad, es decir, la adopción de políticas y medidas que desmejoren la situación de los derechos prestacionales de los que goza la población en un momento determinado. Ello implica evaluar, en cada caso concreto, que el legislador no haya dictado normas que en alguna forma impidan o hagan más difícil el reconocimiento efectivo de un determinado derecho prestacional o que se haya mantenido el mismo status quo que dejó el constituyente en la materia.

Este tema se engarza directamente con la técnica de la inconstitucionalidad por omisión, por cuanto el criterio de la progresividad en su implementación, no sólo se restringe a la evaluación de comportamientos regresivos, sino, también, a controlar que tales cláusulas sean progresivamente implementadas para adquirir plena eficacia y satisfacer la pretensión material que tutela el derecho prestacional de que se trate (**Bazán**).

8.   *Las limitaciones al contenido de los derechos fundamentales*

Los derechos fundamentales están sujetos a límites con el fin de asegurar el reconocimiento y respeto de los derechos y libertades de los demás y de satisfacer las justas exigencias de la moral, del orden público y del bienestar general de una sociedad democrática, como reza el artículo 29.2 de la Declaración Universal de los Derechos del Hombre.

El principio en cuestión exige, en primer lugar, que dada la naturaleza propia de los derechos fundamentales, los límites que se le impongan deben encontrar asidero en la propia Constitución. En otros términos, sólo un bien de linaje constitucional puede limitar válidamente los derechos fundamentales. Lo anterior no significa que única y necesariamente sean sólo los derechos fundamentales los que pueden limitarse entre sí, puesto que están permitidos límites derivados de otros bienes jurídicos constitucionalizados.

En segundo término, los límites deben estar expresamente formulados o, al menos, habilitados por el propio constituyente, especialmente cuando se trata de límites absolutos que impidan en ciertos casos ejercitar un derecho fundamental (**Pérez Tremps**). Verbigracia, las prohibiciones constitucionales de militancia en partidos políticos o sindicatos a los extranjeros. De lo contrario se vulneraría el principio constitucional de igualdad ante la ley.

La tarea de concretar los límites de los derechos fundamentales corresponde al legislador, ya que esa es una de las funciones típicas de la "regulación". Sin embargo, esta no es una función enteramente discrecional para el legislador, pues siempre tendrá que fundamentarse en habilitaciones expresas o, al menos, implícitas que sean fácilmente deducibles del texto constitucional, sin poder acudir a referencias abstractas y genéricas para limitar indiscriminadamente los derechos fundamentales. También deberá respetar el "contenido esencial" del derecho, que lo hace identificable como tal.

A partir de esta operación legislativa, el intérprete debe aplicar la regulación sin poder deducir nuevos límites y valorar desde la Constitución la limitación concretada por el legislador.

Finalmente, los límites constitucionalmente justificados y legalmente configurados han de interpretarse, en todo caso, de forma restrictiva precisamente por la fuerza expansiva que poseen aquéllos.

CAPÍTULO III
LA SUSPENSIÓN DE LOS DERECHOS FUNDAMENTALES

I. SITUACIONES EXCEPCIONALES Y ESTADO DE DERECHO

Una de las características del Estado de Derecho es justamente la de ordenar las relaciones humanas en situaciones de normalidad.

No obstante, bajo determinadas circunstancias se pone en peligro el orden político, social y económico existente. En tales casos, el propio ordenamiento debe arbitrar mecanismos para hacerle frente a esas situaciones excepcionales.

De esa forma los ordenamientos modernos prevén una serie de mecanismos jurídicos, todos ellos tendentes a minimizar los efectos de tales estados de excepción y a buscar el retorno, lo antes posible, a la normalidad.

II. LA NATURALEZA JURÍDICA DE LA SUSPENSIÓN DE LOS DERECHOS FUNDAMENTALES

La suspensión de los derechos fundamentales en casos de excepción constituye justamente una de las manifestaciones clásicas de la función de gobierno, puesto que la misma es ejercitada por un órgano constitucional, que se refiere al Estado o la comunidad como un todo, por lo que sus actos de ejercicio no son susceptibles de ser impugnados en la vía contencioso–administrativa por no lesionar directamente derechos subjetivos o intereses legítimos.

En el caso de la suspensión de algunos derechos fundamentales, el acto respectivo se limita a suspender la aplicación temporal de determinadas normas constitucionales que las consagran, por lo que aquel acto no tiene el poder de tomar medidas con efecto permanente, dado que cuando se restablece la situación de normalidad, no se crea un nuevo orden constitucional (**Camus**).

En otros términos, la suspensión de los derechos fundamentales no se refiere, por sí misma, ni a la existencia ni a la validez de la norma, sino únicamente a su eficacia. O sea que una vez decretada la suspensión de un derecho fundamental, la norma que la consagra no deja de formar parte del ordenamiento: de hecho no es abrogada y una vez pasado el estado de anormalidad que motivó la suspensión, es nuevamente puesta en vigor mediante un acto de carácter particular. No deja, por tanto, de ser válida, toda vez que para la suspensión de su eficacia no media ningún vicio material ni formal que determine su invalidez, pues terminados los efectos de la suspensión, no es tampoco necesario que la norma sea saneada mediante un acto formal que la convalide.

III. LOS SUPUESTOS JURÍDICOS DE LA DECLARATORIA DE SUSPENSIÓN

En general, los supuestos que justifican la declaratoria de suspensión de los derechos fundamentales son el estado de guerra, el peligro público o cualesquier otra emergencia que amenace la independencia o seguridad del Estado o de la colectividad.

1. *La declaratoria de guerra*

La declaratoria de guerra incluye no sólo la denominada internacional, es decir, la que se produce entre dos o más países, sino también las denominadas guerras civiles o internas.

En el caso de guerras internacionales no es necesaria la declatoria formal de guerra, sobre todo porque esa práctica ha sido abandonada por todos los países durante los últimos tiempos. En la praxis se produce una invasión del otro territorio sin ninguna advertencia formal previa.

En tratándose de guerras civiles internas, es claro que los gobiernos apenas ven amenazada la estabilidad política del país, proceden a suspender la vigencia de algunos derechos fundamentales, como la libre circulación, la libertad de reunión, la de asociación y la de prensa, entre otras.

2. *El peligro público*

Este segundo supuesto jurídico de la suspensión de los derechos fundamentales incluye aquellos casos en que hechos provenientes de la naturaleza ponen en peligro la seguridad o salud de los habitantes. Verbigracia, un terremoto de gran intensidad, o inundaciones o maremotos de grandes proporciones.

En estos casos, el afectado no es ya el Estado ni sus órganos de poder propiamente dichos, sino más bien la comunidad considerada como un todo. En estas hipótesis se pone en peligro la existencia misma de la comunidad y la seguridad y salud de sus integrantes.

No es necesario que la afectada sea la totalidad de la comunidad, pues la mayoría de las veces tales fenómenos tienen efectos estrictamente regionales o locales.

2. *Cualesquier otra emergencia que amenace la independencia o seguridad del Estado o de la colectividad*

Esta tercera hipótesis habilitante para la suspensión de los derechos fundamentales se basa en circunstancias que no son ni estrictamente políticas, como las guerras externas o las guerras civiles ni son el resultado de hechos provenientes de la naturaleza, sino más bien se basa en razones de una naturaleza diversa.

Verbigracia, los problemas que surgen para la población cuando se produce un desabastecimiento de víveres o problemas de salud derivados directamente de crisis económicas o financieras del Estado o de la comunidad. En estas hipótesis el Estado tiene que echar mano a medidas extraordinarias para afrontar la crisis, pues los instrumentos ordinarios se revelan insuficientes al respecto. Entre tales medidas se incluye también la posibilidad de suspender el ejercicio de determinados derechos fundamentales, sobre todo los de carácter económico.

IV. LOS PRINCIPIOS DEL ESTADO DE EMERGENCIA

La declaratoria del estado de emergencia y, en consecuencia, la suspensión de los derechos fundamentales, está sujeta al cumplimiento de ciertos requisitos tanto de naturaleza procedimental como sustantiva. Tales principios deben analizarse tanto en relación con exigencias de la legislación interna como del Derecho Internacional.

Desde el punto de vista del Derecho interno existen dos principios fundamentales: **a)** los derechos inherentes a la persona no pueden ser suspendidos y **b)** la declaración de emergencia debe ser necesaria.

1. *Principios sustanciales*

   a. *Los derechos inherentes a la persona no pueden ser suspendidos*

En relación con la legislación interna, existe un principio general según el cual los derechos inherentes a la persona humana –derecho a la vida, a la integridad física, a la atención a la salud– así como sus garantías procesales –recurso de habeas corpus, recurso de amparo– no pueden ser suspendidos durante los estados de emergencia.

En otros términos, como ha establecido la jurisprudencia de la Corte Interamericana de Derechos Humanos " Estando suspendidas las garantías, algunos de los límites legales de la actuación del poder público pueden ser distintos de los vigentes en condiciones normales, pero no deben considerarse inexistentes ni cabe, en consecuencia, entender que el gobierno esté investido de poderes absolutos más allá de las condiciones en que tal legalidad excepcional está autorizada" … La Corte es la de opinión de que " En una sociedad democrática los derechos y libertades inherentes a la persona, sus garantías y el Estado de Derecho constituyen una tríada, cada uno de cuyos componentes se define, completa y adquiere sentido en función de los otros" (**Opinión Consultiva OC/-8/ 87, pars 24, 26**).

   b. *La declaración de emergencia debe ser necesaria*

Otro principio sustantivo es que la declaración de emergencia sea necesaria para hacerle frente al peligro que amenaza la seguridad externa o interna del Estado. La necesidad significa, en primer término, que la amenaza no puede ser afrontada con los medios ordinarios o competencias que el ordenamiento le otorga al Estado.

En segundo término, la necesidad es un principio conectado con la exigencia de que el peligro sea actual y no meramente potencial.

Desde el ángulo del Derecho Internacional existen también varios principios en la materia, a saber: **i)** las medidas de emergencia deben ser provisionales; **ii)** las medidas tomadas para afrontar la emergencia deben ser proporcionales a la amenaza; **iii)** las medidas adoptadas no deben ser discriminatorias y **iv)** Las medidas de emergencia deben ser compatibles con otras obligaciones internacionales asumidas por el Estado.

i.- Las medidas de emergencia deben ser provisionales

El primer principio, desde el ángulo del Derecho Internacional de los Derechos Humanos, exige que las medidas adoptadas para hacerle frente a la emergencia sean provisionales, con pleno respeto del Estado de Derecho.

Es decir, las medidas deben durar lo estrictamente necesario para hacerle frente a la situación de emergencia, por lo que se prohíbe su vigencia indefinida.

Por ello, la mayoría de los ordenamientos jurídicos establece plazos máximos durante los cuales puede suspenderse la vigencia de los derechos fundamentales. Una vez transcurrido ese plazo se debe restablecer su vigencia, salvo casos excepcionales, en que se permite su prórroga por otro plazo razonable.

ii.- Las medidas tomadas para afrontar la emergencia deben ser proporcionales a la amenaza

Las medidas tomadas por los gobiernos durante los estados de excepción deben ser proporcionales a la amenaza. Lo anterior significa que el Estado no está en capacidad de imponer mayores restricciones a los derechos fundamentales que las que fueren estrictamente necesarias para afrontar la situación de crisis. Por tanto, están prohibidas las restricciones inadecuadas para hacerle frente a la situación de emergencia. Verbigracia, si la suspensión de derechos se produce por hechos provenientes de la naturaleza, no habría justificación alguna para suspender las libertades de pensamiento.

iii. Las medidas adoptadas no deben ser discriminatorias

Este principio obliga a que las medidas de urgencia no establezcan discriminaciones por razón de raza, color, sexo, idioma, religión, origen social, condición económica, lugar de nacimiento, etc.

Como ha establecido la jurisprudencia de la Corte Interamericana de Derechos Humanos, la diferencia de trato sólo es discriminatoria cuando no tiene justificación razonable ni objetiva (Opinión Consultiva 4/ 84 par 56).

Por consiguiente, las medidas restrictivas, en la medida en que establezcan diferencias de trato razonables y objetivas, son válidas.

iv.- Las medidas de emergencia deben ser compatibles con otras obligaciones internacionales asumidas por el Estado

Este último principio postula que las medidas de emergencia deben ser compatibles con otras obligaciones internacionales asumidas por el Estado y que se encuentren vigentes al momento de la declaratoria.

Este principio nos conduce al tema de la relación entre los derechos fundamentales y el denominado Derecho Humanitario. Si tomamos en consideración el conjunto total de los derechos fundamentales y el Derecho Humanitario nos encontramos en tres niveles diferentes de protección respecto del mismo sujeto (el ser humano).

El primer nivel es el de la protección de los derechos fundamentales en circunstancias ordinarias, en el que aquella es brindada por el ordenamiento jurídico ordinario.

El segundo nivel se refiere a situaciones de emergencia de los derechos fundamentales, como la que estamos justamente analizando en este capítulo. En estos casos la protección se otorga mediante mecanismos extraordinarios, como la suspensión de algunos de ellos y el establecimiento de medidas restrictivas a su ejercicio.

El tercer nivel se presenta en casos extremos, es decir cuando existen situaciones conflictivas en que la protección la brinda el Derecho Humanitario. En consecuencia, existen regímenes jurídicos diversos para afrontar las diferentes circunstancias que afectan a los mismos sujetos.

La Comisión Americana de Derechos Humanos se ha pronunciado, en una importante decisión, sobre el particular. La Comisión esgrimió cinco argumentos para fundamentar su competencia para aplicar el Derecho Humanitario y no sólo el Derecho Internacional de los Derechos Humanos. Dos de ellos son relevantes (**Caso Juan Carlos Abella vs Argentina, conocido como La Tablada**).

De conformidad con el artículo 29.b. de la Convención Americana sobre Derechos Humanos, "Ninguna disposición de la presente Convención puede ser interpretada en el sentido de: a)...b) limitar el goce y ejercicio de cualquier derecho o libertad que pueda estar reconocido de acuerdo con las leyes de cualquiera de los Estados Partes o de acuerdo con otra convención en que sea parte uno de dichos Estados". El segundo párrafo del artículo 27 (l) obliga al Estado a tomar medidas "en situaciones de peligro público o emergencia que amenace la independencia o seguridad del Estado...siempre que tales disposiciones no sean incompatibles con las demás obligaciones que les impone el derecho internacional", lo cual es usualmente interpretado como referido al Derecho Humanitario.

De ambas disposiciones de la Convención, la Comisión derivó su competencia para aplicar directamente el Derecho Humanitario en casos de emergencia, con lo cual legitimó también a los Estados para su aplicación.

Evidentemente la aplicación del Derecho Humanitario sólo podría darse en situaciones de guerra, dado que éste resulta más restrictivo, en épocas de paz y de normalidad, que el Derecho Internacional de los Derechos Humanos. En efecto aquél no reconoce algunos derechos incluidos, por ejemplo, en la Convención Americana. Sin embargo, en los casos de guerra, el Derecho Humanitario establece disposiciones que se echan de menos en los instrumentos de protección interna e internacional de los derechos fundamentales, por lo que su aplicación resulta obligatoria.

2. *Principios procedimentales*

Desde el ángulo del Derecho interno existen tres principios procedimentales que las declaratorias de emergencia deben respetar: **a)** la proclamación formal y pública de la emergencia; **b)** la responsabilidad de las autoridades que decretan la suspensión y **c)** la publicidad de la declaratoria.

a. *La proclamación formal y pública de la emergencia*

Como consecuencia directa del principio sustantivo del respeto al Estado de Derecho, existe un principio procedimental que se puede considerar implícito en todo ordenamiento jurídico.

Este principio es la obligación del Estado de proclamar formal y públicamente el estado de emergencia y de anunciar las medidas que se adoptarán para afrontarlo. Se trata de articular dos principios fundamentales del Estado de Derecho: la seguridad jurídica y la publicidad de los actos públicos.

Por tanto, la declaratoria de emergencia debe realizarse respetando todas las formalidades establecidas por el ordenamiento interno. De esa manera se evitan los estados de emergencia de facto. Como ha dicho la Corte Interamericana los límites impuestos a los derechos humanos por el Estado "deben estar precisamente señalados en las disposiciones que decretan el estado de excepción" (**Opinión Consultiva OC-8/87, par. 38**).

Con ello se trata de evitar el menor daño posible a las personas y proteger la certeza del ordenamiento, permitiendo a los ciudadanos actuar con perfecto conocimiento de las consecuencias de sus actos.

b. *La responsabilidad de la autoridad que decreta la suspensión*

La autoridad que decreta la suspensión es la que asume plenamente las responsabilidades políticas y jurídicas de la suspensión decretada.

c. *La publicidad del decreto de suspensión*

Finalmente, el decreto de suspensión debe ser ampliamente publicitado, pues la publicidad evita la legislación secreta.

El Estado debe darle a la promulgación del decreto de emergencia la mayor publicidad posible. Por tanto, no basta con su publicación en el Diario Oficial, sino que es necesario también que se difunda por todos los medios de comunicación, tanto hablados como escritos.

Desde el ángulo del Derecho Internacional, existe también un principio procedimental: **a)** la notificación.

a) *La notificación del decreto de suspensión a otros Estados*

Los tratados sobre Derechos Humanos establecen la obligación de los Estados miembros de comunicar a los demás los casos en que decretan la suspensión de los derechos fundamentales y las razones que tuvo para ello.

Dentro de este orden de ideas, el artículo 27.3 de la Convención Americana sobre Derechos Humanos dispone que "Todo Estado que haga parte del derecho de suspensión deberá informarlo inmediatamente a los demás Estados Partes en la presente Convención, por conducto del Secretario General de la Organización de Estados Americanos, de las disposiciones cuya aplicación haya suspendido, de los motivos que hayan suscitado la suspensión y de la fecha en que se haya dado por terminada tal suspensión".

El objetivo de esta formalidad es implementar la imposibilidad de cualquier Estado parte de la Convención de cumplir provisionalmente ciertas obligaciones contraídas a su amparo. Por eso, la notificación debe especificar los derechos suspendidos, las medidas adoptadas y las razones fácticas que la justifican.

V. LOS EFECTOS DE LOS ESTADOS DE EMERGENCIA

Recordemos que la declaratoria de los estados de emergencia debe respetar los principios del Estado de Derecho. Sin embargo, esa declaratoria implica la ruptura de dos principios fundamentales de aquél: uno de carácter material, como es la suspensión temporal del ejercicio de determinados derechos fundamentales y, otro de carácter formal, como es la ruptura del principio de la separación de poderes.

Por consiguiente, es importante analizar como ambos elementos se ven afectados por la declaratoria de un estado de emergencia.

1. *La suspensión de determinados derechos fundamentales*

Todo ordenamiento tiene un catálogo de los derechos y garantías constitucionales que pueden ser suspendidos como consecuencia
de una declaratoria de emergencia. A este conjunto debe eliminárse-
le aquellos que la Convención Americana considera como no sus-
pendibles.

Aunque los distintos ordenamientos jurídicos y la propia Convención Americana hablan indistintamente de derogación y de suspensión de los derechos fundamentales durante los períodos de
emergencia, lo cierto es que jurídicamente no estábamos ni en presencia de una derogación ni de una suspensión. En realidad se trata
de una "limitación extraordinaria" antes que de una derogación
(**Cruz Villalón**).

La misma Corte Interamericana a dicho "un análisis de los
términos de la Convención en su contexto nos conduce a la conclusión de que no estamos en presencia de "una suspensión de garantías" en sentido absoluto, ni de "suspensión de derechos", puesto
que los derechos protegidos por estas disposiciones son inherentes
al hombre". Por tanto, "Cuando la palabra "garantías" se utiliza en
el párrafo segundo, es precisamente para prohibir la suspensión de
las "garantías judiciales indispensables". Del análisis de los términos de la Convención en el contexto de éstos, resulta que no se trata
de una "suspensión de garantías" en sentido absoluto, ni de la "suspensión de los derechos" ya que siendo éstos consustanciales con la
persona lo único que podría suspenderse o impedirse sería su pleno
y efectivo ejercicio" (**Opinión Consultiva, 8/87, par 18**).

En este sentido es que se deben entender los vocablos suspensión o derogación, es decir, como limitación temporal del ejercicio
de determinados derechos y garantías.

a. *Los derechos no derogables o susceptibles de suspensión*

Cada ordenamiento contiene un catálogo de los derechos y garantías constitucionales, cuyo ejercicio no puede suspenderse durante los estados de emergencia.

Sin embargo, la Convención Americana amplía considerablemente la lista. En efecto, el artículo 27.2 establece que no se autori-

za la suspensión de los derechos consagrados en los siguientes artículos: "3 (derecho al reconocimiento de la personalidad jurídica); 4 (derecho a la vida), 5 (derecho a la integridad personal), 6 (prohibición de la esclavitud y servidumbre); 9 (principio de legalidad y de retroactividad); 12 (libertad de conciencia y religión); 17 (protección a la familia); 18 (derecho al nombre); 19 (derecho del niño); 20 (derecho a la nacionalidad); y 25 (derechos políticos), ni de las garantías judiciales indispensables para la protección de tales derechos".

Dado que la Convención establece un sistema de protección bastante amplio y en favor de las personas, la jurisprudencia de la Corte ha sido expansiva sobre el tema en cuestión.

En efecto, la Corte ha tenido ocasión de analizar la compatibilidad de las reservas formuladas por algunos Estados miembros en relación con los derechos cuyo ejercicio no puede derogarse o suspenderse durante los estados de emergencia. En relación con el artículo 4 (derecho a la vida), la Corte ha dicho que "En esa perspectiva, toda reserva destinada a permitir al Estado la suspensión de uno de esos derechos fundamentales, cuya derogación está en toda hipótesis prohibida, debe ser considerada como incompatible con el objeto y fin de la Convención y, en consecuencia, no autorizada por ésta" (**Opinión consultiva 3/ 83, par 61**).

El último párrafo del artículo 27.2 de la Convención (el cual se refiere a las garantías judiciales esenciales para la protección de los derechos que no pueden suspenderse durante los estados de emergencia) ha sido la vía utilizada por la jurisprudencia de la Corte Interamericana para incluir ese derecho entre los inderogables. De esa forma la Corte ha señalado que la suspensión del ejercicio de algunos derechos durante los estados de emergencia está implícitamente prohibida.

En primer lugar, la Corte consideró que los derechos consagrados en los artículos 7.6 (recurso de habeas corpus) y 25.1 (recurso de amparo) eran garantías no susceptibles de ser derogadas o suspendidas durante los estados de emergencia.

Asimismo, la Corte estableció que el artículo 8.1 (garantía del debido proceso) tampoco es susceptible de ser derogada o suspendida durante los estados de emergencia, dado que establece el marco y los principios para la aplicación de los derechos consagrados en los artículos 7.6 (legalidad de los arrestos) y 25.1 (recurso de amparo). Dentro de esta óptica, la Corte consideró que "el concepto de debido proceso legal recogido por el artículo 8 de la Convención debe entenderse como aplicable, en lo esencial, a todas las garantías judiciales referidas en la Convención Americana, aun bajo el régimen de suspensión regulado por el artículo 27 de la misma... Se concluye que los principios del debido proceso legal no pueden suspenderse con motivo de las situaciones de excepción en cuanto constituyen condiciones necesarias para que los instrumentos procesales, regulados por la Convención, puedan considerarse como garantías judiciales" (**Opinión consultiva 9/ 87, pars. 29, 30**).

En tercer lugar, la Corte examinó el artículo 27.2 de la Convención en relación con el artículo 29.c ibídem. Esta última norma establece que "Ninguna disposición de la presente Convención puede ser interpretada en el sentido de: a)...b)...c) excluir otros derechos y garantías que son inherentes al ser humano o que se derivan de la forma democrática representativa de gobierno". Con base en dicha norma, sostuvo la Corte que "las garantías judiciales indispensables para la protección de los derechos humanos no susceptibles de suspensión, según lo dispuesto en el artículo 27.2 de la Convención, son aquéllas a las que ésta se refiere expresamente en los artículos 7.6 y 25.1, consideradas dentro del marco y según los principios del artículo 8, y también las inherentes a la preservación del Estado de Derecho, aun bajo la legalidad excepcional que resulta de la suspensión de garantías".

Sin embargo, la Corte se cuidó de enumerar "la lista posible de todas las garantías judiciales esenciales", argumentando que "dependerá en cada caso de un análisis del ordenamiento jurídico y la práctica de cada Estado Parte, de cuáles son los derechos involucrados y de los hechos concretos que motiven la indagación." (**Opinión Consultiva 9/87, pars. 38, 40**).

b.- *Los derechos susceptibles de suspensión*

Cada ordenamiento establece los derechos y garantías susceptibles de suspensión de manera expresa. A contrario sensu, los no incluidos en la lista no pueden ser suspendidos.

Sin embargo, es conveniente señalar que la Convención Americana incluye, entre los no susceptibles de suspensión, algunos que son objetivamente menos importantes que otros cuya suspensión se autoriza. Verbigracia, no son susceptibles de suspensión, entre otros, el derecho al nombre (art. 18), el derecho a la nacionalidad (art. 20), en tanto que sí se autoriza la suspensión del derecho a la protección de la honra y la dignidad (art. 11) y la libertad de pensamiento y expresión (art. 13), que son pilares fundamentales de una sociedad democrática.

2. *Los efectos en el sistema político*

La suspensión de los derechos fundamentales durante los estados de emergencia produce efectos colaterales en el sistema político.

Es importante señalar que uno de los derechos fundamentales que no es susceptible de suspensión durante los estados de emergencia es el de participación política (art. 23). En otros términos, los derechos de "participar en la dirección de los asuntos políticos, directamente o por medio de representantes libremente escogidos", "votar y ser elegidos en elecciones periódicas auténticas, realizadas por sufragio universal e igual y por voto secreto que garantiza la libre expresión de la voluntad de los electores" y "tener acceso, en condiciones generales de igualdad, a las funciones púbicas de su país", no pueden suspenderse durante la declaratoria de un estado de emergencia.

La Corte Interamericana ha señalado que dicha norma, relacionada con el artículo 3 de la Carta de la OEA, establece la obligación de los Estados de que la suspensión de garantías durante los estados de emergencia no se puede separar del "efectivo ejercicio de la democracia representativa". Por tanto, la suspensión de derechos y garantías "carece de toda legitimidad cuando se utiliza para atentar contra el sistema democrático, que dispone límites infranqueables en cuanto a la vigencia constante de ciertos derechos esenciales de la persona." (**Opinión Consultiva 8/87, par. 20**).

En la praxis es difícil imaginarse el "efectivo ejercicio de la democracia representativa" durante un estado de emergencia. Sin embargo, los derechos de participación política se consideran no susceptibles de suspensión por la Convención Americana. En algunos países, como Costa Rica, las elecciones no pueden ser suspendidas ni siquiera durante los estados de excepción (art. 102 inciso 6) CP).

Por otra parte, derechos como la libertad personal (art. 7 excepto su párrafo 6 que no puede suspenderse), el derecho de reunión (art. 15), las libertades de pensamiento (art. 13), la libertad de asociación (art. 16) y la libertad de movimiento (art. 22) pueden ser suspendidos durante los estados de emergencia. No queda claro cómo podrían realizarse procesos electorales si los citados derechos fundamentales se encuentran suspendidos, pues éstos constituyen presupuestos necesarios para que puedan realizarse elecciones libres en cualquier país, dado que la libertad de opinión, la de movimiento y el derecho de reunión son instrumentales respecto de los derechos de participación política.

En todo caso, recordemos que la ratio jurídica de los estados de emergencia es asegurar, durante la crisis, algunos derechos fundamentales mediante el sacrificio o limitación de algunos derechos políticos.

El estado de emergencia tiene un impacto en la perspectiva horizontal del principio de la separación de poderes. En primer lugar, al Poder Ejecutivo se le otorgan nuevas competencias que ordinariamente corresponden al Legislativo.

En segundo lugar, durante el período de emergencia, el órgano legislativo, aunque con poderes limitados en ciertas materias, continúa existiendo, es decir, no puede ser sustituido por ningún otro órgano estatal respecto de aquellas competencias que no hayan sido transferidas temporalmente al órgano ejecutivo como consecuencia de la declaratoria de emergencia.

La rama judicial también soporta algunas limitaciones. Desde un punto de vista orgánico y en aquellos países en que existen jurisdicciones militares, se plantea el problema si éstas cumplen con el requisito de "jurisdicciones independientes e imparciales" que señala el artículo 8.1 de la Convención Americana. Evidentemente la situación deberá revisarse caso por caso.

Desde un punto de vista sustancial, la revisión judicial de las decisiones que toma el órgano ejecutivo durante los estados de emergencia, es una derivación del Estado de Derecho que no puede ser ignorada. Sin embargo, hay que señalar que, en tales hipótesis, los tribunales ordinarios deben aplicar la legislación de emergencia y no la ordinaria.

En aquellos Estados de estructura federal, ninguna disposición contenida en la Convención impide a un Estado miembro de dejar sin efecto, durante los estados de emergencia, la distribución vertical de competencias de los Estados miembros. En consecuencia, el gobierno federal está autorizado para concentrar en sus manos competencias que originalmente corresponden a los Estados miembros. Esta transferencia de competencias puede afectar las tres ramas de gobierno de los Estados miembros.

VI. LA REVISIÓN DE LA EMERGENCIA

Las medidas adoptadas por la rama ejecutiva durante los estados de emergencia pueden ser revisadas por los tribunales, sobre todo porque "aquellas garantías que son necesarias para la protección de los derechos no pueden ser suspendidas" al tenor de lo establecido en el artículo 27. 2 de la Convención Americana y de la jurisprudencia de la Corte Interamericana. Es decir, los decretos de urgencia están sujetos a los contralores de legalidad y constitucionalidad arbitrados por los tribunales internos.

La revisión de las medidas dictadas durante los estados de emergencia ha sido reconocida tanto por la Comisión como por la Corte Interamericana, aunque, en puridad de principios, se trate de medidas de carácter político antes que jurídico.

La Comisión ha señalado que tiene competencia para valorar las circunstancias concretas que justificaron en un caso concreto la declaratoria de emergencia. De donde se puede concluir que la Comisión considera que el acto de suspensión de los derechos fundamentales, aunque de contenido discrecional, no reviste naturaleza política, por lo que queda sujeto a los límites del ejercicio de la discrecionalidad administrativa, como son, entre otros, las reglas unívocas de la ciencia o de técnica, o los principios elementales de justicia, lógica y conveniencia (**Caso Humberto Vargas Bejarano, pars. 53-54**).

También la Comisión ha considerado que tiene competencia para controlar, una vez declarada la emergencia, si el Estado ha respetado los principios procedimentales o sustantivos que regulan el estado de emergencia (**Caso Humberto Vargas Bejarano, par. 55**).

Aunque la Corte no se ha pronunciado sobre el particular, sin embargo ha establecido la compatibilidad con la Convención de ciertas medidas tomadas durante un estado de emergencia (**Caso Neira Alegría, par. 91. 2**).

CAPÍTULO IV

LAS GARANTÍAS INSTITUCIONALES DE LOS DERECHOS FUNDAMENTALES

I. INTRODUCCIÓN

Como contrapunto a los límites para el ejercicio de los derechos fundamentales, los poderes públicos, por su parte, están sujetos a una serie de límites en cuanto a la reglamentación y restricción de los derechos fundamentales, lo que constituye, como contrapartida, una garantía en favor de los ciudadanos.

Es evidente que los derechos fundamentales están sujetos a determinadas restricciones, pero sólo a las necesarias para hacer posible la vigencia de los valores democráticos y constitucionales.

Para que una restricción sea válida, sea "necesaria" no es suficiente que sea "útil", "razonable" u "oportuna", sino que debe implicar "la existencia" de una "necesidad social imperiosa" que sustente la restricción.

Dentro de este orden de ideas, la Sala Constitucional costarricense ha dicho que "Por ello, para que las restricciones a la libertad sean lícitas constitucional e internacionalmente "deben estar orientadas a satisfacer un interés público imperativo. Entre varias opciones para alcanzar ese objetivo debe escogerse aquella que restrinja en menor escala el derecho protegido...la restricción –por otra parte– debe ser proporcionada al interés que la justifica y ajustarse estrechamente al logro de ese legítimo objetivo" (**Corte Interam, OC-5/85, id**).... Ello implica, por una parte, que la restricción debe ser imperiosa socialmente y, por ende, excepcional, como tal de interpretación restrictiva, de manera que en caso de duda debe preferirse siempre la libertad; por la otra, que la misma interpretación del "bien común" ha de hacerse en el contexto del orden constitucional como un todo, de conformidad con su sistema de valores fundamentales –en Costa Rica, en resumen, los de democracia, el Estado de derecho, la dignidad esencial del ser humano y el "sistema de libertad " (**Voto 3550 - 92**).

En realidad todo derecho fundamental tiene una fuerza expansiva, en virtud de la cual se restringe el alcance de las normas limitadoras que actúan sobre el derecho en cuestión. Por consiguiente, de esa fuerza deriva la exigencia insoslayable de que los límites de los derechos fundamentales deban ser interpretados con criterios restrictivos y en el sentido más favorable a la esencia de los derechos fundamentales. Asimismo de ella deriva la necesidad de que toda restricción de los derechos deba estar justificada.

El principio de la motivación de los actos que restringen o eliminan derechos fundamentales se encuentra ínsito en el principio constitucional del debido proceso. En efecto, todo acto sancionatorio debe necesariamente ser motivado, de manera tal que el afectado tenga conocimiento preciso de las razones por las que su derecho es restringido o eliminado.

II.　LAS GARANTÍAS INSTITUCIONALES ESPECÍFICAS

En los distintos ordenamientos existen seis garantías institucionales en favor de los derechos fundamentales: **1)** el principio de reserva legal; **2)** el respeto del contenido esencial; **3)** el principio de razonabilidad de las leyes; **4)** la limitación del Parlamento, por medio del procedimiento de reforma constitucional, para limitar o restringir el régimen de los derechos fundamentales; **5)** el principio de expansibilidad de los derechos fundamentales y **6)** el principio de progresividad.

1.　*El principio de reserva legal*

Una de las principales garantías de los derechos fundamentales es que su regulación primaria es competencia de la ley ordinaria.

Con ello se trata de que sean los mismos ciudadanos, mediante sus representantes de elección popular en el Parlamento, los que consientan en regular sus derechos fundamentales.

Por tanto, no es cualquier tipo de disposición estatal la que puede limitar las acciones privadas, sino únicamente las normativas con rango de ley, excluyéndose así, expresamente, los "decretos" o "decretos reglamentarios" dictados por el Poder Ejecutivo, y los "reglamentos autónomos", dictados por el mismo Poder Ejecutivo o por las entidades descentralizadas para la autorregulación de sus funciones, o servicios, lo mismo que por cualquier otra norma de igual o menor jerarquía. Sólo mediante una ley formal puede imponerse un límite o carga pública a un derecho fundamental.

Los alcances del principio de reserva legal en materia de reglamentación de derechos fundamentales tiene los siguientes corolarios: a) en primer lugar, el principio mismo de "reserva legal", del cual resulta que solamente mediante ley formal, emanada del Parlamento por el procedimiento previsto en la Constitución para la emisión de las leyes, es posible regular y, en su caso, restringir los derechos y libertades fundamentales —todo, por supuesto, en la medida en que la naturaleza y régimen de éstos lo permita, y dentro de las limitaciones aplicables—; b) En segundo, que sólo los reglamentos ejecutivos de estas leyes pueden desarrollar los preceptos de éstas, entendiéndose que no pueden incrementar las restricciones establecidas ni crear las no establecidas por ellas, y que deben respetar rigurosamente su "contenido esencial"; y c) El tercero, que ni aún en los reglamentos ejecutivos, mucho menos en los autónomos u otras normas o actos de rango inferior, podría válidamente la ley delegar la determinación de regulaciones o restricciones que sólo ella está habilitada a imponer; de donde resulta una nueva consecuencia esencial; d) Finalmente, que toda actividad administrativa en esta materia es necesariamente reglada, sin poder otorgase a la Administración potestades discrecionales, porque éstas implicarían obviamente un abandono de la propia reserva legal.

Dentro de esta óptica, por ejemplo, los decretos de urgencia no serían instrumentos jurídicos válidos, aunque tengan fuerza de ley, para regular el régimen de los derechos fundamentales, dado que no emanan del Parlamento sino más bien del Poder Ejecutivo. Tampoco serían instrumentos idóneos de regulación de los derechos fundamentales los demás actos con valor de ley, como los decretos de facto ni las convenciones colectivas de trabajo.

Por otra parte debemos recordar que los derechos fundamentales se proyectan sobre el legislador en distintas formas, todas ellas diferentes entre sí.

En primer término, los derechos fundamentales identifican una interdicción o proscripción para el legislador, vedándole un ámbito material específico a su esfera reguladora. Se trata de aquellos casos en que la regulación de determinadas materias se sustrae a su esfera de reglamentación, como ocurre con las reformas parciales a la Constitución.

Verbigracia, determinados derechos fundamentales no admiten ninguna intervención del legislador para limitarlos, como ocurre con la prohibición de la tortura, la prohibición de la esclavitud, etc. Dentro de esta óptica no sería posible que se legalizare la tortura en las cárceles por delitos a la vida o se autorizare alguna forma de esclavitud.

En segundo término, identifican una habilitación al legislador, con exclusión como indicamos supra de otros poderes normativos, dentro de la cual caben diversas modalidades, que van desde la limitación a la regulación o incluso a la configuración de un derecho (**Cruz Villalón**).

En efecto, algunos derechos fundamentales permiten una amplia limitación porque su ejercicio entra en conflicto, con bastante frecuencia, con el interés público. Por ejemplo, los derechos económicos (propiedad privada, libertad empresarial, libertad contractual, etc.). Un segundo grupo de derechos fundamentales requiere de una amplia regulación legislativa para ser eficaces, como ocurre con los derechos que se refieren a la vida íntima de las personas o las libertades de pensamiento, etc. Otra tercera categoría, como las de los derechos de contenido social, requieren una amplia intervención del legislador para su configuración, dado que su enunciación constitucional es sumamente genérica.

Finalmente, los derechos fundamentales identifican un mandato dirigido al legislador a fin de que éste complete la obra del constituyente, haciendo de ese modo posible el disfrute efectivo del derecho. En otros términos, corresponde al legislador ejecutar aquellos mandatos del constituyente dirigidos a la satisfacción plena de los intereses sustanciales garantizados por los derechos fundamentales, especialmente aquellos denominados "prestacionales".

Este ámbito de actuación del legislador ha adquirido, sobre todo en los últimos tiempos, una gran relevancia, pues las Constituciones modernas están plagadas de normas que consagran auténticos derechos prestacionales. Recordemos, en todo caso, con un jurista alemán que antes los derechos fundamentales sólo valían en el ámbito de la ley, hoy las leyes sólo valen en el ámbito de los derechos fundamentales (**Kruger**).

2. *El contenido esencial*

No obstante que el Estado tiene la potestad de reglamentar y, por tanto, limitar los derechos fundamentales, lo cierto es que también existe un contenido esencial en todos ellos que queda fuera de la esfera de regulación de todos los poderes públicos.

En primer término, cabe recordar que los derechos fundamentales sirven precisamente para proteger a los ciudadanos de eventuales excesos de poder del Estado y sus autoridades. Por ello, la primacía del gobernado es la que debe tenerse en cuenta a la hora de establecer el contenido esencial de los derechos fundamentales.

El Tribunal Constitucional español ha definido el contenido esencial del derecho como "aquella parte del contenido de un derecho sin el cual éste pierde su peculiaridad, o, dicho de otro modo, lo que hace que sea recognoscible como derecho perteneciente a un determinado tipo. Es también aquella parte del contenido que es ineludiblemente necesaria para que el derecho permita a su titular la satisfacción de aquellos intereses para cuya consecución el derecho se otorga...se rebasa o desconoce el contenido esencial cuando el derecho queda sometido a limitaciones que lo hacen impracticable, lo dificultan más allá de los razonable o lo despojan de la necesaria protección" (**Voto 11- 81**).

Se trata, en consecuencia, de reconocer un núcleo en el contenido de los derechos fundamentales que no puede sobrepasarse; es decir, se trata de salvaguardar un contenido mínimo del derecho, incluso frente a derechos o bienes constitucionalmente relevantes.

Conforme a la doctrina alemana, que es la que más ha profundizado sobre el tema, una limitación afecta el contenido esencial de un derecho fundamental cuando el administrado queda convertido en mero objeto de la actividad estatal, especialmente cuando se condiciona el uso de un derecho fundamental a la existencia de ciertos presupuestos cuyo cumplimiento no puede lograrse a pesar de poner su titular su mayor empeño ello (**Dürig**).

En otros términos y como dice otro jurista alemán "Los derechos de libertad protegen determinados intereses particulares. Se trata de hacer posible que los particulares puedan conseguir los intereses protegidos por el Derecho Constitucional. Cualquier limitación a un derecho fundamental en favor de los intereses estatales dificulta el logro de aquellos intereses particulares. Pero si la limitación va tan lejos que los particulares no pueden de ninguna manera lograr sus intereses protegidos por el derecho fundamental, porque se cierran todos los caminos que conducen a su realización, tal limitación afecta su contenido esencial y es, por lo tanto, inconstitucional" (**Stein**).

De esa forma la garantía del contenido esencial se convierte en un "límite de los límites" (**De Otto**), puesto que las autoridades públicas, en su labor conformadora de los derechos fundamentales, no puede ir más allá de su contenido esencial.

El Tribunal Constitucional español, en la sentencia antes citada, ha seguido dos métodos complementarios para identificar el contenido esencial de un derecho fundamental. Mediante el primero de ellos se define el contenido esencial a través de la "naturaleza jurídica" del derecho fundamental, definida a partir del lenguaje usado para su consagración como derecho puesto en relación con las ideas generalizadas entre los juristas a la hora de identificar el derecho. Dentro de esta perspectiva, constituyen "contenido esencial" de un derecho fundamental aquellas facultades o posibilidades de actuación necesarias para que el derecho sea recognoscible como perteneciente al tipo descrito, sin las cuales el derecho se desnaturalizaría. Por ejemplo, si el titular del derecho de propiedad no puede enajenar o usufructuar su bien, es evidente que su derecho de propiedad desaparecería. O si al titular de una empresa se le impide obtener un lucro razonable por el ejercicio de su actividad, la libertad empresarial sería jurídicamente inexistente.

La segunda metodología utilizada para definir al derecho fundamental consiste en determinar, a través de la salvaguardia de los intereses que le dan vida: se respeta el contenido esencial si los intereses que lo integran están efectivamente garantizados. En estos casos se puede hablar de una esencialidad del contenido del derecho para referirse a aquella parte del contenido mismo que es absolutamente necesario para que los intereses jurídicamente protegibles, que dan vida al derecho, resulten real, concreta y efectivamente protegidos. En esta hipótesis, el "contenido esencial" se desconoce cuando el derecho queda sometido a limitaciones más allá de lo razonable o lo despojan de la necesaria protección. Verbigracia, si a los medios de comunicación se les impone la censura previa, es claro que la viola el contenido esencial de la libertad de prensa.

Debe tenerse presente que el legislador desconoce o viola el contenido esencial de un derecho, cuando crea normas que limitan, hacen impracticable, dificultan más allá de lo razonable o lo despojan de la necesaria protección. Porque al violarse ese contenido esencial del derecho, se quebranta la Constitución que a su vez protege ese contenido intangible para el legislador.

La garantía del contenido esencial se da tanto frente al legislador como a la Administración Pública y constituye una de las principales técnicas de las que dispone el juez constitucional para tutelar los derechos fundamentales. En efecto, el legislador está impedido de limitar, regular o configurar un derecho fundamental si con su actividad incide sobre el contenido esencial del derecho fundamental regulado, de manera tal que lo desnaturalice. Por ejemplo, una ley no podría impedir, ni directa ni indirectamente, que los empresarios tengan derecho a un lucro razonable en el ejercicio de su giro, o establecer la obligatoriedad de formar parte de una determinada asociación para ejercer otro derecho fundamental. Tales disposiciones legales atentarían contra el contenido esencial de la libertad de empresa y de la libertad de asociación, respectivamente

La Administración Pública no puede tampoco dictar reglamentos o actos subjetivos que, directa o indirectamente, violen el contenido esencial de los derechos fundamentales. Verbigracia, no podría el Ministerio de Agricultura y de Ganadería decretar la creación de una zona de reserva forestal en terrenos privados sin la expropiación previa de las respectivas fincas afectadas, dado que ello constituiría una clara violación del derecho de propiedad. En efecto, al quedar sujetas tales tierras al régimen jurídico de las reservas forestales, sus titulares verían violado indirectamente el contenido esencial de su derecho de propiedad, dado que en tales reservas es prohibido construir, hipotecar o en cualquier forma gravar la propiedad. En consecuencia, los afectados verían vaciado el contenido esencial de su derecho de propiedad, que consiste en el libre disfrute y disposición de la cosa o del bien objeto del derecho.

3. La garantía del principio de razonabilidad de las leyes

Esta figura, típica del Derecho anglosajón, nació inicialmente como una garantía estrictamente procesal. Es decir, el conocido *"due process of law"* se concebía inicialmente como un conjunto de reglas y procedimientos tradicionales que el legislador y el ejecutor de la ley debían observar, cuando en cumplimiento de normas que condicionan la actividad de esos órganos (Constitución, leyes, reglamentos), regulaban la conducta de los ciudadanos y restringían la libertad civil de los mismos.

Posteriormente, esta cláusula se fue convirtiendo, poco a poco, en una garantía innominada y genérica de los derechos fundamentales, desde el punto de vista sustantivo.

En el año 1886, el entonces Presidente de la Corte Suprema de Justicia, White, en un célebre voto salvado dijo que "De lo que se ha dicho no debe inferirse, que este poder de limitación o regulación es ilimitado, en sí mismo. El poder de regular no es el poder de destruir y "limitación" no es equivalente de "destrucción". Bajo la pretensión de regular tarifas y fletes, el Estado no puede exigir a un ferrocarril transportar personas y cosas sin remuneración; ni puede poder hacer eso que en derecho implica tomar la propiedad privada para un uso público, sin justa compensación o sin debido proceso legal" (**Stone vs Farmers Loan Co 116 US30**).

En 1884 siete Magistrados, en el caso *Hurtado vs California*, sostuvieron que el debido proceso en su aspecto sustantivo se concebía como una limitación a los poderes de actuación de los Estados, por lo cual debía adicionarse el grupo de prohibiciones y limitaciones contenidas en la Constitución (**Forkosch**).

En 1892 se produce otro hito jurisprudencial en el caso O Neil vs Vermont, en el que el Magistrado Field interpretando el "Bill of Rights", dijo que dicho instrumento normativo "declara o reconoce los derechos de la persona, estos son derechos que le pertenecen a ellos como ciudadanos de los Estados Unidos por la Constitución; y la Catorceava Enmienda...impone un límite sobre el poder estadual ordenándole que el Estado no podrá hacer o forzar una ley que los prive de los mismos".

Aquí se reconoce expresamente que la garantía del debido proceso opera como una limitación a los poderes normativos del Estado. En otros términos, aquí surge el germen del principio de razonabilidad de las leyes, en el sentido de que los derechos fundamentales constituyen un límite para la actuación normativa de los poderes públicos.

Hoy día es pacífica la tesis, tanto en la doctrina como en la jurisprudencia norteamericanas, que la garantía del debido proceso constituye un standard, un patrón, o módulo de justicia para determinar, dentro del arbitrio que la Constitución deja al legislador y la ley a los órganos administrativos, lo axiológicamente válido del actuar de esos órganos; es decir, esta garantía se utiliza como parámetro para establecer hasta dónde los poderes públicos pueden válidamente restringir el ejercicio de los derechos fundamentales de los ciudadanos. Queda convertida, de esa manera, esta garantía procesal en una garantía genérica de los derechos fundamentales.

Dentro de esta óptica, la propia Corte Suprema de Justicia ha establecido algunas reglas específicas en relación con las limitaciones de los derechos fundamentales; es decir, para establecer lo que es razonable o conforme con la regla del equilibrio conveniente. Entre otras, tales fórmulas son las siguientes: a) es la comparación y equilibrio entre las ventajas que lleva a la comunidad un acto estatal, con las cargas que causa; b) es la adecuación entre el medio utilizado y la finalidad que él persigue; c) es la conformidad del acto con una serie de principios filosóficos, políticos, sociales, éticos, a los cuales se considera ligada la existencia de la sociedad y de la civilización de los Estados Unidos.

La jurisprudencia de la Corte Suprema de Justicia de la República Argentina ha retomado este tema del debido proceso como garantía material y la ha transformado en el principio de razonabilidad de las leyes.

Ha dicho la jurisprudencia del citado Tribunal argentino que "por grande que sea el interés general, cuando un derecho de libertad se ha puesto en conflicto con las atribuciones de una rama del Poder Público, más grande y respetable es el que se rodee ese derecho individual de la formalidad establecida en su defensa y si hubiese duda en la interpretación del texto constitucional debe resolverse por la apelación en favor de la libertad, pero nunca por interés alguno en contra de aquel texto expreso" (**Caso Sojo, 1887**).

En síntesis, la doctrina sentada por la jurisprudencia argentina nos indica que, en cuanto principio interpretativo de la libertad, debe considerarse la regla y las regulaciones estatales la excepción, y, por tanto, en caso de duda, el conflicto debe siempre resolverse en favor de la cláusula de la libertad (**Linares**).

Dentro de esta tesitura, por ejemplo, el legislador no puede tipificar como delitos conductas que no sean socialmente dañinas o que no vulneren otros valores tutelados constitucionalmente. De lo contrario, la norma deviene irrazonable.

En consecuencia, la regulación de los derechos fundamentales no puede traspasar los límites de la razonabilidad ni de la proporcionalidad.

En otros términos, la razonabilidad implica que el Estado puede limitar o restringir el ejercicio del derecho, pero debe hacerlo en forma tal que la norma jurídica se adecúe en todos sus elementos, con el motivo y el fin que persigue, con el sentido objetivo que se contempla en la Constitución. Quiere ello decir que debe existir una proporcionalidad entre la regla jurídica adoptada y el fin que persigue, referida a la imperiosa necesidad que la ley satisfaga el sentido común jurídico de la comunidad, expresado en los valores que consagra la misma Constitución.

En sentido estricto la razonabilidad equivale a la justicia; así, por ejemplo, una ley que establezca prestaciones científicas o técnicamente disparatadas, sería una ley técnicamente irracional o irrazonable, y, por ello, sería también jurídicamente irrazonable. En este sentido cabe advertir que no es lo mismo decir que un acto es razonable, a que uno no es irrazonable, por cuanto la razonabilidad es un punto dentro de una franja de posibilidades u opciones, teniendo un límite hacia arriba y otro hacia abajo, fuera de los cuales la escogencia resulta irrazonable, en razón de exceso o por defecto, respetivamente.

La garantía genérica del debido proceso o principio de razonabilidad de las leyes, es posible oponerla tanto al legislador como a la Administración. Respecto del primero, es claro que la limitación, regulación o configuración de los derechos fundamentales, en su caso, debe perseguir un fin constitucionalmente tutelado, pues de lo contrario la disposición legislativa correspondiente sería irrazonable. Por ejemplo, no podría el legislador, so pretexto de regular el derecho a la formación de partidos políticos, establecer un número exagerado de firmas para la inscripción de un partido político, pues dicha norma sería irrazonable por impedir la formación e inscripción de partidos minoritarios. Dicha norma legal, además de violar el principio del pluralismo político, atentaría también contra el principio de razonabilidad de las leyes, dado que no estaría fundada en ningún valor o principio tutelado constitucionalmente, sino más bien, por el contrario, atentaría contra algunos de los principios y valores más celosamente tutelados en una sociedad democrática.

La Administración Pública, por su parte, no puede dictar actos irrazonables y desproporcionados, de manera tal que tiene la interdicción de dictar actos en que no exista una relación razonable entre las ventajas obtenidas por el orden público y las restricciones que tales actos o medidas causan a los titulares de los derechos fundamentales restringidos.

Por tanto, las limitaciones que se establezcan no pueden restringir el derecho más allá de lo razonable, de modo que todo acto administrativo que limite derechos fundamentales ha de asegurar que las medidas limitadoras sean necesarias para conseguir el fin perseguido y, al mismo tiempo, ha de atender a la proporcionalidad entre el sacrificio del derecho y la situación en que se encuentra aquél a quien se impone.

La doctrina alemana ha desarrollado el contenido de la denominada razonabilidad constitucional. El concepto, como veremos de inmediato, varía un poco respecto del analizado líneas arriba, pero tiene la virtud de que precisa mejor los límites a la potestad reguladora del Estado en materia de derechos fundamentales.

Dentro de esta óptica, dicha doctrina ha precisado que un acto limitativo de derechos es razonable cuando cumple con una triple condición: es necesario, idóneo y proporcional. La necesidad de una medida hace directa referencia a la existencia de una base fáctica que haga preciso proteger algún bien o conjunto de bienes de la colectividad o de un determinado grupo mediante la adopción de una medida de diferenciación. Es decir, que si dicha actuación no es realizada, importantes intereses públicos van a ser lesionados. Si la limitación no es necesaria, tampoco podrá ser considerada como razonable, y por ende constitucionalmente válida. La idoneidad, por su parte, importa un juicio referente a si el tipo de restricción a ser adoptado cumple o no con la finalidad de satisfacer la necesidad detectada. La inidoneidad de la medida nos indicaría que pueden existir otros mecanismos que en mejor manera solucionen la necesidad existente, pudiendo algunos de ellos cumplir con la finalidad propuesta sin restringir el disfrute del derecho en cuestión.

Por su parte, la proporcionalidad nos remite a un juicio de necesaria comparación entre la finalidad perseguida por el acto y el tipo de restricción que se impone o pretende imponer, de manera que la limitación no sea de entidad marcadamente superior al beneficio que con ella se pretende obtener en beneficio de la colectividad. De los dos últimos elementos, podría decirse que el primero se basa en un juicio cualitativo, en cuanto que el segundo parte de una comparación cuantitativa de los dos objetos analizados.

Para emprender un examen de razonabilidad de una norma, el Tribunal Constitucional requiere que la parte aporte prueba o al menos elementos de juicio en las que sustente su argumentación e igual carga procesal corresponde a quien rebata los argumentos de la acción y la falta en el cumplimiento de estos requisitos, hace inaceptable los alegatos de inconstitucionalidad. Lo anterior, debido a que no es posible hacer un análisis de "razonabilidad" sin la existencia de una línea argumentativa coherente que se encuentre probatoriamente respaldada. Ello desde luego, cuando no se trate de casos cuya irrazonabilidad sea evidente y manifiesta.

4. *La prohibición del Parlamento para limitar o restringir el régimen de los derechos fundamentales a través del procedimiento de revisión constitucional*

Esta garantía institucional deriva de la distinción entre Poder Constituyente derivado y Poder Reformador de la Constitución.

El primero, aunque limitado en cuanto a su composición, organización y funcionamiento iniciales tanto por el texto constitucional como por la respectiva ley de convocatoria, una vez en funcionamiento no estaría sujeto a ninguna limitación competencial, es decir, la Asamblea Constituyente convocada al efecto para la reforma general de la Constitución podría válidamente introducir reformas de fondo al texto constitucional vigente. Su limitación es exclusivamente de carácter procedimental.

El poder de reforma parcial, en cambio, presenta las mismas características de los Poderes constituidos, ya que dicha potestad no es jurídicamente ilimitada, sino parcial y reglamentada, debiendo desenvolverse dentro del marco que la fija el Derecho de la Constitución.

En otras palabras, como decía **Burdeau**, "la autoridad encargada de ejercer el Poder Constituyente derivado (Poder Reformador en nuestra terminología) es incontestablemente un órgano del Estado".

De lo anterior se concluye que el órgano encargado de reformar parcialmente la Constitución, al igual que cualquier otro órgano estatal, se encuentra condicionado y limitado por los principios y normas constitucionales que consagran y regulan su ejercicio. Es decir, el órgano encargado de la revisión parcial de la Constitución está subordinado al orden establecido en cuanto a su estructura, procedimiento para su integración, organización y funcionamiento, así como a la materia objeto de su competencia.

El fundamento doctrinario para su limitación es su condición de órgano constituido, puesto que el poder reformador de la Constitución, al encontrar su razón de ser en la propia norma fundamental, lógica y jurídicamente no podría destruir el fundamento de su propia competencia. En realidad el concepto universalmente aceptado de la soberanía popular se opone a que un órgano estatal sea titular de un poder ilimitado, ya que sólo el pueblo es soberano. En otras palabras, el pueblo es la fuente política del poder estatal, que se articula jurídicamente por medio del ejercicio del Poder Constituyente.

Por ello, un autor francés ha dicho con gran precisión que "los elegidos son los representantes de la Nación soberana, pero, en ningún caso, los representantes soberanos de la Nación" (**Esmein**).

En consecuencia, el poder de reforma parcial de la Constitución es limitado, en todo lo relativo a su estructura (órgano titular de ejercerlo), procedimiento para su integración (forma de convocatoria a una Asamblea Constituyente), organización (número de miembros) y funcionamiento (reglas procedimentales que debe seguir en sus actuaciones), así como por razones de competencia material.

Justamente uno de los principales límites competenciales del poder de revisión parcial de la Constitución lo constituye el régimen de los derechos fundamentales, el cual no puede ser limitado ni restringido válidamente por el Parlamento, dado que los derechos fundamentales existen para proteger la libertad no para limitarla. Por ello, sólo el pueblo en el ejercicio del Poder Constituyente, original o derivado, tiene el poder jurídico y la legitimación política para restringir válidamente el régimen jurídico de los derechos fundamentales pues el ejercicio de dicho Poder no está sujeto a límites competenciales.

Dentro de este orden de ideas, el artículo 139 de la Constitución italiana establece expresamente la prohibición de reformar la forma republicana de gobierno. El artículo 2 ibídem eleva a la categoría de inviolables los derechos del hombre reconocidos por el ordenamiento italiano.

La doctrina italiana considera unánimemente que los derechos incluidos dentro de la categoría de inviolables del artículo 2 de la Constitución tampoco pueden ser objeto de la revisión constitucional, es decir, no pueden ser derogados ni modificados, salvo para otorgarles más garantías. Así, por ejemplo, se ha dicho que "el límite de la no revisión opera en relación sólo respecto de aquellos derechos que deben considerarse comprendidos en el texto del artículo

2 de la Constitución, porque si bien es cierto que respecto de ellos el límite en cuestión no está directamente establecido, pero se extiende a ellos en cuanto subsista su pertenencia a aquella categoría: en breve, puede afirmarse implícito en aquella pertenencia" (**Grossi**).

Asimismo se ha sostenido que "límites también absolutos y expresos, aunque no resultantes de fórmulas análogas a aquella del artículo 139 de la Constitución, se derivan del artículo 2..." (**Mortati**).

También se ha subrayado que "no se puede tampoco afirmar que ese sea el único límite explícito (se refiere al del artículo 139 de la Constitución), porque dicho carácter tiene también aquel otro contenido en el artículo 2, en la parte que reconoce los derechos inviolables del hombre" (**Crisafulli**).

Finalmente, otro gran jurista italiano, ya desaparecido, dijo sobre el particular: "La función de revisión, según la doctrina hoy día prácticamente pacífica, está sujeta a límites. Existen en la Constitución italiana (como en toda Constitución) normas provistas de una especie de superlegalidad constitucional, que no son susceptibles de ser modificadas o abrogadas por la función de revisión constitucional. La demostración de este asunto está indicada en otra parte: me limitaré a recordar que según la mayoría de la doctrina los límites a la función de revisión que explícitamente la Constitución italiana pone están contenidos en los artículos 139 y 2: el primero relativo a la forma republicana, el segundo relativo a la inviolabilidad de los derechos y a la inderogabilidad de los deberes constitucionales" (**Barile**).

En Alemania es pacíficamente aceptado que el artículo 79.3 de la Constitución de Bonn prohíbe la abolición de los derechos fundamentales por medio de la reforma constitucional. Dentro de este orden de ideas, uno de las más importantes juristas alemanes de los últimos tiempos, dice al respecto: "El art. 79.3 de la Ley Fundamental veda una abolición de los derechos fundamentales por la vía de la reforma constitucional: son inadmisibles reformas de aquélla que afecten los principios formulados en los arts. 1 y 20 GG. Estos principios: la dignidad del hombre (art. 1) y los principios democráticos y del Estado de Derecho (art. 20) resultarían afectados por cualquier abolición, porque prácticamente todos los derechos fundamentales constituyen parte esencial de tales principios, de forma tal que su eliminación suprimiría aquellos mismos principios y el ordenamiento construido sobre los mismos. No se excluye, la reforma del texto de los derechos fundamentales siempre que se preserve su contenido y eficacia" (**Hesse**).

En España existen dos procedimientos diversos para reformar la Constitución: en el artículo 167 se autorizan las reformas parciales y en el 168 las reformas generales. El tema en discusión, en consecuencia, consiste en establecer si la reforma constitucional del artículo 167 está o no sujeta a límites de competencia.

Pedro de Vega, uno de los autores que más ha ahondado en el tema, nos dice que "La consideración, sin embargo, del principio de soberanía popular como el primero y más claro de los límites materiales implícitos a cualquier operación de reforma, no quiere decir que sea el único. Su proclamación indiscutible, y casi obvia, como barrera infranqueable a la actividad de revisión, si tiene algún fundamento, es en la medida que constituye la base más segura para poder deducir el resto de los supuestos y contenidos del ordenamiento que, conforme a las exigencias de la lógica del Estado constitucional, han de concebirse como límites materiales implícitos... De lo que se trata, en definitiva, es de hacer patente la circunstancia de que, la consagración y defensa del principio democrático de soberanía popular, sólo es posible en la medida en que sea acompañada de una consagración y defensa similares de las instituciones y principios liberales, en cuya órbita, únicamente, puede adquirir una efectiva dimensión práctica. De nada serviría considerar como cláusula intangible el artículo 1.2 de nuestra Constitución (la soberanía nacional reside en el pueblo), si luego se admitiera como elementos eliminables por vía de la reforma, de una parte en el plano orgánico, todas las instituciones y procedimientos a través de los cuales se establecen los cauces de participación popular, y por otro lado, en el plano dogmático, las garantías, derechos y libertades que evitan el secuestro, la falsificación y el engaño de la voluntad democrática. Sólo cuando el pueblo tiene institucionalizados procedimientos para expresar su voluntad, y sólo cuando esa voluntad puede manifestarse espontánea y libremente, adquiere la plenitud de su sentido hablar del principio democrático de soberanía popular. Se comprende de este modo el hecho de que, en la mayoría de los autores, al hacer el elenco de posibles límites materiales implícitos, aparezca siempre, junto al indiscutible axioma de la soberanía del pueblo, la referencia a contenidos, tanto orgánico- institucionales (división de poderes), como dogmáticos (derechos y libertades fundamentales), empalmando así, si bien desde una óptica y unos presupuestos diferentes, con la inicial versión que la burguesía otorgara al concepto político de Constitución".

Para la doctrina española es claro que existe un límite implícito para modificar o derogar el artículo 10.1 de la Constitución, pues ello afectaría el ámbito de los derechos fundamentales (**Contreras**).

En síntesis, el poder de reforma constitucional es jurídicamente limitado. Dichos límites vienen dados por el núcleo sustancial de la Constitución. Ese núcleo sustancial está constituido por el principio de la soberanía popular, el de la división de poderes y el régimen de los derechos fundamentales.

Es claro que tanto en la doctrina italiana, alemana como española es pacíficamente aceptada la tesis de que la reforma parcial de la Constitución está sometida a límites de competencia expresos e implícitos.

En algunos de estos países existen límites de competencia expresos, como la prohibición de reformar la forma republicana de gobierno (Italia, Alemania y Francia), pero la doctrina de todos estos países reconoce, de manera unánime, que dentro de los límites implícitos de la reforma constitucional está necesariamente incluido el régimen de los derechos fundamentales. En Alemania la prohibición de modificarlo está expresamente señalada en la Constitución de Bonn.

Por tanto, la función de revisión constitucional no puede modificar el régimen de los derechos fundamentales para desmejorarlos o incluirle limitaciones no autorizadas por el constituyente originario, es decir, sólo puede modificarlos para otorgarles mayores garantías o para fortalecerlos.

Las Asambleas Constituyentes sólo surgen en momentos de crisis o de creación de un nuevo Estado, es decir cuando existen cambios de consenso en la sociedad civil subyacente. Por tanto, es necesario concluir que el constituyente originario, al crear dos procedimientos diferentes para la reforma general y parcial de la Constitución, establece límites implícitos al poder de reforma constitucional ejercido por el Parlamento, dado que éstas, por ser poderes constituidos, están sujetas a límites competenciales.

Los límites del poder reformador de la Constitución, en general, son la forma de Estado, la forma de gobierno y el régimen de los derechos fundamentales. En otros términos, el Parlamento no podría, mediante el procedimiento de reforma parcial, transformar una República en Monarquía o viceversa; tampoco podría cambiar la forma de gobierno porque ello implicaría una transformación radical del principio de la división de poderes, pero, sobre todo, no podría restringir el régimen de los derechos fundamentales, en virtud de que la Constitución, en un sistema democrático, fue creada para proteger la libertad de los ciudadanos no para mancillarla.

En consecuencia, el régimen de los derechos fundamentales está substraído a la competencia de reforma parcial de la Constitución que tiene el Parlamento, salvo dos excepciones: la primera, cuando la reforma venga a reforzar dicho régimen, ya sea porque otorga mayores garantías, como ocurriría si se rebajare la edad para ser elector, o cuando se reformare la Carta Política para elevar a rango constitucional algún derecho reconocido hasta ese momento a nivel legal. En ambos casos se reforzaría el régimen de los derechos fundamentales, por lo que las respectivas reformas parciales de la Constitución serían válidas.

La segunda excepción se daría si se reformare el régimen de los derechos fundamentales para armonizar el ejercicio de algunos derechos o bien porque es necesario restringir el ejercicio de un determinado derecho fundamental para armonizarlo con potestades estatales de linaje constitucional. Por ejemplo, si se reformare la disposición constitucional que consagra la inviolabilidad de las comunicaciones orales de los habitantes con fin de autorizar las intervenciones telefónicas. En efecto, esa reforma se realizaría para armonizar el ejercicio del derecho fundamental a la inviolabilidad de las comunicaciones con los derechos a la tutela judicial efectiva y a la seguridad personal que son también de naturaleza constitucional, además de hacer efectivo el ejercicio de la potestad atribuida al gobierno de garantizar el orden, la seguridad y la vida de los habitantes.

En efecto, la autorización de las intervenciones telefónicas se justificaría en la necesidad de armonizar el ejercicio de varios derechos fundamentales, así como de garantizar el efectivo ejercicio de la potestad fundamental del Poder Ejecutivo de mantener el orden y la tranquilidad de la Nación y tomar las providencias necesarias para resguardar las libertades públicas.

En cambio, si una ley eliminare un contenido esencial de los derechos fundamentales deviene en inconstitucional por un vicio de incompetencia, dado que esa materia está atribuida exclusivamente a una Asamblea Constituyente convocada al efecto.

Verbigracia, si en un determinado ordenamiento se prohibiere la reelección presidencial se eliminarían contenidos esenciales de los derechos a elegir y ser electo, que garantizan el numeral 23 del Pacto de San José y, en general, todas las Constituciones Políticas. Semejante ley reduciría a los electores el universo de las personas por las que podrían votar para ocupar el cargo de Presidente de la República, así como también le cercenaría el derecho, para siempre, a los expresidentes de ser nuevamente elegidos a la primera Magistratura de la Nación.

En esta hipótesis se eliminaría un contenido esencial de los derechos fundamentales de elegir y ser electo, sin que existiere ninguna razón de interés público ni de armonización con otros derechos o valores constitucionales que la justifiquen, sino simplemente consideraciones de conveniencia política, las cuales, como es evidente, no siempre coinciden con el interés público.

5. *El principio de expansibilidad de los derechos fundamentales*

El principio de expansibilidad está referido al reconocimiento de nuevos derechos fundamentales dentro de un ordenamiento jurídico.

En algunos casos el numerus es clausus, en el sentido de que sólo se conceptúan fundamentales aquellos que expresamente la Constitución califica como tales. Este es el expediente de la Constitución española de 1978. De esa concepción restrictiva de los derechos fundamentales se deriva también la consecuencia que sólo aquellos que el propio texto constitucional califica de fundamentales son tutelados por el recurso de amparo.

Sin embargo, autores como **Rubio Llorente**, consideran que dicha concepción es errónea, pues en este caso no debe hacerse una lectura literal del texto constitucional, por lo que es posible extender el catálogo de los derechos fundamentales en el ordenamiento español.

En el caso costarricense, el principio de expansibilidad tiene dos fundamentos constitucionales específicos: los artículos 48 y 74 de la Constitución Política, respectivamente.

De conformidad con el primero de ellos, integran también el parámetro del recurso de amparo, los derechos fundamentales consagrados en instrumentos internacionales sobre Derechos Humanos, aplicables en la República. En consecuencia, el ordenamiento constitucional costarricense considera también como fundamentales aquellos derechos incluidos en los instrumentos internacionales en materia de Derechos Humanos. Dentro de esta categoría se incluyen, además de los tratados debidamente aprobados por la Asamblea Legislativa, aquellos otros suscritos por el Poder Ejecutivo aunque no estén aprobados por la Asamblea Legislativa, con lo cual la gama de los derechos fundamentales se ha ampliado considerablemente.

Con base en dicha disposición, la jurisprudencia constitucional ha incorporado una amplia gama de derechos fundamentales en el ordenamiento recogidos en tratados e instrumentos internacionales. Por ejemplo, el derecho de rectificación y respuesta consagrado en el artículo 13 de la Convención Americana sobre Derechos Humanos, los derechos de fuero sindical consagrados en los Convenios de la Organización Internacional del Trabajo, los relativos a la tutela del ambiente y a la protección de la niñez y la adolescencia, entre otros varios.

El artículo 74, por su parte, dispone que "Los derechos y beneficios a que este capítulo se refieren son irrenunciables. Su enumeración no excluye otros que deriven del principio cristiano de justicia social y que indique la ley". Esta norma amplía también, de manera considerable, el catálogo de derechos fundamentales en nuestro ordenamiento constitucional en materia social.

Dentro de este orden de ideas, la Sala Constitucional ha derivado del artículo 73 constitucional, que se refiere a la administración de los seguros sociales por parte de la Caja Costarricense del Seguro Social, el derecho a la jubilación. Ha establecido dicha jurisprudencia que "La pensión o jubilación constituye un derecho fundamental con reconocimiento constitucional e internacional que pertenece y debe ser reconocido a todo ser humanos, en condiciones de igualdad y sin discriminación alguna, de conformidad con los artículos 33 y 73 de la Constitución" (**Voto 1147- 90**).

La jurisprudencia constitucional también ha ampliado el reconocimiento de derechos fundamentales, en materia ajena a los de naturaleza social como indica el artículo 73 de la Constitución, al ámbito de los derechos de la intimidad. Dentro de esta óptica la jurisprudencia constitucional ha considerado que los derechos de la personalidad, consagrados en el Código Civil, tienen el carácter de fundamentales por estar inmediatamente relacionados con el derecho a la intimidad que consagra el numeral 24 de la Constitución (**Voto 1441- 96**).

Sin embargo, el principio de expansibilidad de los derechos fundamentales ha sido llevado a sus últimas consecuencias por la Sala Constitucional mediante dos vertientes diferentes: la primera, por medio del reconocimiento de nuevos derechos fundamentales que derivan de la interpretación armoniosa de varias normas constitucionales, o bien mediante el reconocimiento directo de derechos fundamentales que derivan de normas orgánicas de la Constitución.

Utilizando la primera vertiente, por ejemplo, la jurisprudencia de la Sala ha reconocido el derecho fundamental de contratación en los siguientes términos: "Partiendo del reconocimiento constitucional del principio y sistema de libertad, en general (art. 28), del derecho de propiedad privada (art. 45) y de la libertad de empresa (art. 46), se inscribe como principio constitucional, *conditio sine qua non* para el ejercicio de ambos, el de libre contratación" (**Voto 3495- 92**).

En relación con la segunda vertiente, la Sala Constitucional ha establecido que del principio constitucional de reserva legal en materia tributaria, consagrado en el numeral 121 inciso 13 de la Constitución, se deriva el derecho fundamental de los ciudadanos de no pagar tributos que no hayan sido creados por ley emanada de la Asamblea Legislativa (**Voto 1365- 91**).

En la mayoría de los ordenamientos el principio de expansibilidad está expresamente consagrado en las Constituciones Políticas, por lo que ha experimentado un amplio desarrollo jurisprudencial y ha permitido ampliar considerablemente el catálogo de los derechos fundamentales reconocidos.

6. El principio de progresividad de los derechos fundamentales

El principio de progresividad de los derechos fundamentales se construye mediante la interpretación armónica de los artículos 74 de la Constitución Política y de varias normas contenidas en instrumentos internacionales sobre los Derechos Humanos.

En efecto, según el numeral 74 de la Constitución, "Los derechos y beneficios a que este capítulo se refiere son irrenunciables. Su enumeración no excluye otros que deriven del principio cristiano de justicia social y que indique la ley…"

De igual modo y en relación al desarrollo progresivo de estos derechos sociales o prestacionales, el artículo 2, párrafo primero del Pacto Internacional de Derechos Económicos, Sociales dispone lo siguiente: "(...) 1. Cada uno de los Estados Partes en el presente Pacto se compromete a adoptar medidas, tanto por separado como mediante la asistencia y la cooperación internacionales, especialmente económicas y técnicas, hasta el máximo de los recursos de que disponga, *para lograr progresivamente*, por todos los medios apropiados, inclusive en particular la adopción de medidas legislativas, la plena efectividad de los derechos aquí reconocidos"

Asimismo, el artículo 26 de la Convención Americana sobre Derechos Humanos señala lo siguiente: "(…) Los Estados Partes se comprometen a adoptar providencias, tanto a nivel interno como mediante la cooperación internacional, especialmente económica y técnica, para lograr progresivamente la plena efectividad de los derechos que se derivan de las normas económicas, sociales y sobre educación, ciencia y cultura, contenidas en la Carta de la Organización de los Estados Americanos, reformada por el Protocolo de Buenos Aires, en la medida de los recursos disponibles, por vía legislativa u otros medios apropiados."

El artículo 1° del Protocolo Adicional a la Convención Americana sobre Derechos Humanos en materia de Derechos Económicos, Sociales y Culturales o "Protocolo de San Salvador", estatuye que los Estados parte "(...) se comprometen a adoptar las medidas necesarias tanto de orden interno como mediante la cooperación entre los Estados, especialmente económica y técnica, hasta el máximo de los recursos disponibles, y tomando en cuenta su grado de desarrollo, a fin de lograr progresivamente, y de conformidad con la legislación interna, la plena efectividad de los derechos que se reconocen en el presente Protocolo".

Adicionalmente, la Sala Constitucional se ha pronunciado sobre los derechos sociales o prestacionales y su desarrollo progresivo por los poderes constituidos, indicando que "En el marco del Estado Social y Democrático de Derecho, los Derechos Humanos de Segunda Generación –también denominados Derechos Económicos, Sociales y Culturales– tienen como objetivo fundamental garantizar el bienestar económico y el desarrollo del ser humano y de los pueblos. En sentido subjetivo, los derechos fundamentales prestacionales, demandan la actividad general estatal –en la medida de las posibilidades reales del país– para la satisfacción de las necesidades individuales o colectivas. Objetivamente, se configuran como mínimos vitales para los individuos por parte del Estado. En este particular, la satisfacción de esas necesidades supone crear las condiciones necesarias y el compromiso de lograr progresivamente su goce, lo que se encuentra condicionado a que se produzcan cambios profundos en la estructura socio–económica de un país. Respecto al disfrute de esas condiciones, el artículo 26 de la Convención Americana sobre Derechos Humanos, impone a los poderes públicos una obligación de cumplimiento progresivo, que incluye respeto, protección, garantía y promoción. (...)" (**Voto 1378-07**).

De la normativa y jurisprudencia transcrita se deriva, según la jurisprudencia de la Sala Constitucional "el deber del Estado, de lograr niveles cada vez más altos en la satisfacción de los derechos sociales a través de la gradualidad y la progresividad, evitando todo género de medidas regresivas en su satisfacción. En el *sub lite*, considera este Tribunal Constitucional que la exclusión del derecho a la propina como parte integral del salario y, por ende, para aumentar las contribuciones a los seguros sociales, supone una violación al deber del Estado de desarrollar, progresivamente, el goce y ejercicio de los derechos al salario y a la seguridad social" (**Voto 10553-09**).

CAPÍTULO V

LA TUTELA JURISDICCIONAL DE LOS DERECHOS FUNDAMENTALES

I. INTRODUCCIÓN

Como dicen los ingleses "where there is no remedy there is no right". Sin tutela judicial no hay derecho. Esta es, sin duda alguna, otra característica fundamental de los derechos fundamentales.

Por ello, la última garantía de los derechos fundamentales, para reintegrar su violación o cesar las amenazas de vulneración, la constituye la existencia de procesos judiciales específicos para su tutela.

En general, la mayoría de los ordenamientos prevé tres procesos constitucionales para tutelar los derechos fundamentales: el habeas corpus, el recurso de amparo, en sus modalidades del amparo contra servidores públicos y el amparo contra sujetos de Derecho privado y más recientemente el habeas data.

Sin embargo, algunos países, como Brasil, existen otros procesos de origen anglosajón, tales como el *mandado de injuncao* que se concede siempre que por la falta de norma reglamentaria se torne en inviable el ejercicio de los derechos y libertades constitucionales y de las prerrogativas inherentes a la nacionalidad, a la soberanía del pueblo o a la ciudanía.

Esta acción tiene por objeto, frente a la omisión legislativa o reglamentaria, obtener la orden de un juez en la cual impone una obligación de hacer o de cumplir un determinado acto, cuya violación constituye un atentado a un derecho.

El ordenamiento brasileño también consagra el *mandado de seguranca* individual o colectivo. Este recurso se concede para proteger derechos líquidos y ciertos no amparados por el habeas corpus o habeas data, cuando el responsable de la ilegalidad o del abuso de poder fuere una autoridad pública o a un agente de una persona jurídica en ejercicio de atribuciones del Poder Público.

Este recurso, que puede intentarse ante todos los tribunales según su competencia, sin embargo, no es admisible de acuerdo a la ley cuando existan recursos administrativos que puedan ejercerse contra el acto en cuestión, o si se trata de decisiones judiciales, existan recursos previstos en las leyes procesales mediante los cuales pueda corregirse el acto. Tampoco se admite el *mandado de seguranca* contra las leyes, incluso las autoaplicativas.

El recurso de *mandado de seguranca* colectivo puede ser ejercido por los partidos políticos con representación en el Congreso Nacional; o por organizaciones sindicales, entidades de clases o asociaciones legalmente constituidas y en funcionamiento por los menos durante un año, en defensa de los intereses de sus miembros o asociados. Se trata de un medio procesal de protección de intereses colectivos (no difusos), ejercido por los entes representativos de los mismos, ante todos los tribunales, según su competencia, en sentido similar a la competencia en el *mandado de seguranca* individual.

II. EL RECURSO DE HABEAS CORPUS

1. *Concepto*

El hábeas corpus es simultáneamente un derecho subjetivo de los administrados y un proceso constitucional.

En cuanto derecho fundamental está consagrado en las distintas Constituciones; en su dimensión procesal, está regulado por los diferentes Códigos Procesales Constitucionales o Leyes Orgánicas en materia constitucional.

Como proceso constitucional, es una acción plurifuncional que garantiza la libertad e integridad personales contra los actos u omisiones que provengan de una autoridad de cualquier orden, incluso judicial, contra las amenazas a esa libertad y las perturbaciones o restricciones que respecto de ella establezcan indebidamente las autoridades, lo mismo que contra las restricciones ilegítimas del derecho de trasladarse de un lugar a otro del territorio, y de su libre permanencia, salida e ingreso.

En consecuencia, el recurso de hábeas corpus procede no sólo contra privaciones o limitaciones ilegítimas de la libertad personal, sino también contra la integridad de los administrados, así como también contra las restricciones ilegítimas a la libertad de tránsito.

Esta última es una consecuencia necesaria del principio general de libertad personal, y constituye una de las garantías fundamentales del ser humano dentro de cualquier Estado democrático para desarrollar libremente su personalidad (**Amato**).

Por ello, las limitaciones a esta libertad no se ejercen propiamente sobre la esfera personal de los ciudadanos, sino más bien restringiendo su acceso al área prohibida (**Grossi**).

2. *Tipos de hábeas corpus*

Existen diversas modalidades de hábeas corpus: a) el reparador; b) el preventivo; c) el correctivo y d) el restringido.

a. *El hábeas corpus reparador*

Esta modalidad opera cuando se producen detenciones ilegales, es decir, aquellas que se realizan sin cumplir con una orden escrita de juez o de una autoridad encargada del orden público y la existencia de indicios comprobados de que el sospechoso ha cometido un hecho punible, salvo que se trate de reos prófugos o in fraganti.

Los tribunales constitucionales, al resolver el recurso, deben examinar, entre otros aspectos, los siguientes: **i)** si la autoridad tenía competencia para dictar la restricción de la libertad o la medida impuesta; **ii)** si la detención se ordenó legítimamente; **iii)** si existe auto de detención o prisión preventiva legalmente decretada, o si la pena que se está descontando es la impuesta por sentencia firme; **iv)** si en caso de estar suspendidas las garantías constitucionales, la resolución se dictó dentro de las limitaciones de la Constitución Política y de las razonablemente derivadas de la misma declaratoria; **v)** si por algún motivo fuere indebida la privación de la libertad; **vi)** Si el hecho que se le imputa está o no previsto por ley preexistente.

Todas estas hipótesis tienen de común el hecho de que en el hábeas corpus reparador se examina si la privación o restricción de la libertad personal fue o no legítima.

b. *El hábeas corpus preventivo*

Esta tipo se otorga para proteger a los habitantes contra la amenaza de eventuales detenciones. Para tales efectos, basta con que exista una orden o procedimiento tendente a restringirla. Con esta modalidad del hábeas corpus se pretende tutelar las amenazas de restricción a la libertad personal, a fin de evitar que se materialice eventualmente una privación de la libertad ilegal o arbitraria.

Este tipo de hábeas corpus permite que los tribunales constitucionales dejen sin efecto resoluciones judiciales que, dictadas ilegalmente, amenazan la libertad de los administrados.

Dentro de este orden de ideas, los tribunales constitucionales pueden anular sentencias penales en que, por ejemplo, se hayan condenado a personas por responsabilidad objetiva, u ordenar su libertad inmediata porque la prisión preventiva no es procedente en el caso concreto, etc.

c. *El hábeas corpus restringido*

Esta modalidad protege las perturbaciones de la libertad personal, que provengan de cualquier autoridad.

Se denomina restringido, justamente porque su finalidad inmediata es hacer cesar perturbaciones y restricciones a la libertad personal.

Esta modalidad del hábeas corpus se utiliza para hacer cesar las amenazas policíacas, sin fundamento razonable, sobre los habitantes, lo que los lleva a hostigarlos y a inmiscuirse ilegalmente en sus vidas privadas con alguna frecuencia.

En estas hipótesis, la resolución estimatoria del tribunal constitucional asume la forma de una orden de prevención –lo que los anglosajones denominan "warrant"– dirigida a las autoridades responsables a fin de que se abstengan de seguir perturbando o restringiendo, de manera ilegítima, la libertad personal del recurrente.

d. *El hábeas corpus correctivo*

Este tipo de hábeas corpus tiene un gran parecido con el "juicio de manifestación" aragonés. Se otorga para que se cambie el lugar de detención, cuando no sea el adecuado por la índole del delito cometido o la causa de la detención y para terminar con el "trato indebido" al arrestado (**Quiroga Lavié**).

Una primera hipótesis de esta modalidad del habeas corpus, se presenta durante los períodos de suspensión de los derechos fundamentales. En efecto, es posible interponer un hábeas corpus para que los detenidos, como consecuencia de una suspensión de garantías constitucionales en una cárcel ordinaria, sean trasladados a centros especiales de detención, de manera que no se mezclen con los reos comunes.

Una segunda posibilidad se presenta cuando los procesados soliciten ser ubicados en cárceles diferentes a las de los sentenciados, conforme lo garantiza la Convención Americana sobre Derechos Humanos.

Por mayoría de razón, los detenidos a la orden de las autoridades migratorias para ser expulsados del país, por no ser ni sentenciados ni siquiera procesados, pueden solicitar su traslado a un centro penitenciario diferente del que se encuentran los reos comunes.

3. *Las características procesales del hábeas corpus*

El hábeas corpus en cuanto proceso judicial presenta algunas características que conviene destacar.

En primer término, es un proceso sumario, lo cual significa que el recurso debe resolverse en el tiempo más breve posible. Por ello, todos los plazos, así como las resoluciones interlocutorias si las hubiere, deben dictarse dentro de plazos muy breves e improrrogables.

Su segunda característica es la celeridad, principio que está íntimamente relacionado con el anterior. En virtud de él, todas las resoluciones que se dicten en el curso del proceso deben ser inmediatamente acatadas por los servidores públicos, tales como la orden de presentación del detenido ante el tribunal constitucional, así como la inmediata puesta en libertad de aquél cuando el recurso fuere declarado con lugar, etc.

Tercero, aunque puede afirmarse que en el proceso de hábeas corpus existe un pequeño contradictorio (**Claría Olmedo**), lo cierto es que en él sólo intervienen el recurrente, la autoridad demandada –que se limita a informar acerca de los hechos objeto del recurso– y el tribunal constitucional que resuelve. Como no existe posibilidad alguna de que la autoridad recurrida tenga una participación activa en el proceso, además de la presentación del informe escrito que justifica su actuación, hay que concluir que el hábeas corpus es un proceso fundamentalmente unilateral.

Por otra parte, dada la indudable importancia del interés jurídico en juego –la libertad personal–, es pacíficamente reconocido que cualquier persona, a nombre de otra, puede interponer el recurso de hábeas corpus. De esa forma existe prácticamente una legitimación procesal vicaria activa en esta materia.

Aunque existen varias modalidades de hábeas corpus conforme lo indicamos supra, lo cierto es que su objeto principal sigue siendo la impugnación de las privaciones y restricciones arbitrarias e ilegales de la libertad personal.

Finalmente, existen severas sanciones penales y eventualmente civiles contra aquellas autoridades que resulten responsables de privaciones o restricciones de la libertad ilegítimas o arbitrarias. Esta última característica constituye el punto nudal para lograr que esta institución procesal sea eficaz.

4.   *Las sentencias en materia de hábeas corpus*

Los efectos de las sentencias son las consecuencias que producen o derivan de ellas. Pueden clasificarse en: a) jurídicos, que se subdividen, a su vez, en materiales y procesales y b) en económicos.

a.   *Los efectos jurídico–materiales*

Toda sentencia recae sobre un bien determinado, una cosa corporal o la conducta de otra persona, que son los que constituyen el objeto de una relación jurídica. Por tanto, la sentencia está referida a una realidad jurídica extraprocesal. De donde se deriva que la sentencia incide en el ámbito de las relaciones jurídico–materiales, a través de efectos que pueden ser directos o indirectos.

La eficacia jurídico–material se produce cuando la sentencia o el fallo, de modo inmediato, tiene repercusiones en el ámbito del Derecho sustantivo que no existían anteriormente. En otros términos, los efectos jurídico–materiales directos se producen cuando una sentencia crea, modifica o extingue alguna o algunas relaciones jurídicas extraprocesales.

La consecuencia directa de una sentencia estimatoria de hábeas corpus es la de dejar sin efecto las medidas impugnadas en el recurso, ordenando restablecer al ofendido en el pleno goce de su derecho o libertad que le hubieran sido conculcados.

Además, la sentencia establece los demás efectos para el caso concreto, lo que le permite al tribunal constitucional fijar, además de restablecer al ofendido en el pleno goce de su derecho perturbado, amenazado o violado, cuáles otros efectos surte la sentencia estimatoria del recurso. Verbigracia, prevenir a la autoridad infractora que no debe incurrir, en el futuro, en nuevas violaciones similares a las que dieron lugar a que se dictara la sentencia estimatoria, etc.

La eficacia jurídico–material es indirecta, en cambio, cuando la sentencia, sin proponerse directamente una consecuencia de tal naturaleza, origina efectos sustantivos, de manera secundaria o refleja, en los que la sentencia opera más como hecho que como acto, es decir, en que los efectos se producen independientemente de la voluntad del juez.

El principal efecto jurídico–material indirecto en materia de hábeas corpus es que si el recurso es rechazado, el acto o la omisión impugnados adquieren firmeza y no pueden ser nuevamente recurridos en la misma vía. En este sentido puede afirmarse que la sentencia que desestima el hábeas corpus es declarativa, puesto que impide la discusión posterior del mismo asunto en esa vía. En efecto, si lo recurrido es siempre un acto o una omisión de una autoridad pública, la resolución desestimatoria le confiere implícitamente un sello de validez al acto recurrido, lo que precluye su posterior impugnación por medio del hábeas corpus.

Otro efecto indirecto puede ser la responsabilidad de los jueces que la han dictado, pues nada impide al recurrente plantear contra ellos una acción de prevaricato o una demanda de responsabilidad.

b. *Efectos jurídico–procesales*

Se entiende por tales, los que deben su existencia al proceso y que no pueden existir sin él. Es decir, los que se producen gracias al proceso mismo, de manera que si las partes no acudieran a la vía procesal, tales efectos no podrían presentarse nunca.

En general, la eficacia jurídico–procesal de una sentencia se manifiesta en dos vertientes: una ejecutiva, cuya finalidad es cumplir con lo dispuesto en el fallo, con o sin voluntad del obligado y la otra, de carácter más bien declarativo, que consiste en la influencia del pronunciamiento en ulteriores actividades jurisdiccionales, sea la imposibilidad de que otro tribunal pueda posteriormente dictar otro fallo sobre el mismo asunto.

En algunos ordenamientos, las sentencias de los tribunales constitucionales recaídas en los procesos de habeas corpus, no son recurribles en ninguna otra vía. Por tanto, hay que concluir que son resoluciones que pasan en autoridad de cosa juzgada.

En cuanto a los efectos ejecutivos, los distintos ordenamientos difieren al respecto. En algunos de ellos la sentencia que acoge el recurso condena a la autoridad responsable a la indemnización de los daños y perjuicios causados, los cuales se liquidan y ejecutan por el procedimiento de ejecución de sentencia. En estos casos, se refuerza el carácter de cosa juzgada material que adquieren las sentencias estimatorias de hábeas corpus, pues sólo las sentencias que adquieren tal condición jurídica, son susceptibles de ser ejecutadas sin posibilidad de que se discuta nuevamente sobre el derecho de fondo.

En otros ordenamientos, sin embargo, las sentencias estimatorias en materia de habeas corpus no son ejecutorias en la vía civil o contencioso- administrativa, por lo que el afectado tiene que plantear un juicio ordinario para obtener la reparación civil del daño sufrido.

Aunque generalmente existe una "autoridad responsable" del agravio en las sentencias estimatorias de habeas corpus, dicha circunstancia no excluye la responsabilidad solidaria de la Administración respectiva, puesto que modernos principios del Derecho Administrativo consagran la responsabilidad solidaria del Estado y sus instituciones por los daños y perjuicios que causen los servidores públicos en la esfera jurídica de terceros, cuando tales daños se produzcan como consecuencia directa del ejercicio de sus cargos.

   c. *Los efectos económicos*

Este aspecto está ligado directamente al pago de costas, el cual recae sobre las partes que figuren en el proceso. En general, en materia de hábeas corpus no existe ningún tipo de condenatoria en costas, dada la índole especial de la materia.

Sin embargo, algunas legislaciones condenan en costas al litigante temerario o al funcionario responsable del agravio.

   d. *Efectos sancionatorios*

Finalmente, las sentencias en materia de hábeas corpus pueden tener, de manera indirecta, efectos penales.

En efecto, en algunas legislaciones se impone pena de prisión a quien reciba una orden que debe cumplir o hacer cumplir, dictada en un recurso hábeas corpus, y no la cumpla o la haga cumplir.

También se suele castigar penalmente al reincidente, es decir, al servidor público que quien diere lugar a que se acoja un nuevo recurso de hábeas corpus, por repetirse en daño de las mismas personas las acciones, omisiones o amenazas que fueron base de un hábeas corpus anterior declarado procedente.

Los delitos antes indicados se producen técnicamente como consecuencia del desacato del servidor público para ejecutar o hacer ejecutar o que ordena una sentencia estimatoria de hábeas corpus. No obstante, ese desacato es consecuencia, a su vez, de lo resuelto en contra del servidor público en una sentencia estimatoria de hábeas corpus.

III. EL RECURSO DE AMPARO

1. *Modalidades del amparo*

El recurso de amparo presenta una amplia gama de modalidades en el Derecho Comparado, tales como la versión original mexicana, el *beschwerde* de la legislación alemana, el *récours de droit publique* de los suizos, el mandamiento de seguridad brasileño, las versiones española y guatemalteca, etc.

Existen, en general, dos modelos fundamentales: el del amparo inicial contra las actuaciones administrativas del Estado, el cual, como contrapartida, lo deniega contra las resoluciones judiciales. El segundo sistema en que se deben agotar previamente las instancias administrativas y procede sólo contra resoluciones judiciales.

Sin embargo, se podría hablar de un sistema mixto, en el que aunque siendo esencialmente terminal, es decir, que procede contra resoluciones judiciales, sin embargo se autoriza también, en casos excepcionales, directamente contra conductas administrativas, cuando la ejecución del acto administrativo impugnado pueda causar daños de imposible reparación al recurrente.

Desde el punto de vista del sujeto pasivo del amparo, existen dos modalidades: a) el amparo contra servidores públicos y b) el amparo contra sujetos de Derecho privado.

El amparo contra servidores públicos procede contra toda disposición, acuerdo o resolución y, en general, contra toda acción, omisión o simple actuación material no fundada en acto administrativo eficaz, de los servidores y órganos públicos, que haya violado, viole o amenace violar los derechos fundamentales que determine la Constitución. En algunas legislaciones se incluyen también a los consagrados en los instrumentos internacionales de Derechos Humanos vigentes en ese país.

En donde se reconoce el amparo contra particulares, dicho recurso se concede contra las acciones u omisiones de sujetos de Derecho privado. En la mayoría de las legislaciones no se establece ningún requisito especial para ejercitar el amparo contra particulares.

En los modelos en que sólo procede contra resoluciones judiciales, es claro que el amparo contra particulares opera de manera indirecta, pues siempre se terminará impugnando una resolución de un órgano estatal.

En otros ordenamientos, en cambio, se exige que el particular recurrido actúe o deba actuar en ejercicio de funciones o potestades públicas, o se encuentre, de derecho o de hecho, en una posición de poder frente a la cual los remedios jurisdiccionales comunes resulten claramente insuficientes o tardíos para garantizar los derechos o libertades fundamentales tutelados por el amparo contra servidores públicos.

De conformidad con lo expuesto, el sujeto pasivo del amparo actúa o debe actuar en ejercicio de funciones o potestades públicas, lo cual corresponde a las hipótesis en que el ordenamiento autoriza a los particulares el ejercicio de aquellas. Verbigracia, los Notarios Públicos que se niegan a otorgar una escritura, o el concesionario público que se niega injustificadamente a prestar el servicio público a su cargo.

La segunda hipótesis responde a situaciones en que, por mandato jurídico expreso, el particular se encuentra en una situación de poder respecto del recurrente. Por ejemplo, el padre que ejerce la patria potestad sobre un menor o administra sus bienes y se niega injustificadamente a otorgarle un permiso para salir del país para que se le practique una operación o participe en una competición deportiva, etc. Asimismo, los frecuentes casos de las Juntas Directivas de asociaciones, cooperativas y otras personas jurídicas que establecen sanciones en contra de sus asociados, sin respetar el principio del debido proceso.

El tercer caso tutelado es cuando el sujeto pasivo del amparo se encuentra, por razones de hecho, en una clara situación de poder. Ello ocurre, por ejemplo, cuando una poderosa empresa, en régimen de oligopolio, rebaja sus precios por debajo de su costo de producción con el fin de eliminar la incipiente competencia.

El segundo requisito concurrente para que proceda la tutela del amparo contra sujetos de Derecho Privado, es que los remedios jurisdiccionales ordinarios resulten claramente insuficientes o tardíos para garantizar la plena eficacia de los derechos fundamentales.

Lo anterior plantea el tema de las vías concurrentes o paralelas en el amparo. Entendemos por éstas, los recursos, defensas y acciones comunes que existen en la legislación procesal, en forma concurrente con el amparo, para tutelar los derechos fundamentales. Como prácticamente todo el derecho tiene su fundamento en la Constitución, en la mayoría de los casos el ordenamiento establece remedios procesales específicos para protegerlos. Verbigracia, el derecho de propiedad se tutela por medio de interdictos, acciones penales, etc.

En cambio, no entraría en juego el principio de las vías previas o principio de definitividad, según el cual el amparo puede intentarse contra un acto firme y no susceptible de ningún recurso o defensa capaz de enervarlos.

Sin embargo, aunque exista vía paralela, puede intentarse el amparo directamente, cuando la remisión a los procedimientos ordinarios resulte claramente insuficiente o tardía para tutelar el derecho fundamental violado o amenazado de violación. De donde se deduce que el amparo no sólo procede cuando falta la vía procesal paralela, sino además en los casos en que a pesar de encontrarse aquella regulada, no obstante lo cual resulta ineficaz para tutelar el derecho fundamental conculcado o amenazado de violación.

Finalmente, el tercer requisito de admisibilidad del amparo contra particulares, es que la conducta del sujeto pasivo sea ilegítima. Por ejemplo, si un padre de familia niega razonablemente el permiso a su hijo para salir del país, el amparo no procedería en este caso, dado que aquél habría actuado en el ejercicio de una conducta legítima, como es el ejercicio razonable de la patria potestad.

En cambio, si un director de un centro de enseñanza privado obliga a un estudiante a asistir obligatoriamente a clases de una religión diferente a la que éste profesa, en tal hipótesis el recurso de amparo sería procedente, pues aquél no está ejerciendo una conducta legítima ni razonable.

En esta segunda modalidad el amparo contra particulares es restringido y opera de manera residual respecto del amparo contra servidores públicos y de otros procedimientos administrativos y procesos judiciales ordinarios.

2. *El parámetro de legitimidad del recurso de amparo*

En esta materia, las diferentes legislaciones otorgan tratamientos bastante diferenciados. Por ejemplo, en algunas de ellas el parámetro de legitimidad del amparo abarca no sólo a las normas y principios constitucionales, sino también al denominado Derecho Internacional de los Derechos Humanos, a condición de que éste se encuentre vigente en el respectivo ordenamiento.

Esta disposición, aunque es de avanzada, no deja de plantear importantes problemas en la praxis. Por ejemplo, existen numerosos instrumentos internacionales que consagran derechos humanos, que en alguna medida otorgan prestaciones sociales o económicas a los administrados, sin que su estructura jurídica esté configurada plenamente como derechos subjetivos. En estos casos, se entra en el conflicto jurídico de establecer si se trata de verdaderos derechos subjetivos, tutelables por la vía del amparo, o más bien de simples mandatos o recomendaciones al legislador para que regule la materia dentro de los cánones fijados por el instrumento o tratado internacional de que se trate.

En Costa Rica, inclusive, por vía jurisprudencial, la Sala Constitucional ha extendido el parámetro del recurso amparo a derechos fundamentales que ha derivado de normas de organización. Dentro de esta óptica, ha establecido jurisprudencialmente que de la potestad tributaria del Estado (art. 121 inciso 13 de la Constitución), se deriva el derecho fundamental para los administrados de no ser sujetos pasivos de tributos que no hayan sido creados por ley formal, emanada de la Asamblea Legislativa (**Voto 1365- 91**).

Otras legislaciones, en cambio, son restrictivas en la materia y sólo reconocen el amparo contra aquellos derechos que según el texto constitucional pueden ser objeto de esa tutela judicial, como es el caso de España. La mayoría, sin embargo, considera que todos los derechos reconocidos constitucionalmente pueden ser tutelados a través del recurso de amparo.

3. Los actos objeto del control

Los actos recurribles por la vía del amparo dependen del sistema adoptado. Así, por ejemplo, en los sistemas de amparo inicial, es decir, en que se admite el amparo directamente contra las conductas administrativas, los actos objeto del control son: a) los actos administrativos y b) las denominadas leyes autoaplicativas.

a. Los actos administrativos

El amparo se puede interponer no sólo contra los actos formalmente administrativos (decretos, acuerdos y resoluciones), sino también contra actividades materiales de la Administración no fundadas en un acto administrativo eficaz.

Asimismo, procede contra omisiones y la inercia administrativa.

En algunas legislaciones el amparo se puede plantear contra cualesquier acto administrativo, sin necesidad de agotar previamente la vía administrativa. En otras, en cambio, se requiere el previo agotamiento de las instancias administrativas antes de plantearlo y sólo en el evento de que éste no acogiere sus pretensiones o las acogiere parcialmente, queda el particular legitimado para incoar el respectivo recurso de amparo ante el respectivo tribunal constitucional.

b. Leyes autoaplicativas

En principio, no procede el amparo contra las leyes y otras disposiciones normativas, salvo cuando se impugnen conjuntamente con actos de aplicación individual de las mismas, o cuando se trate de normas de acción automática de manera que sus preceptos resulten obligatorios inmediatamente por su sola promulgación, sin necesidad de otras normas o actos que los desarrollen o hagan aplicables al perjudicado.

Según la doctrina argentina, "existen supuestos en los cuales la sola sanción de la ley, su pura vigencia, origina ya una vulneración, aún antes de todo acto aplicativo al caso particular del individuo afectado. Son las leyes de operatividad inmediata... ¿Cuándo la ley es operativa? Suelen señalarse tres casos fundamentales: **a.-** cuando por la sola promulgación reviste carácter inmediatamente obligatorio; **b.-** cuando lleva en sí principio de ejecución; **c.-** cuando comprende a personas determinadas por circunstancias concretas" (**Bidart Campos**).

En los ordenamientos en que se admite el amparo contra resoluciones judiciales, sólo excepcionalmente procede contra actos administrativos y lógicamente no procede contra normas.

4. Los actos exentos del control

En general, las leyes y los actos con valor de ley están exentos del amparo, así como los Reglamentos. La única excepción, como lo indicamos supra, son las denominadas leyes autoaplicativas. En tal hipótesis, suelen presentarse dos modalidades diversas: una en que el amparo se transforma en una acción de inconstitucionalidad y la otra en que el tribunal constitucional falla el caso concreto y de encontrar que la norma impugnada es inconstitucionalidad declara su inaplicabilidad con efectos inter-partes.

a. Los actos jurisdiccionales del Poder Judicial

En los ordenamientos en que el amparo es de naturaleza inicial, se prohíbe expresamente el amparo contra los actos jurisdiccionales del Poder Judicial. Sin embargo, tales actos sí son susceptibles de impugnación cuando se puedan considerar como vías de hecho, como sería el caso de que un juez penal, por ejemplo, resolviera un asunto contencioso-administrativo.

b. Los actos administrativos de ejecución de resoluciones judiciales

Es lógico suponer que si una autoridad administrativa ejecuta una resolución judicial no debe proceder el amparo contra estos actos ejecutorios, pues, en el fondo, se trataría del cuestionamiento de una resolución judicial.

Sin embargo, esa ejecución se debe ceñir estrictamente a lo resuelto por los órganos jurisdiccionales, pues si se introducen nuevos elementos, en ese caso el acto o actuación administrativa podría ser objeto del recurso de amparo, ya que no se trataría de un acto o actuación jurisdiccional, sino meramente administrativa.

c. *Los actos consentidos*

En esta categoría entrarían todos aquellos actos que han devenido firmes, por no haber sido impugnados en tiempo o en forma.

En cuanto a la prescripción para plantear el recurso de amparo, debe hacerse la diferencia entre actos de efecto inmediato y los de efecto continuado.

Respecto de los primeros, algunas legislaciones fijan plazos determinados para impugnarlos, los cuales se cuentan a partir del momento en que hayan cesado totalmente sus efectos respecto del afectado, es decir, el plazo de interposición del recurso se cuenta a partir del momento en que se produce el acto u omisión que vulneró o amenazó de violación el derecho fundamental del amparado.

Normalmente este plazo de prescripción es aplicable respecto de los derechos patrimoniales, el cual comienza a correr a partir de la fecha en que el perjudicado tuvo noticia fehaciente de la violación y estuvo en posibilidad legal de interponer el recurso.

En cuanto a los derechos de efecto continuado, su violación se puede reclamar por la vía del amparo mientras subsista la amenaza, perturbación o restricción de que se trate.

5. *El acto lesivo*

Los agravios que dan lugar al amparo pueden producirse por actos, por hechos, por omisiones o por amenazas.

a. *Amparo contra actos arbitrarios*

El primer supuesto de violación o amenaza de violación de un derecho fundamental lo constituye el acto arbitrario. La violación arbitraria se produce cuando la acción u omisión del servidor público o del particular, en su caso, es producto de una voluntad viciada de arbitrariedad, es decir, cuando se ha dictado el acto u omitido la acción sin base en ninguna norma escrita o no escrita del ordenamiento.

En el caso de los servidores públicos, la violación del derecho fundamental se produciría como consecuencia directa de una violación del principio de legalidad. Este tipo de violaciones es poco frecuente, pues la mayoría de ellas se produce por la aplicación indebida o por la interpretación errónea de las autoridades públicas o jurisdiccionales de las normas aplicables al caso.

En síntesis, se puede técnicamente hablar de arbitrariedad cuando el único fundamento del acto o de la omisión sea el mero capricho del agraviante (**Lazzarini**).

    b. *El amparo contra actos presuntamente fundados en una norma*

La gran mayoría de las amenazas de violación y las violaciones efectivas contra los derechos fundamentales se produces, como consecuencia directa de una mala interpretación o de una aplicación indebida de normas legales o reglamentarias.

Es decir, cuando la violación o amenaza de violación se perpetra por invocarse una norma no aplicable al caso y que sirve supuestamente de fundamento a la correspondiente actuación administrativa o resolución jurisdiccional.

Asimismo, en otras ocasiones se interpreta erróneamente una norma, lo que produce, en definitiva, una aplicación indebida de la misma.

    c. *El amparo contra falta de reglamentación de leyes y de cumplimiento de disposiciones normativas*

Existes leyes y disposiciones normativas que por ser automáticamente aplicativas, favorecen a determinadas categorías de destinatarios, ya sea porque sus disposiciones son inmediatamente obligatorias por su propia vigencia o porque llevan en sí mismas el principio de la ejecución.

Por tanto, cualquier negligencia o demora de las autoridades administrativas para reglamentarlas o ejecutarlas, lo que conlleva una tardanza en su vigencia efectiva, legitima a los afectados para recurrir esa conducta omisa, por la vía del amparo, a fin de que se obligue a esas autoridades administrativas a reglamentar o implementar la ley o disposición normativa de que se trate, con el objeto de que sean aplicables a sus beneficiarios.

d. El amparo contra omisiones

Para que una omisión administrativa pueda producir una violación o amenaza de violación de un derecho fundamental es necesario que produzca un daño grave e irreparable. En otros términos, no cualquier omisión de un servidor público puede dar lugar a que se tutele un derecho fundamental por la vía del amparo, sino que sólo aquellas que produzcan un daño grave e irreparable al administrado.

e. El amparo contra amenazas

Procede el recurso contra toda disposición, acuerdo, resolución y, en general, contra toda acción, omisión o simple actuación material no fundada en acto administrativo eficaz, de los servidores y órganos públicos que haya violado, viole o amenace violar cualquiera de aquellos derechos.

Las amenazas, para ser tuteladas por el amparo, deben ser inminentes, es decir, contra los actos que están tratando de ejecutarse (**Burgoa**). En otros términos, el temor, la duda, la zozobra que produce el saber que hoy, mañana y en forma inmediata se va a ejecutar un acto lesivo, tienen el efecto de su cumplimiento y producen la lesión que el amparo debe reparar y, por consiguiente, evitar cuando sea indudable su cometido.

6. Las sentencias en materia de amparo

a. Los efectos jurídico–materiales

El principal efecto directo de la sentencia estimatoria del amparo es la de restituir o garantizar al agraviado en el pleno goce de sus derechos fundamentales, restableciendo las cosas al estado que guardaban antes de la violación, cuando ello fuere posible.

Cuando el amparo se hubiera establecido para que una autoridad reglamente, cumpla o ejecute lo que una ley u otra disposición normativa ordena, en tal caso la autoridad correspondiente dispone de dos meses para cumplir la prevención.

Cuando el amparo se ha interpuesto para impugnar la denegación de un acto o contra una omisión, la sentencia estimatoria ordena realizarlo, otorgando al efecto un plazo perentorio.

Si se tratare de una mera conducta o actuación material, o de una amenaza, la sentencia estimatoria ordena la inmediata cesación, así como el abstenerse de toda nueva violación o amenaza, perturbación o restricción semejante.

Normalmente las diferentes legislaciones otorgan a los tribunales constitucionales la potestad de establecer los efectos de la sentencia estimatoria en el caso concreto, lo cual es sumamente conveniente, pues siempre existen casos atípicos que no se pueden encuadrar dentro de las hipótesis descritas.

Si al declararse con lugar el amparo ya hubieran cesado los efectos del acto reclamado o éste se hubiera consumado en forma que no sea posible restablecer al recurrente en el goce de su derecho o libertad conculcado, la sentencia estimatoria debe prevenir al órgano o servidor que no deberá incurrir en los actos u omisiones que dieron mérito para acoger el recurso y que, si procediere de modo contrario, cometerá el ilícito penal de desacato a la autoridad, todo sin perjuicio de las demás responsabilidades en que ya hubiera incurrido.

El principal efecto indirecto está relacionado específicamente con las sentencias que declaran sin lugar el recurso.

En primer término, las sentencias desestimatorias del amparo no prejuzgan sobre las responsabilidades en que haya podido incurrir el autor del agravio, lo cual deja abierta la posibilidad de que el recurrente utilice otras vías procesales para tratar de satisfacer su pretensión.

En segundo lugar, la Administración puede también promover o ejercitar las acciones que correspondan o aplicar las medidas pertinentes, pues a veces se plantean recursos de amparo manifiestamente infundados, cuyo único objetivo es atentar contra la honra de los servidores públicos o desacreditar determinados órganos o entes públicos. Por ello, la mayoría de las legislaciones otorga la posibilidad de que, en tales hipótesis, puedan exigirse judicialmente las responsabilidades del caso.

b. *Los efectos jurídico–procesales*

Los efectos jurídico–procesales de una sentencia se manifiestan en dos vertientes: una ejecutiva, es decir, que se cumpla lo dispuesto por el fallo y, la otra, más bien de carácter declarativo, que consiste en la influencia del pronunciamiento en posteriores actividades jurisdiccionales, es decir, en la imposibilidad de que otro tribunal pueda pronunciarse sobre el mismo asunto.

En el caso del recurso de amparo, en la mayoría de las legislaciones no les confiere a sus sentencias desestimatorias el carácter de cosa juzgada material, pues aquellas no impiden que el asunto sea ventilado en otra jurisdicción, tal y como lo indicamos en el acápite anterior.

Respecto de los efectos ejecutivos, algunas legislaciones establecen la condenatoria en abstracto a la indemnización de los daños y perjuicios causados, reservándose su liquidación para la ejecución de sentencia.

En estos casos la condenatoria se produce contra la Administración recurrida y, solidariamente contra el funcionario responsable del agravio, si se considera que hubo dolo o culpa grave de su parte. Todo lo anterior sin perjuicio de las demás responsabilidades administrativas, civiles o penales en que haya podido incurrir el servidor público que dictó el acto anulado.

Si estando en curso el recurso de amparo se dicta resolución administrativa que revoca, detiene o suspende la actuación impugnada, se declara con lugar el amparo únicamente para efectos de indemnización.

La ejecución de las sentencias estimatorias corresponde, según la legislación de que se trate, al propio tribunal constitucional. En algunas de ellas, lo relativo a la liquidación y pago de las indemnizaciones y responsabilidades pecuniarias se debe hacer en la vía ordinaria.

c.   *Los efectos económicos*

Están referidos a las costas procesales y personales.

En el caso del amparo, toda resolución estimatoria del amparo debe condenar al pago de costas al Estado o a la institución pública demandada, lo mismo que al servidor cuestionado, cuando hubiere cometido falta grave, según lo antes indicado.

Cuando el recurso fuere desistido por el recurrente, rechazado o denegado por el tribunal constitucional, éste puede condenarlo al pago de costas cuando estimare fundadamente que litigó con temeridad.

Finalmente, en aquellos en que estando pendiente de resolución el amparo se dictare resolución, administrativa o judicial, que revoque, detenga o suspenda la actuación impugnada, el tribunal constitucional debe pronunciarse respecto de las costas, si fuere procedente.

d.   *Los efectos sancionatorios*

Existen dos tipos de efectos sancionatorios: los penales y los disciplinarios.

Respecto de los primeros, existen varias sanciones, las cuales se pueden presentar no sólo en sentencia sino también durante la tramitación del recurso.

Por otra parte, como los informes se consideran rendidos bajo la fe del juramento, cualquiera inexactitud o falsedad hace incurrir al servidor recurrido en las penas de perjurio o del falso testimonio, según la naturaleza de los hechos contenidos en el informe.

La sentencia estimatoria no precluye sobre la eventual responsabilidad penal del servidor demandado, lo cual deberá reclamarse separadamente en la jurisdicción correspondiente. Igualmente sucede cuando se rechaza el amparo, pues el recurrente tiene siempre la posibilidad de ventilar la conducta del servidor público en la vía penal, civil, laboral o contencioso–administrativa, según proceda en cada caso.

Por otra parte, el cumplimiento de la sentencia que se dicte en el amparo no impide que se proceda penalmente contra el servidor, si los hechos u omisiones en que incurrió constituyen delito.

El servidor público que recibiere orden de cumplir o hacer cumplir lo dispuesto en una sentencia estimatoria de amparo y no lo hiciere, se le sanciona con el delito de desacato.

Las penas se agravan para el servidor público que diere lugar a que se acoja un nuevo recurso de amparo, por repetirse en daño de las mismas personas las acciones, omisiones o amenazas que fueron base de un amparo anterior declarado procedente.

Cuando el servidor público obligado a cumplir lo que ordena la sentencia estimatoria no lo hiciere, en tal caso el tribunal constitucional tiene la potestad de dirigirse a su superior jerárquico, requiriéndolo para que lo haga cumplir y abra el correspondiente procedimiento disciplinario contra aquél.

Si el superior jerárquico incumpliere la orden del tribunal constitucional, ésta puede también, a su vez, solicitar que se abra igual procedimiento contra él, ante su superior.

IV. EL RECURSO DE HABEAS DATA

1. *Noción y naturaleza jurídica*

a. *Concepto*

El habeas data es un proceso constitucional específico para tutelar el derecho a la autodeterminación informática. Por éste se entiende el derecho que tiene toda persona para dar consentimiento al uso de un dato personal y la posibilidad de supervisar que se utilice con apego a un fin legal determinado, de manera tal que a partir del acceso a la información exista la posibilidad de solicitar la corrección, actualización, modificación, eliminación, inclusión o pretensión de confidencialidad sobre la información objeto de la tutela.

En consecuencia, se puede afirmar que el citado derecho más allá de la esfera privada, pues la violación de este derecho puede afectar los derechos de la personalidad (intimidad, imagen, honor, etc.,), así como también la libertad informática, derecho que proviene directamente de la libertad personal la cual garantiza un trato no discriminatorio tanto en la esfera comercial como en el ámbito laboral.

De esa forma el habeas data se convierte en una garantía de defensa para la persona frente al Estado y las personas privadas, tanto preventivamente como a posteriori.

Dentro de este orden de ideas se ha sostenido que el *habeas data* "es un remedio urgente para que las personas puedan obtener el conocimiento de los datos a ella referidos y de su finalidad, que consten en registros o bancos de datos públicos o privados, y en su caso exigir su supresión, rectificación, confidencialidad o actualización de aquellos" (**Falcón**).

b. *Naturaleza jurídica*

El habeas data es en realidad un amparo especializado, pero cuya resolución debe ser rápida, dada la naturaleza de los derechos que protege y el potencial daño que se puede producir a la esfera jurídica de las personas cuando no se tutela tempestivamente su derecho a la autodeterminación informática.

Con justa razón el jurista costarricense ha dicho que "por un lado el habeas corpus garantiza la libertad corporal personal, mientras que el habeas data garantiza el derecho a disponer de los datos personales (una protección a la identidad informática del ciudadano). Al ser humano debe asegurársele la disposición libre de su cuerpo al igual que la de sus datos personales" (**Chirino**).

De ahí que se justifique que el habeas data tenga un trámite prioritario, semejante al que se otorga al habeas corpus, respecto del amparo a fin de tutelar efectivamente los derechos fundamentales conculcados por la transmisión y difusión de datos o informaciones erróneas, incompletas o falsas acerca de las personas dentro de plazos breves. De otra forma la lesión podría devenir irreparable. Como ha dicho un autor español "El Habeas Data constituye, en suma, el cauce procesal para salvaguardar la libertad de la persona en la esfera informática" (**Pérez Luño**).

2. *Antecedentes en el Derecho Comparado*

Alemania fue uno de los primeros países que tuvo conciencia acerca de la importancia de proteger el derecho a la libre determinación informática. En efecto, en el Länder de Hesse, mediante el "Datenshutz" del 7 de junio de 1970, se dictaron disposiciones tendentes a "la protección de datos, que tiene como fin impedir la lesión de bienes dignos de tutela de las personas interesadas, garantizando los datos relativos a la persona, de abusos cometidos con motivo de su almacenamiento, transmisión, modificación o cancelación". Posteriormente en 1977 el Parlamento alemán aprobó una ley similar a nivel federal, creándose un Comisario para la protección de los datos.

En Suecia, el 11 de mayo de 1993, se promulgó la "Data Lag" con el fin de proteger a las personas del mal uso de los datos y de la información personal por medio de registros y archivos.

En Estados Unidos, como consecuencia del escándalo político de Watergate, el 31 de diciembre de 1974 se promulgó el "Privacy Act", cuyo núcleo principal es la protección de las personas frente al asalto a la intimidad por sistemas de acopio y almacenamiento de datos derivados del uso de la tecnología informática por las agencias federales (**Ekmekjian**).

Sin embargo, la primera Constitución que consagró en su texto el habeas data fue la portuguesa de 1976, que en su artículo 35 dispuso que "Todos los ciudadanos tienen derecho a tomar conocimiento de los datos contenidos en ficheros o registros informáticos a su respecto, pudiendo exigir su rectificación y actualización, sin perjuicio de lo dispuesto por otras leyes sobre secretos de Estado. Está prohibido el acceso a ficheros, registros informáticos para conocer datos personales de terceros, o por interconexión, salvo los casos excepcionales previstos en la ley. La información no puede ser para el tratamiento de datos referidos a convicciones filosóficas o políticas, de filiación partidaria o sindical, fe religiosa vida privada, salvo cuando se trate de procesamiento de datos estadísticos, que no se identifiquen individualmente".

En 1978 Francia estableció la Comisión Nacional de la Informática y de las Libertades, estructurada de manera colegial, la cual se encarga de elaborar un registro de los archivos en el que se inscriben los diferentes bancos de datos, así como la naturaleza, su funcionamiento y sus finalidades. Dicho Registro se encuentra a disposición de todos los ciudadanos, a fin de que puedan ejercer el derecho de acceso a las informaciones que les conciernen.

La Constitución española de 1978, en su artículo 18 inciso 4), recoge el principio de que "La ley limitará el uso de la informática para garantizar el honor y la intimidad personal y familiar de los ciudadanos".

El Parlamento inglés promulgó en 1984 el "Data Protection Act", destinado a proteger una parte especial de la intimidad de las personas, es decir, aquella relativa a sus datos personales.

En los países latinoamericanos, el primero que recogió el instituto en cuestión en su texto constitucional fue el Brasil, el cual, en su Constitución de 1992, artículo 5, inciso LXXII, establece que "Se concederá el habeas data para: a) asegurar el conocimiento de información relativa a la persona del demandante, que consiste en registros o bancos de datos de entidades gubernamentales o de carácter público; y b) rectificar datos cuando no se prefiera hacerlo por el procedimiento secreto, judicial o administrativo".

En Perú, el artículo 2 inciso 6) de la Constitución de 1993 se prohíbe expresamente que los servicios informáticos, computarizados o no, públicos o privados, suministren informaciones que afecten la intimidad personal o familiar. Luego, el articulo 200 ibídem establece el procedimiento para tramitar el habeas data.

Finalmente, en Argentina, luego de la reforma de 1994, el artículo 43 de la Constitución establece que "Toda persona podrá interponer esta acción para tomar conocimiento de los datos a ella referidos y de su finalidad que conste en registros o bancos de datos públicos destinados a proveer informes, y en caso de falsedad y discriminación, para exigir la supresión, rectificación, confidencialidad o actualización de aquellos. No podrá afectarse el secreto de las fuentes de informaciones periodísticas"

3. *Principios para el tratamiento de datos personales*

Antes de analizar el objeto del recurso, es necesario detenerse sobre los principios que regulan el tratamiento de los datos personales.

a. *Principio de calidad de los datos*

Según este principio, sólo se pueden recoger datos de carácter personal para el tratamiento o para someterlos al mismo, cuando tales datos sean adecuados, pertinentes y no excesivos en relación con el ámbito y las finalidades legítimas para las que se hayan obtenido.

b. *Los datos sólo pueden utilizarse para la finalidad para la cual fueron recogidos*

En efecto, los datos de carácter personal objeto del tratamiento no pueden utilizarse para finalidades distintas de aquellas para las que los datos hubieran sido recogidas

c. *Los datos recogidos deben ser exactos y veraces*

Los datos personales que se consiguen en un determinado registro informatizado o manual han de ser exactos y puestos al día de forma que respondan con veracidad a la situación real del afectado.

d. *Cancelación de los datos cuando dejado de ser necesarios*

Los datos de carácter personal deben ser cancelados cuando hayan dejado de ser necesarios o pertinentes para la finalidad para la cual hubieran sido recabados y registrados.

e. *El procesamiento de los datos debe permitir el acceso del afectado*

Los datos de carácter personal han de ser procesados de manera que sea posible el acceso a los mismos por parte del afectado.

f. *Prohibición de recolección de datos por medios espurios*

No es permitida la recolección de datos por medios fraudulentos, desleales o ilícitos

g. *El afectado debe ser informado acerca del tratamiento de sus datos*

El afectado debe recibir información acerca del hecho del tratamiento de sus datos personales, de los objetivos o fines de dicho tratamiento, así como de los derechos que le competen de acuerdo a la ley para accesar los datos que sobre su persona se encuentren consignados en el banco de datos, así como de quién o quiénes realizarán el tratamiento de datos y de cómo podrá hacer ejercicio de su derecho de acceso y revisión de los datos

h. *El tratamiento automatizado de datos personales requiere el consentimiento del interesado*

El tratamiento automatizado de datos personales requiere el consentimiento del interesado, salvo que la ley disponga otra cosa. Sin embargo, no es necesario este consentimiento en los casos de datos de carácter personal que han sido recogidos a partir de fuentes accesibles al público o cuando se recojan para fines de la Administración Pública en el marco de sus competencias legales, o cuando se refieran a personas vinculadas por una relación negocial, una relación laboral, una relación administrativa o un contrato y dichos datos sean necesarios para el mantenimiento de las relaciones o para el cumplimiento del contrato.

Dentro de este contexto, se entiende por datos personales, cualquier información concerniente a personas físicas o jurídicas identificadas o identificables; por transmisión de datos, las operaciones y procedimientos técnicos, de carácter automatizado o no, que permitan la recolección, grabación, conservación, elaboración, modificación, bloqueo y cancelación, así como las cesiones de datos que resulten de comunicaciones, consultas, interconexiones y transferencias; por responsable del fichero se entiende, la persona física o jurídica, de naturaleza pública o privada que los custodie ; por órgano administrativo el que decida sobre la finalidad, contenido y uso del tratamiento y, por afectado, la persona física o jurídica titular de los datos que sean objeto del tratamiento automatizado o manual.

4. *Objeto del recurso*

El recurso de habeas data tiene como objeto realizar una protección de carácter procedimental del derecho de la persona a su intimidad, imagen, honor, autodeterminación informática y libertad informática en el contexto del tratamiento de sus datos personales.

También es objeto de este recurso garantizar el pleno ejercicio de todos los derechos y libertades concernientes a los datos e información de carácter personal. Por consiguiente, el recurso de habeas data puede plantearse en los siguientes casos:

a. Toda persona física o jurídica puede plantear el recurso de habeas data con el fin de conocer lo que conste sobre sí misma o sobre sus bienes, en registros, archivos, listados o bancos de datos, sean manuales, mecánicos, electrónicos o informatizados, públicos o privados. Sin embargo, no puede solicitarse información sobre la cual verse una investigación judicial por comisión de algún delito, mientras no se haya concluido el proceso investigativo

b. La pretensión del recurso de habeas data también puede consistir en solicitar información sobre la finalidad a que se destinarán los datos personales que han sido recogidos, así como también sobre su destino final, y sobre la eventual entrega de los datos personales a otros lugares de procesamiento de datos distintos al del lugar que en primera instancia realizó la recolección de datos.

c. También puede requerirse, por medio suyo, la rectificación, actualización o cancelación inmediata de los datos personales en poder del lugar de tratamiento de los datos público o privado.

d. También procede el recurso de habeas data para solicitar informaciones que han sido declaradas secreto de Estado. En este caso, el tribunal constitucional deberá determinar si la declaración de secreto de Estado, de la información solicitada, se ajusta a los requerimientos constitucionales.

e.- Puede plantearse el recurso de habeas data en aquellos casos en que se haya lesionado alguno de los principios relacionados con el procesamiento de datos personales indicados en el acápite anterior.

f. El afectado puede impugnar también mediante el recurso de habeas data los actos administrativos o las decisiones de carácter particular que ofrezca una definición de sus características o de su personalidad.

5. *Efectos de la sentencia estimatoria*

La sentencia que declare con lugar el recurso ordena restituir al accionante en el pleno goce del derecho constitucional conculcado, producirá la eliminación o supresión inmediata de la información o el dato impugnado, en los siguientes casos:

a) Cuando se refiera del tratamiento de información confidencial con fines de publicación o transmisión a terceros no legitimados para conocerla;

b) Cuando se refiera al tratamiento de datos evidentemente sensibles, como los relativos a ideología, religión, creencias, filiaciones políticas, origen racial, salud u orientación sexual, y no exista consentimiento expreso del interesado o un fin legítimo para realizar sobre ellos un tratamiento;

c) Cuando la permanencia de los datos en el fichero respectivo haya perdido su razón de ser, por haber transcurrido el plazo de prescripción previsto en la ley para el caso respectivo o cuando se haya cumplido el fin para el que fueron tratados;

d) En los casos en que figure una información que haya sido obtenida mediante la comisión de un delito, desviación de poder, por falta o negligencia del informante o del solicitante de la información, por violación a las reglas o principios del debido proceso o cuando, por conexión, debe eliminarse por haberse declarado ilegal la fuente que la dio a conocer.

En este caso podrá solicitarse, cuando el dato impugnado figure como elemento probatorio en un proceso judicial incoado en contra del afectado, que el mismo no sea utilizado como prueba en contra de éste, por haberse lesionado los derechos y garantías que dan sentido al recurso de habeas data.

e) Cuando resultare innecesaria la información, a los fines del registro, archivo, base de datos o listado que fueren legítimos.

El tribunal constitucional puede también ordenarle al recurrido hacer las correcciones, alteraciones o supresiones correspondientes y concederle un plazo razonable, una vez vencido el cual deberá verificar el cumplimiento de la orden impuesta.

El tribunal constitucional debe velar para que no se divulgue información cuyo titular pudiera verse indebidamente afectado con el conocimiento que terceros puedan tener de ella. Asimismo, podrá imponerle al recurrente el deber de guardar secreto en relación a lo que conozca en razón de la declaratoria de con lugar del recurso interpuesto.

CAPÍTULO VI

LOS DERECHOS DE LA PERSONA EN SU DIMENSIÓN VITAL

I. INTRODUCCIÓN

Los derechos de la persona en su dimensión vital se refieren a la manifestación primigenia del ser humano: la vida, la cual constituye el *prius* lógico, ontológico y deontológico de todos los demás derechos fundamentales, dado que la vida humana es anterior al Derecho, puesto que sin existencia humana es una utopía y un sin sentido hablar de derechos y libertades. El ser humano, en consecuencia, es la referencia última de la imputación de derechos y libertades fundamentales.

Entre esta categoría de derechos tenemos los siguientes: 1) derecho a la vida; 2) derecho a la integridad física y moral y 3) derecho a la atención de la salud.

II. EL DERECHO A LA VIDA

1. *Contenido jurídico-filosófico*

El artículo 21 de la Constitución dispone que "La vida humana es inviolable". Esta disposición constitucional consagra el derecho a la vida.

El hombre, al igual que los demás seres de la Naturaleza, posee una vida biológica. No obstante, en su caso particular, la vida biológica constituye no sólo un hecho empíricamente comprobable, sino, además, un derecho.

En otros términos, el ser humano es titular de un derecho fundamental a no ser privado ilegítimamente de su vida ni de sufrir ataques ilegítimos del Estado o de sus semejantes. Inclusive, tanto el poder público como la sociedad en su conjunto, tienen la obligación correlativa de ayudarlo a defenderse de los peligros naturales y sociales que lo rodean, tales como la insalubridad de su hábitat, el hambre, etc.

El derecho a la vida está indisolublemente unido al hecho biológico de la existencia humana, la cual constituye justamente su presupuesto. Por ello, es posible afirmar que se tiene derecho a vivir, porque ya se vive. Es decir, la existencia biológica constituye, por así decirlo, la carta de naturalización del derecho a la vida.

Este derecho se refiere, en primer término, a la vida física, biológica del hombre. No obstante, es conveniente recordar que la vida humana no se agota, como en el caso de los animales, en su manifestación netamente biológica. En él, por el contrario, lo más importante de su existencia es el aspecto espiritual, dado que es el único ser de la Naturaleza cuya conducta es teleológica, es decir, el único ser que introduce fines en ella, para tratar de conformarla de acuerdo con sus ideas y aspiraciones espirituales.

En esa condición de ser cultural, que es propia, exclusiva e inherente al hombre, radica la explicación de que la vida biológica, además de ser un hecho natural, constituya también un derecho fundamental.

2. *La titularidad del derecho a la vida*

Nuestro texto constitucional proclama el derecho a la vida en forma impersonal, sin utilizar ningún sujeto, como ocurre en otras legislaciones, donde se habla de "Todos" o de "Toda persona", etc.

De esa forma se puede concluir que el derecho a la vida protege en nuestro ordenamiento a todos los seres humanos, es decir, tanto a las personas físicas en los términos de la legislación civil, como a todos los que se encuentren en el seno materno, es decir, a todo "nasciturus".

De la anterior conclusión deriva una importante consecuencia jurídica. En efecto, tal concepción hace imposible la legalización del aborto y más bien le confiere fundamento constitucional expreso a las normas penales que lo castigan. El Tribunal constitucional español en una sentencia muy controvertida, en la que primero reconoce que "la vida es una realidad desde el inicio de la gestación, por lo que la Constitución no puede desproteger la vida en aquella etapa de su proceso que no sólo es condición para la vida independiente del claustro materno, sino que es también un momento de desarrollo de la vida misma", a renglón seguido le niega al "nasciturus" el derecho a la vida y autoriza la despenalización de determinadas clases de abortos (**Voto 53 -85**).

Las anteriores consideraciones del máximo intérprete de la Constitución española plantean el problema en nuestro ordenamiento de si la fecundación in vitro tiene o no asidero constitucional. La Sala Constitucional, en una controversial sentencia, la prohibió de manera radical.

La argumentación de la citada jurisprudencia se basó en que el embrión es un sujeto de derecho y debe ser protegido igual que cualquier ser humano. La aplicación de la técnica de la fecundación in vitro y transferencia embrionaria (aún con restricciones) atenta contra la vida humana. El embrión es persona desde el momento de la concepción. Los embriones cuya vida se procura primero y luego se frustra son seres humanos y el ordenamiento constitucional no admite ninguna distinción entre ellos. Finalmente, sostiene la Sala Constitucional que ni siquiera por norma de rango legal es posible autorizar legítimamente su aplicación (**Voto 2306-2000**).

La resolución en comentario es errada por varias razones. Primero, desconoce el contenido esencial del derecho a la vida, que consiste no sólo en el respeto a la integridad física de la persona, sino también en el derecho a dar vida. Es decir, todos los seres humanos tienen el derecho de dar vida a otros seres.

La argumentación de la Sala también desconoce el derecho a la procreación, el cual se encuentra en el artículo 17 de la Convención Americana sobre Derechos Humanos al reconocer en su acápite segundo "el derecho del hombre y la mujer a fundar una familia", que supone el derecho a tener hijos.

La sentencia en comentario desconoce también el derecho a la reproducción, el cual involucra el propio derecho a la vida en su dimensión colectiva, es decir, el derecho a contribuir a la preservación y continuidad de la especie humana. El derecho a la reproducción se puede articular en nuestro ordenamiento mediante la integración del derecho a la libertad y la autodeterminación, el derecho a la intimidad personal y familiar y la libertad para fundar una familia.

La afirmación de la sentencia en el sentido de que el embrión humano es persona jurídica es totalmente errada en nuestro ordenamiento. En efecto, el artículo 13 del Código Civil exige dos requisitos para ser sujeto de derecho: nacer y nacer vivo ("La existencia de la persona física principia al nacer viva y se reputa nacida para todo efecto lo que le favorezca desde 300 días antes de su nacimiento"). En otros términos, los efectos jurídicos atribuidos por nuestro ordenamiento a la concepción quedan condicionados a que el nascituro reúna al nacer dos requisitos que son condiciones necesarias para que adquiera la personalidad jurídica: el nacimiento (separación total de la madre) y que nazca con vida. Así, la personalidad que el derecho le otorga al niño intrauterino al mismo tiempo que fragmentaria, es condicional. Su eficacia está subordinada al hecho de su nacimiento con vida (**Trejos**).

Por otra parte, los derechos del nascituro no son absolutos, sino más bien limitados. Tales limitaciones vienen dadas por el derecho a la vida de la madre y los derechos de un hombre y una mujer a fundar una familia y, por lo tanto, derecho a la procreación y a producir vida humana. Respecto del primer límite, el Tribunal Constitucional español ha dicho que "En este supuesto es de observar que si la vida del nasciturus se protegiera incondicionalmente, se protegería más a la vida del no nacido que a la vida del nacido, y se penalizaría a la mujer por defender el derecho a la vida…por consiguiente, resulta constitucional la prevalencia de la vida de la madre" (**STC 53/1985, FJ II**).

De donde se deduce que la protección del embrión y del feto es menos intensa que la que el ordenamiento brinda a la persona física. De lo contrario no sería explicable la existencia del denominado aborto honoris causa, que se sanciona con una pena muy leve y sobre todo el aborto terapéutico (art. 21 del Código Penal), según el cual para salvar la vida de la madre es lícito disponer de la vida del feto.

Adicionalmente, como indicó el voto salvado de los Magistrados Arguedas y Calzada: " Es por ello que a diferencia del criterio de la mayoría, estimamos que el hecho de que algunos o todos los embriones colocados en el útero de la madre como parte de la técnica de la fecundación in vitro no lleguen a implantarse, o si se implantan, el embarazo no llegue a término, es una circunstancia natural que depende de la configuración genética que la naturaleza designó para cada uno de los embriones concebidos gracias a la facilitación de la unión del óvulo y el espermatozoide. Es esa característica de cada uno de ellos, lo que determina si son capaces o no de mantener el embarazo, es decir, se presenta una medida selectiva natural, en la que no interviene de manera alguna el equipo médico que desarrolla la técnica. Por todo lo anterior, consideramos que la técnica de la fecundación in vitro, tal y como está reguladas en el decreto cuestionado, no atenta contra el derecho a la vida y a la dignidad humana, sino que por el contrario es una herramienta que la ciencia ha puesto a la mano de las personas para que ejerzan su derecho a la reproducción, y a fundar una familia".

En razón de lo expuesto es evidente que la fecundación in vitro no es incompatible con nuestro ordenamiento constitucional, sino que más bien encuentra asidero expreso en él.

Por otra parte, en Costa Rica, como dijimos antes, dada la redacción amplia y tajante de nuestro texto constitucional de declarar la vida "inviolable", hay necesariamente que concluir que la eventual legalización del aborto sería inconstitucional, puesto que el "nasciturus" es también titular del derecho a la vida.

3. *La prohibición de la pena de muerte*

En nuestro país la pena de muerte fue abolida desde finales del siglo XIX, por lo que es tema sobre el que nadie discute en la actualidad. En otras legislaciones, como la española, se autoriza únicamente por delitos militares en tiempos de guerra.

Es evidente, por otra parte, que en Costa Rica la pena de muerte no podría ser restablecida para ningún tipo de delitos, por cuanto la vida humana es inviolable, lo cual no admite ninguna excepción.

4. La extensión del derecho a la vida

a.- Su primera manifestación la constituye el derecho de todo ser humano a que los demás miembros de la colectividad no atenten ilegítimamente contra su vida. Se le da el calificativo de ilegítimo por dos razones: primero, porque es evidente la justicia de la defensa legítima, de la autodefensa, cuando en el momento del peligro no hay ninguna autoridad que pueda hacer efectiva la protección; y, en segundo lugar, porque en los llamados casos de "estado de necesidad", el ser humano tiene el legítimo derecho para luchar por su supervivencia.

b.- Asimismo, del derecho a la vida surge el deber correlativo de que el Estado y sus instituciones le protejan su vida e integridad física, contra cualquier ataque ilegítimo de terceras personas.

Dentro de este contexto, las legislaciones penales castigan cualquier atentado contra la vida y la integridad física en forma severa. Así, nuestro Código Penal tipifica como delitos el homicidio, la eutanasia, el aborto, el genocidio, las lesiones, el duelo, la riña y la agresión y abandono de personas.

c.- El derecho a que el Estado le respete la vida y su integridad corporal. Dentro de este corolario surge el tema de la pena de muerte, la cual, como vimos en el acápite anterior, está prohibida expresamente en nuestro país.

d.- Luego tenemos el derecho a la solidaridad social, cuya máxima expresión se encuentra modernamente, aunque no de manera exclusiva, en el Estado. Este principio derivado del derecho a la vida, postula que toda persona tiene el derecho a que el Estado y la sociedad lo provean de los medios necesarios para su subsistencia, en aquellas hipótesis en que se vea imposibilitado de hacerlo por sí mismo o por el esfuerzo de sus familiares. Tales son los frecuentes casos de infantes y ancianos desvalidos, desempleo forzoso y, en general, todas aquellas hipótesis de indigencia debida a situaciones ajenas a la voluntad del afectado, etc.

e.- Corolario de lo anterior, el ser humano puede exigirle al Estado que contribuya, en la medida de lo posible, a defenderlo de los peligros y daños de la Naturaleza, mediante medidas sanitarias, con auxilios físicos en caso de catástrofes (terremotos, inundaciones, erupciones volcánicas, sequías prolongadas), etc., situaciones todas ellas que ponen en riesgo su vida e integridad física.

f.- El derecho a que el Estado prevenga o remedie, según el caso, situaciones evidentemente perjudiciales, que son el resultado directo de la concurrencia de causas naturales con factores de carácter social, tales como hambrunas colectivas, accidentes laborales, accidentes de tránsito, etc.

g.- El derecho a la vida tiene un contenido de protección positiva que impide configurarlo como un derecho de libertad que incluya el derecho a la propia muerte.

III. EL DERECHO A LA INTEGRIDAD FÍSICA Y MORAL

1. *Introducción*

De la combinación armónica de los artículos 21 (derecho a la vida), 33 (prohibición de discriminaciones contrarias a la dignidad humana) y 40 (prohibición de torturas y tratos degradantes) deriva, en nuestro ordenamiento, el derecho a la integridad física y moral.

Este derecho prohíbe no sólo cualesquier tipo de ataques dirigidos a lesionar el cuerpo y el espíritu del ser humano, sino, además, toda clase de intervención de esos bienes que carezca del consentimiento de su titular.

Dentro de esta óptica, este derecho fundamental protege a los seres humanos de ser objeto de tratos degradantes o de torturas físicas o mentales. En ambas hipótesis se trataría de padecimientos físicos o psíquicos inflingidos de modo vejatorio para quien los sufre y con la intención de vejar y doblegar la voluntad del sujeto paciente.

De ahí que la legislación penal tipifique como delitos las lesiones, la riña y las agresiones.

Por mayoría de razón prohíbe que las autoridades policíacas puedan hacer uso de la fuerza física o moral para arrancarle confesiones de culpabilidad a los imputados. Las pruebas que se obtuvieren eventualmente bajo tales condiciones, carecerían de valor legal en los procesos penales correspondientes.

2. *Concepto de dignidad humana*

La dignidad es un valor espiritual y moral, que es inherente a la persona, que se manifiesta, de manera singular, en la autodeterminación consciente y responsable de la propia vida y que lleva consigo la pretensión de respeto por parte de los demás.

Dentro de este orden de ideas, la jurisprudencia del Tribunal Constitucional español ha precisado que "Proyectada sobre los demás derechos individuales, la regla del artículo 10.1 CE implica que, en cuanto "valor espiritual y moral inherente a la persona" (**STC 53/1985, FJ 8**), la dignidad ha de permanecer inalterada cualquiera que sea la situación en que la persona se encuentre –también qué duda cabe, durante el cumplimiento de una pena privativa de libertad (…)–, constituyendo, en consecuencia, un mínimum invulnerable que todo estatuto jurídico debe asegurar, de modo que, sean unas u otras limitaciones que se impongan en el disfrute de derechos individuales, no conlleven menosprecio para la estima que, en cuanto ser humano, merece la persona" (**STC 120/1990, FJ 4**).

Dentro de la línea de pensamiento jalonada por el Profesor Rolla, podemos afirmar que la dignidad se traduce, en su dimensión individual, en el derecho de la persona a que se le respete su propia reputación, el propio buen nombre, a no ser discriminado a causa de sus propias creencias y de su estilo de vida. Subsiste, por tanto, una relación de complementación entre el principio de dignidad y el principio del libre desarrollo de la personalidad.

En segundo lugar, el reconocimiento constitucional de la dignidad es relevante también bajo el perfil relacional: según esta perspectiva, existe una conciencia social orientada a no transformar las inevitables diferencias sociales en factores de exclusión; postula que no sólo el ordenamiento, sino también el contexto social, deben establecer relaciones inspiradas en un deber natural de recíproco respeto. En otros términos, no es suficiente que las personas sean tratadas con dignidad, sino que se necesita, además, que todas sean tratadas con igual dignidad y respeto.

La dignidad es un bien espiritual, inmaterial, que pertenece a cada persona: es un atributo de la persona el cual no deriva de la posición que ocupe en la jerarquía social. La dignidad humana no puede ser anulada por el juicio social de otras personas, ni por los comportamientos de los poderes públicos ni por las escogencias normativas que realice el legislador en materia de derechos fundamentales. Por tanto, el reconocimiento de la igual dignidad de cada persona presupone relaciones sociales fundadas sobre la tolerancia, el respeto de las reglas de convivencia, la aceptación de las diversidades, del principio multicultural.

Al efecto, es interesante señalar la opinión del Consejo de Estado belga en relación con un proyecto de ley en materia de eutanasia, en el que sostuvo que la tarea del legislador consiste no tanto en hacer propia una visión específica (ética, religiosa o filosófica) de la sociedad, sino más bien en conciliar visiones éticas contrapuestas (**Proyecto de ley relativo a la eutanasia, 2 julio 2001**). Es evidente que el pluralismo ético propugnado por el juez belga manifiesta una adhesión a una cultura de las relaciones sociales inspirada en criterios de respeto recíproco y, por tanto, de igual dignidad.

En fin, es orientación consolidada que el valor de la dignidad humana se refiera no sólo a los individuos, sino también al grupo social y étnico al que pertenecen aquellos. Por ello, el sentimiento de la propia dignidad resulta lesionado cuando se ofende o desprecia la identidad cultural de una etnia, de una categoría de personas o de una raza.

Como ha recordado el Tribunal Constitucional español *"el sentimiento de la propia dignidad resulta, sin duda, lesionado cuando se ofende o desprecia genéricamente a todo un pueblo o raza"* (**STC 214/91**).

Más problemático se presenta, en cambio, el caso en que la exigencia de tutelar la dignidad de un determinado grupo étnico, lingüístico o religioso constriñe al legislador a limitar la libertad de manifestación del pensamiento. En estos casos, las orientaciones de la doctrina y de la jurisprudencia no resultan unívocas.

Partiendo de la base de que en una sociedad de corte liberal existe una especie de libre *"marketplace of ideas"*, se sostiene que debe otorgarse protección constitucional también a las expresiones que contestan radicalmente las concepciones fundamentales de la sociedad misma, de manera tal que se favorezca una sociedad civil dinámica y creativa.

Por otra parte, la prohibición de formas de propaganda o de incitación al odio se justifica como la necesidad de que exista un contrapeso para equilibrar o minimizar el daño que aquellos puedan producir a algunos valores esenciales de una sociedad libre y democrática, entre los que se incluyen el respeto recíproco entre los diversos grupos raciales respecto de la igualdad y de la dignidad de las personas.

Estas diferentes acepciones del principio de dignidad irradian sus efectos en una triple dirección. Por un lado, autorizan al individuo a solicitar la tutela del principio lesionado; por otro, legitiman al legislador a introducir límites al ejercicio de determinados derechos constitucionales en la medida en que ello pueda menoscabar la dignidad de las personas o de los grupos. Además, empeñan a las Administraciones Públicas a establecer instrumentos y a desarrollar políticas en grado de estimular comportamientos sociales virtuosos bajo el perfil de la tolerancia y el respeto de la intrínseca dignidad de cada persona.

La dignidad, en su dimensión constitucional, posee además tres características generales: expresa un principio universal, absoluto e irradiante (**Rolla**).

El estrecho vínculo existente entre garantía de la dignidad y la tutela de la personalidad hace que el principio de la dignidad represente un valor universal, al menos en el sentido que no sólo cobija a todas las personas independientemente de que posean el status de ciudadano sino también tutela la persona independientemente de su trayectoria de vida.

En otros términos, los derechos reconducibles a la dignidad deben permanecer inalterados cualquiera que sea la condición en que se encuentre concretamente una persona (bajo arresto, encarcelado, hospitalizado, encerrado en un manicomio, etc.) y su fruición no puede ser condicionada por la subsistencia de condiciones jurídicas particulares o de sus escogencias de formas de vida diferentes a las de la generalidad (homosexualidad, ateísmo, etc.).

En cuanto al valor moral, la dignidad de la persona no puede ser separada de la situación en que la persona se encuentre o bien de sus comportamientos sociales. En efecto, éstos pueden determinar, por ejemplo, limitaciones al goce de los derechos individuales, pero sin hacer venir a menos la estima que cada persona merita en cuanto ser humano.

La dignidad representa, además, un núcleo que no puede ser eliminado por el legislador ni por los poderes públicos: constituye una barrera que no se puede superar en el ejercicio de un derecho propio o en el cumplimiento de un deber. Constituyendo la dignidad el núcleo intangible de la personalidad humana, su reconocimiento se traduce en la prohibición absoluta de realizar o poner en acto comportamientos degradantes del ser humano.

En consecuencia, deben considerarse contrarios a la dignidad humana y, por tanto, constitucionalmente ilegítimos, aquellos tratamientos susceptibles de provocar condiciones de humillación para la persona. Por ejemplo, es necesario que las limitaciones de la libertad personal sean realizadas en forma tal que no generen degradación de la persona; que las pruebas utilizadas en un proceso sean adquiridas con medios técnicos idóneos para salvaguardar el pudor de la persona; que sea castigado cualquier tipo de violencia física o moral en relación con las personas sometidas a restricciones de su libertad personal; que las penas no consistan en tratamientos contrarios al sentido de humanidad y tiendan a la reeducación del condenado.

Dentro de este orden de ideas, la jurisprudencia de la Sala Constitucional ha dicho que *"el tener a seres humanos en total hacinamiento, sin las mínimas condiciones de higiene y en lugares sucios, húmedos, oscuros, con poca ventilación, no puede ser otra cosa que un castigo y un trato degradante contrario a la dignidad humana"* (**Voto 1232-98**).

Por otro lado, la jurisprudencia de la misma Sala ha considerado degradante para la dignidad humana la práctica de extraer el semen necesario para la realización de un peritaje técnico dispuesto por un juez a través de la práctica de la masturbación (**Voto 3442-96**).

En fin, no debe olvidarse que la dignidad humana no es tanto un derecho, cuanto el fundamento constitucional de todos los derechos estrechamente ligados al desarrollo de la persona. En efecto, la dignidad representa, en un cierto sentido, la brújula que sirve para interpretar el sistema de los derechos constitucionales, pues aunque cada uno de ellos posee un significado específico, al mismo tiempo tutelan un bien jurídico unitario.

Las particulares características de la personalidad humana, aunque resulten autónoma mente justiciables, aparecen reconducibles a la expresión más general de la dignidad humana entendida, según las hermosas palabras de la Corte Suprema del Canadá como *"the right to personal dignity and a right to an area of privacy or individual soveraignty into which the State must not make arbitrary or injustified intrusions"* (**R.L.Crain and Couture, 1984**).

3.   *El contenido del derecho a la integridad física y moral*

Del derecho a la integridad física y moral deriva también la obligación para los poderes públicos de velar porque aquellas personas dependientes de ellos por cualquier razón, tanto ocasional o transitoria (detenidos), como de manera permanente (reos, menores a su cargo, enfermos mentales, etc.), reciban un trato acorde con su dignidad humana.

Este derecho tiene aplicación en el ámbito penitenciario, en que las condiciones de hacinamiento en que viven los reos producen serios problemas de muy diversa índole. Dentro de este orden de ideas, la jurisprudencia de la Sala Constitucional ha establecido que "Y esto es así, porque el tener a seres humanos en total hacinamiento, sin las mínimas condiciones de higiene y en lugares sucios, húmedos, oscuros, con poca ventilación, no puede ser otra cosa que un castigo y un trato degradante contrario a la dignidad humana, que esta Sala no puede soslayar de ninguna forma" (**Voto 1232-98**).

La Sala ha considerado también que "la extracción de semen por medio de masturbación o de masaje prostático, que son los métodos que en nuestro medio se utilizan para la extracción del semen, necesario, para la realización de la pericia acordada por el juez recurrido, atentan contra la "integridad moral" del individuo pues afectan gravemente el pudor y eventualmente pueden degradarle" (**Voto 3442-96**).

Dentro de este mismo orden de ideas, en otra sentencia se estableció que "Se deben tener también por proscritas las intervenciones que pueden calificarse como "crueles o degradantes", entendiendo por tales las que produzcan sufrimiento de especial intensidad o una humillación o sensación de envilecimiento. En los casos en que proceda la intervención y se puede ver afectado el pudor de las personas, deben tomarse las medidas necesarias para su respeto y permitir, si el intervenido así lo requiere, la presencia de terceras personas con él relacionadas. En todo caso debe ser respetado el principio de proporcionalidad de la intervención, de manera que no puede aceptarse una grave intervención, por ejemplo la extracción de líquido raquídeo, en la investigación de un hecho contravencional" (**Voto 3342-96**).

La jurisprudencia de la Sala también ha señalado que el maltrato físico o la aplicación de cualquier procedimiento vejatorio contra los privados en libertad están prohibidos, y el uso de la fuerza, en los casos en que pretende frustrar la posible evasión o agresión a las autoridades carcelarias, sólo debe aplicárseles como medida excepcional y sólo en forma racional y proporcional al grado de violencia o agresión que oponga el interno (**Voto 1168-94**).

Por ello, las autoridades penitenciarias sólo pueden en casos excepcionales aplicar la fuerza para reducir a la impotencia a un privado de libertad que esté ocasionando disturbios que pongan en peligro la seguridad institucional. Pero, este uso de la fuerza debe ser racional, porque de lo contrario se convierte en un trato degradante (**Voto 1599-96**).

La incomunicación no puede utilizarse para permitir que los encargados de la investigación policial sometan a interrogatorios al detenido, pues ello transforma la incomunicación en tortura (**Voto 4789-93**).

La sujeción del recurrente a una cama de hospital mediante la utilización de esposas constituye un trato degradante, especialmente en los casos en que el detenido sufre una enfermedad terminal.

Además, dicha sujeción puede afectar el normal suministro de un tratamiento médico que el paciente requiera. Por ello, en estos casos, la custodia del paciente puede ejecutarse perfectamente con auxilio de uno o varios vigilantes, pero sin necesidad de hacer uso de las esposas sobre el cuerpo del afectado, por cuanto esta actuación constituye un trato degradante e impropio de su condición humana" (**Voto 5952-94**).

4. *El derecho a una muerte digna*

Este es posiblemente uno de los temas más álgidos en la materia, pues existen posiciones contrapuestas sobre el particular.

Para comenzar debemos afirmar, como lo ha hecho el Tribunal Constitucional español, que el derecho a la vida no incluye el derecho a la propia muerte. Por esta razón es justamente que nuestra legislación castiga como delito la tentativa de suicidio y la eutanasia.

El máximo intérprete constitucional español ha dicho sobre el particular: "La precedente consideración no impide, sin embargo, reconocer que "siendo la vida un bien de la persona que se integra en el circulo de su libertad, pueda aquella fácticamente disponer sobre su propia muerte, pero esa disposición constituye una manifestación del "*agere licere*", en cuanto que la privación de la vida propia o a la aceptación de la propia muerte es un acto que la ley no prohíbe y no, en ningún modo un derecho subjetivo que implique la posibilidad de movilizar el apoyo del poder público para vencer la resistencia que se oponga a la voluntad de morir..." (**Voto 120 del 27/6/90**).

En segundo término, se plantean los temas de los tratamientos médicos dolorosos y el derecho eventual a una muerte digna.

En cuanto al primero de ellos, no podría considerarse como un "trato inhumano o degradante" la autorización para una intervención médica que no este dirigida, por si misma, a infligir padecimiento físicos o psíquicos, sino tan sólo, mientras médicamente sea posible, los efectos irreversibles de la inanición voluntaria. Quiere ello decir que la alimentación forzosa de suero, en el supuesto de huelga de hambre, no puede considerarse constitutiva de trato inhumano o degradante en razón del objetivo que persigue" (**Fernández Segado**).

La situación cambia radicalmente cuando el enfermo está en capacidad de decidir por sí mismo y se le trata de imponer un tratamiento médico contra su voluntad. En efecto, en esta hipótesis, el paciente tiene el derecho de decidir sobre el tratamiento médico, de tal forma que puede rechazarlo cuando lo considere innecesario por causarle sufrimiento excesivo o alargarle artificialmente su propia existencia en condiciones penosas. Por tanto, no es posible imponer un determinado tratamiento médico, la mayoría de las veces sin posibilidad real de obtener recuperación del enfermo, en contra de la voluntad de éste. Cuando el enfermo sea incapaz de decidir por sí mismo y no conste cual es su voluntad, habría que estar a la de sus parientes más próximos, con la debida intervención médica y, en su caso, judicial.

Dentro de este orden de ideas se ha afirmado que "En tales supuestos, el tratamiento médico en contra de la voluntad del sujeto supuestamente beneficiado o incapacitado para oponerse al mismo incurre plenamente en un tratamiento inhumano o degradante, puesto que la enfermedad no es consecuencia directa del comportamiento del propio sujeto y el tratamiento no ofrece un resultado, que compense el sufrimiento ocasionado" (**Espín**).

Nuestra jurisprudencia constitucional ha enfocado el tema desde otro ángulo y no ha entrado en la discusión anterior, sino más bien en el derecho de todo paciente a morir sin dolor. En efecto, en un caso muy controvertido, pues inclusive se discutió públicamente la intervención de los médicos, dijo la Sala lo siguiente: "Por eso se habla también en este sentido del derecho a morir con dignidad, no para hacer alusión a la conocida discusión de si el paciente con un proceso irreversible puede o no rehusar el tratamiento aún cuando le cause la muerte repentina o prematura, sino para referirse al derecho que también tienen quienes estando conscientes de que van a morir, han escogido morir con el tratamiento médico que les permita hacerlo sin dolor. Si este derecho existe, como efectivamente existe –al menos en estos términos–, sería contrario a todo criterio de humanidad el negar el medicamento a un paciente que lo necesite para su alivio, y dentro de esta línea también lo sería el obstaculizar el acceso a éste…que existe un derecho a morir con dignidad que implica, al menos para efectos de este caso, la muerte sin dolor para aquel paciente que debidamente asesorado por un profesional de la salud ha decidido pasar sus últimos días sin experimentar dolores que nublen su existencia…" (**Voto 1915- 92**).

Inicialmente la Sala circunscribió el derecho a la muerte digna sólo al derecho del paciente, bajo la dirección de un profesional de la salud, de recibir tratamiento que mitigue su dolor. Luego, en una sentencia posterior, desarrolló el tema estableciendo que los derechohabientes de la CCSS.

En resumen la Sala circunscribe el derecho a la muerte digna sólo al derecho del paciente, bajo la dirección de un profesional de la salud, de recibir un tratamiento que mitigue su dolor. Luego, en una sentencia posterior, desarrolló el tema estableciendo que los derechohabientes de la CCSS tienen derecho a que se atienda su situación y a que se haga de la mejor manera posible, poniendo a su disposición los medios con que los hospitales cuentan, de cualquier naturaleza, a fin de aliviar el dolor y mejorar la calidad de vida, por todo el tiempo necesario. Lo que significa que el hospital no puede negarse a darles una debida atención. En efecto, no puede eximirse de ese deber dejando simplemente a los pacientes en manos de familiares, amigos u otros que por cualquier razón no quieran, no puedan o no estén dispuestos a aceptar el cuidado de aquellos, o razonablemente no estén en situación de garantizarle que se le procurará el tratamiento adecuado en la fase terminal de la existencia. En tanto el paciente no decida otra cosa, o, en defecto de su voluntad, subsistan obstáculos para entregarla, en condiciones satisfactorias, a la atención de sus familiares, el hospital debe proveer atención y cuidado por sí mismo, y está impedido de desembarazarse del paciente a cuenta de que "no se pueden mantener a los pacientes con enfermedades terminales en forma indefinida", pues esta conducta contrariaría el derecho a morir con dignidad" (**Voto 2679-94**).

Otro caso diferente es aquel en que las convicciones religiosas excluyen determinados tratamientos médicos, tales como la transfusión de sangre (Testigos de Jehová), los cuales resultan imprescindibles para salvar la vida en numerosas ocasiones. En este caso no estamos jurídicamente en presencia de un caso de muerte digna, dado que el sujeto no desea morir ni evitar un tratamiento o una supervivencia que pueda afectar su vida digna; se trata más bien de una persona que prefiere, de forma deliberada, morir a emplear un tratamiento médico no doloroso ni contrario a su dignidad, sino opuesto a determinadas convicciones religiosas.

En estos casos, al igual que en todos aquellos en que la vida humana dependa de terceros, ya sean particulares o instituciones públicas, existe una obligación de proteger la vida, la cual está por encima de la libre voluntad del enfermo.

Finalmente, de este derecho a la integridad física y moral deriva también la obligación para los poderes públicos de velar porque todas aquellas personas dependientes de ellos por cualquier razón, tanto ocasional o transitoria (detenidos), como de manera permanente (reos, menores a su cargo, enfermos mentales, etc.) reciban un trato acorde con su dignidad humana.

IV. EL DERECHO A LA ATENCIÓN DE LA SALUD

Este derecho fundamental debe ser concebido como el derecho a la atención de la salud, dado que no es posible garantizar a ninguna persona la salud perfecta.

En efecto, la atención a la salud comprende una variada gama de servicios que incluyen desde la prevención de las enfermedades hasta la protección ambiental, el tratamiento y la rehabilitación, dirigido como fin último a lograr en los seres humanos un estado de completo bienestar físico, mental y social, y no solamente la ausencia de afecciones o enfermedades (**Voto 6061-96**).

Nuestra Constitución reconoce actualmente el derecho de atención a la salud en el artículo 46, con motivo de la protección de los derechos de los consumidores y usuarios. Dispone la norma en examen que *"Los consumidores y usuarios tienen derecho a la protección de su salud…"*.

Sobre su fundamento constitucional ha dicho la Sala Constitucional que "En cuanto al derecho a la salud… si bien nuestra Constitución Política no contempla en forma expresa este derecho –aunque sí se preocupa de regular expresamente los aspectos con ella relacionados, catalogados como parte de los derechos constitucionales sociales, como el derecho a la seguridad social–, no se puede negar su existencia, por ser derivado directo del derecho a la vida protegido en el artículo 21 de nuestra Constitución, ya que éste

–el derecho a la vida– es la razón de ser y explicación última del derecho a la salud. La conexión existente entre ambos es innegable, el derecho a la salud tiene como propósito fundamental hacer efectivo el derecho a la vida, porque éste no protege únicamente la existencia biológica de la persona, sino también los demás aspectos que de ella se derivan. Se dice con razón, que el ser humano es el único ser de la naturaleza con conducta teleológica, porque vive de acuerdo a sus ideas, fines y aspiraciones espirituales, en esa condición de ser cultural radica la explicación sobre la necesaria protección que, en un mundo civilizado, se le debe otorgar a su derecho a la vida en toda su extensión, en consecuencia a una vida sana. Si dentro de las extensiones que tiene este derecho está, como se explicó, el derecho a la salud o de atención a la salud, ello incluye el deber del Estado de garantizar la prevención y tratamiento de las enfermedades" (**Voto 1915- 92**).

Existe un tercer fundamento constitucional, el cual se encuentra en el artículo 50, en la medida que dicha norma reconoce el derecho a un ambiente sano y ecológicamente equilibrado a toda persona. El artículo 73 del mismo texto constitucional también sirve de fundamento en cuanto crea los seguros sociales para proteger a los trabajadores de los riesgos o contingencias de enfermedad, invalidez, vejez y muerte y el seguro contra riesgos profesionales.

Asimismo, el derecho de atención a la salud se encuentra reconocido por el Derecho de la Constitución, dado que el artículo 48 CP, le otorga protección a todos los derechos humanos recogidos por los instrumentos internacionales sobre Derechos Humanos. En efecto, el artículo 48 constitucional establece en lo que interesa lo siguiente: *"Toda persona tiene derecho al ...recurso de amparo para mantener o restablecer el goce de los otros derechos consagrados en esta Constitución, así como de los de carácter fundamental establecidos en los instrumentos internacionales sobre derechos humanos, aplicables en la República".*

La jurisprudencia constitucional ha dicho sobre el particular lo siguiente: "En tratándose de instrumentos internacionales de Derechos Humanos vigentes en el país, no se aplica lo dispuesto por el artículo 7 de la Constitución Política (CP), ya que el 48 Constitucional tiene norma especial para los que se refieren a derechos humanos, otorgándoles una fuerza normativa del propio nivel constitucional." (**Voto 6830- 98**)

En síntesis, existe un derecho fundamental de atención a la salud que tiene expreso fundamento constitucional (interpretación sistemática de los artículos 21, 46, 50, 74 CP). Asimismo, se encuentra incorporado a la Constitución, mediante el artículo 48 CP.

El derecho de atención a la salud tiene dos dimensiones, una para exigir abstenciones e imponer límites a la injerencia de terceros y, en especial, de la Administración Pública y una segunda, para exigir acciones positivas del Estado.

En su primera faceta, el derecho de atención a la salud se manifiesta como un derecho de libertad, estableciéndole límites a la injerencia de terceros y de la Administración Pública. En el ejercicio de esta función limitadora, el derecho entra también en relación con la vida y la integridad física y moral.

De conformidad con el artículo 28 de la Constitución, el ejercicio de este derecho impide la intervención de los poderes públicos, salvo que aquél atente contra el derecho de los terceros. Verbigracia, el titular del derecho puede imponerle límites a las intervenciones quirúrgicas o a las investigaciones clínicas sin consentimiento informado.

El consentimiento informado es una garantía de la autonomía del paciente. Es con base en esta dimensión del derecho de atención a la salud que una persona puede negarse a que le realicen transfusiones de sangre por atentar contra sus convicciones religiosas (el caso de los testigos de Jehová). En estas hipótesis, el derecho impone a las instituciones públicas sanitarias y a los profesionales de la salud obligaciones de no hacer, es decir, de abstenerse de perturbar el ejercicio del derecho de atención a la salud del paciente.

Asimismo, esta dimensión del derecho de atención a la salud es la que permite la donación de órganos o la negación de recibir un tratamiento médico, y en términos generales, el derecho de disposición de su salud. Por ejemplo, mediante estilos de vida no saludables de los cuales está consciente (consumo de drogas, alcohol, conducción vehicular imprudente, alimentación inadecuada, sedentarismo, prácticas sexuales riesgosas, huelga de hambre prolongada, etc.).

En principio nadie puede ser obligado a un determinado tratamiento sanitario, salvo por disposición de ley. En efecto, "si bien el derecho de atención a la salud opera como límite de los poderes públicos, excepcionalmente el Estado interviene fundado en criterios paternalistas mediante medidas voluntarias (de las cuales el sujeto puede hacer caso omiso) o imperativas (su cumplimiento es obligatorio), tratando de convencer o de imponer (según el caso) un patrón de conducta que considera mejor que aquel que sigue el titular del derecho, llegando en ocasiones a sustituir su voluntad. Un ejemplo de medida paternalista voluntaria es la exigencia de que los empaques de cigarrillos y recipientes de licor contengan la inscripción de que "es dañino para la salud"; un ejemplo imperativo, es la obligación de usar el cinturón de seguridad; un ejemplo de medida sustitutiva es cuando se prescinde del consentimiento informado por razones de urgencia" (**Navarro Fallas**).

De conformidad con el numeral 28 de la Carta Política, la dimensión de autonomía encuentra límites en los derechos de los demás, la moral y en normas de orden público Verbigracia, aunque una persona se negare, se puede aislar al paciente de una enfermedad contagiosa grave susceptible de causar una epidemia (Art. 365 LGS).

Sin embargo, los tratamientos obligatorios son excepcionales, y como toda excepcionalidad debe cumplir con los siguientes requisitos: i) existencia de un interés público debidamente comprobado; ii) legalidad de la medida; iii) razonabilidad y proporcionalidad de la medida.

La segunda dimensión del derecho es aquella en la cual su titular requiere una acción positiva del Estado para lograr el pleno goce de su derecho. En consecuencia, el titular del derecho está dotado de una serie de facultades para exigirle a la Administración Pública la realización de acciones positivas que son imprescindibles para garantizar su derecho. Dos son el tipo de acciones positivas que se pueden demandar del Estado: a) las de control y policía sanitaria y b) las prestaciones sanitarias.

Policía sanitaria son todas las medidas de carácter legislativo y administrativo, mediante las cuales el Estado interviene en la esfera jurídica de los particulares. Todas esas medidas tienden a ponerle límite al ejercicio de diversos derechos (de igual o inferior rango) de terceros (personas físicas o jurídicas), con el fin de proteger el derecho a la atención de la salud de las personas.

El derecho de atención a la salud opera en estos casos, como un título jurídico habilitante de la intervención de los Poderes Ejecutivo y Legislativo. Estas medidas persiguen la finalidad de proteger, asegurar o en general controlar los riesgos que se derivan de determinadas actividades para la salud de las personas individual y colectivamente.

Verbigracia, reglas y acciones para garantizar la salud laboral, para evitar o impedir enfermedades transmisibles, sanidad exterior, sanidad ambiental, control para garantizar la seguridad e inocuidad alimentaria, control de agua potable para consumo humano, el control de productos farmacéuticos, la regulación sanitaria de viviendas, construcciones, comercio, industria, etcétera.

Estas son las competencias típicas de la policía sanitaria, que tienden a proteger la salud pública y a exigir a los particulares un comportamiento respetuoso del derecho de atención a la salud. Dentro de estas materias está incluida la legislación penal (delitos dedicados a proteger la salud pública), las sanciones administrativas y medidas de intervención en la vida privada de diverso orden (Libro II LGS). También pertenecen a este ámbito las medidas de control (autorización, permiso e inspección sanitaria, etc.). Todas estas acciones las puede demandar el titular del derecho de atención a la salud de la Administración Pública.

En otros términos, se trata del derecho que tiene cada persona para evitar que su propia salud o la de los demás no sea amenazada ni dañada por acciones externas realizadas por cualquier sujeto público o privado. Es, por tanto, un derecho de exclusión oponible *erga omnes*.

Estas acciones son exigibles tanto en la vía administrativa como en la judicial La competencia administrativa para realizar este tipo de acciones está por lo general repartida entre varias instituciones y órganos públicos de muy diversa índole. Estas, junto con otras medidas de diversa índole (vivienda, alimentación, agua potable, distribución de la riqueza, educación, etc.) son responsables, en gran parte, del desarrollo sanitario de cada comunidad.

El segundo tipo de acciones positivas contenidas en este derecho de atención a la salud son las que provienen del sistema de servicios de salud, de carácter asistencial, orientadas a la recuperación y conservación de la salud y a la rehabilitación del enfermo. Los servicios asistenciales pueden materializarse mediante la prestación directa de establecimientos e instituciones públicas o bien, de particulares que operan aquellos servicios públicos mediante concesión u otro tipo de delegación de funciones administrativas sanitarias.

Este derecho de atención a la salud se encuentra ampliamente desarrollado en la legislación ordinaria, especialmente en la Ley General de Salud.

Según el artículo 1 de esta ley "La salud de la población es un bien de interés público tutelado por el Estado"; el numeral 2 ibídem señala "que es función esencial del Estado velar por la salud de la población"; el 3 del mismo cuerpo de leyes estatuye que "Todo habitante tiene derecho a las prestaciones de salud, en la forma en que las leyes y reglamentos especiales determinen y el deber de proveer a la conservación de su salud y de concurrir al mantenimiento de la salud de su familia y de la comunidad".

De las disposiciones legales transcritas, pueden extraerse dos conclusiones importantes: a) el derecho de atención a la salud cobija tanto a los costarricenses como a los extranjeros; b) el derecho de atención a la salud es un derecho funcional, ya que implica también la existencia de obligaciones específicas respecto no sólo de sí mismo, sino también de la familia y de la comunidad.

El derecho de atención a la salud se hace efectivo de manera preponderante, aunque no exclusiva, mediante el derecho a la seguridad social, garantizado en el artículo 73 de la Constitución, el cual establece la obligación para una institución estatal –la CCSS– de administrar un sistema de seguros sociales para proteger a los trabajadores contra los riesgos de la enfermedad, invalidez, maternidad, vejez, muerte y demás contingencias que la ley determine.

En esta materia la Sala Constitucional ha desarrollado una amplia jurisprudencia, la cual conviene mencionar de manera sucinta.

Corresponde al Estado velar por la salud pública, lo cual abarca la prevención y el tratamiento de enfermedades (**Voto 5130-96**).

Del derecho a la vida y a la atención de la salud deriva el derecho de las personas a vivir en un ambiente sano y ecológicamente equilibrado (**Voto 2231-96**).

La prestación de servicios básicos, como el agua, la luz y el teléfono, están íntimamente relacionados con el derecho a la atención de la salud, por lo que el suministro de agua sólo puede ser cortado por falta de pago si existe una fuente pública para proveer las necesidades del afectado y que éste sea prevenido con anticipación de la desconexión del servicio (**Voto 465-97**).

Nos parece que esa doctrina sólo es aplicable respecto del corte del servicio de agua, pero no respecto de la interrupción del suministro de energía eléctrica y del teléfono, los cuales no tienen relación directa ni inmediata con la salud de las personas.

En cuanto a los privados de libertad, la Sala ha establecido que la Administración encargada de los privados de libertad, no puede hacer uso de medios o técnicas que violenten la vida humana, la salud, la integridad física y la dignidad de los reclusos. Por lo que el deber de custodia de las instituciones encargadas de los detenidos, no se reduce a evitar la evasión de los presos, sino velar por la integridad física y salud de los detenidos (**Voto 4702-96**).

Dentro de este mismo orden de ideas ha dicho que los centros penales se encuentran obligados a brindar atención médica a los privados de libertad y que dicha omisión constituye una violación al derecho a la salud (**Voto 3815-96**). Por tanto, el Ministerio de Justicia y Gracia no puede alegar falta de presupuesto en el rubro de gastos relativos a la compra de los artículos básicos de higiene que requieren los reclusos (tales como jabón, papel higiénico, pasta de dientes, etc.), ya que constituyen elementos básicos y necesarios tanto para el aseo personal, como para la preservación de la vida. De tal forma que el no suplir esos artículos a los privados de libertad, resulta ser no sólo un trato degradante hacia ellos, sino también una violación al derecho de salud e higiene de los mismos" (**Voto 94-96**).

Respecto a la esterilización terapéutica de la mujer casada, la Sala ha considerado, en relación con el derecho de atención a la salud, que no puede considerarse la maternidad como una obligación de la mujer, superior a su derecho a la salud o a la vida misma. Estos derechos se podrían ver afectados seriamente de someterse a la mujer al consentimiento de su esposo, para prevenir un embarazo riesgoso. Si bien existen otros mecanismos para prevenir los embarazos no deseados, no todos ellos están al alcance de la población, o son del agrado de ésta. La maternidad puede ser vista como una bendición para la mujer y la familia, pero la decisión de procrear, si bien normalmente es una decisión de pareja, en los casos en que médicamente se recomiende la esterilización terapéutica de la mujer, nadie más que ella, en ejercicio de su capacidad jurídica plena, está legalmente capacitada para acceder a no ser esterilizada (**Voto 2196-92**).

En relación con el suministro de medicamentos por parte de la CCSS a pacientes, la Sala ha considerado que dicha institución no se encuentra obligada a entregar medicamentos a pacientes que no los han solicitado oficialmente y que pretenden el suministro de los medicamentos mediante la presentación de recetas prescritas en el recetario personal del médico y no en el recetario oficial de la Caja (**Voto 7944-98**). Además, ha dicho que si la Lista Oficial de Medicamentos de la Caja cuenta con medicamentos alternativos para un padecimiento, la institución no se encuentra en la obligación de suministrar a un paciente que se solicita un medicamento determinado (**Voto 8172-98**). Si se suministra un medicamento similar al solicitado por el paciente y es adecuado al padecimiento no se violenta el derecho a la salud (**Voto 105-94**).

No puede exigírsele al ente asegurador que suministre un medicamento que no ha sido recetado por el médico de la Caja, tomando en cuenta además que si éste no se encuentra en el cuadro básico de medicamentos de la CCSS, existen mecanismos que le permiten a los asegurados solicitar el suministro de un medicamento no incluido en el cuadro antes mencionado, de acuerdo con las disposiciones del Comité Central de Farmacoterapia (**Voto 8411-98**).

En casos concretos relativos al suministro a domicilio de medicamentos natineoplásipos, parenterales, citotóxicos y otros referidos al tratamiento de quimioterapia, la Sala ha considerado que dada la peligrosidad de estos medicamentos en principio deben ser suministrados sólo en los hospitales, lo que implica la obligación del paciente de acudir a recibir el tratamiento cuando no existan razones suficientes que se lo impidan. No obstante, en los casos en que es imprescindible la administración domiciliaria de estos medicamentos para no causar más daños a la salud del paciente, los medicamentos deben ser entregados para que la administración se realice de conformidad con lo indicado por el médico tratante y bajo su responsabilidad. En estos casos se deben hacer constar dos aspectos: la existencia o no de una imperante necesidad del paciente de recibir el tratamiento en su casa dada la imposibilidad material de trasladarse al centro hospitalario y el hecho de que el médico tratante e compromete a concluir el suministro del tratamiento bajo su responsabilidad (**Voto 9206-98**).

En relación con las citas médicas otorgadas en plazos muy largos, la Sala ha considerado que aquellas deben realizarse en plazos cortos, toda vez que las tardanzas innecesarias constituyen una violación al derecho de atención a la salud. Para personas con cáncer, por ejemplo, un examen de este tipo constituye no sólo una facultad derivada del derecho de atención a la salud, sino inclusive del derecho a la vida, toda vez que la no realización en un tiempo razonable se pueden derivar consecuencias funestas, tales como la muerte, por lo que tal prolongación excesiva en el tiempo resulta en perjuicio del paciente (**Voto 3496-96**).

La Sala ha establecido también que el derecho al ambiente está íntimamente relacionado con el derecho a la salud y ha sostenido que la calidad ambiental es un parámetro de esa calidad de vida: otros parámetros no menos importantes son salud, alimentación, trabajo, vivienda, educación, etc… pero más importante que ello es entender que si bien el hombre tiene el derecho de hacer uso del ambiente para su propio desarrollo, también tiene el deber de protegerlo y preservarlo para el uso de las generaciones presentes y futuras, lo cual no es tan novedoso, porque no es más que la traducción a esta materia del principio de la "lesión", ya consolidada en el derecho común, en virtud del cual el legítimo ejercicio de un derecho tiene dos límites esenciales: por un lado, los iguales derechos de los demás y, por el otro, el ejercicio racional y el disfrute útil del derecho mismo (**Voto 2641-96**).

En una sentencia anterior y dentro de esta óptica, la Sala había dicho que "en ausencia de un estado completo de bienestar físico, mental y social, que es como se define la salud, y de un ambiente sano, el disfrute del derecho a la vida se vería severamente restringido. Se señaló que el derecho a un ambiente sano supera los intereses meramente creativos y culturales y se constituye en un requisito fundamental para la salud y la vida misma entendida esta última en una acepción más amplia que la sola existencia biológica" (**Voto 4423-93**).

CAPÍTULO VII

LOS DERECHOS DE LA PERSONA COMO SER LIBRE

I. INTRODUCCIÓN

Los derechos de la persona como ser libre coinciden con la concepción de las libertades públicas que tiene la doctrina y la jurisprudencia francesas. Por ello, tales derechos garantizan la libertad en el ámbito privado, al mismo tiempo que otorgan protección jurisdiccional a los ciudadanos para la salvaguardia de tales derechos.

II. LOS DERECHOS INHERENTES A LA AUTONOMÍA PERSONAL

1. *El ámbito de la vida privada*

Estos derechos forman parte de aquel conjunto de libertades fundamentales que la doctrina encuadra dentro del ámbito protector de la vida privada. Nos dice un autor francés que "La vida privada es aquella esfera de cada existencia en la cual nadie se puede inmiscuir sin haber sido autorizado. La libertad en la vida privada es el reconocimiento, en beneficio de cada uno, de una zona de actividad que le es propia, en que se es dueño de prohibir a los demás" (**Rivero**).

La vida privada comprende, ante todo, la vida interior –los puros hechos de la conciencia, el pensamiento, la fantasía, el sentimiento de fe, etc.– y luego toda aquella parte de la vida exterior que no se considera parte del ámbito público.

En otros términos, la vida privada del hombre moderno abarca hasta donde se extiende su libertad y no se restringe únicamente al dominio interno de su conciencia, o a la persona física o al inmediato ambiente actual o habitual del individuo, ya que esta libertad se manifiesta en otro campo vastísimo que se encuentra más allá de cualquier control político directo: el mundo de la cultura (**De Stefano**).

III. EL DERECHO A LA INTIMIDAD

1. *Concepto*

El primer párrafo del artículo 24 de la Constitución consagra el derecho a la intimidad a secas, sin ninguna precisión jurídica ulterior.

El artículo 28 ibídem establece, en su segundo párrafo, que "las acciones privadas que no dañen la moral o el orden público o que no perjudiquen a tercero, están fuera de la acción de la ley".

La característica esencial del derecho a la intimidad es que garantiza un ámbito privado reservado a la propia persona y del que quedan excluidos los demás, salvo, desde luego, que el titular del derecho desee compartir esa zona de privacidad con otros semejantes.

Dado que se trata de un derecho íntimamente vinculado a la propia personalidad, se puede concluir que deriva del principio de la dignidad humana que reconoce el artículo 33 de la Constitución.

La jurisprudencia constitucional lo ha configurado como "En una democracia todo ciudadano tiene derecho a mantener reserva sobre ciertas actividades u opiniones suyas y obtener amparo legal para impedir que sean conocidas por otros...; resulta imposible o muy difícil convivir y desarrollar a plenitud los fines que una persona se propone, sin gozar de un marco de intimidad, protegido de injerencias del Estado u otros ciudadanos. Así la Convención Americana sobre Derechos Humanos –Pacto de San José–, reconociendo esos principios, en su artículo 11.2-3 dispone:

> "Nadie puede ser objeto de injerencias arbitrarias o abusivas en su vida privada, en la de su familia, en su domicilio o en su correspondencia, ni de ataques ilegales a su honra o reputación. Toda persona tiene derecho a la protección de la ley contra esas injerencias o esos ataques."

La Sala está consciente de la dificultad de lograr un equilibrio entre los intereses en juego –individuales y sociales–, pero es su deber señalar que **en tratándose de la libertad e intimidad de los ciudadanos**, el Constituyente les garantizó un ámbito propio, su esfera privada, que en principio es inviolable y sólo parcialmente allanable con intervención de Juez en procura de resguardar bienes jurídicos de mayor jerarquía" (**Voto 678-91**).

En relación con el expediente de personal, la jurisprudencia constitucional ha considerado que si bien existen datos en él que son de interés público, también hay datos que son de carácter privado, que deben ser custodiados por la administración de manera apropiada a fin de no lesionar el derecho a la intimidad del amparado, como es el caso de su domicilio, el resultado del examen físico y la entrevista que se le realizó a su ingreso a la institución, en la que se consigna información sobre su familia y sus padecimientos. (**Voto 6314-06**).

El derecho a la intimidad protege también el entorno familiar de la persona, por lo que cada uno tiene el derecho de exigir respeto no sólo de sus actuaciones como ser individual, sino también como parte integrante de un núcleo familiar, dado que esos vínculos inciden en la propia esfera de la personalidad de cada uno.

Dentro de este orden de ideas, por ejemplo, una noticia referida al ámbito personal de un menor afecta también el derecho a la intimidad de los padres.

La jurisprudencia constitucional ha tenido ocasión de referirse al derecho a la intimidad de los menores. En el caso concreto, la recurrente alegó que en el Programa "Bailando por un Sueño" organizado por Televisora de Costa Rica, Canal 7, se difundían imágenes de menores de edad con discapacidad, lo cual atenta contra los derechos inherentes a su dignidad humana, además de lo dispuesto en los artículos 21, 22 y 27 del Código de la Niñez y la Adolescencia. De igual forma reclamó la reproducción realizada por los periódicos Al Día y la Teja el veinticuatro de agosto de dos mil siete, por cuanto considera que lesiona los derechos de los menores. En este caso, la sentencia de la Sala consideró que las autoridades recurridas contaron con el consentimiento de los representantes de las menores para difundir sus imágenes, y éste consentimiento además no quebrantaba el interés superior del menor por buscarse más bien su beneficio (**Voto 1959-07**).

Dentro de este orden de ideas, nuestra jurisprudencia constitucional protege celosamente la intimidad de los niños. Por medio de un amparo se condenó al Diario Extra, que publicó una noticia bajo el título "Niño de seis años asesina a hermano de 8 por short", porque el contenido de la publicación lesionaba los derechos de los menores amparados, ya que los exponía, con sus nombres y apellidos y con fotos, ante le opinión pública, lo que constituye un abuso moral y lesiona su privacidad y decoro y, en particular, el derecho fundamental a la intimidad de los menores, los cuales requieren especial protección (**Voto 8759-04**).

También ha señalado la jurisprudencia constitucional, que los correos privados, tomados sin consentimiento de su propietario, no pueden ser utilizados como prueba en un proceso administrativo, aunque la computadora pertenezca al patrono. En tal caso, el patrono debe en forma inmediata desglosar del expediente administrativo los correos privados de la amparada y entregárselos a ella. (**Voto 5607-06**).

La jurisprudencia constitucional ha considerado contrario al derecho fundamental a la intimidad la publicación en internet del resultado de un examen psiquiátrico practicado a un fiscal del Ministerio Público, en el que se establecía que el amparado sufría de problemas mentales, por lo que se ordenó a la autoridad competente que borrara inmediatamente de la página intranet del Poder Judicial el contenido del respectivo oficio donde constaba la citada información (**Voto 11569-05**)

2. *El derecho a la autodeterminación informática*

Dado que en nuestro ordenamiento no está expresamente regulado el derecho a la autodeterminación informática, La jurisprudencia de la Sala Constitucional lo ha derivado del derecho a la intimidad con base en la siguiente argumentación: "Tanto en el plano internacional como en el interno, el Derecho vigente en Costa Rica protege el derecho a la intimidad como protección del individuo en relación con su vida privada. No obstante lo anterior, la capacidad de archivo y de transmisión de los datos almacenados por parte de las grandes corporaciones públicas y privadas, ha hecho posible que la vida de los ciudadanos pueda con facilidad estar al alcance de una gran cantidad de personas, por lo que su tutela real se tornaría insuficiente si se limitara únicamente a la esfera de protección enmarcada dentro del derecho a la intimidad. En razón de ello y a efectos de no hacer nugatorio lo dispuesto en el artículo 24 y en el sistema constitucional costarricense como un todo, su ámbito de cobertura ha evolucionado relativamente al desarrollo de los medios de información y comunicación, cuyo nivel de complejidad ha permitido el archivo de cantidades de datos cada vez más grandes sobre las personas y ha abierto la posibilidad de procesar esa información con un alto grado de precisión y en muy poco tiempo, por lo que, con este avance sus ataques no solo se tornan más frecuentes, sino también más graves. Las informaciones reservadas y clasificadas en bases de datos o en cualquier otra forma de almacenamiento de información pueden ser utilizados con distintos fines y en ellos entra en conflicto el interés del Estado o entes particulares de contar con información para el cumplimiento de sus fines, con el del sujeto sobre quien versa la información recabada y que cuenta a su favor con un derecho a su intimidad, que se dirige a que éste pueda desarrollarse con plenitud y sin interferencias en su esfera personal. Con base en lo expuesto, considera este Tribunal que dado el gran avance tecnológico, la inmersión de los medios informáticos en la esfera del individuo no es susceptible únicamente de lesionar su intimidad, pues muchos de los datos contenidos en esos archivos son públicos, y aún así el uso indiscriminado de tales informaciones puede ocasionar graves perjuicios al ciudadano, si aquel no se sujeta a ciertos parámetros de veracidad y razonabilidad. La protección estatal, por ende, no debe estar sólo dirigida a tutelar la intimidad del individuo, sino que debe ir más allá: debe controlar el uso que de los datos de las personas -íntimos o no- se haga. Es así como se puede hablar de un verdadero derecho a la autodeterminación informativa, como principio constitucional desprendible a partir del texto del artículo 24 ya citado (**Voto 4847-99**).

Por tanto, como un contenido esencial del derecho a la intimidad, nuestro ordenamiento reconoce el derecho fundamental de toda persona física o jurídica a conocer lo que conste sobre ella, sus bienes o derechos en cualquier registro o archivo, de toda naturaleza, incluso mecánica, electrónica o informatizada, sea pública o privada; así como la finalidad a que esa información se destine y a que sea empleada únicamente para dicho fin, el cual dependerá de la naturaleza del registro en cuestión. Da derecho también a que la información sea rectificada, actualizada, complementada o suprimida, cuando la misma sea incorrecta o inexacta, o esté siendo empleada para fin distinto del que legítimamente puede cumplir. Es la llamada protección a la autodeterminación informativa de las personas, la cual rebasa su simple ámbito de intimidad. Se concede al ciudadano el derecho a estar informado del procesamiento de los datos y de los fines que con él se pretende alcanzar, junto con el derecho de acceso, corrección o eliminación en caso el que se le cause un perjuicio ilegítimo.

La esfera privada ya no se reduce al domicilio o a las comunicaciones, sino que es factible preguntarse si es comprensible incluir "la protección de la información" para reconocerle al ciudadano una tutela a la intimidad que implique la posibilidad de controlar la información que lo pueda afectar. Lo expuesto, significa que el tratamiento electrónico de datos, como un presupuesto del desarrollo de nuestra actual sociedad democrática debe llevarse a cabo afianzando los derechos y garantías democráticas del ciudadano (arts. 24, 1, 28, 30, 33 y 41 de la Constitución). Es obvio, que el acceso a la información es un poderoso instrumento de progreso individual, y para el ejercicio de los derechos políticos y sociales. Pero también debe reconocerse que el progreso no significa que los ciudadanos deban quedar en situación de desventaja frente al Estado o a los particulares. El nuevo derecho a la intimidad, debe ponderar los intereses en conflicto, entre el legítimo interés de la sociedad a desarrollarse utilizando la información, como la también necesidad de tutelar a la persona frente al uso arbitrario de sus datos personales. La tutela a la intimidad implica, la posibilidad real y efectiva para el ciudadano de saber cuáles datos suyos están siendo tratados, con qué fines, por cuáles personas, bajo qué circunstancias, para que pueda ejercer el control correspondiente sobre la información que se distribuye y que lo afecta (arts. 24 de la Constitución y 13 inciso 1, de la Convención Americana de Derechos Humanos)..

Como ha dicho la jurisprudencia constitucional, la autodeterminación informativa es una ampliación del derecho de intimidad, y que su protección surge a partir del desarrollo de mecanismos informáticos y tecnológicos globales, que manejan bases de datos que contienen información de las personas. Respecto de la delimitación del contenido del derecho de autodeterminación informativa es importante acotar que para que la información sea almacenada de forma legítima, no debe versar sobre información de carácter estrictamente privado, debe ser exacta y veraz (en relación con esto, ver sentencia N° 2000-01119, de las dieciocho horas cincuenta y un minutos del primero de febrero de dos mil) (**Voto 7669-05**).

Por tratarse de un derecho personalísimo, el de intimidad no es extensible a favor de las personas jurídicas.

3. *El derecho a la propia imagen*

Del derecho a la intimidad deriva también el derecho a la propia imagen, que consiste en la facultad de cada persona de decidir respecto al empleo de su imagen, lo que implica la facultad de oponerse a que se utilice aquella, con o sin fines de lucro, sin su propio consentimiento.

El derecho a la imagen es aquél que la persona tiene a su propia representación externa, dado que constituye una especie de proyección de la persona (**A. Chavanne, R. Drago**).

Este derecho fundamental encuentra una regulación detallada en el Código Civil. El artículo 29 de este cuerpo normativo dispone que "Las fotografías o imagen de una persona no pueden ser reproducidas, expuestas o vendidas en forma alguna sino es con su consentimiento". En otros términos, la persona es la única dueña de su imagen y fotografía y divulgación sólo puede hacerse con su consentimiento expreso.

No obstante, en el mismo numeral se limita el derecho a la imagen, al expresarse que "a menos que dicha reproducción (la de la fotografía o de la imagen) esté justificada por la notoriedad de aquella, por la función pública que desempeñe, por necesidades de justicia o de policía o cuando la reproducción se haga en relación con hechos, acontecimientos o ceremonias de interés público, o que tengan lugar en público".

Un primer problema que surge en relación con las limitaciones a la protección de la propia imagen surge del concepto de notoriedad, el cual es difícil de precisar. Para ello se recurre, con frecuencia, más bien a ejemplificaciones. Así, verbigracia, se consideran como destinadas a la publicidad todas las notabilidades artísticas, deportivas, científicas, políticas, lo mismo que aquellas personas que son víctimas de desgracias, de destinos anormales, de delitos, etc. Es decir, la notoriedad de la persona tiene un carácter derivado, en el sentido de que constituye el reflejo de la notoriedad de su obra o de sus actos, de su vida, o bien de un acontecimiento extraordinario en que le ha tocado participar. En dos palabras, la notoriedad está constituida por actos o actividades del ser humano que salen de lo común.

La segunda limitación que contempla nuestro Código Civil es la relativa a la actividad que realiza la persona protegida por el derecho a la imagen. Dentro de este contexto, nuestra legislación recoge la doctrina según la cual si la actividad que realiza la persona es de carácter público, su imagen no se encuentra protegida y, en consecuencia, puede ser libremente fotografiada.

No obstante, es posible distinguir entre la actividad propiamente pública que realiza el funcionario, la actividad privada y su vida íntima. Como dice un autor chileno "Se habla de vida pública en oposición a aquella vida privada en la cual los demás no pueden penetrar, ordinariamente" (**Novoa Monreal**).

Si se encuentra en el ejercicio de su actividad pública, las fotografías pueden ser tomadas sin ninguna consecuencia jurídica ulterior.

Una actividad privada, en principio fuera del alcance de la publicidad, puede, en determinadas circunstancias, devenir de interés público. Tal sería el caso del matrimonio de una persona importante del mundo político, deportivo, científico, artístico, etc.

La vida íntima, propiamente dicha, es la única que queda fuera de la eventual publicidad de los medios de información, como de manera reiterada lo ha sostenido la jurisprudencia francesa.

La tercera excepción se refiere a lo que nuestro Código Civil denomina "necesidades de justicia o de policía". Estos casos son muy frecuentes de publicaciones en los periódicos y en la televisión de fotografías de personas que son buscadas por la comisión de delitos.

La jurisprudencia de la Sala Constitucional ha considerado que incluir la fotografía de una persona dentro del Álbum de sospechosos del Organismo de Investigación Judicial, sin su consentimiento, implica una violación al derecho a la intimidad. (**Voto 990-07**).

Finalmente, el citado artículo 29 del Código Civil señala como otra limitación específica "cuando la reproducción se haga con relación a hechos, acontecimientos o ceremonias de interés público". Por esa sola circunstancia pueden ser objeto de reproducción, publicación o venta, las fotografías que se tomen con motivo de tales acontecimientos. El problema estriba en definir qué entenderse por interés público, lo cual queda, en cada caso concreto, a la prudente apreciación del juez respectivo.

Las fotografías que se tomen en lugares públicos pueden ser libremente reproducidas. Algunas consecuencias jurídicas pueden derivar de la publicación de la fotografía o imagen de una persona sin su consentimiento, siempre y cuando dicha persona no se encuentre en ninguno de los casos de excepción antes indicados.

En primer término, el perjudicado tiene el derecho de solicitar al juez, como medida cautelar que no tiene recurso, la suspensión de la publicación, exposición o venta de las fotografías o de las imágenes sin perjuicio de lo que se resuelva en definitiva (art. 30 Código Civil).

Finalmente, en el artículo 41 del Código Civil se establece el derecho a la indemnización por daño moral en la hipótesis de lesión a los derechos de la personalidad, que en el caso de las publicaciones en los medios de comunicación colectiva, deviene en una responsabilidad solidaria tanto para el medio informativo como para el director o editor responsable de aquel.

IV. EL DERECHO AL HONOR

El derecho al honor se deriva del artículo 41 de la Constitución, según el cual "Ocurriendo a la leyes, todos han de encontrar reparación para las injurias o daños que hayan recibido en su persona, propiedad o intereses morales".

El honor, concebido como aprecio y estima que una persona recibe en el medio social que vive, es un derecho fundamental que afecta directamente la dignidad de la persona.

El honor es un valor referido a personas determinadas, lo que imposibilita extenderlo a instituciones públicas, respecto de las cuales es más correcto hablar de dignidad, prestigio y autoridad moral.

Se discute acerca de si la titularidad de este derecho fundamental cobija sólo a las personas físicas, o si las personas jurídicas pueden también ser sus titulares.

En principio, pareciera que sólo las personas físicas son titulares de este derecho, por cuanto tiene un significado personalista, es decir, se trata de un valor que sólo es imputable a personas individualmente consideradas, por referirse a la vida privada de los seres humanos, en la que nadie puede inmiscuirse sin estar previamente autorizado.

Sin embargo, bajo ciertas circunstancias nos parece que este derecho fundamental puede también extenderse a las personas jurídicas. Es decir, el buen nombre y reputación de las personas jurídicas, como las asociaciones, sociedades, fundaciones, etc., pueden ser mancillados por la difamación o por expresiones injuriosas y ofensivas. En todo caso, la protección en estos casos es menos rigurosa que tratándose de las personas físicas.

En nuestra legislación penal se tipifica como delito la difamación de una persona jurídica (art 153 del Código Penal), norma que tiene, como presupuesto lógico, la existencia de un derecho fundamental de las personas jurídicas al honor, o al menos, al buen nombre y a salvaguardar su reputación.

El derecho fundamental al honor encuentra una amplia protección en el ordenamiento penal, donde las diferentes formas de violación (difamación, injurias, calumnias, etc.) son tipificadas como delitos.

V. LA INVIOLABILIDAD DEL DOMICILIO

1. *El concepto de domicilio*

Este derecho fundamental está consagrado en el artículo 23 de La Constitución. El concepto de domicilio tutelado por la norma constitucional es diferente de su acepción civilista o del Derecho Tributario.

En efecto, el concepto constitucional de domicilio abarca no sólo el lugar donde habita una persona, lo cual implica, por otra parte, que su habitación sea continua, sino simplemente que se conserve la intención de habitar ese lugar, sino además cualesquier otro recinto en que se desarrolla la vida privada (**Colliard**).

En otros términos, el domicilio, en la perspectiva constitucional, es aquel espacio físico cuyo uso y disfrute corresponde a la persona y en el cual ésta desarrolla habitualmente su vida privada.

De esa forma queda claro que el domicilio, en la moderna concepción, es una garantía conectada con la privacidad, en el sentido de que salvaguarda un ámbito de autonomía personal.

A fin de calificar jurídicamente a un lugar como habitación en sentido amplio y, por ende, que sea objeto de la tutela de la garantía en cuestión, aquél debe reunir tres requisitos esenciales, a saber: i) en cuanto a la particular estructura del lugar, ii) en cuanto a su destino y iii) en cuanto al carácter primado y la potencial indeterminación de los intereses personales que se pueden satisfacer dentro de él (**Faso**).

i.- Respecto a la estructura del lugar, debe tratarse de un sitio cerrado o bien parcialmente abierto, pero aislado del ambiente externo, en forma tal que sea capaz de hacer efectiva la voluntad de sus habitantes de poder excluir a las personas no autorizadas a entrar o permanecer en él.

ii.- En cuanto a su destino, el lugar debe estar dedicado al desarrollo de actividades propias de la vida privada. Entre estas últimas podemos englobar todas aquellas actividades características de la vida íntima o familiar (reposo, alimentación, etc.), lo mismo que aquellas otras que, aunque no revisten carácter doméstico, se desarrollan en una esfera espacial exclusiva del sujeto privado, a la que se prohíbe el acceso de terceros (trabajo, administración, descanso, cultura, etc) (**Barile-Cheli**).

Por otra parte, el destino del lugar debe ser legítimo, en el sentido de que el sitio calificable como domicilio pertenezca al sujeto con base en cualesquier título legítimo de disfrute (propiedad, usufructo, uso, habitación, etc.).

El destino debe ser actual, lo que no significa presencia necesaria en el sitio por parte del sujeto titular del derecho, sino más bien efectivo empleo del espacio, destinado como domicilio de uno o más sujetos determinados. Por ello, la protección no opera respecto de los lugares definitivamente abandonados.

iii.- El carácter privado del recinto en un elemento constante en la noción de domicilio. No obstante, es importante señalar que la cantidad y diversidad de intereses que desarrolla el ser humano en su domicilio son indeterminables a priori, por cuanto parte importante de su personalidad se desarrolla y ejercita en forma completa y sin restricciones heterónomas, dentro de su domicilio.

Como ha dicho un autor italiano, "en el domicilio, proyección especial de la persona" (**Amorth**) el ordenamiento tutela, en línea preeminente, no tanto la propiedad o cualesquier otro derecho real, ni la posesión o la detentación, ni la consistencia objetiva de un buen material calificable como "domicilio", sino más bien la persona misma o, más exactamente, la relación persona-ambiente, es decir, la persona reflejada en una cierta esfera espacial dirigida a preservar el carácter íntimo, doméstico, o al menos privado de determinados comportamientos subjetivos (**Barile**). Por ello y dentro de este contexto, el Código Penal ubica los hechos punibles relativos a la violación de domicilio en el capítulo de los "Delitos contra el ámbito de intimidad".

El domicilio es el centro donde se puede realizar una pluralidad indeterminada de actividades privadas e inclusive ejercitar, de manera efectiva y libre, una serie numerosa de otros derechos fundamentales, tales como la libertad de reunión (art. 26 C. P); la libertad de cultos (art 76 C. P.); la libertad de enseñanza privada (art. 79 C. P.); la libertad de asociación (art. 25 C.P.), etc.

2. *La garantía de inviolabilidad del domicilio y sus limitaciones*

El concepto de inviolabilidad está referido a la prohibición para que cualquier persona pueda penetrar en un domicilio sin el consentimiento de aquel que lo ocupa legítimamente. Por ello, es posible afirmar que lo inviolable no es la libertad de domicilio propiamente dicha, sino más bien el domicilio, considerando su entidad física.

De lo anterior se puede concluir que cuando la norma constitucional establece expresamente la prohibición de no violar el domicilio, está refiriéndose a cualquier injerencia privada o pública no permitida o autorizada por el ocupante legítimo por el ordenamiento jurídico.

La norma constitucional en examen tutela la libertad de los ocupantes legítimos para impedir el acceso de otras personas a su domicilio, salvo que se trate de situaciones autorizadas por el propio ordenamiento jurídico, por razones de seguridad pública, salubridad, etc.

Dentro de esta perspectiva es que las intervenciones limitativas del legislador, en relación con este derecho fundamental, deben considerarse como medidas excepcionales, dado que la regla constitucional es justamente la de la inviolabilidad del domicilio.

Significa, además, que la enumeración de los casos en los cuales la ley consienta limitaciones a esta libertad, deben ser taxativos, por lo que debe excluirse la posibilidad de una interpretación analógica. De esa forma sería inconstitucional la legislación que dejare indeterminadas las circunstancias de hecho que autorizan a los servidores públicos para establecer limitaciones concretas a la libertad de domicilio.

Por ello, es posible afirmar que la prohibición de inviolabilidad del domicilio es de carácter absoluto respecto de los particulares, salvo casos muy especiales autorizados por el ordenamiento, como el previsto en el artículo 51 de la Ley de Arrendamientos Urbanos y Suburbanos, según el cual "El arrendador podrá visitar el bien, una vez por mes o cuando las circunstancias lo ameriten, en horas del día o en las horas que el establecimiento se encuentre abierto. Lo inspeccionará en presencia del arrendatario o, en su defecto, ante cualquier otra persona mayor de edad que se encuentre en la casa o local".

En relación con las autoridades públicas, frente a quienes se estableció originalmente la garantía en examen, existen limitaciones por evidentes razones de interés público. Tales supuestos de excepción están tasados por la propia Constitución al disponer que "No obstante, pueden ser allanados (los domicilios) por orden escrita de un juez competente, o para impedir la comisión o impunidad de delitos, o evitar daños graves a las personas o la propiedad, como sujeción a lo que prescriba la ley".

La regulación detallada de los casos y formas en que las autoridades competentes pueden válidamente allanar el domicilio, se encuentra recogida en el Código de Procesal Penal, así como en la Ley General de Salud.

El artículo 185 de aquel cuerpo de leyes establece que "Cuando sea necesario inspeccionar lugares o cosas por existir motivos suficientes para sospechar que se encontrarán rastros de delito o por presumirse que, en determinado lugar, se oculta el imputado o alguna persona privada, se procederá a su registro... El representante del Ministerio Público será el encargado de realizar la diligencia, salvo que se disponga lo contrario. Se invitará a presenciar la inspección a quien habite el lugar o esté encargado o a cualquier mayor de edad. Se preferirá a familiares del primero".

Los artículos 186 y siguientes del mismo Código establecen una serie de formalidades para la realización de estas diligencias judiciales, tales como el levantamiento de un acta en la que deberán consignarse los pormenores de la diligencia respectiva, so pena de nulidad, etc.

Por su parte, el artículo 190 del mismo Código autoriza al juez, al fiscal o a la policía para registrar un vehículo, siempre que haya motivos suficientes para presumir que una persona oculta en él objetos relacionados con el delito.

La Sala Constitucional ha considerado que autorizar al fiscal y a la policía a registrar los vehículos sin orden del juez es violatorio del artículo 23 de la Constitución (**Voto 3013- 94**).

El numeral 193 ibídem señala que "Cuando el registro debe efectuarse en un lugar habitado, en sus dependencias, casa de negocio u oficina, el allanamiento y registro será realizado personalmente por el juez y deberá iniciarlo entre las seis y las dieciocho horas. Podrá procederse a cualquier hora cuando el morador o su representante consientan o en los casos sumamente graves y urgentes. Deberá dejarse constancia de la situación de urgencia en la resolución que acuerda el allanamiento".

Los artículos 195 y 196 del mismo Código regulan el contenido de la resolución que ordena el allanamiento y sus formalidades, respectivamente.

Cabe señalar como lo indica la doctrina penal costarricense "que no se puede ordenar el allanamiento genérico de todas las casas de un barrio o de todos los apartamentos de un edificio, sino debe concretarse el lugar o lugares que van a ser allanados. Se ha admitido, sin embargo, por la Sala Tercera que la orden de allanamiento de un hotel, autoriza a ingresar en todas las habitaciones del mismo" (**Llobet**).

También conviene aclara que la ejecución del allanamiento debe respetar siempre el principio de proporcionalidad, de manera tal que, salvo casos excepcionales que lo ameriten, el ingreso a la vivienda no debe ser violento. La violencia sólo es procedente, por lo tanto, cuando no se ha logrado el ingreso tocando la puerta y enseñándole a los moradores de la vivienda la orden de allanamiento, o bien cuando razonablemente se presuma que existen personas armadas dentro del sitio dispuestos a impedir, a toda costa, que el allanamiento se lleve a cabo.

Finalmente, el artículo 197 del mismo Código dispone que se puede proceder al allanamiento sin previa orden judicial cuando: a) por incendio, inundación u otra causa semejante, se encuentre amenazada la vida de sus habitantes o la propiedad; b) se denuncia que personas extrañas han sido vistas mientras se introducen en el local, con indicios manifiestos de que pretenden cometer un delito; c) se introduzca en un local algún imputado de delito grave a quien se persiga para su aprehensión y d) voces provenientes de un lugar habitado, sus dependencias o casa de negocio, anuncien que allí se está cometiendo un delito o pidan socorro.

Los artículos 346, 347, 348 y 349 de la Ley General de Salud faculta a los funcionarios del Ministerio de Salud para que realicen todas las inspecciones que fueren necesarias para constatar que las casas de habitación, fábricas, etc., cumplan con todas las disposiciones legales y reglamentarias relativas a la salubridad, la higiene, sin que ello implique violación de la libertad de domicilio que garantiza el artículo 23 de la Constitución.

La Sala Constitucional, al resolver una acción contra el artículo 20 de la Ley de Pensiones Alimenticias que autoriza el allanamiento para detener al deudor alimenticio, dijo sobre el particular "que los términos paz y seguridad personal del ciudadano son los antecedentes claros del concepto de allanamiento de morada...la protección constitucional del domicilio es una protección de carácter instrumental, que defiende los ámbitos en que se desarrolla la vida privada de la persona...la orden de allanamiento que contempla el artículo cuestionado como inconstitucional, aún cuando remite a regulaciones procedimentales que deben observarse bajo pena de nulidad..., y la cual debe ser emitida únicamente en casos de excepción...no lo hace incurrir en el vicio de inconstitucionalidad alegado, que es menester aclarar que si bien es cierto que el juez que dicta el allanamiento de conformidad con el artículo 20 cuestionado, no lo es el juez de instrucción, sino el juez que conoce del incumplimiento alimentario, debemos interpretar con claridad que cuando el artículo 23 constitucional hace referencia a juez competente no define que sea necesariamente un juez de la materia penal, sino el que la ley considera como competente para conocer del caso concreto, de manera que el allanamiento, no sólo es posible...para perseguir un delito o recabar pruebas en relación con éste, sino que la norma constitucional deja abierta al legislador la posibilidad de que, en los casos que se considere necesario, pueda ordenarse allanamiento en otras ramas del derecho y con mucho mayor razón si se trata de la protección del derecho de alimentos constitucionalmente tutelado" (**Voto 1620- 93**).

3. *La protección penal de la libertad de domicilio*

Nuestro Código Penal tutela específicamente la libertad de domicilio en el artículo 204, al tipificar como delito, con prisión de seis meses a dos años, al que entrare en morada o casa de negocio ajeno, en sus dependencias o recintos habitado por otro, sea contra la voluntad expresa o presunta de quien tenga derecho a excluirlo, sea clandestinamente o con engaño. La pena será de uno a cuatro años si el hecho fuere cometido con fuerza en las cosas, escalamiento de muros, violencia en las personas, ostentación de armas o por dos o más personas.

Esta norma protege el derecho fundamental de no permitir que nadie ingrese en nuestro domicilio, sin el consentimiento expreso o presunto de su legítimo ocupante. O sea que la garantía constitucional de la libertad de domicilio consiste en la imposibilidad de entrada o registro del mismo, salvo en los casos expresamente autorizados por el ordenamiento jurídico.

Finalmente, el artículo 205 del mismo cuerpo legal tipifica como delito el allanamiento ilegal, es decir, cuando no se haga por funcionario competente y sin seguir los procedimientos respectivos. En el evento de que faltare la orden judicial, las penas aumentan conforme lo juzgue conveniente el juez respectivo.

4. *La titularidad de la libertad de domicilio*

Del carácter inviolable que nuestra Constitución le otorga a la garantía en examen, surge, desde el punto de vista subjetivo, el carácter general de esta libertad. En consecuencia, titulares de este derecho fundamental son tanto los nacionales como los extranjeros. Tampoco la norma constitucional hace distinción alguna respecto de aquellos sujetos privados que, por razones especiales, el ordenamiento les tiene reducida su capacidad jurídica de actuar (menores, personas declaradas en quiebra o concurso de acreedores, los sometidos a interdicción, etc.).

Por otra parte, la esfera de aplicación subjetiva de la norma constitucional no puede limitarse únicamente a las personas físicas, dado que hoy día es pacífica la tesis de que la titularidad de las situaciones jurídicas activas se encuentra también constitucionalmente garantizada a favor de los entes colectivos, dotados o no de personalidad jurídica (**Mortati**).

Dentro de este orden de ideas, en Costa Rica podría pensarse en las sedes de las sociedades de hecho, de las empresas comerciales, industriales, partidos políticos, organizaciones sindicales, cooperativas, etc.

En resumen, la libertad de domicilio se califica como reflejo directo de la protección acordada por el ordenamiento a la persona, pero no necesariamente a la persona física, desde el momento en que también la persona jurídica o el ente de hecho –en tanto que formaciones sociales destinadas al desarrollo de la personalidad del individuo– vienen a colocarse en la misma situación que las personas físicas, siempre y cuando, desde luego, la instrumentalización del derecho de libertad no resulte incompatible con la naturaleza misma y la especialidad del fin perseguido por el ente colectivo.

Dentro de este contexto, por ejemplo, la libertad de domicilio no protege la sede de las asociaciones de delincuentes o cualquier otro tipo de asociación que persiga fines contrarios al ordenamiento, tales como las salas de juego prohibidas, etc.

VI. EL SECRETO DE LAS COMUNICACIONES Y LA INVIO-LABILIDAD DE LOS DOCUMENTOS PRIVADOS

El artículo 24 constitucional consagra, por una parte, el secreto de las comunicaciones y, por la otra, la inviolabilidad de los documentos privados y de las comunicaciones escritas.

En el mundo moderno existe un gran peligro de que el Estado se inmiscuya en el intercambio a distancia de los pensamientos escritos u orales de los administrados. Por ello estos derechos deben rodearse de una cantidad importante de garantías procesales y de sanciones penales contra los infractores.

1. *El alcance de la garantía del secreto de las comunicaciones*

a. *Los alcances del secreto*

El secreto de las comunicaciones se configura como una garantía formal, en el sentido de que protege la reserva o privacidad de la comunicación, sin que tenga importancia su contenido.

La norma constitucional precitada, al garantizar expresamente el secreto de las comunicaciones, reconoce, de manera implícita, la libertad de las comunicaciones. El secreto de las comunicaciones implica una prohibición para interceptar o imponerse del contenido, de manera antijurídica, de las comunicaciones ajenas.

De esa forma queda claro que el bien tutelado es la libertad de comunicaciones, por lo que todas ellas quedan cubiertas por la garantía en cuestión, sin importar el medio por el que se hagan.

Lógicamente, se debe entender que el secreto de las comunicaciones está referido a terceros y no a los comunicantes, por lo que el derecho fundamental en examen se dirige a garantizar la impenetrabilidad de la comunicación por terceros, ya sean públicos o privados, ajenos a la comunicación misma. Por ello, esta garantía se encuentra justamente en aquella esfera de la vida privada en la que el titular "puede excluir a terceros...como derecho a ser dejado tranquilo" (**Carbonnier**).

El secreto de las comunicaciones orales se refuerza con el calificativo de "inviolables", lo que implica una interdicción para las autoridades estatales y su correlativa obligación de protección contra intervenciones ilegítimas de terceros, sobre todo si tomamos en cuenta que, en el caso costarricense, los respectivos servicios públicos de comunicación son monopolio estatal.

b.   *La tutela penal del secreto de las comunicaciones*

El Código Penal contiene varias normas relativas a esta materia, en las que se tutelan los derechos de libertad de comunicación y, sobre todo, su secreto.

El artículo 196 reprime, con prisión de uno a tres años, a quien se imponga del contenido de una comunicación destinada a otra persona, cualquiera que sea el medio utilizado.

El artículo 198 castiga la captación indebida de manifestaciones verbales, ya sea grabando las palabras de otro u otros no destinadas al público sin su consentimiento, o al que mediante procedimientos técnicos escuchare manifestaciones privadas que no le están dirigidas, excepto lo previsto en la Ley sobre Registro, Secuestro y Examen e Intervención de las Comunicaciones. También se tipifica como delito, dentro de esta misma norma, el instalar aparatos, instrumentos, o sus partes, con el fin de interceptar o impedir las comunicaciones orales o escritas, logren o no su propósito.

La tercera norma penal es el artículo 201 del mismo Código, que será reprimido con prisión de seis meses a un año, al que usare indebidamente, en cualquier forma, grabaciones que hubieren sido sustraídos o reproducidas.

La cuarta tipifica como delito la propalación, es decir, si el hecho pudiera causar perjuicio, al que hallándose legítimamente en posesión de grabaciones no destinadas a la publicidad, las hiciera públicas sin la debida autorización aunque le hubieran sido dirigidas. La pena se rebaja si la información propalada tuviere carácter privado, aun cuando causare perjuicio (art 202 Código Penal).

El artículo 200 agrava las penas de dos a seis años, en los casos de los tres artículos precitados, cuando la acción se perpetra por funcionarios públicos, en relación con el ejercicio de sus funciones, o por quien ejecute el hecho, prevaleciéndose de su vinculación con una empresa o institución pública o privada encargada de las comunicaciones

c. *El contenido de la garantía de la inviolabilidad de las comunicaciones*

El segundo párrafo del artículo 24 de la Constitución consagra la garantía de la inviolabilidad de las comunicaciones escritas, orales o de cualquier otro tipo de los habitantes de la República.

Dentro de esta óptica, el párrafo tercero del artículo 24 de la Constitución señala que una ley, cuya aprobación y reforma requiere de los votos de dos tercios de los diputados que forman la Asamblea Legislativa, fijará los casos en que los tribunales de justicia podrán ordenar la intervención de cualquier tipo de comunicación e indicará los delitos en cuya investigación se podrá autorizar el uso de esta potestad excepcional y el tiempo durante el que se permitirá. Asimismo, esa ley señalará las responsabilidades y sanciones en que incurrirán los funcionarios que apliquen ilegalmente esta excepción.

Finalmente, el cuarto párrafo de la norma constitucional en examen dispone que la resolución judicial amparada en esta norma deberá ser razonada, podrá ser ejecutada de inmediato y su aplicación y control serán en forma indelegable, responsabilidad de la autoridad judicial.

El primer tema es la determinación de los delitos en que se pueda autorizar la intervención de las comunicaciones. El telos de la reforma era evidentemente aplicar las intervenciones de las comunicaciones en delitos relacionados con el narcotráfico y el lavado de dólares, por la incidencia importante que han tenido esas actividades delictivas en la vida del país durante los últimos años. El artículo 9 de la Ley sobre Registro, Secuestro y Examen de Documentos Privados e Intervención de las Comunicaciones, además de contemplar tales delitos como objeto de las intervenciones de las comunicaciones, las extiende también a los delitos de secuestro extorsivo.

El segundo aspecto se refiere al momento en que se puede válidamente realizar la intervención. El artículo 9 de la ley en comentario establece que los tribunales de justicia pueden autorizar la intervención de comunicaciones orales, escritas o de cualquier otro tipo, dentro de los procedimientos de una investigación policial o jurisdiccional, cuando involucre el esclarecimiento de los delitos indicados en párrafo anterior. En los mismos casos, puede autorizarse la intervención de las comunicaciones entre presentes, salvo las comunicaciones que se realicen entre el cliente y su abogado defensor, debidamente acreditado como tal, siempre que se produzcan en el ejercicio del derecho de defensa.

El tercer problema que plantea la norma constitucional en examen se refiere a que sólo el juez de la causa puede aplicar y controlar, sin posibilidad alguna de delegación, la intervención que ordene. El artículo 10 de la misma ley lo resuelve autorizando al juez, para que en casos de excepción, pueda delegar las facultades de ejecutar personalmente la diligencia en miembros del Organismo de Investigación Judicial o del Ministerio Público, quienes deberán informarle, por escrito, del resultado. De ello debe levantarse el acta correspondiente.

Es importante que la resolución judicial que ordene la intervención debe ser razonada, dado que toda restricción a un derecho fundamental debe respetar los principios constitucionales de la razonabilidad y de la proporcionalidad. De esa forma se evitarán eventuales abusos en la utilización de esta potestad excepcional y, al mismo tiempo, precisar mejor los casos en que aquella se aplica ilegalmente para establecer las sanciones correspondientes.

El artículo 12 de la ley dispone que la intervención ordenada se autoriza por un lapso máximo de tres meses, salvo en los casos de extrema gravedad o de difícil investigación, en los que el juez, mediante resolución fundada, disponga una prórroga. Excepcionalmente, se pueden ordenar, por igual plazo, hasta dos prórrogas como máximo.

Los resultados de la intervención de las comunicaciones orales o escritas no pueden ser utilizados para ningún propósito distinto del que motivó la medida.

Finalmente, el último párrafo de la misma norma constitucional establece que "la información obtenida como resultado de la intervención ilegal de cualquier comunicación, no producirá efectos legales".

La Sala Constitucional, antes de la reforma actual, había reiteradamente declarado como ilegítimas las intervenciones telefónicas y carentes de valor probatorio en los respectivos juicios penales (**Voto 319- 90**).

2. *El alcance de la garantía de inviolabilidad de los documentos privados*

El segundo párrafo del mismo artículo 24 constitucional dispone que "Son inviolables los documentos privados y las comunicaciones, orales y escritas y de cualquier otro tipo de los habitantes de la República. Sin embargo, la ley, cuya aprobación y reforma requerirá de los votos de dos tercios de los diputados que forman la Asamblea Legislativa, fijará los casos en que los Tribunales de Justicia podrán ordenar el secuestro, registro o examen de los documentos privados, cuando ello sea absolutamente necesario para esclarecer asuntos sometidos a su conocimiento".

El cuarto párrafo ibídem señala, por su parte, que "La ley fijará los casos en que los funcionarios del Ministerio de Hacienda y de la Contraloría General de la República podrán revisar los libros de contabilidad y sus anexos para fines tributarios y para fiscalizar la correcta utilización de los fondos públicos, respectivamente".

Finalmente, el último párrafo de la misma norma constitucional dispone que la correspondencia que fuere sustraída no producirá efectos legales.

En primer término, debemos precisar que el secreto de la correspondencia ampara toda clase de comunicaciones escritas de persona a persona; por consiguiente, incluye también las cartas postales y los impresos. El secreto postal es un concepto muy amplio, ya que cubre inclusive los envíos que no contienen ninguna comunicación escrita, tales como los paquetes y giros monetarios. La obligación del secreto comprende el hecho mismo del envío, su contenido y las personas del remitente y del destinatario (**Stein**).

El segundo elemento que protege la norma en cuestión son los documentos privados. Por éstos debe entenderse cualquier documento, papel, que la legislación no califique de público. Conforme a nuestro ordenamiento, es posible afirmar que documento privado es grafía incorporada al papel, sea cualquier tipo de escrito no expedido por funcionarios públicos dentro del límite de sus atribuciones, lo cual es acorde con la definición dada por la doctrina comparada, según la cual documento privado es "aquel que las partes o terceros, conjunta o aisladamente, extienden sin intervención de funcionario público" (**Prieto Castro**).

El concepto de documento es amplio, pues incluye todo hecho o circunstancia que conste en cualquier medio permanente, tales como fotografías, cintas magnetofónicas, disketes de computadoras, microfilms, etc.

Como decía Carnelutti, "el documento debe examinarse desde el punto de vista del sujeto, del medio y del contenido. Por razón del medio, el carácter esencialmente representativo del documento influye poderosamente su calificación, puesto que, destinado a facilitar al juez una representación permanente de los hechos que en él han de hacerse constar, la experiencia enseña que tal representación puede ser directa (la fotografía, la impresión fonográfica), o indirecta (con la escritura en el sentido amplio), que supone ya una traducción, más o menos fiel, de los hechos, que el juez ha de percibir indirectamente, esto es a través de la persona que autoriza el documento".

Dentro de esta línea de pensamiento se inscribe el artículo 368 del Código Procesal Civil, al tener como documentos no sólo a los escritos, sino también a los impresos, planos, dibujos, cuadros, fotografías, fotocopias, radiografías, cintas cinematográficas, discos, grabaciones magnetofónicas y, en general, todo objeto mueble que tenga carácter representativo o declarativo.

La ley indicada en el segundo párrafo del artículo 24 de la Constitución, fue promulgada bajo el nombre de "Registro, Secuestro y Examen de Documentos Privados e intervención de las Comunicaciones" en agosto de 1994.

Para efectos de esta ley se consideran documentos privados: la correspondencia epistolar, por fax, telex, telemática o cualquier otro medio; los videos, los casetes, las cintas magnetofónicas, los discos, los disquetes, los escritos, los libros, los memoriales, los registros, los planos, los dibujos, los cuadros, las radiografías, las fotografías y cualquier otra forma de registrar información de carácter privado, utilizados con carácter representativo o declarativo, para ilustrar o comprobar algo.

Como podrá observarse, con pequeñas variantes, la definición de documentos privados es similar a la contenida en la legislación procesal civil y a la indicada por la doctrina citada.

a.   *La tutela penal de la inviolabilidad de los documentos privados*

El Código Penal le otorga una adecuada tutela a este derecho fundamental, al tipificar como delito cualesquier injerencia indebida contra ella.

Así, el artículo 196 del citado Código castiga con prisión de uno a tres años, a quien se imponga del contenido de una comunicación destinada a otra persona, cualquiera que sea el medio utilizado. Dado el término genérico del término comunicación, cabe concluir que también cubre la hipótesis de las comunicaciones escritas.

El 197 ibídem penaliza con prisión de tres a seis meses al que se apoderare indebidamente de una carta o de otro papel privado, aunque no esté cerrado o al que suprimiere o desviare de su destino una correspondencia que no le está dirigida (delito de sustracción, desvío o supresión de correspondencia).

El artículo 201 del mismo Código establece el delito de uso indebido de correspondencia, castigándolo con prisión de seis meses a un año, al que usare indebidamente, en cualquier forma, papeles, despachos telegráficos, telefónicos, cablegráficos o de otra naturaleza que hubieren sido sustraídos o reproducidos.

El 202 *ibídem* tipifica como delito de propalación, si el hecho pudiere causar perjuicio, al que hallándose legítimamente en posesión de una correspondencia, de papeles no destinados a la publicidad, los hiciera públicos sin la debida autorización aunque le hubieran sido dirigidos. La pena será rebajada si la información propalada tuviere carácter privado, aun cuando causare perjuicio.

El artículo 200 agrava las penas de dos a seis años, en los casos de los tres artículos precitados, cuando la acción se perpetra por funcionarios públicos, en relación con el ejercicio de sus funciones, o por quien ejecute el hecho, prevaleciéndose de su vinculación con una empresa o institución pública o privada encargada de las comunicaciones.

La protección penal de la garantía de inviolabilidad de los documentos privados queda completada por lo dispuesto en los artículos 359 y 360 del Código Penal, que castigan como delitos la falsificación de documentos privados, así como su supresión, ocultación o destrucción, respectivamente.

De las normas transcritas queda claro que la protección del ámbito de la vida privada en esta materia se da siempre que se cumplan tres requisitos: a) que los hechos divulgados no sean notorios; b) que el interesado no haya dado su consentimiento para que sean divulgados y c) que la divulgación produzca un perjuicio.

    b.   *Secuestro, examen y registro de los documentos privados por parte de los tribunales de justicia*

Esta potestad excepcional de secuestro, examen y registro de documentos privados se otorga sólo a los jueces, sin importar la materia de su jurisdicción.

En la actualidad existen numerosas leyes que confieren tales facultades a los jueces; sin embargo, la reforma constitucional del artículo 24 pareciera exigir que todos esos casos se incluyan en un mismo texto normativo, pues habla en singular de "la ley", además que la misma deberá aprobarse y reformarse por dos terceras partes del total de los miembros de la Asamblea Legislativa.

Lo anterior plantea el problema de si todas las normas legales, desperdigadas como veremos a lo largo de varios Códigos, han devenido inconstitucionales o, si por el contrario, en el futuro el legislador debe incluirlas todas en un mismo texto normativo reforzado. El problema jurídico se mantiene abierto y eventualmente la Sala Constitucional tendrá que resolverlo.

Dentro de este orden de ideas, los artículos 246 y siguientes del Código Procesal Civil regulan la exhibición de documentos, tanto públicos como privados, en materia civil. Los artículos 365 y 366 del Código de Comercio, por su parte, reglamentan la exhibición de libros en materia comercial.

No obstante lo dicho, La ley 7425 sobre Registro, Secuestro y Examen de Documentos Privados e Intervención de las Comunicaciones, reglamenta en forma genérica la competencia, atribuciones del juez, requisitos de la orden de secuestro o examen y demás aspectos procesales en materia de registro, secuestro y examen de documentos privados por parte de las autoridades judiciales.

En efecto, el artículo 1 de esta ley dispone que los tribunales de justicia están autorizados para ordenar el registro y secuestro de documentos, cuando ello sea absolutamente indispensable para esclarecer asuntos sometidos a su conocimiento.

Los artículos 2, 3, 4, 5, 6, 7 y 8, por su parte, regulan en detalle los requisitos de la orden de secuestro, registro o examen, los derechos del intervenido, el inventario, custodia y reproducción de documentos, procedimiento en casos especiales, condiciones para examen técnico de documentos y copia certificada para proteger documentos.

Dado que la citada ley no derogó ninguna de las otras normas legales que regulan la exhibición de documentos en materia civil y comercial, habría que concluir que ambas legislaciones coexisten y se complementan entre sí, resultando aquellas especiales respecto de la nueva ley.

c. *Revisión de libros de contabilidad y anexos para fines tributarios y fiscalizar la correcta utilización de los fondos públicos*

La reforma reciente del artículo 24 de la Constitución modificó la redacción anterior, con lo cual plantea una serie de problemas jurídicos.

Dispone el párrafo sexto del artículo 24 constitucional que "La ley fijará los casos en que los funcionarios competentes del Ministerio de Hacienda y de la Contraloría General de la República podrán revisar los libros de contabilidad y sus anexos para fines tributarios y para fiscalizar la correcta utilización de los fondos públicos, respectivamente".

El párrafo sexto, añadido a partir de la reforma de 1996, dispone que "Una ley especial, aprobada por dos tercios del total de los Diputados, determinará cuáles órganos de la Administración Pública podrán revisar los documentos que esta ley señale en relación con el cumplimiento de sus competencias de regulación y vigilancia para conseguir fines públicos. Asimismo, indicará en que casos procede la revisión".

Dicha disposición desconstitucionaliza completamente la garantía de inviolabilidad de los documentos privados, pues en lo sucesivo será la ley la que establecerá cuáles órganos de la Administración Pública, además de los tribunales de justicia, y en qué casos procederá la revisión de los documentos privados, lo cual es jurídicamente lamentable, pues representa un retroceso en la protección de los derechos fundamentales en nuestro país. La única garantía que le queda en la actualidad al ciudadano es que dicha ley debe ser aprobada por una mayoría calificada de dos tercios del total de miembros de la Asamblea Legislativa, lo cual no deja de ser un flaco consuelo.

Mientras dicha ley no se dicte, el primer problema que plantea esta norma, con su actual redacción, es que circunscribió específicamente las potestades de revisión a los funcionarios competentes del Ministerio de Hacienda, con lo cual dejó sin fundamento constitucional una serie de normas legales que otorgaban anteriormente esa facultad a inspectores de otras instituciones públicas que administran también tributos, como el Banco Popular, la CCSS, el INA. De esa forma ahora los inspectores de esas instituciones carecen de facultades válidas para examinar los libros de contabilidad y sus anexos para verificar el efectivo pago de los tributos que corresponden a los patronos.

Dentro de este mismo orden de ideas, son también inconstitucionales los artículos 89 y 94 de la Ley Orgánica del Ministerio de Trabajo, que autorizan a los inspectores de trabajo para revisar las planillas y otros documentos privados de los patronos con el fin de verificar que se están pagando los salarios mínimos respectivos.

Es también inconstitucional la norma legal que autoriza a los inspectores de precios la revisión de la contabilidad y anexos de los comerciantes para verificar que están vendiendo sus bienes dentro de los márgenes de utilidad legalmente establecidos.

Sin embargo, en una de sus más desafortunadas sentencias, la Sala Constitucional legitimó la constitucionalidad de dichas leyes. Para ello utilizó el siguiente argumento: "No obstante lo planteado si bien es cierto que los inspectores de la CCSS no tienen acceso a los registros contables de las empresas, pues como lo indicó la Sala en la sentencia número 6776-94, de catorce horas cincuenta y siete minutos del veintidós de noviembre de mil novecientos noventa y cuatro, la ley fija los casos en que los funcionarios del Ministerio de Hacienda, la Contraloría General de la República y el Ministerio de Economía, Industria y Comercio podrán revisar los libros de contabilidad y sus anexos para fines tributarios, para fiscalizar la correcta utilización de los fondos públicos, y en virtud de la protección de terceros, no es posible encontrar en el derecho a la intimidad y en general en los que integran la vida privada de la persona y que garantiza la Constitución Política, un escollo insalvable para la actuación del Estado para efectos fiscales y en protección de terceros" (**Voto 6776- 94**).

Posteriormente, en otra desafortunada sentencia, dijo sobre el particular: "no es posible encontrar en el derecho a la intimidad y en general en los que integran la vida privada de la persona y que garantiza la Constitución Política, un escollo insalvable para la actuación del Estado en protección de terceros, cuando se transciende el ámbito de la privacidad y se les involucra. En efecto, el Estado por mandato del artículo 50 constitucional, debe procurar el mayor bienestar de todos los habitantes del país, organizando y estimulando la producción y el más adecuado reparto de la riqueza. También la adhesión de nuestro sistema jurídico al principio cristiano de justicia social, artículo 74, hace que el sistema político y social costarricense pueda definirse como un Estado de Derecho" (**Voto 6497-96**).

Sencillamente ambos votos constituyen una perversión del Derecho Constitucional desde el punto de vista dogmático, pues los artículos 50 y 74 de nuestra Carta Política efectivamente concurren a la calificación de nuestro Estado como Social de Derecho, pero no de Derecho a secas, cuyo fundamento se encuentra en otras disposiciones de la Constitución.

Además, la tutela de la intimidad nada tiene que ver con el reparto de la riqueza ni con el principio de justicia social, pues la existencia de estos dos principios de linaje constitucional sirven para fundamentar los derechos de contenido social, pero no tienen ninguna relación, desde el punto de vista jurídico, con el derecho a la intimidad. Sencillamente ambas sentencias son un galimatías jurídico, pues se fundamentan en normas completamente ajenas al derecho a la intimidad, además de que los límites a este derecho están expresamente establecidos en la Constitución, por lo que no es posible deducir nuevos límites por medio de interpretaciones artificiosas y carentes de rigor jurídico.

El segundo error de la norma en cuestión es que autorizó a los funcionarios de la Contraloría General de la República para que revisen libros de contabilidad y anexos para efectos de "fiscalizar la correcta utilización de los fondos públicos". Esta disposición carece de sentido, pues los particulares no tienen relación directa con la correcta utilización de los fondos públicos, pues ello corresponde a los órganos públicos. Posiblemente la intención del constituyente fue la de permitir que la Contraloría tuviere acceso a documentos privados para efectos de esclarecer los asuntos que investiga dentro del ámbito de su competencia, lo cual sí hubiera tenido sentido y, además, hubiera sido de gran utilidad, pues muchas investigaciones del órgano contralor encuentran valladares infranqueables en los documentos que se encuentran en poder de los particulares.

Las potestades de la Tributación Directa en la materia están autorizadas por los artículos 366 del Código de Comercio y, sobre todo, por el numeral 110 del Código Tributario.

d. *Los límites al secuestro, examen y registro de los documentos privados*

El primer límite fundamental es que la Administración Pública carece de facultades de secuestro, examen y registro de los documentos privados, salvo los funcionarios de la Tributación Directa en materia tributaria, según lo explicado en el acápite anterior.

En segundo término, esta garantía de inviolabilidad también es oponible a la Asamblea Legislativa en cuanto ésta ejerza su función de contralor político, al tenor de lo dispuesto en el artículo 121 inciso 23 de la Constitución. Asimismo, esta garantía es oponible a la Asamblea en cuanto ejercite su función legislativa propiamente dicha.

De donde se deduce que el Reglamento Interno de la Asamblea, que es un acto normativo de diferente naturaleza jurídica que la ley, no puede otorgar facultades a las Comisiones de Investigación legislativa para ordenar el secuestro, el examen o registro de documentos privados. Por mayoría de razón, tales Comisiones carecen de potestades para exigir coactivamente a los particulares la entrega de documentos privados.

Finalmente, la correspondencia que fuere sustraída no produce efectos legales. En realidad, la norma constitucional debió haber establecido que ningún documento privado, ilegítimamente adquirido, surte efectos legales, pues la garantía de inviolabilidad no cubre sólo a la correspondencia sino también a todos los documentos privados.

e. *El secreto fiscal, bancario y médico*

En secreto fiscal, bancario y médico están cubiertos por la garantía genérica de la inviolabilidad de los documentos privados contenida en el numeral 24 de la Constitución en examen.

Es decir, tal información sólo puede ser brindada a los tribunales de justicia cuando sea necesaria para resolver un caso bajo su conocimiento. Por tanto, ninguna otra persona privada ni entidad pública puede imponerse del contenido de las cuentas bancarias, de las declaraciones de impuestos ni de los expedientes médicos de una persona.

Sin embargo, la reforma constitucional introducida en 1996 al artículo 24 en examen, abre la posibilidad de que eventualmente una ley aprobada por dos tercios del total de miembros de la Asamblea Legislativa pudiere determinar cuáles órganos de la Administración Pública podrían revisar los documentos que esa ley señale en relación con el cumplimiento de sus competencias de regulación y vigilancia para conseguir fines públicos. Asimismo, dicha ley deberá indicar en qué casos proceda esa revisión.

Como indicamos supra, dicha disposición constitucional vino a desconstitucionalizar la garantía de la inviolabilidad de los documentos privados, por cuanto su contenido, en lo sucesivo, será el que establezca dicha ley y no el que consagra el texto constitucional. En otros términos, el poder reformador de la Constitución delegó la determinación del contenido de la garantía de la inviolabilidad de los documentos privados en el legislador ordinario, a condición de que la respectiva ley sea aprobada por una mayoría calificada de dos tercios del total de los miembros de la Asamblea Legislativa.

VII. LA LIBERTAD DE TRÁNSITO

1. *Los alcances de la libertad*

El artículo 22 de la Constitución garantiza la libertad de tránsito a los costarricenses, denominada también libertad ambulatoria o de libre desplazamiento.

La libertad de tránsito está íntimamente ligada al principio de libertad personal, consagrado en el artículo 20 de la Constitución. En efecto, la libertad de tránsito es una de las consecuencias necesarias del principio general de la libertad personal y, además, una de las garantías fundamentales del ser humano dentro de cualquier Estado democrático para desarrollar libremente su personalidad (**Amato**).

Por ello, la doctrina afirma que la libertad de circulación o tránsito sólo puede ser limitada en nombre de un peligro inminente a la salubridad o la seguridad públicas, además de las hipótesis de privación legítima de la libertad personal. Tales limitaciones se ejercen no propiamente sobre la esfera personal de los ciudadanos, sino más bien restringiendo el acceso de la persona al área prohibida (**Grossi**).

En consecuencia, la regla general en la materia es que cualquier persona puede desplazarse libremente dentro del territorio nacional, sin quedar sujeto a ninguna formalidad administrativa ni a ningún tipo de control por parte de las autoridades estatales, sin que tenga importancia alguna la amplitud del trayecto ni el objetivo del viaje.

Esta libertad abarca también el derecho de abandonar el lugar habitual de residencia y establecerlo en otro sitio de la República. Es decir, si existe libertad para cambiar el domicilio, a fortiori, existe también el derecho a escoger residencias secundarias, a las cuales no se les atribuye ninguna de las consecuencias jurídicas que la ley civil le imputa al domicilio principal.

La norma constitucional en examen establece un requisito fundamental para su ejercicio, al disponer que "todo costarricense puede trasladarse y permanecer en cualquier punto de la República o fuera de ella, siempre que se encuentre libre de responsabilidad, y volver cuando le convenga".

La disposición transcrita plantea dos problemas inmediatos: su ámbito de aplicación subjetiva y los alcances del término "libre de responsabilidad".

Respecto al primer problema, la garantía en cuestión no es aplicable a los extranjeros, dado que el artículo 19 ibídem, que es la norma constitucional que consagra los derechos y obligaciones de aquellos, autoriza expresamente que otras normas disposiciones constitucionales puedan establecer excepciones y limitaciones al principio general formulado de que tales personas son titulares de los mismos derechos y obligaciones que los costarricenses. De la relación de ambas normas puede concluirse que la presente garantía no es aplicable a los extranjeros.

Sobre este tema la jurisprudencia de la Sala Constitucional ha señalado que "La Constitución Política en su artículo 22 garantiza a los costarricenses el libro ingreso y permanencia en el territorio nacional, no así a los extranjeros que deben someterse a las disposiciones normativas que regulan todo lo relativo al control migratorio. En este sentido, la Convención Americana de Derechos Humanos, en su artículo 22, dispone que toda persona que se halle legalmente en el territorio de un Estado tiene derecho a circular por el mismo y a residir en él con sujeción a las disposiciones legales" (**Voto 2517-96**).

El punto más álgido, sin embargo, lo constituye la frase "libre de responsabilidad". En nuestro criterio responsabilidad, en la norma constitucional en examen, significa "responsabilidad judicialmente declarada" que implique privación o restricción de la libertad personal. En efecto, esa acepción tiene un carácter restrictivo y limitado, esto es, referido exclusivamente a todos aquellos actos jurídicos cuyo cumplimiento incida, necesariamente, sobre la persona misma, en forma tal que la persona corporal de ésta sea indispensable para la satisfacción de la responsabilidad consiguiente. Verbigracia, las restricciones de la libertad personal que se dicten en procesos penales, civiles o laborales.

Sobre el particular ha establecido la jurisprudencia de la Sala Constitucional que "El concepto "libre de responsabilidad ", a que se refiere nuestro texto constitucional, es el presupuesto de limitación a esta libertad genérica, debiendo entenderse en sentido limitado y restringido que el individuo está en esa situación, cuando existe la necesidad imperiosa de asegurar su presencia en aquellos actos jurídicos cuyo cumplimiento depende de su asistencia personal" (**Voto 888-97**).

2. *Los límites y limitaciones a la libertad de tránsito*

a. *Sus modalidades de reglamentación*

Existen tres modalidades jurídicas mediante las cuales la Administración reglamenta la libertad de tránsito.

i.- Régimen represivo

Mediante este régimen se tipifican expresamente cuáles conductas se consideran como punibles. La Administración, por lo tanto, no actúa preventivamente sino a posteriori para reprimir los excesos (**Colliard**). La represión se confía a los órganos jurisdiccionales.

Tratándose propiamente de la libertad de tránsito, el régimen represivo se aplica respecto de la circulación a pie y de la permanencia en determinados sitios. En principio, nuestro ordenamiento garantiza a todas las personas la libre circulación por todo el territorio nacional, salvo que no se encuentre libre de responsabilidad.

ii.- Régimen preventivo

La otra modalidad de reglamentación de la libertad de tránsito es el régimen preventivo. En estos casos es necesario obtener una autorización administrativa para ejercitar la libertad. Jurídicamente, esta modalidad se manifiesta en dos vertientes: por la autorización previa y la prohibición.

Por ejemplo, dentro del ámbito de la libertad de tránsito, podemos citar el caso de que nadie puede conducir un automóvil si no cuenta previamente con una licencia. Por ello, su otorgamiento puede darse sujeto a determinadas condiciones, como ocurre, por ejemplo, con las personas miopes que, para expedirles el permiso de conducir, deben usar anteojos cuando conducen. Esta circunstancia se hace constar expresamente en el respectivo documento.

Otras veces, la Administración prohíbe una determinada actividad, con lo cual la convierte en ilegítima. Dentro del ámbito de la libertad de tránsito podemos citar, como ejemplo, la prohibición para que determinados medios de transporte, como las bicicletas, circulen por las autopistas, etc.

iii.- Régimen de declaración previa

Finalmente, se encuentra el denominado régimen de declaración previa, según el cual los administrados se ven obligados a realizar determinadas declaraciones ante las autoridades, ya sea por fines meramente informativos o bien para que aquellas puedan ejercer un control exacto sobre su desplazamiento.

En tratándose de la libertad de tránsito, la declaración previa es muy utilizada con los extranjeros, a los cuales se les obliga a reportar cualquier cambio de domicilio, so pena de ser sancionados. También es obligatorio que los propietarios de hoteles envíen diariamente a las autoridades migratorias, el registro de los extranjeros que han pernoctado en su establecimiento. Lo anterior persigue una finalidad estrictamente de control.

b. *El desplazamiento dentro del territorio nacional*

En principio toda persona tiene el derecho de circular libremente por todo el territorio nacional, sin estar sujeta a ningún control administrativo previo.

Sin embargo, la ley establece una serie importante de limitaciones por diversos motivos.

Existen limitaciones impuestas por razones penales. Por ejemplo, el artículo 244 del Código de Procedimientos Penales, autoriza al juez para imponerle al imputado la prohibición de concurrir a determinadas reuniones o de visitar ciertos lugares, así la prohibición de salir sin autorización del país, de la localidad en la cual reside o del ámbito territorial que fije el. Asimismo, el artículo 66 del Código Penal autoriza al juez de ejecución de la pena, en los casos en que se conceda la libertad condicional, para imponerle restricciones al condenado en su libertad de tránsito, etc.

El artículo 254 del Código Penal sanciona a quien entorpezca el funcionamiento normal de los servicios públicos, particularmente de los transportes por tierra, agua y aire. Asimismo, el artículo 400 del mismo cuerpo de leyes establece la pena de multa para quien cause dificultades al tránsito, tanto en las vías públicas como en las aceras.

En materia civil también existen limitaciones importantes a la libertad de tránsito para determinadas categorías de personas. Verbigracia, los menores y los mayores sometidos a curatela deben permanecer en el domicilio de sus representantes legales.

Otra restricción importante se da en los procesos de quiebra y de concurso de acreedores. En ambos casos el fallido o concursado, en su caso, tienen la obligación de permanecer en su residencia mientras dure el juicio respectivo.

También el ejercicio de ciertas profesiones o actividades comerciales está sujeto a limitaciones, como los servicios de taxis, autobuses, así como los vendedores ambulantes.

La Ley Nacional de Emergencias le confiere al Poder Ejecutivo la facultad de declarar, en cualquier actividad o sector del país, la condición de desastre. El motivo puede ser epidemias, fenómenos naturales o provenientes del hombre. Una vez declarada la condición de emergencia, el artículo segundo de la misma ley dispone que "El Poder Ejecutivo podrá decretar igualmente...restricciones sobre habitabilidad, tránsito e intercambio que fueren necesarios para la atención de la emergencia".

La Ley General de Salud, por su parte, autoriza la declaratoria de zonas sometidas a cuarentena, de las que no puede salir ni entrar nadie, lo que lógicamente implica una restricción a la libertad de tránsito. También el artículo 173 de la misma ley señala la obligatoriedad de la vacunación para las personas que ingresen al territorio nacional, por lo que a quien no cumpla con ese requisito le puede ser denegado dicho ingreso. Sin embargo, la misma norma señala que si alguien no puede demostrar que ha sido vacunado, deberá serlo en el puerto de entrada, o en su defecto será sometido a aislamiento y vigilancia, lo cual constituye una evidente limitación a la libertad de tránsito.

También el artículo 187 de la Ley General de Salud contiene otra limitación a la libertad de tránsito, al disponer que "Toda persona mordida o rasguñada que pudiera haber sido infectada por animal enfermo, o sospechoso de tener rabia deberá someterse a tratamiento y aislamiento en la forma que la autoridad de salud determine, pudiendo ésta decretar su internación si lo estimara necesario".

En resumen, razones de salubridad y seguridad pública justifican plenamente el establecimiento de restricciones, por parte de las autoridades administrativas competentes, a la libertad de libre desplazamiento dentro del territorio nacional.

c. *El desplazamiento hacia el extranjero de nacionales*

Las limitaciones a la libertad de tránsito y permanencia pueden analizarse también en relación con el desplazamiento hacia el extranjero.

Dentro de este contexto, las limitaciones pueden también darse por motivos penales, civiles o por el establecimiento de requisitos de salida e ingreso al país.

Verbigracia, los sentenciados en procesos penales; los obligados al pago de una pensión alimenticia, salvo que dejen garantizados los alimentos por un año, la exigencia de tener pasaporte válido y visa de salida.

d. *Las limitaciones a libertad de desplazamiento y permanencia de los extranjeros*

En el caso de los extranjeros, al igual que en todas las legislaciones del mundo, existe un régimen de autorización previo para su ingreso al país.

Entre otros requisitos, el extranjero que desea ingresar al territorio nacional requiere ser portador de un pasaporte válido para acreditar su identidad y, en algunos casos, se requiere que tengan visa.

Los extranjeros, que no sean residentes permanentes, sólo pueden permanecer válidamente en el territorio nacional por períodos determinados de tiempo, que va-rían según la nacionalidad.

Quienes permanezcan en el país, sin autorización válida de las autoridades migratorias, pueden ser deportados, lo mismo que aquellos otros a los que se les haya cancelado su status migratorio.

En el ejercicio del poder de policía, el Estado costarricense puede restringir no sólo el ingreso de los extranjeros, sino, además, su permanencia y libertad de desplazamiento por el territorio nacional.

Dentro de este orden de ideas, la jurisprudencia de la Sala Constitucional ha señalado que "Pero lo que no resulta una consecuencia lógica de este principio, es la tesis de que los extranjeros también tienen el derecho irrestricto de ingresar y salir del país "cuando les convenga". El derecho internacional siempre ha asumido como uno de los atributos de la soberanía popular, el decidir sobre las políticas migratorias que mejor se ajusten a los intereses nacionales. En otras palabras, ninguna nación reconoce el derecho de los extranjeros a ingresar libremente al país de su elección, sino es conforme a las reglas y condiciones predefinidas por la ley. Eso sí, tanto la legislación internacional, como las Constituciones exigen que esos requisitos y condiciones para ingresar o permanecer en una país sean establecidos por ley formal; es decir, existe una reserva legal en esta materia" (**Voto 4601- 94**).

Por otra parte, la Sala Constitucional declaró inconstitucional el artículo 54 de la Ley General de Migración y Extranjería, el cual permitía que la cancelación de la residencia o permanencia de los extranjeros en el país, sin necesidad de audiencia previa, cuando lo aconsejaran razones de seguridad nacional, de orden público o circunstancias especiales, por considerarlo contrario al principio constitucional del debido proceso (**Voto 2754- 93**).

3. *Las modalidades de desplazamiento*

Al igual que el desplazamiento, el modo de hacerlo es de libre escogencia. No obstante, una vez escogido un determinado medio de locomoción, el administrado debe sujetarse a un conjunto de regulaciones, cuya intensidad varía entre si el desplazamiento se realiza a pie o en automóvil.

En consecuencia, la circulación pone en movimiento dos teorías esenciales del Derecho Administrativo: la de utilización del dominio público y la de la policía administrativa (**Rivero**).

En efecto, las vías públicas, que son elementos esenciales del dominio público terrestre, se encuentran destinadas a la circulación, que constituye su modo normal de utilización. En consecuencia, como toda utilización a la vez normal y común, la del dominio público se rige por tres principios: el de libertad, según el cual todas las personas pueden utilizar las vías públicas para circular, la igualdad entre los usuarios respecto a su utilización y su gratuidad. Este último principio, sin embargo, no es absoluto, pues existen numerosas vías de transporte, especialmente las autopistas, donde se cobra una tasa (peaje) por su utilización.

En aplicación de tales principios, la jurisprudencia de la Sala Constitucional ha establecido que "El permitir que existan puestos de vigilancia en calles que son de uso público, y que en esos puestos existan vigilantes que sean los que decidan si determinada persona puede transitar o no en esas calles o ingresar o no a algún barrio o urbanización, es violentar a todas luces la libertad de tránsito de los ciudadanos, lo que esta Sala no puede tolerar" (**Voto 731- 96**).

La circulación, en cambio, está sometida a la regulación de la policía administrativa, como cualesquier otra actividad privada y aún más que la mayoría, dado que en la medida en se ejercite sobre la vía pública, puede afectar directamente la seguridad de personas y bienes.

Dentro de este contexto, existen exhaustivas reglamentaciones en cuanto a los permisos para conducir, a los requisitos para que los vehículos estén en condiciones técnicas para circular válidamente, etc.

Para el cumplimiento de todas estas reglamentaciones de la circulación de vehículos, las autoridades competentes cuentan con un serie de poderes que van desde la simple imposición de una multa a los conductores por mal aparcamiento de sus vehículos, hasta la cancelación definitiva de la licencia de conducir, lo mismo que la orden de retirar definitivamente los vehículos de la circulación, etc.

4. *La protección procesal de la libertad de tránsito*

Consecuencia directa de ser la libertad de tránsito una de las principales manifestaciones de la libertad corporal, el recurso idóneo para protegerla y restablecer su efectivo disfrute, lo es el hábeas corpus, conforme lo indica el artículo 15 de la Ley de la Jurisdicción Constitucional.

CAPÍTULO VIII

LOS DERECHOS A LA LIBERTAD Y SEGURIDAD PERSONALES

I. LAS CARACTERÍSTICAS GENERALES DE LA LIBERTAD PERSONAL

El hombre es un fin en sí mismo, que requiere contar con una esfera propia de autonomía, para desarrollar plenamente su personalidad. Es decir, dado que el hombre tiene fines propios que cumplir por su propia decisión y riesgo, necesita tener una esfera de libertad en la que se encuentre exento de toda coacción física y moral, tanto de sus semejantes como del Estado.

Por otra parte, la libertad es consustancial al hombre, porque su vida es una incesante utilización y desarrollo de un enorme cúmulo de energías potenciales, de una pluralidad de posibilidades creadores, que no pueden enmarcarse dentro de ningún camino preestablecido, dado que el ser humano es el arquitecto de su propio destino.

El hombre, en pocas palabras, sólo puede desenvolverse plenamente como ser cultural en la medida en que sea libre. La libertad, por lo tanto, constituye la esencia misma del ser humano. O como dijo Sartre en alguna ocasión: el hombre es libertad, porque, en última instancia, el ser humano es lo que se hace.

La libertad, desde el punto de vista jurídico, se presenta fundamentalmente como ausencia de coacción moral o física sobre el hombre, lo que permite el pleno desarrollo de sus capacidades creadoras. La libertad se presenta, entonces, como capacidad general de autodeterminación individual.

Dentro de este orden de ideas, la libertad personal se manifiesta como el derecho o la pretensión a que a la persona le venga respetada una cierta esfera de valores individuales, tanto por el poder público como por los particulares (**Barbera**).

Por otra parte, la libertad personal se manifiesta como un conjunto de barreras o defensas que tienen los ciudadanos contra las trabas o impedimentos y, de manera especial, contra las injerencias ilegítimas de terceras personas o de los poderes públicos en su esfera propia de autonomía. En otros términos, la situación jurídica que deriva de la libertad personal implica la existencia de medios adecuados de tutela en favor del ciudadano, a fin de salvaguardarle, de manera incólume, una esfera de autonomía propia.

Por ello, la libertad personal comprende dos tipos de defensas: a) defensa del ciudadano por el ordenamiento jurídico frente al Estado, lo que incluye todas las garantías procesales para su detención, determinación de plazos máximos de incomunicación, garantías adecuadas de defensa, recurso de hábeas corpus, etc., y b) defensa del ser humano por el ordenamiento jurídico frente al ataque ilegítimo de sus semejantes, que incluye las normas penales que tutelan la libertad personal contra los ataques cometidos por terceras personas, etc.

II. LA GARANTÍA LEGAL DE LA PRIVACIÓN DE LA LIBERTAD

Esta primera garantía fundamental, derivada de la interpretación armónica de los artículos 37 y 39 de la Constitución, se traduce en el derecho a la libertad y a la seguridad, en el sentido de que nadie puede ser privado de su libertad, sino con la observancia de determinados requisitos fijados previamente por la Constitución y la ley.

Este principio también lo recoge el artículo 7.1 de la Convención Americana sobre Derechos Humanos, según el cual "Toda persona tiene derecho a la libertad y a la seguridad personales".

En principio, esta garantía se articula sobre el carácter del órgano estatal al que se le confiere la potestad de decidir que ha concurrido uno de los supuestos, legal y previamente previstos, que justifican la privación de la libertad. Esta potestad se atribuye, de manera exclusiva, a los órganos jurisdiccionales que integran el Poder Judicial.

Sin embargo, hay que distinguir dos momentos en la privación de la libertad: el primero, en el que no existe intervención judicial y en que, consecuentemente, la privación de la libertad debe ser necesariamente provisional, en espera justamente de que se produzca esa intervención. Esta hipótesis está prevista en el artículo 37 constitucional, según el cual "ninguna persona puede ser detenida sin indicio comprobado de haber cometido delito, y sin mandato escrito de juez o autoridad encargada del orden público...". Es decir, esta norma constitucional autoriza la participación de las autoridades administrativas, especialmente las de policía, en la detención de las personas. Sin embargo, como veremos luego, estas autoridades e inclusive los propios particulares, en los casos en que se están autorizados para realizar válidamente aprehensiones, deben poner los detenidos a la orden de las autoridades judiciales dentro de plazos perentorios.

El segundo momento presenta también dos fases: la de la prisión preventiva decretada por la autoridad judicial y la fase terminal en que se priva de la libertad al imputado, luego de que exista una sentencia definitiva en su contra. Este último caso está previsto por el artículo 39 de la Carta Política, al señalar que "A nadie se la hará sufrir pena sino por delito, cuasidelito o falta, sancionado por ley anterior y en virtud de sentencia firme dictada por autoridad competente...".

Esta garantía constitucional presenta varias aristas: La primera de ellas consiste en que nadie puede ser desposeído de su libertad sino es por una circunstancia legalmente predeterminada y con arreglo a un procedimiento también preestablecido por la misma norma legal.

La Sala Constitucional ha dicho que del artículo 39 de la Carta Política se deriva el principio de que en materia procesal penal, su regulación debe hacerse sobre la base de una previa definición legal, que "en esta materia sobre todo, excluye totalmente, no sólo los reglamentos u otras normas inferiores a la ley formal, sino también todas las fuentes no escritas del derecho, así como la interpretación analógica o extensiva de la ley –sustancial o procesal–; unos y otras en función de las garantías debidas al reo, es decir, en que no lo favorezcan. No es ocioso reiterar aquí que el objeto del proceso penal no es el de castigar al delincuente sino el de garantizarle un juzgamiento justo" (**Voto 1793- 92**).

Con ello, se evita que las autoridades administrativas gocen de discrecionalidad para establecer y precisar las circunstancias en que cabe privar a la persona de su libertad. De allí deriva que sólo la ley tiene facultades para establecer las causas y la forma en que la libertad persona puede ser restringida.

En segundo término, razones de seguridad jurídica exigen que los ciudadanos sepan de antemano cuáles son las causas y la forma en que pueden ser privados de su libertad. Es decir, todo ciudadano debe conocer razonablemente de antemano las conductas que pueden privarle de su libertad.

En tercer lugar, la facultad del legislador para establecer limitaciones a la libertad personal se encuentra restringida por el principio de proporcionalidad, además del respeto por el contenido esencial del derecho. En efecto, dado que la libertad es la regla y su privación la excepción, debe necesariamente existir una proporcionalidad entre el derecho a la libertad y su restricción, de manera tal que se excluyan –aunque estén previstas en la ley– aquellas restricciones de la libertad que, no siendo razonables, rompan el equilibrio entre el derecho y la limitación.

Como ha dicho la jurisprudencia de la Sala Constitucional "La libertad personal es una libertad pública (libertad-límite), un derecho fundamental, inseparable de la dignidad de la persona humana, básica para la efectividad de otras libertades públicas. No se trata, por tanto, de un derecho que haya de ser otorgado por el Estado, es, por el contrario, un derecho absoluto y previo al Estado, que debe ser reconocido por la Constitución, señala la doctrina constitucionalista y por ello la detención se presenta como una excepción a la libertad, ésta defendida por dos principios: a) la libertad debe ser siempre la regla general y la detención, la excepción; y b) la presunción de inocencia, como efecto y consecuencia del valor fundamental de la libertad. La privación de la libertad puede tener carácter cautelar, como la detención a que se refiere el artículo 37 constitucional, o el de pena impuesta como consecuencia de la comisión de un delito, en el sentido que se señala en el artículo 39 idem" (**Voto 5219- 96**).

III. LA GARANTÍA JUDICIAL Y LOS LÍMITES TEMPORALES A LA DETENCIÓN PROVISIONAL Y DE LA INCOMUNICACIÓN DE LOS DETENIDOS

La primera de las garantías citadas está consagrada en el artículo 37 constitucional, al establecer la obligación de las autoridades administrativas que realicen la detención de una persona de ponerla a la orden de los tribunales dentro del término perentorio de veinticuatro horas.

Dentro de este orden de ideas, la Sala Constitucional ha dicho que las detenciones que se prolongan fuera del citado plazo son ilegales, sin que existan justificación alguna para que pueda ser extendido (**Voto 2085- 92**).

Asimismo, ha señalado que aún dentro del término, la obligación de poner a la orden del juez competente opera a partir del momento en que no resulte necesario mantener el detenido a la orden de la autoridad de investigación prejudicial. Dijo la Sala sobre el particular: "...el término establecido en el artículo 37 de repetida cita, es el máximo que puede tomarse la autoridad para poner a una persona a la orden del juez, pero que no legitima la detención más allá del tiempo indispensable para documentar el informe policial, de manera tal que si antes de transcurrir dicho término se tiene listo el parte o denuncia y la autoridad judicial está a disposición, la obligación del investigador o policía es llevar al detenido ante ella, lo contrario quebranta la garantía constitucional en comentario" (**Voto 1700- 92**).

Este límite temporal de la detención preventiva se encuentra expresamente contemplado en el artículo 7.5 de la Convención Americana sobre Derechos Humanos, el cual exige que la persona detenida o retenida sea llevada, sin demora, ante un juez u otro funcionario autorizado por la ley para ejercer funciones judiciales.

La segunda garantía dimana del artículo 44 de la Constitución, el cual establece que "Para que la incomunicación de una persona pueda exceder de cuarenta y ocho horas, se requiere orden judicial;

sólo podrá extenderse por diez días consecutivos y en ningún caso impedirá que se ejerza la inspección judicial".

La incomunicación persigue como finalidad impedir que el sospechoso o encausado se ponga de acuerdo con sus cómplices o coautores, o de cualquier otra forma entorpezca la investigación. Es decir, la incomunicación judicial –pues la policial no está autorizada, aunque desgraciadamente se produzca en la práctica– persigue impedir que el incomunicado se ponga en contacto con agentes externos, quienes, en alguna forma, puedan influir en la obtención de las pruebas. Esta es justamente la razón por la que el constituyente autorizó la inspección judicial sobre el incomunicado, con el fin de garantizar estrictamente el cumplimiento de tal finalidad y que a los detenidos se les conserve en buen estado de salud, no se les someta a torturas, ni se trate de hacerlos confesar por medios ilegítimos, o se le someta a tratos crueles o degradantes.

Dentro de este orden de ideas, la Sala Constitucional ha dicho que "Es importante señalar que la incomunicación no puede utilizarse para permitir que los encargados de la investigación policial sometan a interrogatorio al detenido; ello transforma la incomunicación en tortura y ésta, está constitucionalmente proscrita de nuestro sistema democrático de gobierno (art 40 de la Constitución Política). Según el artículo 197 del Código de Procedimientos Penales (hoy derogado) la incomunicación sólo puede tener como finalidad imposibilitar que el detenido pueda ponerse de acuerdo con sus cómplices o estorbar la investigación..." (**Voto 789-91**).

De lo anterior se derivan varias consecuencias importantes: primero, la incomunicación no impide que el encartado pueda reunirse con su abogado, pues según la Sala Constitucional la asistencia letrada no puede ser coartada en ningún momento (**Voto 1331-90**).

Sin embargo, deben regularse la oportunidad, modo y tiempo de la entrevista, con el fin de que se puedan proteger adecuadamente los fines que persigue la incomunicación.

Según el artículo 261 del Código Procesal Penal la incomunicación sólo puede decretarse mediante resolución fundada y hasta por diez días consecutivos, cuando previamente se haya dispuesto la prisión preventiva y existan motivos que se deben hacer constar en la resolución, para estimar que el imputado se podría poner de acuerdo con sus cómplices u obstaculizaría de otro modo la investigación.

La incomunicación no impide que el imputado se comunique con su defensor inmediatamente antes de rendir su declaración o antes de realizar cualquier acto que requiera su intervención personal. El Ministerio Público y la policía judicial pueden disponer la incomunicación del aprehendido sólo por el plazo necesario para gestionar la orden judicial, la cual no puede exceder de seis horas.

Dado que la incomunicación supone una limitación a la libertad personal y a la libertad de comunicación con otras personas, su declaratoria implica que con respecto al imputado privado de libertad, en razón del peligro de obstaculización existente, se le impide que se comunique por escrito o verbalmente con terceras personas, salvo con su defensor.

Es importante señalar que la norma en examen vino a resolver una incoherencia que contiene nuestra Constitución. En efecto, el artículo 44 constitucional establece que la incomunicación requiere de orden judicial cuando exceda de las cuarenta y ocho horas, en tanto que el numeral 37 ibídem señala que el detenido debe ponerse a la orden de la autoridad judicial dentro del plazo de veinticuatro horas. La nueva normativa contenida en el Código Procesal Penal, elimina esa incoherencia al establecer que el Ministerio Público y la Policía Judicial pueden disponer la incomunicación del aprehendido por un plazo que no puede exceder de seis horas, antes del cual deben ponerlo a la orden de la autoridad judicial competente. Esta limitación, que es mucho más severa que la contenida en la Constitución, no puede en ninguna forma reputarse inconstitucional, dado que el término máximo de la incomunicación sin orden judicial previsto constitucionalmente persigue una función garantista, es decir, la defensa del imputado, de manea que si se establece una garantía aún mayor por vía legal, no se quebranta el telos de la disposición constitucional.

De conformidad con el artículo 91 del Código Procesal Penal, "Si el imputado ha sido aprehendido, se le debe recibir la declaración inmediatamente, o, a más tardar, en el plazo de veinticuatro horas contadas desde su aprehensión. El plazo se prorrogará por otro tanto, cuando sea necesario para que comparezca el defensor de su confianza".

Tal obligación debe cumplirse, no sólo porque no existe una norma especial que la exceptúe en el caso de los incomunicados, sino también porque la indagatoria debe ser vista como un medio de defensa y no de prueba, de lo que se deduce que ni siquiera la confesión puede ser considerada por el juez como elemento de convicción suficiente para condenar, pues el artículo 37 de la Constitución exige que al encartado deba demostrársele su culpabilidad y por la exigencia de interpretación restrictiva contenida en el artículo 2 del ordenamiento procesal penal.

Como afirma acertadamente el Magistrado Luis Paulino Mora "No puede entonces el juzgador, ni siquiera interpretar en perjuicio de los intereses de la defensa, menos entonces, sustituir con su interpretación en perjuicio, materia que no fue expresamente excepcionada por el legislador".

La incomunicación no es absoluta, dado que la misma no afecta las facultades del juez para visitar al reo. De esa forma, el incomunicado, en el ejercicio de otros derechos fundamentales como el de información, etc., está autorizado para recibir periódicos, escuchar la radio, ver la televisión, recibir asistencia espiritual y realizar, en fin, cualesquier otra actividad que no entorpezca los intereses que persigue su incomunicación.

IV. LOS LÍMITES DE LA PRISIÓN PREVENTIVA

La prisión preventiva encuentra su fundamento en el artículo 37 de la Constitución y está desarrollada legislativamente por los artículos 235 y siguientes del Código Procesal Penal. El fundamento constitucional de la prisión preventiva se encuentra también reforzado por lo dispuesto en los artículos 41 y 153 de la Carta Política, que garantizan la justicia pronta y cumplida en estricta conformidad con las leyes y otorgan al Poder Judicial el monopolio en el conocimiento y resolución de las causas penales, respectivamente.

En efecto, si el principio constitucional del debido proceso (arts. 39 y 41 C.P.) prohíbe la condenatoria de un reo en ausencia, es claro entonces que al encausado que está a disposición de un juez penal, pueda restringírsele su libertad personal temporalmente, con el fin de impedir que se imposibilite la función primordial del Estado de impartir justicia.

Por ello, la finalidad específica de la prisión preventiva es una medida cautelar que, sin prejuzgarlo, tiende a asegurar el resultado final del proceso.

Dentro de este orden de ideas, el artículo 238 del Código Procesal Penal dispone que "La prisión preventiva sólo podrá ser acordada conforme a las disposiciones de este Código, mediante resolución judicial fundada, en los límites indispensables para asegurar el descubrimiento de la verdad y la actuación del juez. Se ejecutará del modo que perjudique lo menos posible a los afectados. La privación de libertad durante el procedimiento deberá ser proporcionada a la pena que pueda imponerse en el caso".

La prisión preventiva sólo procede en casos de delitos, nunca de faltas o contravenciones, dado que la excepción a la garantía de la libertad contenida en el artículo 37 constitucional se refiere específicamente a delito. Luego, la prisión preventiva sólo procede cuando obedezca a exigencias propias del proceso, con el fin de asegurar el descubrimiento de la verdad o la actuación de la ley.

La Sala Constitucional ha fundamentado la prisión preventiva en la siguiente forma: "La prisión preventiva se encuentra constitucionalmente aceptada por el artículo 37 de la Carta Fundamental, relacionada directamente con el principio de inocencia contenido en el numeral 39 *idem*, que garantiza el trato como inocente, para toda persona sometida a juicio. Si la garantiza el artículo 37, ello hace que no resulte inconstitucional por estimarla contraria a lo reglado en el 39, siempre y cuando se utilice cuando sea indispensable a los fines propios del proceso, ya sea impidiendo la fuga del encausado o el éxito de la investigación, imposibilitando la alteración u ocultación de la prueba. El constituyente permitió la afectación de la libertad de los encausados, por medio de la prisión preventiva, pero al aceptar el principio de inocencia en el artículo 39, ello tiene como consecuencia –cuando se interpretan ambas normas relacionándolas–, que la prisión preventiva sólo puede acordarse cuando así lo exijan los intereses del proceso, objetivamente señalados y debidamente fundamentados, pues sólo por existencia de una colisión de intereses –en aras de proteger la libertad del encausado y posibilitar la administración de justicia– puede afectarse el estado de inocencia en el que se garantiza que sólo con base en un pronunciamiento judicial dictado con autoridad de cosa juzgada, pueda efectuarse la libertad. Para adecuar la institución a las exigencias constitucionales, a la prisión preventiva se le constituyó en medida cautelar o precautoria, que como todas las del mismo género es provisional, ameritando ello que deba concluir cuando existen otras instituciones procesales... De lo anterior puede concluirse que tanto el marco constitucional, como el convencional, permiten la prisión preventiva (artículos 37 de la Constitución Política y 7.2 de la Convención Americana sobre Derechos Humanos), pero ella, según se ha dicho, debe ser aplicada por los jueces, en los límites indispensables para asegurar el descubrimiento de la verdad y la actuación de la ley, de modo que cuando resulte innecesaria, es obligación del juez hacerla cesar, ya sea en aplicación del artículo 294 del ordenamiento procesal penal o acordando la excarcelación del encausado –aún de oficio– conforme a lo reglado en los artículos 297 y siguientes del Código de Procedimientos Penales". El tema de la prisión preventiva está, como se indicó supra, íntimamente ligado al de la excarcelación. En los artículos 297 y 298 del Código Procesal Penal se establecen algunas causas que prohíben al juez el otorgamiento de la excarcelación en favor del imputado. (**Voto 1439- 91**).

En íntima relación con esta faceta de la prisión preventiva, el artículo 239 del Código Procesal Penal dispone que "El tribunal ordenará la prisión preventiva del imputado, siempre que concurran las siguientes circunstancias: a) Existan elementos de convicción suficientes para sostener, razonablemente, que el imputado es, con probabilidad, autor de un hecho punible o participe en él; b) Exista una presunción razonable, por apreciación de las circunstancias del caso particular, acerca de que aquel no obstaculizará el procedimiento (peligro de fuga); obstaculizará la averiguación de la verdad (peligro de obstaculización); o continuará la actividad delictiva; c) El delito que se le atribuya esté reprimido con pena privativa de la libertad".

Por tanto, los requisitos materiales de la prisión preventiva son tres: a) sospecha suficiente de culpabilidad; b) la existencia de una causal de prisión preventiva (peligro de fuga, de obstaculización o de reiteración) y c) el respeto del principio de proporcionalidad.

Esta norma no resulta inconstitucional, siempre que se la interprete en el sentido de que la prisión preventiva debe ser acordada exclusivamente en los casos en que resulte indispensable a los fines propios del proceso, ya sea impidiendo la fuga del encausado o posibilitando el éxito de la investigación.

Una de ellas, sin embargo, pareciera rozar con la Constitución. En efecto, autorizar al juez penal a denegar la excarcelación "Cuando exista una presunción razonable, por apreciación de las circunstancias del caso particular, acerca de que aquel (el imputado)...continuará su actividad delictiva", pareciera referirse, en el fondo, a una medida de seguridad disfrazada de prisión preventiva, por lo que en virtud del principio de legalidad en materia penal que sanciona el artículo 39 de la Constitución, según el cual las penas y medidas de seguridad sólo pueden ser creadas expresamente por ley, cabe concluir que la norma citada viola, por sus efectos y en los términos del artículo 3 de la Ley de la Jurisdicción Constitucional, el principio de legalidad penal. Además, como la imposición de una medida de seguridad presupone la comisión de un delito, debe aplicarse también el principio de inocencia.

La jurisprudencia de la Sala Constitucional ha establecido que la caución que se fije para otorgar la excarcelación debe estar de acuerdo con las posibilidades del imputado, para que el privado de libertad pueda hacerla efectiva de acuerdo a sus condiciones económicas, "pues tratándose de la libertad no puede entenderse que se fije de forma indiscriminada, un monto igual para cada uno de los coimputados sin tomar en consideración las condiciones individuales de cada uno de ellos, pues de lo contrario, el beneficio otorgado, resulta nugatorio para el beneficiario, al convertirse en una circunstancia que impida su libertad" (**Voto 1106- 98**).

V. EL CONTROL JUDICIAL DE LA LEGITIMIDAD DE LA DETENCIÓN: EL RECURSO DE HABEAS CORPUS

El acento puesto sobre la libertad es tan grande en los ordenamientos contemporáneos que casi todos ellos consagran el recurso de hábeas corpus, como un medio procesal específico para tutelar las violaciones y amenazas de violación a la libertad personal.

Dicho recurso está previsto en el artículo 48 de nuestra Constitución en los numerales 7.6 y 25 de la Convención Americana sobre Derechos Humanos. Posteriormente, la Ley de la Jurisdicción Constitucional, en sus artículos 15 y siguientes, lo desarrolla en detalle.

El recurso de hábeas corpus, que es un auténtico proceso constitucional, procede para garantizar la libertad e integridad personales, contra los actos u omisiones que provengan de una autoridad de cualquier orden, incluso judicial, contra las amenazas a esa libertad y las perturbaciones o restricciones que respecto de ella establezcan indebidamente las autoridades, lo mismo que contra las restricciones ilegítimas del derecho de trasladarse de un lugar a otro de la República, y de libre permanencia, salida e ingreso en su territorio.

De lo anterior se concluye que, en nuestro ordenamiento, existen cuatro tipos de hábeas corpus: a) el reparador, que es el utilizado para proteger las detenciones ilegítimas, es decir, las que se realizan sin cumplir con los requisitos exigidos por el artículo 37 de la Constitución; b) el preventivo, que protege a los administrados contra la amenaza de eventuales detenciones. Esta modalidad pretende tutelar las simples amenazas de restricción a la libertad personal, a fin de evitar que eventualmente se materialice una detención ilegal o arbitraria; c) correctivo, el cual se otorga para trasladar a un detenido de cárcel, cuando el lugar donde se encuentra recluido no sea el adecuado por la índole del delito cometido o la causa de la detención, así como para proteger al reo de un eventual trato indebido por parte de las autoridades penitenciarias, o bien para proteger su integridad física respecto de otros detenidos; d) el restringido, mediante el cual se ordena a las autoridades públicas que se abstengan de realizar una vigilancia abusiva sobre el recurrente, que cesen de impedirle el acceso a ciertas áreas o dejen de acosarlo constantemente con llamadas telefónicas, preguntas molestas, interpelaciones intimidatorias, etc.

Esta garantía procesal es de indudable importancia, pues permite que los administrados puedan, sin llenar ningún formalismo innecesario y mediante un proceso ágil y expedito, obtener una tutela efectiva de su libertad personal, ya sea cuando ha sido conculcada o bien cuando se vea seriamente amenazada de violación.

VI. EL PRINCIPIO DE LEGALIDAD PENAL. SU PROYECCIÓN SOBRE LA POTESTAD SANCIONADORA DEL ESTADO

Este principio, conocido también como el de reserva legal, se expresa tradicionalmente en el aforismo latino *"nullum crimen, nulla poena sine lege previo"*.

En nuestro ordenamiento está contenido en el artículo 39 de la Constitución Política, según el cual "A nadie se le hará sufrir pena sino por delito, cuasidelito o falta, sancionados por ley anterior...".

A nivel legal es desarrollado por los artículos 1 y 2 del Código Penal. El primero de ellos establece que "Nadie podrá ser sancionado por un hecho que la ley penal no tipifique como punible ni sometido a penas o medida de seguridad que aquellas no haya establecido previamente". El segundo, por su parte, dispone que "No podrá imponerse sanción alguna, mediante la aplicación analógica de la ley penal".

Este principio puede analizarse en una triple vertiente: exigencia de una ley (*lex scripta*); que la ley sea anterior al hecho sancionado (*lex previa*) y que la ley describa un supuesto de hecho estrictamente determinado (*lex certa*).

1. *Lex scripta*

El principio en cuestión consagra el monopolio de la ley penal como fuente válida de la creación de los delitos y las penas (incluidas las medidas de seguridad), de manera que una persona sólo puede ser castigada en la vía represiva por un hecho sancionado en la ley.

Lógicamente su fundamento es la seguridad jurídica, a fin de evitar la arbitrariedad del juzgador, pues éste sólo puede sancionar los delitos y aplicar las penas previamente establecidas por la ley penal.

Del principio de legalidad penal se derivan otros principios que es importante señalar:

a.- Ninguna acción u omisión son constitutivas de delito, si no están definidas como tales por una ley escrita, emanada de un órgano legislativo y promulgada con anterioridad a la realización del hecho o de la omisión.

El órgano que dicta la norma debe ser un órgano representativo, elegido mediante el mecanismo del sufragio. Por ello, no podrían crearse, en nuestro ordenamiento, delitos ni establecerse penas mediante actos con valor de ley, pues aunque éstos tengan rango normativo de ley, no son dictados por la Asamblea Legislativa.

b.- El hecho o la omisión tipificados como punibles deben ser conductas u omisiones socialmente dañinas o que violen un principio o valor constitucionalmente tutelado, de manera que el legislador carece de discrecionalidad para tipificar indiscriminadamente cualesquiera conductas u omisiones como delitos. Sólo de esa manera se establecen garantías efectivas contra la eventual arbitrariedad del órgano legislativo para tipificar como delictivas acciones u omisiones inocuas o que no violen principios o valores constitucionalmente tutelados.

Este principio se encuentra consagrado en el artículo 28 de la Constitución, párrafo segundo, al disponer que "las acciones privadas que no sean contrarias al orden público, la moral, las buenas costumbres o el derecho de tercero, están fuera de la acción de la ley". En sentido contrario, sólo las acciones que vulneren o atenten contra tales principios pueden ser objeto de regulación por la ley, lo que, en materia de establecimiento de delitos, se traduce en la imposibilidad del legislador para tipificar, como delictuosas, conductas u omisiones que no sean socialmente dañinas o no atenten contra principios o valores constitucionalmente protegidos.

c.- El hecho previsto en la ley formal como delito, sólo puede ser sancionado con las penas fijadas por la misma ley para el caso concreto. De esa forma al juez le está prohibido inventar sanciones diferentes de las contempladas en la ley, tanto en calidad como en cantidad. Los máximos y mínimos de las penas deben ser respetados por el juez que impone la sanción.

Tampoco las sanciones pueden ser indeterminadas en su duración, porque de lo contrario se violaría el principio de legalidad. Por tanto, nadie pude ser sometido a una medida de seguridad diferente de la prevista por la legislación penal y su duración, lógicamente, no puede exceder el máximo permitido por la ley.

d.- La ley penal no puede ser aplicada de manera analógica. En otros términos, el hecho punible que da lugar a la aplicación de una pena tiene que estar previsto expresamente por la ley; no puede deducirse de la regulación señalada por la ley para casos diversos, aunque semejantes.

2. *Lex previa*

La segunda vertiente establece que la ley que tipifique el hecho punible y establezca la sanción, sea previa a la comisión de la acción u omisión que se pretende sancionar. Es decir, la persona sólo puede ser castigada en la vía represiva por un hecho u omisión cometido con posterioridad a la promulgación de la ley penal.

De lo anterior deriva la consecuencia lógica de que la ley penal no puede aplicarse retroactivamente, es decir, no puede aplicarse a hechos u omisiones ocurridas antes de su entrada en vigencia. En el caso costarricense, este principio se restringe sólo a aquellas hipótesis en que la ley penal perjudica al reo, pues el artículos 34 de la Constitución dispone expresamente que "a ninguna ley se le dará efecto retroactivo en perjuicio de derechos patrimoniales adquiridos o de situaciones jurídicas consolidadas".

En sentido contrario, a las leyes que no perjudiquen a personas ni atenten contra derechos adquiridos o situaciones jurídicas consolidadas, sí es posible darles efecto retroactivo. Dentro de esta categoría entrarían las leyes que benefician a los reos, como aquella que establezcan una pena inferior a la que está descontando una persona condenada por los tribunales represivos.

El artículo 408 del Código de Procedimientos Penales señala que "La revisión procederá contra las sentencias firmes y en favor del condenado o de aquel a quien se le haya impuesto una medida de seguridad y corrección, en los siguientes casos:....f) Cuando una ley posterior declare que no es punible el hecho que antes se consideraba como tal o cuando la ley que sirvió de base a la condenatoria haya sido declarada inconstitucional". Lo anterior nos indica que este principio se aplica, en nuestra legislación, inclusive respecto de sentencias pasadas en autoridad de cosa juzgada.

Por otra parte, el principio de legalidad tiende a evitar no sólo procesos penales en que no exista una ley y sanción previas, sino que, además, contiene remedios específicos para evitar que se sancione a una persona por un hecho que no constituye delito o no merece sanción, en su caso.

Por ello, el Código Procesal Penal distingue tres momentos diferentes en que funciona el principio de legalidad:

a.- Lógicamente el primer estadio se refiere a la iniciación del proceso penal. En esta etapa trata de evitarlo. Así, el artículo 282 del Código Procesal Penal, dispone que " Cuando el hecho denunciado no constituya delito o no se puede proceder, el Ministerio Público solicitará al tribunal del procedimiento preparatorio, mediante requerimiento fundado, la desestimación de la denuncia, la querella o las actuaciones policiales.". Entre otros casos, cuando el delito no está establecido por una ley anterior.

b.- El segundo momento se presenta durante la realización del proceso, en la etapa del procedimiento intermedio, cuando el juez llega a la conclusión de los elementos de prueba resultan insuficientes para realizar el juicio, por auto fundado ordena el sobreseimiento provisional del imputado.. Conforme al artículo 314 del Código Procesal Penal, esta resolución del juez no termina el proceso, sino que lo deja en estado latente a la espera de que se aporten nuevas pruebas. Si dentro del año de dictado el sobreseimiento provisional no se dicta la reapertura, el juez debe declarar, de oficio, la extinción de la acción penal.

c.- El tercer momento se presenta también durante la etapa del proceso intermedio, cuando éste se termina mediante un sobreseimiento definitivo. Esta resolución impide que una causa sea elevada a juicio. El juez puede sobreseer de manera total cuando el hecho no está adecuado a la figura penal, sea que no existe delito, conforme lo indica el inciso b) del artículo 311 del Código Procesal Penal.

De esa forma el principio de legalidad cobra plena vigencia a través del proceso penal en nuestro ordenamiento jurídico.

3. *Lex certa*

Dado que el principio de legalidad penal pretende darle seguridad jurídica al ciudadano, evitándole la arbitrariedad, es necesario que se complemente con el requisito adicional de la tipicidad, mediante la cual se exige que la enunciación de la conducta constitutiva del delito se realice mediante un tipo, en el que se establezcan las circunstancias necesarias para que el destinatario de la ley pueda, sin mayores complicaciones, establecer si una determinada acción resulta o no subsumible en un tipo penal y, por lo tanto, debe tenérsela como constitutiva de delito.

La Sala Constitucional ha dicho sobre el particular que "Al hacer referencia el constituyente en el citado artículo 39 del término "delito", se está refiriendo a una acción típica, antijurídica y culpable, a la que le ha señalado como consecuencia una pena....Para que una conducta sea constitutiva de delito no es suficiente que sea antijurídica –contraria a derecho–, es necesario que esté tipificada, sea que se encuentre plenamente descrita en una norma, esto obedeciendo a exigencias insuprimibles de seguridad jurídica, pues siendo la materia represiva la de mayor intervención en bienes jurídicos importantes de los ciudadanos, para garantizar éstos frente al Estado, es necesario que puedan tener cabal conocimiento de cuáles son las acciones que deben abstenerse de cometer, so pena de incurrir en responsabilidad criminal, para ello la exigencia de ley previa, pero esta exigencia no resulta suficiente sin la tipicidad....Ya en el **Voto 1876- 90** esta Sala indicó que el principio de legalidad exige, para que la ciudadanía pueda tener conocimiento sobre si sus acciones constituyen o no delito, que las normas penales estén estructuradas con precisión y claridad. La precisión obedece a que si los tipos penales se formulan con términos muy amplios, ambiguos o generales, se traslada, según ya se indicó, al juez, al momento de establecer la subsunción de una conducta a una norma, la tarea de determinar cuáles acciones son punibles, ello por el gran poder de absorción de la descripción legal, y la claridad a la necesaria comprensión que los ciudadanos deben de tener de la ley, para que así adecuen su comportamiento a las pretensiones de la ley penal" (**Voto 101- 91**).

Por otra parte, sin embargo, la exigencia de la "lex certa" no puede entenderse en el sentido de exigirle al legislador una claridad y precisión absolutas en la formulación de los tipos penales. La propia naturaleza de las cosas convierte ese ideal de claridad absoluta en inalcanzable. Por ello, la certeza de la ley penal es compatible con un cierto margen de indeterminación en la formulación de los tipos penales.

Dentro de este orden de ideas, el Tribunal Constitucional español ha sentado algunas orientaciones, que conviene reseñar sucintamente. Por ejemplo, el citado tribunal ha considerado que "la exigencia de "lex certa" no resulta vulnerada cuando el legislador regula los supuestos ilícitos mediante conceptos jurídicos indeterminados, siempre que su concreción sea razonablemente factible en virtud de criterios lógicos, técnicos o de experiencia y permitan prever con suficiente seguridad, la naturaleza y características esenciales de las conductas constitutivas de la infracción tipificada" (**Voto 69-89**).

El mismo tribunal consideró también conciliables con los principios constitucionales, la utilización legislativa y aplicación judicial de las llamadas "leyes penales en blanco", sea, de aquellas normas penales incompletas en las que la conducta o la consecuencia jurídico–penal no se encuentra exhaustivamente prevista en ellas, debiendo, en consecuencia, acudirse para su integración a otra norma distinta. Para ello, el citado tribunal exigió dos requisitos: a) que el reenvío normativo sea expreso y esté justificado en razón del bien jurídico protegido por la norma penal y b) que la ley, además de señalar la pena, contenga el núcleo esencial de la prohibición y sea satisfecha la exigencia de certeza, es decir, dándose la suficiente concreción, para que la conducta calificada de delictiva quede suficientemente precisada con el complemento indispensable de la norma a que la ley penal se remite (**Voto 127- 90**).

Nuestra jurisprudencia constitucional, por su parte, ha precisado la forma en que deben estructurarse los tipos penales, al disponer que "Los tipos penales deben estar estructurados básicamente como una proposición condicional, que consta de un presupuesto (descripción de la conducta) y una consecuencia (pena), en la primera debe necesariamente indicarse, al menos, quién es el sujeto activo, pues en los delitos propios reúne determinadas condiciones (carácter de nacional, de empleado público, etc.) y cuál es la acción constitutiva de la infracción (verbo activo), sin estos dos elementos básicos (existen otros accesorios que pueden o no estar presentes en la descripción típica del hecho) puede asegurarse que no existe tipo penal" (**Voto 101- 91**).

4. *La aplicación del principio de legalidad a la potestad sancionatoria del Estado*

Nuestra Constitución no contiene ninguna norma constitucional expresa que establezca límites a la potestad sancionadora de la Administración. Sin embargo, del principio de legalidad se pueden derivar algunos de gran importancia y que son de obligado acatamiento para los órganos administrativos del Estado.

a.- El primero de ellos se refiere específicamente a la legalidad de toda infracción administrativa, lo que implica, en principio, que toda potestad sancionatoria en el ámbito administrativo debe estar autorizada previamente por ley. Sin embargo, existen matices importantes que deben ponerse de manifiesto.

En efecto, la reserva legal en materia de sanciones administrativas, a diferencia del ámbito penal, no es absoluta sino más bien relativa. Existen varias razones para ello: una está relacionada con el modelo constitucional de distribución de competencias; otra con el carácter insuprimible de la potestad reglamentaria en determinadas materias.

En primer término y por tratarse de una reserva relativa, las leyes que contemplen sanciones administrativas pueden remitir al reglamento, en el entendido de que la regulación sea complementaria y no independiente de la ley. De esa forma serían inconstitucionales, por violación del principio de reserva legal, aquellas leyes que otorgaran a la Administración una potestad genérica para establecer infracciones y sanciones, sino además que la Administración estaría jurídicamente imposibilitada para dictar reglamentos autónomos o independientes que establezcan infracciones y sanciones. El principio de reserva legal exige que siempre exista una ley de base que autorice la existencia de tales infracciones y sanciones.

En los casos de relaciones de sujeción especial, la potestad sancionatoria no se presenta como expresión del *"ius puniendi"* genérico del Estado, sino como una manifestación concreta de la capacidad propia de auto ordenación correspondiente, de manera que, en estos casos, existe una clara relativización de la reserva de ley, aunque siempre debe existir una ley previa que autorice, de manera genérica, el establecimiento de infracciones y sanciones.

También de dicho principio deriva la prohibición de aplicar analógicamente sanciones en el ámbito administrativo, así como el establecimiento de infracciones atípicas.

b.- La segunda prohibición derivada del principio de legalidad, es la interdicción para la Administración de imponer sanciones que, directa o indirectamente, impliquen privación de la libertad. Por ejemplo, que el no pago de una multa se convierta en prisión.

c.- La tercera limitación de la Administración Pública en esta materia, derivada directamente del principio de legalidad penal, lo encontramos en la exigencia de que ninguna sanción administrativa puede establecerse si no es con respeto absoluto del derecho de defensa. En la Ley General de la Administración Pública este principio se positiviza en los artículos 211.3 y 308 y siguientes.

d.- Finalmente, las sanciones administrativas siempre quedan sujetas a su contralor jurisdiccional, ya sea en la vía contencioso -administrativa (art 49 C.P.), o en la vía del amparo (art 48 C.P.).

Esta limitación implica también la imposibilidad de que la Administración realice actuaciones o procedimientos sancionadores, en aquellos casos en que los hechos puedan ser constitutivos de delitos según la legislación penal, mientras la autoridad judicial no se haya pronunciado sobre ellos.

Finalmente, los órganos administrativos quedan obligados a respetar los efectos positivos y negativos de las sentencias pasadas en autoridad de cosa juzgada en la vía penal. Frente a tales sentencias, las autoridades administrativas no sólo deben acatar el fallo, sino también abstenerse de promover nuevos planteamientos sobre el tema.

Dentro de esta óptica ha dicho la Sala Constitucional lo siguiente:

"Si bien es cierto que existe independencia entre el procedimiento administrativo sancionatorio y el juzgamiento de los hechos en la vía penal, no puede interpretarse, sin contrariar el derecho al debido proceso y al principio del non bis in ídem, que si se juzga un hecho en

la vía penal y el imputado resulta absuelto, pueda ser disciplinaria-
mente sancionado en vía administrativa por los mismos hechos. Se
reconoce que uno de los límites de la potestad sancionadora de la
Administración es su subordinación a la Autoridad Judicial. De haber
colisión entre una actuación jurisdiccional y una actuación administrativa, se debe resolver en favor de la primera. De este mismo principio se deriva la necesidad de que se respete la cosa juzgada" (**Voto
4395- 96**).

VII. EL PRINCIPIO *NOS BIS IN IDEM*

El artículo 42 de la Constitución Política dispone, en lo conducente, que "Nadie podrá ser juzgado más de una vez por el mismo
hecho punible. Se prohíbe reabrir causas penales y juicios fallados
con autoridad de cosa juzgada, salvo cuando procesa el recurso de
revisión".

Esta norma constitucional, tal y como está redactada, presenta
varios inconvenientes, por su falta de precisión terminológica.

En primer lugar, se refiere a "hecho punible", cuando lo que
debió haber dicho es simplemente hecho. En efecto, hecho, en esta
norma, debe ser entendido en el sentido de "hecho histórico", es
decir, en su pura materialidad, sin tomar en cuenta su calificación
jurídica. En otros términos, lo que protege este principio es que una
persona no puede ser juzgada más de una vez por los mismos
hechos materiales, independientemente de su calificación jurídica.

Por ello, lo que tutela este principio son los hechos materiales,
no la acción delictuosa ni el hecho punible, porque éstos, además
del hecho histórico propiamente dicho, incluyen una calificación
jurídica. Si aceptáramos esta última tesis, bastaría entonces con
cambiar la calificación jurídica de un hecho para burlar el principio
en cuestión.

La norma constitucional citada también es imprecisa cuando se
refiere a la cosa juzgada, pues ésta significa un doble pronunciamiento sobre el fondo, en tanto que el principio non bis in ídem, va
mucho más allá, dado que éste opera desde antes de iniciarse un
proceso penal, justamente para evitarlo y, en caso de que ya se
hubiera iniciado, para ponerle fin de inmediato por medio de la interposición de las excepciones de *litis pendentia* o de la cosa juzgada.

De conformidad con la Sala Constitucional "El principio universal de la cosa juzgada, que implica la inimpugnabilidad de la sentencia, adquiere en el proceso penal una importancia total, en el doble sentido de que, como expresa el artículo 42 párrafo 2 de la Constitución, no puede reabrirse una causa penal fenecida, y de que, ni siquiera a través del recurso de revisión –que procede precisamente contra la sentencia firme–, se puede reconsiderar la situación del imputado en su perjuicio, con lo cual la garantía del debido proceso penal monta a que el recurso de revisión sólo pueda otorgarse para favorecer al reo" (**Voto 440- 98**).

Asimismo ha sostenido dicho tribunal que "El principio de la cosa juzgada en materia penal se vincula al denominado non bis in ídem, consagrado a texto expreso en el artículo 42 de la Constitución, según el cual nadie puede ser juzgado dos veces por los mismos hechos, en lo cual debe enfatizarse, porque es violatorio del derecho al debido proceso reabrir causa penal ya falladas por unos mismos hechos, aun cambiando su calificación penal o aun a la luz del surgimiento de nuevas o incontrastables pruebas de cargo" (**Voto 440- 98**).

Entre el principio non bis in ídem y la cosa juzgada existe una relación de género a especie, pues el primero es mucho más amplio y contiene a la segunda. En efecto, la excepción de cosa juzgada se interpone cuando existe sentencia firme, en tanto que el principio non bis in ídem sólo requiere que haya proceso iniciado por un hecho determinado, para hacerse valer dentro de aquél.

Dentro de este orden de ideas, la confusión de la norma constitucional citada está parcialmente corregida en el artículo 11 del Código Procesal Penal, al disponer que "Nadie podrá ser juzgado penalmente más de una vez por el mismo hecho".

Esta disposición legal, en primer término, utiliza la acepción hecho en forma genérica, en el sentido de hecho histórico. Sin embargo, habla de juzgado penalmente y no de perseguido penalmente, con lo cual incurre en confusión con la cosa juzgada, tal y como se hace en la norma constitucional en examen.

La esencia del principio "*nos bis in ídem*" es que supone que no recaiga la duplicidad de sanciones (tanto administrativas como penales) en los casos en que exista identidad del sujeto, hecho y fundamento, sin que exista concomitantemente una relación de supremacía especial de la Administración (relación de funcionario público, concesionario, etc.), que justifique el ejercicio del "*ius puniendi*" por los tribunales represivos y, a su vez, la potestad sancionadora de la Administración.

Por ello, el principio non bis in ídem no prohíbe la sanción de unos mismos hechos por autoridades de distinta naturaleza, siempre y cuando los contemplen bajo una diferente perspectiva jurídica. Por ejemplo, los delitos en el ámbito penal respecto de los ilícitos laborales o administrativos. Lo que realmente imposibilita este principio es que autoridades del mismo orden y a través de procedimientos diferentes sancionen más de una vez la misma conducta.

De lo anterior se deriva que, cuando el ordenamiento autoriza la dualidad de procedimientos y en cada uno de ellos se puede producir un enjuiciamiento y una calificación de los mismos hechos, tales enjuiciamientos y calificaciones se deben hacer con independencia si resultan de la aplicación de normativas diferentes. Lo que está vedado, en todo caso, es lo relativo a la apreciación de los hechos, pues es evidente que los mismos hechos no pueden existir y dejar de existir para diferentes órganos del Estado.

Dentro del ámbito penal el principio en análisis prohíbe sancionar dos veces por el mismo delito, dado que "la imposición a un sujeto por idéntica acción delictiva de una sanción penal principal doble o plural, contradiría a la par el principio de proporcionalidad entre la infracción y la sanción, que exige mantener una adecuación entre la gravedad de la sanción y la de la infracción" (**Fernández Segado**).

La prohibición que impide el doble pronunciamiento frente a una misma incriminación, integra en su contenido dos principios fundamentales: a) el de la cosa juzgada, que deriva del principio más general de la seguridad jurídica y b) la *litis pendentia* o imposibilidad de tramitar un proceso igual en las personas, objeto y causa a uno ya iniciado y pendiente de resolución definitiva.

En el ámbito administrativo, la existencia de una relación de sujeción especial –como la del funcionario público con la Administración para la que presta sus servicios, o la del concesionario de servicio público– no excluye la vigencia del principio *non bis in idem*, justificando la dualidad de sanciones. Según el Tribunal Constitucional español para que en tales hipótesis la dualidad de sanciones sea constitucionalmente válida, se requiere que la normativa que la impone pueda justificarse porque contempla los mismos hechos desde la perspectiva de un interés jurídicamente protegido que no es el mismo que aquel que la primera sanción intenta salvaguardar o, si se quiere, desde la perspectiva de una relación jurídica diferente entre sancionador y sancionado (**Voto 234 - 91**).

VIII. LOS REQUISITOS CONSTITUCIONALES PARA LA VALIDEZ DE LAS DETENCIONES

El artículo 37 de la Constitución recoge esta garantía al disponer que "Nadie podrá ser detenido sin un indicio de haber cometido delito, y sin mandato escrito de juez o autoridad encargada del orden público, excepto cuando se tratare de reo prófugo o delincuente in fraganti; pero en todo caso deberá ser puesto a la orden de juez competente dentro del término perentorio de veinticuatro horas".

La norma citada exige dos requisitos concomitantes para la validez de las detenciones: existencia de un indicio comprobado de haber cometido delito y mandato escrito de juez o autoridad administrativa encargada del orden público.

En cuanto al indicio no importa si es fuerte o leve, pues su relevancia estriba en que haya sido comprobado. La comprobación del indicio puede hacerse mediante cualquiera de los medios de prueba permitidos por nuestro ordenamiento, lo que desautoriza los prohibidos, como ocurre actualmente con las intervenciones telefónicas.

La Sala Constitucional, refiriéndose a este tema, ha dicho que "la detención como medida cautelar exige la existencia de un indicio comprobado, entendido como la existencia real de una información objetiva capaz de producir un conocimiento probable de una imputación delictiva" (**Voto 2805-98**).

Por ello, las simples sospechas, por basarse en una conjetura, no alcanzan la condición de indicios para efectos de ordenar la detención de una persona. Dentro de esta óptica la jurisprudencia constitucional patria ha establecido que "la simple denuncia, sin ningún otro elemento que le sirva de sustento, no constituye motivo suficiente para restringir la libertad personal. Tampoco resulta legítima la detención de "sospechosos", para posteriormente recabar prueba en su contra, y menos aún para la prevención de delitos, aún si la detención se prolonga por menos de 24 horas, límite que señala la Constitución Política" (**Voto 946- 98**).

Esta norma plantea el problema de las redadas que periódicamente realizan nuestras autoridades de policía en los sitios más frecuentados por el hampa. Normalmente se les detiene por no portar documento de identidad o carecer de oficio conocido, sin que medie un mandato de autoridad competente ni existan indicios comprobados de que han cometido un hecho punible. Pareciera que tal praxis es evidentemente inconstitucional.

Cuando la detención se refiere a reos prófugos o delincuentes in fraganti se suele denominarla aprehensión, para distinguirla de las detenciones propiamente dichas. Su diferencia fundamental estriba en que la primera tiene un carácter provisional y existe la obligación adicional de la autoridad que la realiza de poner al aprehendido a la orden del juez dentro de las veinticuatro horas siguientes.

En nuestro ordenamiento están autorizados para efectuar aprehensiones la Policía Judicial, la Policía Administrativa y aún los particulares, según el artículo 235 del Código Procesal Penal.

De conformidad con el numeral 237 del mismo Código, el Ministerio Público puede ordenar la detención de una persona cuando: "a) Sea necesaria la presencia del imputado y existan indicios comprobados para sostener, razonablemente, que es autor de un delito o partícipe en él, y que puede ocultarse, fugarse o ausentarse del lugar".

Existe una paradoja en nuestro ordenamiento procesal penal en esta materia, pues como indica un jurista costarricense "De acuerdo con la estructura del nuevo código, la policía es auxiliar del Ministerio Público, debiendo actuar bajo su dirección y control (arts. 67 y 283 C.P.P.). Por ello es paradójico que en lo relativo a la aprehensión policial por existir indicios comprobados de participación del sujeto en un hecho punible sea más amplio que con relación a la detención por orden del Ministerio Público en tal supuesto, puesto que para la aprehensión basta que además se esté ante los supuestos en que sea procedente la prisión preventiva (art. 235 inciso c) C.P.P.), por ejemplo peligro de fuga, peligro de obstaculización y peligro de reiteración delictiva (art. 239 C.P.P.), pero para la detención por orden del Ministerio Público sólo se contemplan supuestos de peligro de fuga, como son el peligro de que pueda ocultarse, fugarse o ausentarse del lugar, no previéndose casos de peligro de obstaculización o de reiteración delictiva (se dispone por el art. 283 que la policía bajo la dirección y control del fiscal encargado de la investigación practicará las diligencias preliminares para evitar la fuga y ocultamiento de los sospechosos)" (**Javier Llobet**).

La jurisprudencia de la Sala Constitucional ha dicho que es constitucionalmente válido que durante el transcurso del proceso penal el juez revoque el beneficio de la excarcelación y ordene la detención del imputado aunque todavía no haya sentencia firme en su contra. En efecto, ha establecido nuestro máxime intérprete de la Constitución que "Esta Sala ha aceptado en múltiples ocasiones que el hecho de una condenatoria –máxime si lo es a varios años de prisión–, puede constituir base suficiente para revocar una excarcelación concedida o acordar una prisión no dispuesta durante la tramitación del proceso penal, pues esa circunstancia hace variar el estado en que se encontraba sometido a juicio antes de que se diera y en algunos casos ser a causa de una evasión a la acción de la justicia. No es propiamente que el estado de inocencia que goza el encausado mientras una sentencia firme no disponga lo contrario, decaiga, es que la situación del reo frente al proceso cambia y ese cambio puede alterar la relación de aquél con los fines del proceso y en consecuencia motivar se disponga la restricción a la libertad, para proteger los fines del proceso, fines que también tienen raigambre constitucional" (**Voto 534- 98**).

CAPÍTULO IX
EL DERECHO A LA JURISDICCIÓN

I. EL DERECHO A LA TUTELA JUDICIAL EFECTIVA

De la relación armónica de los artículos 27 y 41 de la Constitución se deriva el derecho fundamental a la tutela judicial efectiva, o como lo ha llamado la Sala Constitucional, el derecho general a la justicia.

El derecho a la tutela judicial efectiva puede definirse como "el derecho de todas las personas a tener acceso al sistema judicial y a ejercer, en el seno del proceso, todas sus facultades para que los órganos jurisdiccionales estudien su pretensión y emitan una resolución motivada y conforme a derecho que, acogiendo o desestimando dicha pretensión, establezca la verdad oficial" (**García Morillo**).

La Sala Constitucional, por su parte, lo ha definido como "el derecho fundamental a la justicia, entendida como la existencia y disponibilidad de un sistema de administración de justicia, valga decir, de un conjunto de mecanismos idóneos para el ejercicio de la función jurisdiccional del Estado –declarar el derecho controvertido o restablecer el violado, interpretándolo y aplicándolo imparcialmente en los casos concretos–, lo cual comprende, a su vez, un conjunto de órganos judiciales independientes especializados en ese ejercicio, la disponibilidad de ese aparato para resolver los conflictos y corregir los entuertos que origina la vida social, en forma civilizada y eficaz, y el acceso garantizado a esa justicia para todas las personas, en condiciones de igualdad y sin discriminación" (**Voto 1739- 92**).

De ambas definiciones, combinándolas, podemos extraer algunos contenidos concretos de este derecho fundamental.

En primer término, está el postulado de la independencia del Poder Judicial, tanto funcional como económica (art 177.2 de la Constitución), además de los principios de exclusividad y de la universalidad de la función jurisdiccional en manos de los tribunales de justicia (arts. 152, 153 y 156 en relación con el 35 de la Constitución). Dentro de este orden de ideas, la Sala Constitucional ha dicho que la exclusividad se manifiesta en cuanto que la jurisdicción sólo puede ser ejercida por los tribunales dependientes del Poder Judicial y universal en cuanto no puede haber materias ni actos inmunes o no justiciales (**Voto 1148- 90**).

El acceso a la justicia debe ser igual para todos, es decir, no se pueden establecer discriminaciones por razones de color, nacionalidad, origen, condición social, edad.

Otro postulado importante es que la justicia sea cumplida y prontamente. El primer contenido significa que toda persona tiene derecho a una sentencia justa, en el sentido de que las normas procesales deben interpretarse a la luz del principio *"pro sententia"*, es decir, que se interpreten en el sentido de facilitar la administración de justicia y no como obstáculo para alcanzarla. De esa forma, el derecho de acceso a la justicia no puede ser obstaculizado por formalismos enervantes. Consecuencia de lo anterior, los requisitos de admisibilidad deben interpretarse restrictivamente y sólo son posibles a texto expreso de la ley; por el contrario, debe interpretarse extensivamente y sin sujeción a ningún formalismo, todo aquello que conduzca a la decisión de las cuestiones de fondo en sentencia. Además, las infracciones a formalidades procesales sólo pueden dar lugar a nulidades relativas, por lo que siempre son subsanables, mientras no produzcan indefensión a alguna de las partes.

Dentro de este orden de ideas, el Tribunal Constitucional español ha dicho que "no son admisibles aquellos obstáculos que puedan estimarse excesivos, que sean producto de un formalismo y que no se compaginen con el derecho a la justicia, o que no aparezcan como justificados y proporcionados conforme a las finalidades que se establecen, que deben, en todo caso, ser adecuadas a la Constitución" (**STC 57/85**).

Respecto a la subsanabilidad, debe considerarse que la inadmisibilidad del recurso no debe considerarse como una sanción, sino más bien como medio de preservar la integridad objetiva del procedimiento, de manera tal que si no se apreciare negligencia en la parte y el derecho fuese susceptible de reparación sin daño para el proceso, procederá la apertura del trámite de subsanación. Es decir, los requisitos formales se deben interpretar y aplicar de manera flexible y atendiendo a su finalidad y de que a su incumplimiento no se anuden consecuencias desproporcionadas o excesivamente gravosas.

La obligación de motivar las sentencias es otro de los contenidos esenciales del derecho a la tutela judicial efectiva. Dentro de esta óptica el Tribunal Constitucional español ha establecido que las finalidades que persigue la motivación de las sentencias pueden sintetizarse como sigue: a) garantizar la posibilidad de de control de la sentencia por los tribunales superiores, incluido este Tribunal a través del recurso de amparo; b) lograr la convicción de las partes en el proceso sobre la justicia y corrección de una decisión judicial que afecta a los derechos del ciudadano; y c) mostrar el esfuerzo realizado por el Tribunal para garantizar una resolución carente de arbitrariedad, lo que sólo puede lograrse "si la sentencia hace referencia a la manera en que debe inferirse de la ley la resolución judicial, y expone las consideraciones que fundamentan la subsunción del hecho bajo las disposiciones legales que aplica" (**STC 22/ 1994**).

La Sala Constitucional, en relación con la obligación de motivación de las resoluciones en materia penal, ha dicho que "el juez ha de expresar las razones que existen en la causa que tramita, y respecto del imputado concreto, para decidir restringir su libertad como medida cautelar indispensable para asegurar la sujeción del acusado al proceso, la averiguación de la verdad y la eventual aplicación de la ley penal. Repetir en abstracto y como frases vacías, los supuestos que legalmente autorizan la privación de la libertad, no es fundamentar. Fundamentar, motivar, significa documentar la decisión en el caso concreto, exponer y razonar por qué se estima en ese momento procesal, que los motivos antes señalados están en peligro, y cuáles son los elementos de juicio que permiten sustentar la existencia de ese peligro y, en consecuencia, justificar la medida adoptada…No son apreciaciones subjetivas del juez las que permiten limitar la libertad, son razones objetivas, amparadas legalmente y debidamente respaldadas en la causa y ello debe traducirlo y exponerlo el juez al resolver sobre la libertad" (**Voto 3116- 96**).

Asimismo, el derecho a una sentencia justa implica derecho a su congruencia. Como indicó la Sala Constitucional implica la correlación entre acusación, prueba y sentencia, "en virtud de que ésta tiene que fundamentarse en los hechos discutidos y pruebas recibidas en el proceso. Una dimensión importante del principio de congruencia es, además, el de la circunstanciada motivación de la sentencia, señalando y justificando especialmente los medios de convicción en que se sustenta y los que desecha" (**Voto 1739- 92**).

En cuanto a la justicia pronta, es evidente que la duración excesiva y no justificada de los juicios –sobre todo en el ámbito penal– implica una clara violación de ese principio constitucional, pues los juicios deben ser resueltos, por razones de seguridad jurídica, en plazos razonablemente cortos.

Asimismo, el derecho de acceso a la tutela judicial entraña el derecho a obtener la ejecución de la sentencia, es decir, a la eficacia material de la sentencia. De esa forma no basta con obtener un pronunciamiento favorable de los tribunales, sino que se requiere, además, que sus pronunciamientos puedan ser cabalmente ejecutados en todas sus consecuencias, inclusive con el uso de la fuerza policíaca.

Finalmente, el derecho a la tutela judicial efectiva garantiza la gratuidad de la justicia, pues la obligación de afianzar costas implica, en muchos casos, una imposibilidad material para que los ciudadanos ventilen sus asuntos ante los tribunales de justicia.

II.   EL DERECHO A LA COSA JUZGADA MATERIAL

El artículo 42.2 de la Constitución consagra el derecho a la cosa juzgada material, al establecer que "Se prohíbe reabrir causas penales fenecidas y juicios fallados con autoridad de cosa juzgada, salvo cuando proceda el recurso de revisión".

Aunque este principio es de aplicación en todas las materias, su máxima expresión la alcanza en el ámbito penal, pues constituye una garantía del proceso penal, que complementa otras disposiciones que tutelan la libertad y seguridad individuales.

Se dice que una resolución o sentencia está pasada en autoridad de cosa juzgada, cuando es definitiva y no admite ningún recurso judicial ulterior. En materia penal, la sentencia firme es aquella contra la que no cabe recurso alguno, ya sea ordinario o extraordinario, excepto el de revisión. Es decir, se trata de una decisión judicial irrevocable, que no puede ser cambiada por otra decisión posterior.

La cosa juzgada formal es aquella que es inimpugnable dentro del mismo proceso penal. Dicha firmeza puede provenir de que carezca de ulterior recurso, ordinario o extraordinario, dentro del proceso, con excepción, como se dijo, del de revisión; o bien porque la parte afectada haya dejado transcurrir el plazo señalado por la ley para interponer el respectivo recurso, o finalmente que el recurso se ejercitó en tiempo y en forma y la sentencia fue revocada o desestimada.

La sentencia pasada en autoridad de cosa juzgada material es inmediatamente ejecutoria, ya sea condenatoria o absolutoria. Además, tiene un efecto preclusivo, pues impide que dentro del mismo proceso se pueda originar un nuevo pronunciamiento.

En materia penal, la cosa juzgada puede ser total o parcial, es decir, el primer caso ocurre cuando todos los puntos de la sentencia adquieren firmeza; la segunda hipótesis se produce cuando sólo parte de ellos adquieren la condición jurídica de firmeza y de irrecurribilidad dentro del mismo proceso.

La cosa juzgada material es la sentencia que decide sobre el fondo del asunto. En otros términos, la que posee la condición de cosa juzgada formal, porque no puede ser dictada una nueva resolución dentro del proceso; pero, además, tiene la particularidad de que impide que, sobre los mismos hechos y contra la misma persona, se pueda entablar un nuevo proceso penal, ya que al agotarse la acción penal, lógicamente falta un presupuesto procesal de fondo. En este momento la sentencia penal deviene inmutable.

Es importante señalar que la cosa juzgada, al no permitir la reapertura de procesos fenecidos, no requiere que en lo penal sea interpuesta como acción o excepción, pues se trata de un principio de orden público que los tribunales represivos deben acatar por el imperio derivado de la Constitución y de la ley.

La única excepción que se puede oponer a la santidad de la cosa juzgada material, es el recurso de revisión cuando haya mediado error en la sentencia condenatoria.

El artículo 408 del Código Procesal Penal señala taxativamente las causales para interponer el recurso de revisión.

Por otra parte, la garantía de la revisión de las sentencias penales en relación con la prohibición contenida en el artículo 40 de la Constitución, en el sentido de que se prohíbe el sometimiento de las personas "a tratos crueles o degradantes", plantea el problema de la responsabilidad estatal por error judicial.

Dentro de este contexto, cabe plantearse la duda acerca de si una persona que ha sufrido la pena de prisión por varios años y luego, mediante el juicio de revisión, demuestra su inocencia, podría válidamente exigirle algún tipo de indemnización al Estado por error judicial cometido en su contra, dado que éste, en el fondo, podría ser equiparado a un "trato degradante" que el ciudadano inocente no estaba en obligación de soportar.

Nos parece que la respuesta es afirmativa. En primer término, de la relación de los artículos 9 y 41 de la Constitución, se deriva el principio fundamental de la responsabilidad extracontractual del Estado costarricense. En efecto, el primer numeral habla de que todos los "Poderes son responsables" y el 41 ibídem de que "ocurriendo a las leyes, todos han de encontrar reparación para las injurias o daños que hayan recibido en su persona, propiedad o intereses morales". Es decir, nuestro constituyente sancionó un régimen amplio de responsabilidad estatal, sin tomar en cuenta ni hacer discriminaciones respecto de la naturaleza de la falta, ni del sujeto público que la cometa.

Por otra parte, la Ley General de la Administración Pública recoge, en su artículo 190, un principio general de responsabilidad estatal, tanto por conducta lícita como ilícita, así como por funcionamiento normal o anormal de la Administración Pública. No obstante, en el desarrollo posterior no se regula, de manera directa y expresa, la responsabilidad por acto jurisdiccional, como en cambio sí se hace respecto de la responsabilidad por acto legislativo (art 194.3 LGAP).

La doctrina suramericana ha sostenido, dentro de este orden de ideas, que "La privación de la libertad durante la sustanciación del proceso en el que la persona es sobreseída o absuelta, no es jurídicamente resarcible –salvo que una ley otorgue la indemnización– y, por lo tanto, no se puede responsabilizar al Estado. Distinta es la situación cuando se condena a una persona y después, mediante el recurso o juicio de revisión, se comprueba su inocencia. Aquí hay responsabilidad estatal por error judicial y el daño ocasionado es jurídicamente resarcible" (**Altamira Gigena**).

Esta doctrina es parcialmente recogida por el artículo 108 del Código Penal, según el cual el Estado es subsidiariamente responsable, cuando en virtud de un juicio de revisión fuere declarada la inocencia del reo, siempre y cuando éste hubiera sufrido más de un año de prisión preventiva.

III. EL DERECHO A DIRIMIR LOS CONFLICTOS PATRIMONIALES POR MEDIO DE ÁRBITROS

El artículo 43 de la Constitución garantiza el derecho a toda persona para terminar sus diferendos patrimoniales por medio de árbitros, aún habiendo litigio pendiente.

Esta garantía tiene aplicación fundamentalmente en materia civil y comercial, que es el terreno propio donde se ejercitan los derechos patrimoniales.

En las denominadas materias de orden público, como el Derecho de Familia, el Penal, el arbitraje no está permitido, pues, en tales casos, deben ser directamente los tribunales de justicia los que diriman los conflictos que surjan entre las partes. Tampoco es posible que el Estado someta a arbitraje casos en los que esté de por medio el ejercicio de potestades públicas. Verbigracia, la fijación de tarifas de los servicios públicos. Por tanto, las instituciones públicas sólo pueden dirimir sus controversias con los particulares cuando se trate de asuntos estrictamente patrimoniales.

Existen dos clases de árbitros: los denominados árbitros arbitradores, que no requieren ser abogados y los árbitros iuris, que necesariamente deben serlo.

Normalmente, los laudos de los tribunales arbitrales son susceptibles de impugnación judicial y, en todo caso, su ejecución corresponde a los tribunales de justicia.

El contenido material de este derecho se manifiesta, en primer término, en su condición de derecho de ejercicio potestativo, puesto que nadie puede ser obligado a someterse a un arbitraje si previamente no lo ha consentido en el ejercicio de su libertad de contratación.

En segundo lugar, el arbitraje debe realizarse conforme a un procedimiento que garantice a las partes, al menos, los siguientes derechos: a.) tribunal imparcial, integrado por personas conocedoras de los asuntos sometidos a su decisión; b) existencia de recursos que permitan a las partes impugnar aquellas resoluciones que les deparen perjuicio durante la tramitación del procedimiento a fin de evitar que caigan en estado de indefensión; c) el derecho de solicitar la nulidad del laudo ante los tribunales comunes cuando durante la tramitación del procedimiento se haya violado el principio constitucional del debido proceso y d) garantía de que el laudo podrá ser ejecutable por la parte vencedora.

La ley 7727 desarrolla estos contenidos esenciales de manera amplia. Dicha normativa está complementada, en caso de arbitrajes internacionales, por lo estipulado en el artículo V de la Convención de Nueva York sobre reconocimiento y ejecución de sentencias arbitrales extranjeras, ratificada por ley número 6165 de noviembre de 1977.

IV. EL DERECHO A NO SER REDUCIDO A PRISIÓN POR DEUDAS

El artículo 38 de la Constitución prohíbe expresamente la prisión por deudas; el 39 ibídem, por su parte, autoriza a la ley el establecimiento de apremios corporales y detenciones en materia de insolvencias, quiebras o concursos de acreedores.

Dicha norma debe interpretarse en el sentido de que el constituyente autorizó al legislador para regular el apremio corporal y las detenciones en los casos de insolvencia, quiebras o concursos de acreedores.

El artículo 7.7 de la Convención Americana sobre Derechos Humanos consagra el principio de que nadie puede ser detenido por deudas; el numeral 11 del Pacto Internacional de Derechos Humanos prohíbe, por su parte, que una persona pueda ser encarcelada por el solo hecho de incumplir una obligación contractual.

De la interpretación armónica de todas las disposiciones citadas, se concluye que el legislador decidió apostar en favor de la libertad y no de su restricción. Por consiguiente, las disposiciones contenidas en el Código de Comercio, que autorizan privar, *prima facie*, la libertad del concursado o quebrado en los procesos universales sin que el asunto haya sido previamente del conocimiento de un juez penal, fueron derogadas por las leyes que aprobaron los citados Convenios Internacionales sobre Derechos Humanos, así como por el artículo 113 inciso ch de la Ley de la Jurisdicción Constitucional, según el cual a la entrada en vigencia de esa ley, quedaban derogadas todas las leyes que establecieran apremios corporales, salvo en materia alimenticia.

Dentro de este orden de ideas la Sala Constitucional ha señalado que "a) No existe antinomia entre los artículos 37, 38 y 39 párrafo segundo de la Constitución Política, con el artículo 113 inciso ch) de la Ley de la Jurisdicción Constitucional, pues los apremios y los arrestos en las insolvencias y quiebras son simples facultades que el legislador podía utilizar o no, de acuerdo con la normativa vigente. El constituyente no obligó a que existieran apremios corporales y arrestos, sino simplemente los autorizó y así debe entenderse lo dispuesto por el párrafo segundo del artículo 39 de la Constitución Política; b) Que los arrestos en las quiebras, insolvencias y concursos de acreedores decretados por los Jueces Civiles son verdaderos apremios, y constituyen restricciones a la libertad personal contrarias al artículo 2 del Pacto Internacional de Derechos Civiles y Políticos y 7.7 de la Convención Americana sobre Derechos Humanos, por lo que fueron derogados por estas y obviamente, por el artículo

113 inciso ch) de la Ley de la Jurisdicción Constitucional" (**Voto 615- 90**).

Sobre la naturaleza de la deuda alimenticia, la jurisprudencia de la Sala Constitucional ha precisado que "La deuda alimentaria no es en sí misma una deuda civil, ya que la misma, a pesar de ser una obligación patrimonial, le alcanzan los caracteres fundamentales propios de la materia alimentaria, diversos de las obligaciones meramente patrimoniales comunes, las cuales tienen su base en los contratos o fuentes generales de las obligaciones en tanto que la obligación de dar alimentos se deriva de los vínculos familiares que impone ya sea la patria potestad o bien el parentesco, obligación dentro de la cual se encuentran incluidos todos aquellos extremos necesarios para el desarrollo integral de los menores o la subsistencia de los acreedores de alimentos" (**Voto 6093- 94**).

La garantía constitucional en examen lo que protege, en última instancia, es que ninguna persona guarde prisión por carecer de medios económicos, pues modernamente las penas se infringen sobre la libertad de las personas, nunca sobre su patrimonio, como era lo característico de la Edad Media, lo que desembocó, finalmente, en el odioso sistema de los siervos de la gleba, quienes, por razones económicas, terminaban trabajando, por su mera subsistencia, en condición de esclavos, para los ricos terratenientes.

Dentro de esta óptica, la jurisprudencia de la Sala Constitucional ha considerado como constitucionalmente ilegítima la conversión de las multas en prisión, aduciendo que "Nuestra Constitución Política prohíbe en forma expresa la prisión por deudas en su artículo 38 aunque el artículo 39 establece las excepciones a este principio, permitiendo el apremio corporal en materia civil o de trabajo o las detenciones que pudieran decretarse en las insolvencias, quiebras o concursos de acreedores; la conversión que regula el artículo transcrito es contraria al principio de "no prisión por deudas", por no encuadrar en ninguno de estos supuestos. Si se considerara que la multa es una obligación pecuniaria con el Estado, generada por una contravención –pero a fin de cuentas una obligación civil–, no encuadraría dentro de las excepciones que contiene el artículo 39, porque aquí el constituyente lo que estableció fueron potestades facultativas que el legislador puede o no desarrollar en la legislación ordinaria, en materia de apremio y no de faltas. Por otra parte, si consideramos que la multa impuesta no es una obligación civil con el Estado, se violaría el artículo 39, porque conforme lo ha interpretado la Sala en su jurisprudencia, sólo se puede privar de su libertad a una persona por indicio comprobado de haber cometido delito previa oportunidad de su defensa, o bien producto de una obligación alimentaria"(**Voto 2479- 97**).

V. LAS GARANTÍAS CONSTITUCIONALES DEL PROCESO PENAL

1. *Fundamento*

En los sistemas democráticos de gobierno la delincuencia sólo puede ser reprimida a través de procedimientos previamente autorizados y de acuerdo con el principio constitucional de respeto a la dignidad de la persona.

Dado que el juez no conoce los hechos sobre los que debe pronunciarse con el fin de establecer la responsabilidad penal del imputado y que no siempre las pruebas se encuentran a su disposición en forma inmediata para que las reciba, resulta necesario que exista una etapa procesal instructoria previa, la cual puede durar varios meses e inclusive años.

Por ello, nuestro ordenamiento constitucional consagra una serie de garantías en favor del imputado, de manera que éste sea juzgado en forma imparcial y con amplia posibilidad de defensa, de manera que su eventual condena sea el resultado de un proceso en el que efectivamente se demuestre su culpabilidad.

2. *El Derecho al juez ordinario predeterminado por ley*

Dispone el artículo 35 de la Constitución Política: "Nadie puede ser juzgado por comisión, tribunal o juez especialmente nombrado para el caso, sino exclusivamente por los tribunales establecidos de acuerdo con esta Constitución".

Por otra parte, los artículos 121 inciso 20 y 152 de la misma Constitución otorgan al Poder Legislativo la atribución exclusiva de crear los tribunales de justicia. De donde se deduce que el Poder

Ejecutivo está constitucionalmente inhibido para crear tribunales o fijar la competencia de éstos.

Este principio se conoce con el nombre de juez natural, es decir, aquel creado conforme a los principios constitucionales y que es competente para conocer todos los casos y respecto de todas las personas. En otros términos, este principio prohíbe la creación de tribunales para que se conozcan determinados casos o juzguen a una o varias personas en particular.

En virtud de este principio, sólo los tribunales creados legalmente y con anterioridad a la realización del hecho sometido a su conocimiento, pueden resolver de los asuntos señalados como propios en su ley de creación.

Dentro de este contexto, el artículo 8.1 de la Convención Americana sobre Derechos Humanos, dispone que "Toda persona tiene derecho a ser oída, con las debidas garantías y dentro de un plazo razonable, por una juez o tribunal competente, independiente e imparcial, establecido con anterioridad a la ley".

Este principio implica, dentro del ámbito penal, que el imputado debe ser juzgado por un juez competente; que se deben respetar las reglas de la competencia fijadas por el Código Procesal Penal (arts. 45 a 54), el Código Penal (artículos 5, 6 y 7) y por la ley número 5711, denominada Ley Especial sobre la Jurisdicción de los Tribunales. En esta normativa se regula la competencia en cuanto al territorio, la materia, a la conexión y a la competencia funcional.

Cualesquier transgresión a las reglas que fijan la competencia implica una violación al principio del juez natural. Por tanto, hay que concluir que este principio se aplica a lo largo de todo el proceso y no sólo al dictarse la sentencia.

El artículo 3 del Código Procesal Penal tutela el principio del juez natural, al disponer que nadie puede ser "...juzgado por jueces designados especialmente para el caso. La potestad de aplicar la ley penal corresponderá sólo a los tribunales ordinarios, instituidos conforme a la Constitución y la ley". El artículo 42 del mismo Código, que confiere a las partes el derecho de oponer la excepción de falta de jurisdicción o competencia, también tutela, de manera indirecta, este principio, puesto que un juez incompetente, ya sea en razón de la materia, el territorio, etc., no es un juez natural.

El único problema jurídico que plantea este principio en nuestro ordenamiento es en relación con lo establecido en el artículo 414 del Código Penal, según el cual se mantienen vigentes las disposiciones relativas a delitos que tengan carácter militar por referirse al servicio y disciplina del ejército, cuando la República se encuentre en estado de guerra. En otros términos, esta disposición mantuvo la vigencia, en la parte sustantiva, del antiguo Código Militar.

La duda que se plantea es establecer si también se mantienen vigentes los tribunales especiales creados por el antiguo Código Militar. En nuestro criterio tales tribunales militares quedaron suprimidos, pues el artículo 35 de la Constitución, al consagrar el principio del juez natural, los prohibía expresamente.

Además, el artículo 197 de la Constitución dispone que el ordenamiento anterior se mantenía vigente, en tanto no hubiera sido expresa o implícitamente derogado por la propia Carta Política. Debe lógicamente entenderse que el artículo 35 constitucional antes citado, derogó de manera tácita las normas del Código de Militar que se referían a la organización y funcionamiento de los tribunales militares.

En todo caso, obsérvese que el numeral 414 del Código Penal se refiere a los delitos contenidos en el Código Militar, no a los tribunales encargados de aplicar tales normas. Por tanto y en caso de un suceso bélico en el país y de llegarse a organizar un ejército, en los términos indicados en el artículo 12 de la Constitución, los delitos en que incurrieren los miembros del ejército tendrían que ser ventilados ante los tribunales penales ordinarios, en virtud de que así lo exige el principio del juez natural, consagrado en el artículo 35 de la Constitución.

3. *El derecho a no declarar contra sí mismo o sus familiares más cercanos*

La garantía de no declarar en contra de si mismo surgió, principalmente como respuesta a la costumbre, entronizada en algunos países y aceptada en sistemas inquisitivos de organización no democrática, de obtener la confesión del imputado mediante tortura, lo que impedía que el acusado fuera juzgado con imparcialidad como lo requiere la ley. Modernamente se acepta también que una persona tiene derecho a no coadyuvar con quienes pretenden quitarle su libertad, porque se entiende que éste es uno de los bienes más preciados del ser humano, de allí que sea lógico que un acusado, no esté obligado a procurarse un daño a si mismo.

La garantía en cuestión constituye la respuesta a la costumbre, entronizada en algunos países y aceptada en sistemas inquisitivos de organización no democrática, de obtener la confesión del imputado mediante tortura, lo que impedía que el acusado fuera juzgado con imparcialidad como lo requiere la ley. Modernamente se acepta también que una persona tiene derecho a no coadyuvar con quienes pretenden quitarle su libertad, porque se entiende que este es uno de sus bienes más preciados del ser humano, de allí que sea lógico que un acusado, no esté obligado a procurarse un daño a sí mismo (**Voto 5977-94**).

Por consiguiente, las confesiones obtenidas contra esta prohibición, son absolutamente nulas y no surten ningún efecto jurídico.

La jurisprudencia de la Sala ha precisado que "Las garantías procesales otorgadas a los familiares por el artículo 36 de la Constitución, para un caso penal, se extienden a la concubina o compañera del acusado, precisamente por el vínculo familiar establecido, vínculo que el juez deberá valorar en cada caso según criterios de razonabilidad que permitan definir la existencia de un vínculo afectivo" (**Voto 1155-94**).

Erróneamente la jurisprudencia de la Sala Constitucional ha establecido que "Tal y como con toda claridad lo dispone el numeral 36 en estudio, lo allí dispuesto se circunscribe al campo penal. En esta materia, al imputado se le reconoce el derecho al silencio. Consecuentemente, no es posible derivar de él, un acto perjudicial para el acusado." (**Voto 6539-93**).

Tal jurisprudencia viola el artículo 8.2.g. de la Convención Americana sobre Derechos Humanos garantiza también este mismo derecho fundamental. La jurisprudencia de la Corte Interamericana ha indicado que la garantía del debido proceso se aplica a todos los procesos judiciales.

En efecto, en un importante caso dijo la CIDH que "Si bien el artículo 8 de la Convención Americana se titula "Garantías Judiciales", su aplicación no se limita a los recursos judiciales en sentido estricto "sino al conjunto de requisitos que deben observarse en las instancias procesales" a efectos de que las personas estén en condiciones de defender adecuadamente sus derechos ante cualquier tipo de acto del Estado que pueda afectarlos. Es decir, cualquier actuación u omisión de los órganos estatales dentro de un proceso, sea administrativo sancionatorio o jurisdiccional, debe respetar el proceso legal" (**Baena Ricardo y otros vs Panamá**).

En la misma sentencia anterior, sostuvo la CIDH que "el elenco de garantías mínimas establecidas en el numeral 2 del artículo 8 de la Convención se aplica a los órdenes mencionados en el numeral 1 del mismo artículo, o sea, la determinación de derechos y obligaciones de orden civil, laboral, fiscal o cualquier otro carácter. Esto revela el amplio alcance del debido proceso; el individuo tiene derecho al debido proceso entendido en los términos del artículo 8.1 y 8.2, tanto en materia penal como en todos estos órdenes".

La Sala ha suavizado su jurisprudencia original y ha admitido que "En el procedimiento administrativo, que tiene como objeto más importante la verificación de la verdad real de los hechos (artículo 214.2 de la Ley General de Administración Pública), las partes interesadas tienen derecho a una comparecencia oral y pública con la Administración, en la que "se ofrecerá y recibirá en lo posible toda la prueba, siempre que la decisión final pueda causar daños graves a alguna o a todas aquellas, de conformidad con la ley" (artículo 218 idem). Es decir, que la audiencia oral y pública es el medio idóneo que contempla la ley, para el ejercicio de la más amplia defensa de las partes, que por su naturaleza, puede ser renunciada por ella, si lo estima necesario para proteger sus derechos e intereses, como derivación de la garantía contenida en el artículo 36 de la Constitución Política que señala que nadie puede ser obligado a declarar contra sí mismo..." (**Voto 127-96**).

También ha señalado que "Resulta claro, entonces, que pese a no estar involucrada la garantía del numeral 36 de la Constitución, no puede obligarse al funcionario a rendir declaración y mucho menos sancionarlo por incurrir en tal omisión, ya que está de por medio el ejercicio de su derecho de defensa. La persona investigada participa en el procedimiento administrativo para defenderse de los hechos que se le imputan y podrían acarrearle consecuencias perjudiciales, no para constituir prueba y, de ese modo, facilitar la averiguación de la verdad. Es principio elemental en materia de derechos fundamentales que de su ejercicio no pueden derivarse consecuencias dañosas para el titular. Así, si se da participación al eventual sancionado en el procedimiento que con ese fin se sigue, con el exclusivo cometido de procurarle protección de sus derecho de defensa, es imposible que sus actos u omisiones den pie para resultados nocivos a sus intereses…" (**Voto 5166-98**).

Asimismo, en cuanto al aspecto concreto de la declaración que se rinda, la Sala ha sostenido "que será en la vía penal donde deberá velarse para que no surta efectos una declaración rendida en el campo administrativo, sin advertencia del derecho fundamental a no auto incriminarse: "En lo que al proceso penal respecta, si a la amparada no se le hicieron las advertencias de ley, no puede tomarse como prueba su declaración en la fase administrativa, porque dentro del proceso penal, rige entre otros, el principio de que no puede obligarse a una persona indiciada a declarar contra sí misma, y en consecuencia puede abstenerse de declarar, y la entrevista que fue recabada durante el procedimiento administrativo tributario, no sirve como prueba dentro del proceso penal por no contener los requisitos que una indagatoria debe cumplir. Así las cosas la entrevista es válida para sus fines dentro del procedimiento tributario, pero no sirve como prueba dentro del proceso penal que se genere a raíz de la determinación de un ilícito penal tributario, y lo procedente es entonces declarar sin lugar el recurso". (**Voto 1998-08**).

Por otra parte, de esta garantía no se puede deducir que exista un derecho fundamental del imputado a mentir en el proceso, pues esta garantía sólo lo protege de no declarar contra sí mismo y sus parientes más cercanos, de no ser obligado a ello y de no confesarse culpable.

Ha dicho la Sala Constitucional sobre el particular: "Por otra parte, no es posible deducir, de la disposición 36, ni siquiera en materia penal, un derecho fundamental del imputado a mentir en el proceso. Por el contrario, tal y como se ha venido indicando, el alcance de la garantía en cuestión se circunscribe al derecho de no declarar, de no ser obligado a ello, y al de no confesarse culpable." (**Voto 406-94**).

Como un corolario de esta garantía se encuentra el derecho del imputado a ser intimado, de manera que sepa cuáles son los hechos delictuosos que se le imputan. Dentro de este orden de ideas, la Sala Constitucional ha señalado que el principio de intimación "Es el que da derecho a todo imputado a ser instruido de cargos, es decir, puesto en conocimiento de la acusación, desde el primer momento –incluso antes de la iniciación del proceso contra él, por ejemplo por parte del Ministerio Público–. Es obligación de todas las autoridades que intervienen en el proceso, del juez principalmente, instruir de cargos y advertir de sus derechos constitucionales a todo imputado, mediante una relación oportuna, expresa, precisa, clara y circunstanciada de los hechos y sus consecuencias legales; y esto sólo puede lograrse plenamente en presencia personal del mismo reo, con su defensor" (**Voto 1739-92**).

Por eso el juez tiene la obligación de informar detalladamente al imputado sobre cuál es el hecho que se le atribuye, así como acerca de las pruebas que existen en su contra. Además debe advertirle que tiene derecho a abstenerse de declarar, sin que su silencio permita presumir su culpabilidad.

La información sobre el hecho acusado se realiza en el debate por medio de la lectura del requerimiento de elevación a juicio, y, en su caso, del auto de remisión. De ahí que se exija que el requerimiento contenga una relación clara, precisa, circunstanciada y específica del hecho, así como de su calificación legal.

La jurisprudencia de la Sala Constitucional ha dicho que "La aplicación directa de la garantía contenida en el artículo 36 de la Constitución Política no permite más que afirmar, que ni al testigo sospechoso, ni al imputado, podrían obligárseles a declarar contra sí mismos. Los medios de coerción que establece la legislación para obtener la declaración de los testigos (obligarlo a manifestarse inclusive recurriendo a la privación de libertad), por razón lógica, no resultan aplicables a los testigos sospechosos, ya que en relación con ellos prevalece, por imperio propio, la disposición del artículo 36 constitucional. En efecto, este tipo de testigo podrá ser citado para que declare y deberá comparecer al llamado judicial sin que el juez pueda coaccionarlo, por ningún medio, para que rinda la declaración; y es que, en aplicación de la máxima *"nemo turpidinem suan revelare tenetur"*, este tipo de testigo no puede ser colocado en una situación peor que aquella que tendría como imputado" (**Voto 5630-94**).

En la jurisprudencia de esa Sala Constitucional es pacífico el hecho de que la garantía de la abstención de declarar en contra de sí mismo y de los parientes allí indicados, se extiende también a las familias de hecho (**Votos 3475-99; 1154-94 y 8738-97 entre otras**).

Por otra parte, el artículo 36 de la Constitución no establece ninguna limitación temporal en cuanto a la etapa procesal en que esta garantía puede invocarse. Este último punto, sin embargo, ha sido resuelto por la Sala Constitucional en el sentido de que la garantía citada es aplicable durante todas las etapas del proceso penal (**Voto 5916-96**).

La norma constitucional en examen no diferencia tampoco el momento en que necesariamente debe existir esa relación para invocar el citado derecho de abstención. En otros términos, ni el artículo 36 constitucional ni el numeral 205 del Código Procesal Penal diferencian acerca de si la garantía en examen cubre la relación existente al momento de cometerse el hecho delictivo o aquella sólo es aplicable cuando exista la relación conyugal al momento de celebrarse el proceso penal.

El nudo del asunto, en consecuencia, se centra en determinar si la citada garantía constitucional exige que la unión de hecho o derecho deban necesariamente existir sólo al momento de realizarse el respectivo proceso penal, o si también el artículo 36 constitucional tutela la relación conyugal existente cuando se cometió el hecho punible.

Para determinar si la garantía de abstención de declarar en examen se aplica también a los casos en que al momento de la comisión del hecho punible existía una relación conyugal, de hecho o de derecho, es necesario que analicemos con detenimiento dos conceptos íntimamente relacionados: la unidad familiar y la defensa de la unidad familiar.

Ocurre, con bastante frecuencia, que al momento de realizarse el proceso penal aunque a la pareja ya no la ligue ninguna relación de tipo personal, sin embargo subsistan vínculos familiares por tener hijos comunes. En efecto, la procreación de hijos comunes entre dos personas, a pesar de que legalmente se encuentren separados, no hace desaparecer el vínculo familiar entre ellos, pues ambos tienen obligaciones que dimanan directamente del hecho de ser padres de hijos comunes.

Además, en la mayoría de los casos, uno de los dos ex cónyuges o ex compañeros de hecho, asume la obligación alimentaria respecto del otro. Es claro, entonces, que en estos casos subsiste una relación familiar en sentido más restringido que la existente cuando la pareja convivía como tal.

Por tanto, no se puede restringir el concepto de unidad familiar sólo al tiempo en que la pareja convive maritalmente, pues esa unidad familiar trasciende la ruptura de esa relación marital entre las partes, dado que subsisten vínculos afectivos muy fuertes de ellos con los hijos procreados entre ambos, lo que permite que la unidad familiar se mantenga a pesar de haberse terminado legalmente el vínculo marital. Inclusive, se da el caso, nada extraño en la praxis, de familias que potencian su unidad familiar cuando se separan maritalmente.

La convivencia formal o de hecho que existía entre la pareja al momento en que uno de ellos cometió un hecho punible, no desaparece para efectos de la aplicación del artículo 36 constitucional por el hecho de que cuando se celebre el proceso penal correspondiente ya la pareja se haya separado legalmente. El vínculo familiar que existía entre la pareja al momento de la comisión del delito debe necesariamente subsistir en tutela del núcleo familiar, sobre todo cuando de esa unión nacieron hijos comunes. Estos podrían verse directa e inmediatamente afectados si como consecuencia de la deposición de uno de sus padres, el otro fuere condenado a una pena privativa de libertad.

En efecto, cuando existen hijos comunes entre una pareja que se separa legalmente, la relación familiar que los unía si bien se modifica pues dejan de convivir bajo el mismo techo, sin embargo no deja de existir jurídicamente. Simplemente la relación familiar original se transforma, pero no desaparece jurídicamente, pues subsisten relaciones interpersonales entre los padres y sus hijos aunque no convivan bajo el mismo techo y relaciones económicas de alimentos, así como las relativa al ejercicio de la patria potestad y a su guarda, crianza y educación. Estas potestades jurídicas en numerosos casos son compartidas por ambos ex cónyuges o ex compañeros sentimentales.

Por tanto, no es jurídicamente cierto, aunque lo pueda ser en algunos casos desde el punto de vista sociológico, que la unidad familiar se termina cuando una pareja deja de convivir maritalmente, salvo cuando no hayan procreado hijos comunes. Cuanto existen hijos comunes, la unidad familiar se mantiene porque existen obligaciones recíprocas entre las partes en materia alimentaria y, sobre todo, respecto de sus hijos comunes.

En consecuencia, es necesario que en interés del grupo familiar se tutele también al padre o la madre de una familia que existía legalmente al momento de la comisión de un delito, pero que al momento de celebrarse el proceso penal respectivo ya no son pareja, sobre todo si entre ellos existen hijos comunes menores de edad, quienes podrían verse seriamente afectados si uno de sus padres fuere privado de su libertad personal en ese proceso penal.

La garantía de abstención de declarar se debe entender que cobija también esta hipótesis, pues si uno de los ex cónyuges fuere condenado a guardar prisión por el testimonio de su ex compañero se producirían, en algunos casos, daños graves de carácter económico en el caso de que el cónyuge condenado sea el que aporta el sustento económico de la familia.

Pero, sobre todo, se producirían daños psicológicos irreversibles para los hijos comunes, pues no sólo estarían alejados durante parte importante de su niñez o adolescencia de uno de sus padres, sino que, tarde o temprano, se enterarían que su progenitor fue a la cárcel por un testimonio incriminatorio de su otro progenitor. Es claro que, en estos casos, se rompería para siempre la unidad familiar.

Por ello, en aplicación de las citadas pautas hermenéuticas en materia de derechos fundamentales, tenemos necesariamente que concluir que la correcta interpretación del artículo 36 de la Constitución y, por ende, del numeral 205 del CPP, consiste en afirmar que la relación familiar protegida por la citada norma es la que existe tanto al momento en que se cometa el delito, como cuando se realiza el respectivo proceso penal.

En efecto, la norma constitucional precitada tutela ambos momentos, pues puede ocurrir que cuando se cometa el delito la pareja estuviera unida por una relación familiar que al momento de celebrarse el juicio formalmente ya no existe. Y viceversa, puede ocurrir que al momento de cometerse el delito no existiera ninguna relación familiar entre la pareja, pero al momento de celebrarse el proceso penal respectivo sí exista.

El fundamento lógico-jurídico para realizar esta interpretación a favor del ciudadano, utilizando los principios hermenéuticos en materia de derechos fundamentales *pro homine y pro libertatis*, es la defensa de la unidad familiar.

Finalmente debe quedar claro que según la jurisprudencia de la Sala Constitucional, el sujeto legitimado para acusar la violación de la garantía constitucional de abstenerse de declarar en contra de los parientes indicados en el artículo 36 de la Constitución es el imputado (**Voto 3475-99**).

4. *El principio de la presunción de inocencia*

Este principio está implícitamente consagrado en el artículo 39 de la Constitución, al disponer que "A nadie se le hará sufrir pena, sino en virtud de sentencia firme dictada por autoridad competente, mediante la necesaria comprobación de su culpabilidad". En sentido contrario, si hay que demostrar la culpabilidad del imputado, es porque la norma constitucional citada presupone un estado de inocencia en favor suyo, aunque existan indicios en contrario.

Por su parte, el artículo 9 del Código Procesal Penal establece que "El imputado deberá ser considerado inocente en todas las etapas del procedimiento, mientras no se declare su culpabilidad en sentencia firme, conforme a las reglas establecidas en este". Nuevamente, si no es considerado culpable, entonces el imputado es inocente hasta ese momento.

El artículo 238 del mismo Código protege este principio, al establecer que la libertad personal sólo puede ser restringida en los límites indispensables para la actuación de la ley.

El numeral 2 ibídem señala que se deben interpretar restrictivamente las disposiciones que coarten, de alguna forma, la libertad personal o que limiten el ejercicio de un poder conferido a los sujetos del proceso, o que establezcan sanciones procesales. Finalmente, el numeral 9 ibídem consagra el principio del in dubio pro reo.

De esa forma se garantiza que el juzgador respete el principio de inocencia en una situación determinada.

El principio de inocencia se transforma en una presunción de inocencia, cuando se dicta una sentencia, pasada en autoridad de cosa juzgada, que excluya la culpabilidad del imputado, ya sea por razones de fondo, por cuanto este no fue quien cometió el hecho punible o porque su conducta denunciada no tipifica un delito, o bien por razones formales, como serían todas las hipótesis que extinguen la acción penal, tales como la prescripción, etc.

La Sala Constitucional ha precisado que "Ninguna persona puede ser considerada como culpable mientras no haya en su contra una sentencia conclusiva firme, dictada en un proceso regular y legal que lo declare como tal después de haberse destruido o superado aquella presunción" (**Voto 1739- 92**).

Por ello, como ha establecido nuestro máximo tribunal constitucional, esta presunción opera durante toda la instrucción, pues la detención del imputado no implica limitación a ese principio si es necesaria para la investigación real y aplicación de la ley (**Voto 112- 90**).

El principio de inocencia se manifiesta en cinco vertientes: a) interpretación restrictiva; b) exclusión de la carga de la prueba; c) in dubio pro reo; d) existencia de coerción sólo en casos necesarios y e) demostración de culpabilidad del imputado.

a. *La interpretación restrictiva*

Este primer corolario del principio de inocencia postula que las normas que limitan la libertad personal deben interpretarse restrictivamente, conforme lo expresa el artículo 2 del Código Procesal Penal antes citado.

Por tanto, las causales para restringir la libertad son taxativas, lo que prohíbe el uso de la analogía o la interpretación extensiva. Este principio lo recoge el artículo 2 del Código Penal, al disponer que "No podrá imponerse sanción alguna, mediante aplicación analógica de la ley penal".

b. *Exclusión de la carga de la prueba*

En el proceso penal existe una presunción de credibilidad para el imputado, por lo que, en principio, la carga de la prueba corresponde a la parte acusadora.

En nuestro ordenamiento procesal penal, este principio encuentra su actuación en el artículo 92 del Código Procesal Penal, el cual le confiere al imputado la facultad de abstenerse de declarar, sin que este silencio implique presunción alguna de su eventual culpabilidad.

c. *El in dubio pro reo*

Este corolario postula que si existe alguna duda sobre la existencia del hecho delictuoso o sobre la participación en él del imputado, el juez penal debe absolverlo de toda responsabilidad y abstenerse de imponerle alguna pena. En otros términos, en caso de duda, se debe aplicar lo más favorable al reo. Por ello para aplicar este principio no es necesario que el juzgador tenga probada la inocencia total del imputado, sino que basta con la simple duda.

La Sala Constitucional ha precisado que el in dubio pro reo "Implica que la convicción del tribunal respecto de la culpabilidad del imputado debe superar cualquier duda razonable, de manera que cualquiera que exista obliga a fallar a su favor" (**Voto 1739- 92**).

En consecuencia y como ha dicho nuestra jurisprudencia penal "si bien para sentar una sentencia condenatoria se requiere la necesaria certeza de la comisión del hecho punible por el acusado, es lo cierto que respecto de la absolutoria, no es condición "sine qua non" que el tribunal esté convencido de la inocencia que consagra la Constitución Política en su artículo 39" (Tribunal Superior Penal, Sección Primera, **Voto 174-79**).

Dentro de este orden de ideas, el artículo 9 párrafo primero del Código Procesal Penal dispone que "... En caso de duda sobre las cuestiones de hecho, se estará a lo más favorable al imputado...".

Este principio, por lo tanto, sólo se aplica en sentencia. En efecto, la aplicación del in dubio pro reo la realiza el tribunal luego de valorar la prueba, dado que hasta ese momento puede adquirir la certeza de que no se ha cometido el delito denunciado o que el imputado no es su autor.

d.   *Existencia de coerción sólo en casos necesarios*

Si una persona se encuentra en una situación de inocencia hasta que la sentencia penal que lo declare culpable no devenga firme, entonces es lógico concluir que sólo se pueden tomar, respecto de aquél, las medidas coercitivas que sean absolutamente necesarias para asegurar la aplicación de la ley al caso concreto. Todos estos aspectos los debe valorar el juez al momento de conceder o denegar una solicitud de excarcelación, o de dictar una prisión preventiva.

e.   *La necesaria demostración de culpabilidad*

El artículo 39 de la Constitución, desarrollado en este punto concreto por el numeral 30 del Código Penal, consagran el principio de que las penas sólo pueden darse mediante la comprobación de la "culpabilidad" del imputado, con lo que se prohíbe, de manera expresa, la existencia de delitos meramente formales, cuya configuración se dé sin la concurrencia de un acto voluntario del inculpado (**Bettiol**).

El precitado artículo 30 del Código Penal dispone que "Nadie puede ser sancionado por un hecho expresamente tipificado en la ley si no lo ha realizado con dolo, culpa o preterintención".

La culpabilidad crea un vínculo de carácter subjetivo del sujeto que cometió el hecho punible, integrada por los motivos que lo impulsaron a actuar o abstenerse de hacerlo, con el fin de producir un resultado, sea un cambio en el mundo circundante. De esa forma para que exista responsabilidad penal el resultado tiene que haber sido querido volitivamente por el autor; en consecuencia, debe demostrarse la vinculación subjetiva del autor con el resultado calificado como delito.

De lo anterior deriva la prohibición de la responsabilidad objetiva en materia penal. La Sala Constitucional ha tenido ocasión de pronunciarse sobre el particular al señalar que "debe demostrarse necesariamente una relación de culpabilidad entre el hecho cometido y el resultado de la acción, para que aquél le sea atribuido al sujeto activo; la realización de un hecho injusto debe serle personalmente reprochable al sujeto para que pueda imponérsele una pena, a contrario sensu, si al sujeto no se le puede reprochar su actuación, no podrá sancionársele penalmente" (**Voto 500–90**).

5. *Las garantías del debido proceso*

    a. *Fundamento constitucional*

Existen varios conceptos del debido proceso. En este acápite lo analizaremos en su vertiente del debido proceso constitucional, entendido como procedimiento judicial justo, que es aplicable no sólo a los procesos penales, sino, además, a todos los procesos sancionatorios judiciales o administrativos.

Su fundamento constitucional deriva de la combinación armónica de los artículos 39 y 41 de la Constitución. Por el primero de ellos, se reconoce implícitamente el principio de inviolabilidad de la defensa, ya que para ejercitar la defensa y demostrar la culpabilidad del imputado es necesario que exista un proceso regulado por ley. Por otra parte, la sentencia firme a que se refiere la misma norma constitucional, tiene que ser lógicamente el resultado final de un juicio previo.

El artículo 41 constitucional, por su parte, garantiza que en los procesos judiciales no haya arbitrariedad ni oportunismo, pues los procesos deben ser ágiles y expeditos, lo que implica la regulación previa de la admisibilidad y pertinencia de los actos que deben cumplirse, así como la determinación de los poderes y deberes de los sujetos involucrados en aquellos.

    b. *Su aplicación en el ámbito penal*

A nivel legal, el artículo 1 del Código Procesal Penal establece que "Nadie podrá ser condenado a una pena ni sometido a una medida de seguridad, sino en virtud de un proceso tramitado con arreglo a este Código y con observancia estricta de las garantías, las facultades y los derechos previstos para las personas...". Nuestra legislación procesal penal ha erradicado de su regulación instituciones como los juzgamientos en rebeldía; la confesión como plena prueba para los delitos más graves; el procedimiento estrictamente escrito, que son propios de un sistema inquisitivo puro.

El contenido de este principio es amplio y para analizarlo utilizaremos, con algunas modificaciones, las pautas señaladas por la jurisprudencia de la Sala Constitucional y por lo estipulado por el artículo 8 incisos 2 y 3 de la Convención Americana sobre Derechos Humanos.

En primer término, es posible hacer una distinción fundamental entre los derechos de audiencia y defensa y los derechos al procedimiento.

Los principales contenidos del primero son los siguientes:

i.- El principio de intimación, que consiste en el acto procesal por medio del cual se pone formalmente en conocimiento del imputado la acusación. Se trata, por tanto, de un instrumento al servicio de la imputación, pero se diferencia de ésta en que el sujeto obligado a realizarla es el juez que conoce del caso. Por ello, la intimación es algo personal que sólo puede realizarse, en principio, si el imputado está presente. Se viola este requisito se produce un estado de indefensión. No obstante, esta omisión no implica un vicio de nulidad, pues se suele admitir, a nivel jurisprudencial, que el conocimiento del hecho puede hacerse por medio de su representante, pues en tal caso se garantiza también que el imputado tenga conocimiento del hecho punible atribuido en su contra y pueda organizarse su defensa.

Dentro del proceso penal, la intimación debe realizarse en la instrucción antes de la indagatoria; luego, en la fase intermedia, mediante la notificación del requerimiento fiscal de elevación a juicio, según el artículo 92 del Código Procesal Penal y en el auto de apertura a juicio, de conformidad con el numeral 322 del mismo Código.

Durante el debate, el juez realiza la intimación antes de recibirle la declaración al imputado, de acuerdo con lo estipulado en el artículo 343 del mismo Código.

Nuestro ordenamiento procesal no contempla la exigencia, conocida por ejemplo en los Estados Unidos como el caso Miranda, de advertirle al imputado sus derechos constitucionales.

La instrucción de los cargos debe hacerse mediante una relación oportuna, expresa, precisa, clara y circunstanciada de los hechos que se le imputan y de sus consecuencias legales.

ii.- El principio de imputación, es el derecho a una acusación formal. Por consiguiente, es deber primero del Ministerio Público y luego del juez, individualizar al imputado, describir detallada, precisa y claramente el hecho del que se le acusa, así como realizar una clara calificación legal del hecho, señalando los fundamentos de derecho de la acusación y la concreta pretensión punitiva.

De esa manera el imputado podrá defenderse de un supuesto hecho punible y no de simples conjeturas o suposiciones. En caso de incumplirse con este requisito, se produce una nulidad absoluta.

iii.- El derecho de audiencia, que permite al imputado y a su defensor intervenir en el proceso y, de manera particular, hacerse oír por el juez, de traer al proceso toda la prueba que consideren oportuna para sustentar su defensa, de controlar la intervención en el proceso de las partes contrarias y de combatir sus argumentos y las pruebas de cargo.

De este derecho se derivan algunos corolarios importantes, como el derecho de que el imputado sea escuchado a lo largo de todo el proceso penal. Nuestra legislación procesal penal regula, con amplio detalle, este derecho en las diferentes etapas del proceso penal. La denegatoria de este derecho constituye una causa de indefensión, que se sanciona con nulidad absoluta.

Otro corolario derivado de este principio es el de que corresponde al Estado, como acusador, aportar la prueba necesaria para destruir el estado de inocencia del imputado. En las querellas, la carga de la prueba para demostrar la culpabilidad del demandado, corresponde al actor.

iv.- El derecho de defensa propiamente dicho que aunque encuentra también su fundamento en el artículo 39 constitucional, su desarrollo más detallado lo encontramos en los incisos a, b, c, d, e, f y g del párrafo 2, y de los párrafos 3 y 4 del artículo 8 de la Convención Americana sobre Derechos Humanos.

De todo ello resultan los siguientes corolarios: el derecho del imputado a ser asistido por un traductor o intérprete de su elección o gratuitamente proveído; la posibilidad de contar con un defensor letrado, que en caso de las personas sin medios económicos suficientes, debe ser proveído por el Estado. Dentro de este orden de ideas, la jurisprudencia de la Supreme Court norteamericana ha establecido el principio de que los imputados deben contar con una defensa real y no meramente nominal, en el sentido de que tienen el derecho a contar con un abogado escogido por ellos mismos y no impuesto por las autoridades judiciales (**Powell vs Alabama, 278, US 45 (1938)**.

El imputado tiene el derecho de comunicarse sin restricciones con su defensor. También incluye el acceso sin limitaciones a las pruebas de cargo y la posibilidad de combatirlas, especialmente mediante las repreguntas, la tacha o recusación de testigos, lo que implica que tanto al imputado como a su defensor se le deben dar audiencia sobre los peritajes y dictámenes técnicos. También tiene derecho, salvo excepciones muy calificadas, a un proceso público; a rendir sus declaraciones sin ninguna coacción.

En cuanto a los derechos al procedimiento, más técnicamente a la regularidad del procedimiento, podemos citar los siguientes:

i.- El principio de amplitud de la prueba, tanto el Ministerio Público como el juez tienen el deber de investigar objetivamente la verdad real de los hechos, para lo cual no deben desestimar ningún tipo de prueba, siempre que ésta no sea ilegal.

ii.- El principio de legitimidad de la prueba, según el cual aquella obtenida ilegítimamente carece de eficacia jurídica. Menos pacífica es la tesis de que una prueba obtenida de manera espuria contamina todo el proceso penal y lo anula. La Sala Constitucional, sin embargo, ha sostenido la tesis contraria de manera reiterada (**Voto 611- 90**).

iii.- El principio de inmediación de la prueba, que garantiza el derecho de todos los sujetos procesales de recibir la prueba de manera directa, inmediata y simultánea. Para ello, se aplica la regla de la oralidad, pues sólo de esa forma el juez puede recibir las pruebas sin alteración, en comunicación directa con los demás sujetos del proceso.

iv.- El principio de la identidad física del juzgador, según el cual la sentencia debe ser dictada por los mismos jueces que intervinieron en el debate desde su inicio hasta su conclusión. En consecuencia, los jueces que recibieron la prueba son los que deben fundamentar la sentencia.

v.- La publicidad del proceso, que garantiza que el debate sea oral, con el fin de que el imputado tenga una tutela efectiva contra cualquier anormalidad o imparcialidad.

vi.- El impulso procesal de oficio, según el cual el juez debe contar con los poderes suficientes para impulsar el proceso con el fin de proteger los derechos del acusado.

vii.-La comunidad de la prueba, que garantiza que todos los elementos probatorios, una vez introducidos en el proceso, son comunes a todos los sujetos procesales.

viii.-El principio de valoración razonable de la prueba, según el cual el juez tiene la obligación de valorar la prueba conforme a las reglas de la sana crítica racional, que limitan su discrecionalidad mediante criterios objetivos, lo que hace posible eventualmente su invocación para efectos de atacar la sentencia condenatoria.

ix.- La prohibición de la reforma *in peius*, según el cual al juez superior le está prohibido empeorar la condición de un apelante condenado en primera instancia en un proceso penal, como consecuencia exclusiva de su recurso de apelación.

    c. *La aplicación del principio en los procesos sancionatorios ajenos a la materia penal*

La garantía constitucional en examen es también aplicable a todos aquellos procedimientos y procesos sancionatorios que no revistan naturaleza penal, por cuanto este es un principio general de defensa ante el poder público.

En el ámbito del procedimiento administrativo, este principio está recogido por los artículos 2.11 y 308 y siguientes de la Ley General de la Administración Pública.

Dentro de este orden de ideas la Sala Constitucional ha sostenido que desde que se inicia la investigación administrativa se debe informar y dar participación al eventual perjudicado, pues no basta con poner en conocimiento el resultado, sino más bien dejarlo defenderse (**Voto 320- 90**).

La Sala Constitucional ha precisado que este principio debe entenderse, en el ámbito administrativo, en los siguientes términos: "el derecho constitucional de defensa consagrado en el artículo 39 de la Constitución Política...lo que dicha disposición constitucional tutela es el derecho de defensa en procesos o procedimientos cuya finalidad es imponer una sanción de carácter penal o administrativo, denegar, suprimir o limitar derechos subjetivos, o causar otro agravio directo en los derechos o intereses legítimos de los particulares" (**Voto 459-91**).

Consecuencia de lo anterior, los principios de audiencia y defensa, antes analizados con sus necesarias adaptaciones, son plenamente aplicables en el ámbito de los procedimientos y procesos sancionatorios de carácter administrativo.

6. *La prohibición de ser sometido a tratamientos crueles o degradantes y de imponer penas perpetuas o confiscatorias*

En el artículo 40 de la Constitución Política se prohíbe el sometimiento de cualquier persona a tratamientos crueles o degradantes, a penas perpetuas, o a la pena de confiscación. Finalmente, se dice que toda declaración obtenida por medio de la violencia será nula.

En primer término, esta garantía prohíbe las torturas físicas o mentales, dado que todo ser humano tiene una esfera intangible de dignidad que debe respetársele. Por ello, "trato degradante" se considera la actitud que tienda a envilecer o deshonrar a una persona, aún si es delincuente. Estas prohibiciones se aplican, con mayor razón, a los detenidos políticos, a los cuales se les persigue fundamentalmente por discrepar de los gobernantes de turno.

En relación con el concepto de trato degradante, cabe plantear la posibilidad de si el Estado está en la obligación de mantener las prisiones y centros de detención en óptimas condiciones de salubridad y de brindarle al reo la posibilidad material de que pueda ejercitar, dentro de los límites naturales que implica la privación física de la libertad personal, alguna o algunas de sus actividades normales (recreación, ejercicio de un oficio, etc.).

Por otra parte, esta garantía prohíbe también el sometimiento de un individuo a interrogatorios inhumanos, como son aquellos que se prolongan por varias horas, en cuartos oscuros e insalubres, durante los cuales no se le deja dormir ni se les suministra alimento, a fin de socavar la fortaleza moral del indiciado, quien, muchas veces presa de la desesperación, termina por confesar un delito que no cometió.

La jurisprudencia constitucional nuestra ha establecido que "La ausencia de coacción se constituye como uno de los límites infranqueables en el proceso penal, para la recepción de la declaración del imputado...Por lo que de haberse obtenido la declaración del imputado mediante tortura ello constituye una violación a sus derechos fundamentales y acarrearía, en consecuencia, la nulidad de la misma. Debemos reafirmar que la Constitución proscribe la tortura, los malos tratos, y otras técnicas, como métodos prohibidos para lograr la confesión. Lo que se pretende es garantizarle al imputado que no será sometido a un interrogatorio coactivo, como medio para obtener una declaración que lo perjudique" (**Voto 5347- 98**).

Además, se prohíbe el establecimiento de penas perpetuas, dado que por estar en juego la libertad personal del ser humano, se considera que ésta sólo puede restringirse temporalmente, pero nunca suprimirse a perpetuidad (**Granata**).

La Sala Constitucional declaró inconstitucional un Reglamento emitido por el Colegio de Abogados, en el que se autorizaba la inhabilitación perpetua del ejercicio de la profesión de abogado para aquellos miembros que cometieren determinadas faltas contenidas en él, por considerar que se trataba de una pena perpetua.

La pena de confiscación está también prohibida por la norma constitucional en examen, por lo que ninguna persona puede ser desposeída totalmente de los bienes y hacienda que ha obtenido con su esfuerzo personal.

Esta limitación prohíbe, por ejemplo, la existencia de leyes en materia tributaria que tiendan a sustraer, sin el pago de las indemnizaciones correspondientes, los bienes de los administrados para transferirlos coactivamente al Estado. Esta garantía es propia del Estado moderno, en donde el poder público está dotado de sanciones directas, las cuales se ejercen sobre la persona misma, es decir, limitándole su libertad corporal y no sobre los medios necesarios para su subsistencia material, tal y como sucedía, con harta frecuencia, durante la Edad Media (**Hauriou**).

Finalmente, la norma en estudio establece el sano principio de que toda declaración rendida por medio de violencia, ya sea física o moral, será absolutamente nula. Ello implica que en nuestro ordenamiento están prohibidos todos los métodos, tales como el "lavado de cerebro", la hipnosis, el suministro de drogas, del suero de la verdad, etc., que se utilizan en otros países para obtener la verdadera declaración del imputado.

7. *El derecho a que el mismo juez no lo sea en diversas instancias*

El artículo 42, en su primer párrafo de la Constitución, consagra la garantía de que el mismo juez no lo sea en diversas instancias.

Esta garantía es aplicable tanto a nivel penal como administrativo. Así lo estableció la Sala Constitucional en un recurso de amparo que declaró con lugar, en el cual se impugnó el hecho de que el mismo funcionario administrativo que había rendido un dictamen contra el recurrente, posteriormente había formado parte del tribunal administrativo que lo sancionó.

Por otra parte, la misma Sala Constitucional ha sentado la jurisprudencia de que esta garantía constitucional no se viola cuando al juez de instrucción le corresponde formar parte posteriormente del tribunal que realiza y falla el juicio oral contra el imputado (**Voto 561- 91**).

Lo que realmente tutela esta garantía es que el imputado tenga la posibilidad real de que en caso de una resolución condenatoria de primera instancia, otro tribunal, conformado por jueces diferentes a los que fallaron en contra suya, puedan revisar la sentencia sin tener un criterio formado de antemano.

Dentro de este orden de ideas ha dicho la Sala Constitucional que "El artículo 42 de la Constitución Política al disponer que "Un mismo juez no puede serlo en diversas instancias para la decisión de un mismo punto..., utiliza, a criterio de esta Sala, el término instancia en su sentido procesal restringido, como etapa o grado del proceso, impidiendo que sobre un mismo punto el mismo juzgador pueda pronunciarse conociendo primero como a quo y luego como *ad quem*, pues ello atenta seriamente contra las garantías que tienen las partes para un proceso justo" (**Voto 1707- 90**).

Por ello, la misma Sala ha precisado que "el concepto correcto de la norma (art 42 C.P.) es el de entender que un funcionario que administra justicia, si en una instancia sólo tramita el expediente pero no dicta la resolución recurrida, no está impedido para conocer en grado la resolución que llega en alzada" (**Voto 650- 94**).

CAPÍTULO X
DERECHOS DE LA PERSONA COMO SER ESPIRITUAL

I. CONCEPTO Y TIPOLOGÍA

El hombre es un ser cultural, pues es el único que introduce fines en la naturaleza para tratar de conformarla.

Por eso, en el ambiente "espiritual" que rodea a los seres humanos se contrapone un brocado de elementos ideológicos, filosóficos, religiosos y culturales, los cuales constituyen aspectos fundamentales que posibilitan el desarrollo integral de cualquier persona.

Las libertades de la persona como ser espiritual abarcan el conjunto de la vida espiritual del hombre. En nuestro ordenamiento se reconocen las siguientes: 1) la libertad religiosa y de cultos (art. 75 C.P.); 2) la libertad de opinión (art 28 C.P.); 3) la libertad de información (art 29 C.P.) 4) la libertad de enseñanza (art. 79) y 5) la libertad de cátedra (art. 87 C.P.).

II. LA LIBERTAD RELIGIOSA Y DE CULTOS

El artículo 75 de la Constitución dispone que "La religión católica, apostólica y romana es la del Estado, el cual contribuye a su mantenimiento, sin impedir el libre ejercicio en la República de otros cultos que no se opongan a la moral universal ni a las buenas costumbres".

El Estado, en relación con las libertades de pensamiento, puede asumir dos actitudes: 1) de compromiso y 2) de tolerancia o neutralidad.

1. La actitud de compromiso

La actitud de compromiso que asume el Estado en materia religiosa puede presentar dos variantes:

a.- En esta primera hipótesis, el poder público se adhiere, él mismo, a una ideología determinada, la cual es considerada como verdadera; se rechaza, en consecuencia, cualquier opinión contraria a ella. Una primera manifestación la encontramos en aquellos Estados que se fundan en determinados postulados religiosos o ideológicos, de tal suerte que los disidentes son tratados como herejes. Tal fenómeno se dio en la Grecia y Roma antiguas. En este tipo de Estado, sin embargo, la verdad no tiene valor universal, dado que ella se impone sólo a los nacionales. Por ello, en las civilizaciones antiguas no intentaron la conversión de los pueblos conquistados.

b.- Otra segunda manifestación la constituye el Estado misionero. En este caso ya el poder público reconoce la doctrina oficial como valor absoluto y universal. Siendo el detentador de la verdad, tiene que devenir lógicamente en su servidor incondicional. Por ello, en los Estados misioneros el poder público es no sólo defensor sino también difusor y protagonista de la religión o ideología oficial. Piénsese, verbigracia, en el Gobierno actual de Irán, que tiene como religión única y absoluta al Islam, la que trata de imponer, inclusive con el uso de la fuerza, a sus vecinos.

2. La actitud liberal

Una actitud completamente opuesta al Estado comprometido, es la que podemos denominar liberal. En ella, el Estado reconoce y respeta el pluralismo ideológico y religioso de sus habitantes, sin imponerles una determinada ideología o religión. Es posible, sin embargo, encontrar dos manifestaciones específicas de la actitud liberal.

a.- En primer lugar, tenemos el Estado tolerante, que aunque es portador de una determinada religión, no obstante reconoce el derecho de los disidentes y hasta los protege. Esta posición es justamente la adoptada por nuestro país, al tenor de lo establecido en el artículo 75 constitucional precitado, en el que, concomitantemente a que se declara que la religión católica es la oficial del Estado costarricense, garantiza la libertad de otros cultos cuya práctica no se oponga a la moral universal ni a las buenas costumbres.

b.- Una segunda manifestación la tenemos con el llamado Estado neutro, que es aquel que renuncia expresamente a toda opción sobre el terreno ideológico y religioso, dejando al libre arbitrio de sus ciudadanos la búsqueda de la verdad. En el ámbito propiamente religioso, esta posibilidad se denomina Estado laico.

El modelo tolerante adoptado en materia religiosa por nuestra Constitución ha tenido importante desarrollo legislativo, el cual ha potenciado la religión católica en perjuicio de los demás cultos autorizados. Por ejemplo, el Código de Familia sólo le otorga validez civil a los matrimonios que celebran los clérigos católicos y se los niega a los del Ministros de otras religiones. También las propiedades de la Iglesia Católica están exentas del pago del impuesto territorial y sus ingresos tampoco están sujetos al pago del impuesto sobre la renta.

En el ámbito educacional, los programas oficiales exigen, tanto a nivel primario como secundario, la enseñanza de la religión católica como asignatura obligatoria.

3. *El contenido de la libertad religiosa*

La libertad religiosa presenta las siguientes características: la posibilidad de profesar una creencia religiosa, o bien de no profesar ninguna; de practicarla externamente a través del culto o de los diferentes ritos y festividades religiosas; la de divulgarla, por medio de la enseñanza y otros medios de información; de reunirse y asociarse y es una libertad de ejercicio tanto individual como colectivo.

a. *La posibilidad de profesar o no una creencia religiosa*

La libertad religiosa y de cultos, en cuanto derecho subjetivo, se concreta en el reconocimiento de un ámbito de libertad y de una esfera de libre actuación. Es decir, la libertad religiosa presenta una doble dimensión: una interna, que implica la libertad de adoptar una religión o las creencias de su elección. De esa forma cada persona tiene el derecho de acomodar su vida y conducta religiosa a sus propias convicciones, sin que el Estado pueda interferir en esa escogencia.

Sobre el particular, la jurisprudencia de la Sala Constitucional ha dicho que "la libertad religiosa encierra, en su concepto genérico, un haz complejo de facultades. En este sentido, en primer lugar se refiere al plano individual, es decir, la libertad de conciencia, que debe ser considerado como un derecho público subjetivo individual, esgrimido frente al Estado, para exigirle abstención y protección de ataques de otras personas o entidades. Consiste en la posibilidad jurídicamente garantizada, de acomodar el sujeto, su conducta religiosa y su forma de vida a lo que prescriba su propia convicción, sin ser obligado a hacer cosa contraria a ella" (**Voto 3173- 93**).

En suma, lo que protege esta faceta interna de la libertad religiosa, es el derecho de toda persona para decidir autónomamente, sólo sujeto a su propia conciencia, de profesar las creencias religiosas que libremente elija. Esta faceta interna cobija también la facultad de no profesar ninguna, que es el caso de los ateos. Lógicamente, está incluido el derecho de cambiar de religión, de manifestar libremente sus creencias o de abstenerse de declarar sobre ellas.

b. *Práctica externa de la libertad religiosa*

En su dimensión externa, la libertad religiosa se resume en el derecho de manifestar la propia religión o sus creencias mediante el culto, la celebración de ritos, la enseñanza y su difusión a terceras personas.

La práctica del culto, que constituye la primigenia manifestación externa de la libertad religiosa, comprende también el derecho de practicar el culto y de abrir y mantener lugares públicos para ello.

La jurisprudencia de la Sala Constitucional ha señalado sobre el particular que "En segundo lugar, se refiere al plano social, la libertad de culto, que se traduce en el derecho a practicar externamente la creencia propia. Además, la integran la libertad de proselitismo o propaganda, la libertad de congregación o fundación, la libertad de enseñanza, el derecho de reunión y asociación y los derechos de las comunidades religiosas, etc." (**Voto 3172- 93**).

En síntesis, el arcoíris de derechos particulares que dimanan de la práctica externa de la libertad religiosa son los siguientes:

i.- El derecho de practicar los actos de culto y de recibir asistencia religiosa de su propia confesión; conmemorar sus festividades; celebrar sus ritos matrimoniales y no ser obligado a practicar actos de culto o a recibir asistencia religiosa contraria a sus convicciones personales.

ii.- El derecho a recibir e impartir enseñanza e información religiosa de toda índole.

iii.- El derecho a reunirse o manifestarse públicamente con fines religiosos y asociarse para desarrollar comunitariamente sus actividades religiosas.

iv.- Los límites a la libertad de cultos, aparte de los generales contenidos en el artículo 28 de la Constitución, dimanan, según el artículo 75 de la Carta Política, de que el respectivo culto religioso no se oponga" a la moral universal ni a las buenas costumbres".

Dentro de este orden de ideas, no serían constitucionalmente válidos los cultos satánicos o que prohíjen prácticas contrarias a las buenas costumbres. La Sala Constitucional ha expresado sobre este tema que "Si bien es cierto que existe en nuestro medio un concepto amplio de libertad religiosa, también lo es que ninguna conducta contraria a los conceptos generalmente aceptados sobre moral y buenas costumbres encuentra amparo en dicha norma" (**Voto 958-95**).

El artículo 1.3 de la Declaración de las Naciones Unidas del 25 de noviembre de 1981 indica que "La libertad de manifestar la propia religión o las propias convicciones estará sujeta únicamente a las limitaciones que prescriba la ley y que sean necesarias para proteger la seguridad, el orden, la salud o la moral pública o los derechos y libertades fundamentales de los demás".

En relación con los límites al ejercicio de la libertad religiosa la Sala Constitucional ha dicho que "Ciertamente el artículo 75 de nuestra Constitución garantiza la libertad de cultos, pero tal actividad no puede realizarse en una forma tan libre como el grupo la considera conveniente, sin límite alguno. Ello no es así, ya que a los miembros de un grupo religioso no les asiste el derecho de hacer insoportable el ambiente para el resto de la comunidad, que no forma parte de quienes realizan la actividad, porque el interés de éstos últimos también debe protegerse" (**Voto 1040- 90**).

c. *El ejercicio colectivo de la libertad de religión*

El artículo 18 de la Declaración Universal de Derechos Humanos consagra la posibilidad de que el ejercicio de este derecho tenga también carácter colectivo, al disponer que "Toda persona tiene derecho a la libertad de pensamiento, de conciencia y de religión; este derecho incluye la libertad de cambiar de religión o de creencia, así como la libertad de manifestar su religión o su creencia individual y colectivamente, tanto en público como en privado, por la enseñanza, la práctica, el culto y la observancia".

Nuestra Sala Constitucional ha ratificado dicha posición, al señalar que "De otro lado, si la libertad de religión tiene tanto un carácter individual como colectivo (caso en el cual es un derecho que en términos generales se ejerce mediante las confesiones religiosas, sobre todo en cuanto no se trata de derechos personalísimos) su cobertura alcanza los derechos de asociación con fines religiosos...y de reunión con los mismos fines" (**Voto 6139- 96**).

d. *La regulación interna de los grupos religiosos*

En cuanto a la regulación interna de los grupos religiosos y sus atribuciones disciplinarias sobre sus miembros, la Sala Constitucional sentó una lamentable jurisprudencia al inicio de sus funciones, al establecer que las violaciones a los derechos fundamentales que se produzcan al interno de una comunidad religiosa –incluida la libertad de cultos– no es materia objeto de tutela jurisdiccional por vía del amparo, sino que el diferendo debe ventilarse conforme a los procedimientos internos existentes al efecto en cada comunidad religiosa.

Esta errónea jurisprudencia, para mantener un mínimo grado de coherencia, parte lógicamente de una premisa jurídica absurda: que la libertad religiosa carece de tutela judicial, con lo cual se admite, implícitamente, que en nuestro ordenamiento existen dos clases de derechos fundamentales: por un lado la libertad religiosa, cuya violación no es fiscalizable por los tribunales de justicia y los demás derechos fundamentales, cuya violación sí está sujeta al contralor del recurso de amparo.

La conclusión no puede ser más disparatada, pero todavía la Sala no ha enmendado semejante entuerto.

III. LA LIBERTAD DE OPINIÓN

La libertad de opinión forma parte integrante de una categoría más amplia: las libertades de pensamiento y que engloba, además de la libertad religiosa, a la libertad de prensa, la libertad de enseñanza y la libertad de cátedra.

Todas estas libertades tienen en común el constituir la posibilidad para el hombre de escoger o de elaborar, él mismo, las respuestas que pretende dar a todas aquellas cuestiones que le plantea la conducción de su vida en sociedad, de conformar a estas respuestas sus actitudes y sus actos y de comunicar a los demás aquello que considera como verdadero (**Rivero**).

Conforme al primer párrafo del artículo 28 de la Constitución Política "Nadie podrá ser inquietado ni perseguido por la manifestación de sus opiniones ni por acto alguno que no infrinja la ley".

En primer lugar, es conveniente señalar que esta libertad se otorga irrestrictamente a todos los sujetos del ordenamiento: nacionales, extranjeros, menores de edad, etc.

Ahora bien, la libertad de opinión o expresión garantiza la manifestación del pensamiento, ideas, opiniones. Presenta una doble faceta: positiva y negativa. En virtud de la primera, esta libertad ampara expresar opiniones, así como defenderlas y difundirlas. La vertiente negativa protege la no manifestación del propio pensamiento. Es, en otras palabras, el derecho al silencio, pues nadie puede ser obligado a declarar sobre su ideología, religión o creencias.

Como ha dicho el Tribunal Constitucional español "la libertad de expresión tiene por objeto pensamientos, ideas y opiniones, concepto amplio dentro del que deben incluirse también las creencias y los juicios de valor" (**STC 6/ 1988**).

La libertad de opinión o de expresión, como también se la denomina, es producto de la elaboración de los pensadores liberales del siglo XVIII. En efecto, "si el siglo XVI se caracterizó por la estricta censura que obispos y príncipes aplicaron a cuanto libro o libelo salía de las imprentas europeas, y el siglo XVII, por la cruenta represión que sufrieron los periodistas y escritores que prefirieron elegir su propio camino y no desarrollar sus artes en el seno de las cortes, el XVIII lo podemos denominar el siglo de la libertad de expresión, ya que este principio, alentado por Milton y Locke en Inglaterra, Mirabeau y Montesquieu en Francia y Hamilton en los Estados Unidos de América, fue primero formulado en forma definitiva por William Blackstone, en su ya clásica doctrina y luego consagrado como garantía constitucional, a partir de 1776" (**Pellet-Lastra**).

Respecto de la Administración Pública, la libertad de opinión le otorga a los gobernados el derecho subjetivo para que el Estado y sus autoridades le respeten la expresión verbal de sus opiniones, las cuales pueden ser formuladas por diversos medios, tales como conversaciones, discusiones, discursos, conferencias, lo mismo que por otros medios no escritos de expresión eidética, tales como obras de arte en sus diversas manifestaciones musicales, pictóricas, esculturales, etc., así como la difusión bajo cualquier forma (por cinematografía, por televisión, por radiotransmisión, etc.) (**Burgoa**).

Por consiguiente, existe una obligación estatal de abstenerse de no inmiscuirse en la esfera del administrado, cuyo contenido es la libre expresión eidética.

Dentro de este orden de ideas, la libertad de expresión se dirige a proteger, de manera preeminente, a los gobernados contra la eventual dictadura del pensamiento oficial. Por ello, la libertad de opinión tiene como uno de sus contenidos fundamentales, el derecho de criticar al Gobierno y de denunciar sus errores. Así concebida, la libertad de expresión constituye un importante mecanismo de control político, dado que los gobernantes quedan sujetos a la constante vigilancia de las opiniones de los ciudadanos.

La obligación del Estado de no interferir en el ámbito de las libertades de pensamiento de sus administrados, se traduce en el principio de neutralidad de la Administración. Ahora bien, a fin de realizar tal principio, el poder público realiza actos de no discriminación, lo mismo que actos discriminatorios.

a. En primer lugar, cuando se trata de actividades de policía o de gestión de sus servicios públicos, el Estado no puede tomar en consideración las opiniones de los gobernados para extraer de dichas circunstancias consecuencias favorables o desfavorables para ellos. Dentro de este contexto, tenemos el principio de igualdad en el acceso a los cargos públicos, el cual no puede ser violentado por razones ideológicas.

Por otra parte, el comportamiento de los servidores públicos debe estar impregnado del principio de no discriminación. Por ello, es unánimemente aceptado por la doctrina y la jurisprudencia comparada, que el deber de estricta neutralidad se impone a todo agente que colabore en la prestación de un servicio público. Por consiguiente, cualquier violación a tal deber se reputa como una falta de servicio (**Rivero**).

En otras palabras, ningún servidor público puede negarle la prestación de un servicio público a un gobernado o grupo de ellos, basado en su condición lingüística, de nacionalidad, de raza, religión, ideología política, etc. En todo caso esa negativa comportaría también una violación del principio de igualdad que sanciona el artículo 33 de la Constitución.

b. Paradójicamente, el principio de no discriminación, que tiene en principio la finalidad de garantizar el libre ejercicio de la libertad de expresión, puede, en algunos casos, constituirse en su principal enemigo.

En esta materia el Estado no sólo tiene el derecho sino también la obligación, en virtud del principio de neutralidad ideológica, de prohibir cualesquier atentado contra las conciencias y de tomar en consideración la opción ideológica de los gobernados.

En efecto, si el poder público aplicare a todos la misma regla, pondría a muchas personas, cuyas creencias los inhiben a prohijar lo dispuesto por la norma, en la disyuntiva de tener que desobedecer la ley para cumplir los mandatos de su conciencia. Por ello, tanto el ordenamiento, como la Administración, deben tomar en cuenta, en casos muy calificados desde luego, la diversidad ideológica de los administrados, a fin de no aplicar indiscriminadamente las mismas disposiciones a todos ellos, y más bien tomar en cuenta la diversidad de sus opiniones.

Un ejemplo específico es la posibilidad que tienen los estudiantes costarricenses, cuya religión no sea la católica, de no recibir lecciones de religión en los centros educativos públicos. Otra posibilidad de aplicación de este principio, la encontramos en el hecho de que a los católicos no se les sirve carne los días viernes en los hospitales, o que para los judíos, en ciertas ocupaciones, el día libre sea el sábado en vez del domingo.

Este principio de la discriminación, sin embargo, encuentra un asidero fundamentalmente en el campo de la objeción de conciencia, en aquellos países en que existe el ejército como institución permanente y, en consecuencia, sus nacionales están obligados a la prestación del servicio militar.

Hoy día es aceptado, al menos en Francia y Alemania por vía legislativa y en Estados Unidos en sede jurisprudencial, que una persona llamada a prestar el servicio militar puede ser dispensado de él si demuestra efectivamente que sus creencias religiosas o sus convicciones filosóficas se lo prohíben. Recuérdese el célebre caso del boxeador Cassius Clay (hoy Mohammed Ali), quien se negó a prestar servicio militar durante la Guerra de Vietnam, aduciendo que sus ideas religiosas no se lo permitían. Finalmente, la Corte Suprema falló en su favor, como es de público conocimiento.

Resumiendo: las técnicas jurídico–administrativas de discriminación y no discriminación son medios indispensables para tutelar adecuadamente la libertad de opinión dentro de un régimen liberal.

Por otra parte, es necesario subrayar que la libertad de expresión se da siempre dentro de un determinado contexto social, económico y político, que condiciona su ejercicio.

Por ello, esta libertad consiste fundamentalmente en el derecho de dar a conocer el propio pensamiento a otros hombres, sea el derecho a la libre comunicación espiritual.

Dentro de este orden de ideas, se ha afirmado, con justa razón, que "Este derecho fundamental no protege al individuo sino a las relaciones entre los individuos. Los hombres sólo se encuentran cuando pueden hablar entre sí. La conversación es el fundamento de las relaciones de las amistades y de los grupos. Todo esto es lo que garantiza el derecho a la libre expresión de las opiniones. De él deriva, además, la libertad de "difundir" las propias opiniones. Es decir, el derecho a actuar con el fin de que otros conozcan nuestra propia opinión" (**Stein**).

No obstante, bajo el concepto de opiniones no sólo deben incluirse los juicios, sea las posiciones de contenido valorativo, sino, además, las simples comunicaciones de hechos. En efecto, conforme a los principios básicos de la teoría del conocimiento, cualquier comunicación de hecho contiene siempre, de manera necesaria e implícita, una toma de posición sobre las fuentes de información y un juicio valorativo que consiste justamente en declarar que los hechos han ocurrido así y no de otra manera.

Además, no es posible soslayar el hecho incontrovertible que en la formación de la "opinión pública" juegan un papel decisivo las afirmaciones sobre determinados hechos. Por ello, no es posible concebir que la libertad de opinión excluya, dentro de su contenido esencial, aquellas comunicaciones sobre las que existe una seguridad subjetiva, sea las que poseen mayor fuerza de convicción.

La libertad de expresión puede ser también analizada desde el punto de vista de los agentes o servidores públicos.

Dentro de este contexto, es posible afirmar que la Administración no puede discriminar el acceso a los cargos públicos por razones ideológicas. Contra una hipotética acción del género se levantan, en favor del eventual perjudicado, las garantías constitucionales de los artículos 28 (libertad de opinión); artículo 33 (igualdad ante la ley) y 192 (acceso a los cargos públicos únicamente por idoneidad comprobada). En otras palabras, la existencia del principio de idoneidad comprobada como único requisito para ingresar a los cargos públicos y el principio de igualdad ante la ley, son garantías colaterales de la libertad de expresión en la materia.

Por las mismas razones tampoco sería posible la imposición de sanciones disciplinarias a los servidores públicos por razones ideológicas.

No obstante, existen limitaciones concretas a la libertad de expresión de los servidores públicos. Así, por ejemplo y consecuencia lógica de la relación de subordinación jurídica que liga al servidor con su superior, aquél está obligado a acatar sus órdenes, aunque sean contrarias a sus creencias ideológicas, salvo, desde luego, que el cumplimiento de ellas implique la comisión de un delito.

En el ejercicio de sus cargos, los servidores públicos tienen la obligación de ser neutrales en el trato con los administrados, sin poder discriminar los servicios que les prestan por razones ideológicas.

Fuera de las horas de trabajo, el servidor público tiene también restringida, en alguna medida, su libertad de expresión. En efecto, a esos funcionarios les está prohibido, por ejemplo, realizar manifestaciones públicas contra el servicio que prestan, como sería el caso de policías que participaren en demostraciones públicas protestando contra la brutalidad policíaca.

Asimismo, a determinados servidores públicos les está prohibido realizar actividades de carácter político–electoral, como los empleados del Poder Judicial, del Tribunal Supremo de Elecciones, Ministros, etc. Respecto de los militares, nuestra Constitución prohíbe expresamente que puedan realizar declaraciones políticas (art. 12 C.P.).

Otro aspecto del contenido esencial de la libertad de expresión es la inexistencia de un delito de opinión, es decir, ningún administrado queda sujeto a responsabilidad penal por las opiniones que emita, salvo que, con motivo de ellas, lesione los valores morales de terceras personas (difamación, injurias, calumnias). Se castiga también, como hecho punible, la apología del delito (art. 274 del Código Penal).

El ordenamiento jurídico tutela también la libertad de opinión en el ámbito de las relaciones privadas. En estos casos se trata siempre de proteger al sujeto más débil de la relación. Así, por ejemplo, sería absolutamente nulo un testamento que sujetara, a título de condición suspensiva en favor del legatario, su conversión a determinada religión o su incorporación a determinado partido político. Igual conclusión podría formularse respecto de una donación en que se incluyeren condiciones similares.

En el ámbito del Derecho del Trabajo se prohíbe expresamente el despido por motivos ideológicos, según la relación de los artículos 70 inciso c y 83 inciso i del Código Laboral. Por ello, en algunas legislaciones, como la francesa, se requiere que todo despido será debidamente motivado (**Rivero**).

Dado que la libertad de expresión es uno de los principios sobre los que descansa el régimen democrático, su limitación sólo puede realizarse por razones muy calificadas. Dentro de este orden de ideas, la jurisprudencia de la Supreme Court de los Estados Unidos ha establecido que la libertad de opinión sólo puede ser limitada cuando se demuestre un daño presente y concreto, por evidentes razones de orden público. Por lo tanto, la garantía constitucional de la libertad de expresión no permite regulación estatal, excepto cuando la opinión o el discurso estén dirigidos a incitar o producir tales acciones (**Branderburg vs Ohio, 1969**).

En resumen, la libertad de expresión sólo puede ser limitada por razones de interés público muy calificadas o cuando sea evidentemente antijurídica, como serían los casos señalados, que prevé nuestra legislación penal, de las injurias, las calumnias, la difamación y la apología del delito. Fuera de tales hipótesis, esta libertad no puede ni debe ser restringida, porque constituye el vehículo de manifestación y consolidación de otros derechos constitucionales.

IV. LA LIBERTAD DE INFORMACIÓN

El artículo 29 de nuestra Constitución consagra la libertad de información al disponer que "Todos pueden comunicar sus pensamientos de palabra o por escrito y publicarlos sin previa censura; pero serán responsables de los abusos que comentan en el ejercicio de este derecho, en las condiciones y modos que establezca la ley".

En realidad, la libertad de información tiene cuatro facetas: a) la libertad de imprenta en sentido amplio, que cubre cualesquier publicación; b) la libertad de información por medios no escritos (televisión, radio, cine, etc.); c) el derecho a la información y d) el derecho de rectificación o respuesta.

1. *La libertad de prensa*

a. *Concepto*

Bajo la expresión libertad de prensa se engloban, de manera genérica, todos los tipos de impresos (**Aubi, Duces-Ader**). Es decir, dentro de ella se incluyen los siguientes aspectos: impresión, edición, circulación de periódicos, hojas sueltas, avisos, afiches, folletos, revistas y publicaciones de toda clase. Al lado de las manifestaciones tipográficas, se consideran también incluidas en esta libertad la litografía, la fotografía, la dactilografía, etc., cuando tales medios sirvan como vehículo de difusión, en varios ejemplares, de palabras, signos y dibujos (**Aubert**).

La libertad de prensa se traduce en el derecho para los administrados, de buscar y difundir, en forma escrita, las informaciones y las ideas a un número indeterminado de personas. En otros términos, esta libertad se manifiesta en el derecho a comunicar libremente información que versa sobre hechos, o tal vez más restringidamente, sobre aquellos hechos que pueden considerarse noticiosos. Por ello, está evidentemente sujeta a las mismas limitaciones que la libertad de expresión.

b. *Funciones*

En el mundo moderno la prensa cumple tres funciones básicas: a) de información; b) de integración de la opinión y c) de control del poder público.

En primer lugar, la misión por antonomasia de la prensa es informar sobre los hechos y acontecimientos que ocurren en el mundo externo. Para ello, la prensa tiene que recurrir a varios medios, tales como las agencias noticiosas, o sus propios reporteros, etc.

En segundo término, cumple una importantísima función integradora, ya que coadyuva en la formación y articulación de la "opinión pública", en relación con los acontecimientos del mundo exterior. Esta función consiste en unificar la pluralidad de opiniones particulares en una gran corriente de opinión, estimulado, de esa manera, la integración social.

Finalmente, cumple una función de control respecto del poder público, en el sentido de se que convierte en permanente guardián de la honestidad y del correcto manejo de los asuntos públicos. En efecto, las informaciones constantes que brinda sobre las actividades públicas evitan abusos y corrupción, porque mantiene movilizados a los diferentes grupos contra aquellos funcionarios públicos que tienden a utilizar su cargo para fines espurios.

Dentro de esta óptica se ha desarrollado el periodismo investigativo, el cual sólo es legítimo, a condición de que tamice la información recabada y que las conclusiones que extraiga de ellas estén fundamentadas en probanzas verosímiles y comprobables objetivamente. De lo contrario, su ejercicio no sólo puede incurrir en la violación de honras ajenas sin ningún fundamento razonable, sino, además, en violación de principios éticos elementales, pues la libertad de prensa no es sinónimo de derecho a injuriar.

c. *Cláusula de conciencia*

La libertad de prensa plantea varios problemas, que es necesario analizar con algún detalle.

En primer término, está el de la libertad interna. Teóricamente lo ideal sería que toda publicación periodística fuere un forum pluralista, en el sentido que cada redactor pudiere expresar sus ideas y opiniones sin restricciones. No obstante, en la práctica todos los periódicos siguen una determinada línea editorial, que representa el pensamiento de sus propietarios o directores. Además, esa línea de pensamiento hace posible la función integradora de la prensa, en el sentido de que reduce a unidad las distintas tendencias de pensamiento que, en un determinado momento, prevalecen en la sociedad.

No obstante, es posible afirmar, a pesar de lo que ocurre en la praxis cotidiana, que el contenido esencial de la libertad de prensa se traduce en la posibilidad de que todas las corrientes de pensamiento sean escuchadas sin ninguna restricción.

Dentro de este contexto debe admitirse la llamada "cláusula de conciencia" en favor de los periodistas, que se traduce, en el plano jurídico, en la posibilidad de dar por roto su contrato de trabajo unilateralmente sin responsabilidad alguna de su parte, cuando consideren que la línea de pensamiento del medio informativo para que el que laboran es incompatible con sus ideas o ideología.

En otros términos, cuando la línea del órgano difusor sea incompatible con su honor, su reputación y sus intereses morales, el periodista puede desligarse de su relación laboral sin ninguna responsabilidad de su parte.

Lo que no es jurídicamente posible ni está cubierto por la "cláusula de conciencia" es que los periodistas o directores conviertan a los propietarios del medio en sus propios rehenes, tratando de fijar una línea editorial contraria a los intereses o ideología de aquellos. En esta hipótesis, al entrar en conflicto el derecho de los empresarios para cambiar a los periodistas que no se ajustan a sus directrices, a éstos sólo les asiste el derecho de esgrimir la cláusula de conciencia y lograr que se les indemnice por la ruptura de su relación laboral.

d.   *El secreto profesional.*

El derecho fundamental al secreto profesional de los periodistas deriva de la interpretación armónica de los artículos 13.1 de la CADH y 19.2 del Pacto Internacional de Derechos Civiles y Políticos.

Este derecho que reviste naturaleza instrumental, se traduce en la facultad de los periodistas para no revelar sus fuentes de información, de manera que puedan ejercer con libertad el derecho a difundir y recibir información.

Este derecho fundamental cuyos titulares son los periodistas, implica la facultad de no revelar las fuentes que originaron la noticia y se tiene tanto frente a la empresa informativa para la que trabajan, como respecto de terceros o de las autoridades y poderes públicos. En otros términos, es un derecho oponible *erga omnes*.

Dentro de este orden de ideas, la jurisprudencia de la Sala Constitucional ha señalado que "El secreto de las fuentes es, entonces, condición indispensable o esencial para ejercer el derecho a la información. Este secreto tiene, adicionalmente, la condición de ser una garantía institucional, en cuanto garantiza el derecho a la información, el cual, a su vez, tiene por fin crear una opinión pública libre y fomentar el pluralismo democrático. El reconocimiento de este derecho fundamental a los periodistas, esto es, a los que en forma habitual o regular se dedican a informar, no constituye un privilegio injustificado, sino, como se indicó, una condición *sine qua non* para garantizar la libertad de información y, por ende, la formación de una opinión pública libre y del pluralismo democrático. El derecho fundamental al secreto de las fuentes que poseen los periodistas, puede ser definido como la facultad de no revelar las fuentes de la noticia, tanto a la empresa informativa para la que labora, a terceros o a las autoridades y poderes públicos, de manera que tiene una proyección y una eficacia *erga omnes*. El secreto del informador, singularmente, lo faculta para negarse a revelar sus fuentes de información, con lo que el periodista puede preservar la confidencialidad de sus fuentes de información, lo que supone para estas últimas el derecho a permanecer en el anonimato para protegerlas de publicidad no deseada que puede implicarles represalias o molestias innecesarias por ser conocida su identidad, evitándose, así, que su voluntad de suministrar información de interés general y relevancia pública venga a menos y logrando que la información fluya y circule expeditamente. El secreto de los informadores, no puede ser equiparado al secreto clásico de las personas que ejercen una profesión liberal, por cuanto este último tiene, preponderantemente, la naturaleza de un simple deber ético y, en ocasiones, jurídico. En efecto, el secreto inherente a las profesiones liberales, se configura como un deber ético o jurídico del que pueden surgir una serie de facultades subjetivas frente a los poderes públicos, adicionalmente opera como un límite a las libertades de expresión y de información –obligación de guardar silencio sobre temas reservados o atinentes a la esfera de intimidad de sus clientes–. El bien jurídico tutelado lo constituye, en ese caso, la intimidad como derecho de la personalidad y las relaciones de confianza profesional–cliente, en virtud de una confidencia necesaria –por virtud de la consulta– que tienen asidero en valores constitucionales tales como la seguridad y la certeza. Este secreto surge respecto de los hechos y circunstancias que el profesional liberal conoce de su cliente en virtud del ejercicio de su profesión. El secreto de los periodistas, a diferencia del secreto de quienes ejercen una profesión liberal, se configura como un derecho fundamental que, adicionalmente, es garantía institucional de los derechos informativos en una sociedad pluralista y democrática. El secreto del informador tiene un ámbito o radio de protección mucho más amplio, por cuanto, no tiene por fin tutelar la relación o vínculo de confianza entre la fuente de información y el informador –en la mayoría de las ocasiones inexistente– o la esfera intimidad del informante, sino el derecho a la información –darla y recibirla–. En el secreto del informador su objeto no es el contenido de la información que constituye la noticia de la que se impone éste, por cuanto, el fin es publicarla o difundirla, consecuentemente no existe secreto sobre la noticia sino –y ese es el contenido del derecho fundamental de marras– sobre la identidad del informante y cualquier otro dato –documentos en cualquier soporte, notas, grabaciones, filmaciones, etc.– o circunstancia que pueda contribuir a su identificación o descubrimiento. El secreto de las fuentes de información no protege al informador o al informante sino al conglomerado social que es titular del derecho a recibir información, de modo que es garante de una prensa libre, responsable e independiente. Importa señalar que la Declaración de Principios sobre Libertad de Expresión emitida por la Comisión Interamericana de Derechos Humanos en su 108° período ordinario de sesiones celebrado en el mes de octubre del año 2000, protege el derecho bajo estudio, al disponer, en el principio 8°, lo siguiente: *"(...) Todo comunicador social tiene derecho a la reserva de sus fuentes de información, apuntes y archivos personales y profesionales (...)"*. Finalmente, cabe agregar que el derecho fundamental de marras, como cualquier otro, tiene una serie de límites intrínsecos y extrínsecos, por lo que como todo derecho es relativo y no absoluto. V.- La mayoría de este Tribunal Constitucional estima que frente a la jurisdicción penal, eventualmente y en determinados supuestos, el secreto de las fuentes debe ceder, en aras de la averiguación de los delitos y la garantía de ciertos derechos fundamentales. No existe una limitación absoluta frente al secreto de las fuentes de información del comunicador. La trascendencia de otros derechos y valores constitucionales podrían requerir una solución equilibrada entre el respeto al secreto de las fuentes del periodista y las necesidades que impone una administración de justicia eficaz. Las circunstancias y situaciones en que el secreto de las fuentes debe ceder ante las necesidades que impone la investigación de un hecho delictivo, se irán definiendo casuísticamente por este Tribunal Constitucional..... los periodistas tienen la titularidad y el ejercicio del derecho fundamental a guardar secreto de las fuentes de información, el cual dimana del derecho general a la información, todo con el propósito de garantizar la reserva de la identidad de éstas para así propiciar la formación de una opinión pública libre y el pluralismo democrático, de lo contrario las fuentes de información no se la suministrarían a los medios de comunicación colectiva. Bajo esta inteligencia, el recurrente no puede pretender que el periódico le suministre los documentos –públicos o privados–, en cualquier soporte, que han recabado los periodistas de la empresa editorial para difundir información a la sociedad sobre los presuntos hechos y actividades que se le imputan. Es menester agregar que la libertad a la autodeterminación informativa, puede ser ejercida frente a los entes públicos o privados que detentan datos personales de carácter confidencial o sensible de las personas en sus bases de datos, archivos o registros y que merecen ser suprimidos o bien cuando los datos personales no posean esas características, pero ameritan ser aclarados, precisados, rectificados o modificados por ser erróneos o inexactos. En el *sub-lite*, es claro que la empresa editorial recurrida, en cuanto ejerce la libertad de recabar y difundir información, no encaja en los supuestos en que resulta aplicable el derecho citado. De otra parte, el medio de prensa recurrido es una organización colectiva del Derecho privado, por lo que no puede entenderse que respecto de la información que recolectan los periodistas de éste se pueda ejercer el derecho de acceso a la información administrativa *ad extra* del artículo 30 constitucional, por cuanto, el mismo resulta predicable respecto de los archivos y registros públicos que contienen información de interés público o, incluso, de documentos públicos que ostentan los particulares, sea porque así lo ha dispuesto el ordenamiento jurídico o por bien por cuanto la información es, sustancial o materialmente, de claro interés público. En suma, el derecho de acceso a la información administrativa *ad extra* no puede ser ejercido frente a periodistas o empresas periodísticas cuyo giro principal es recolectar y difundir información (**Voto 7548-08**).

Cabe acotar que en Francia la negativa de los periodistas a revelar sus fuentes de información ha sido considerada por la jurisprudencia como tipificadora del delito de encubrimiento, cuando la información en cuestión revele la comisión de algún delito (**Rivero**).

La sentencia de la Sala es poco feliz al sostener que corresponde a este tribunal determinar, caso por caso, cuando la negativa de un periodista a revelar su fuente de información pueda confirmar un delito. En realidad, esa competencia, dentro de un Estado de Derecho como el costarricense, es potestad de la Asamblea Legislativa en cuanto configuradora de los derechos fundamentales. Dejar al arbitrario del tribunal constitucional determinar casuísticamente cuando el ejercicio de ese derecho fundamental es ilegítimo, sin fundamento en una normativa legal que reglamente su ejercicio, violaría el principio de separación de poderes (art 9 CP) y el mismo principio de legalidad, pues el tribunal constitucional, en ese caso, se estaría auto atribuyendo competencias que el ordenamiento jurídico le reserva a otro órgano constitucional. Adicionalmente, en materia penal en virtud del principio de tipicidad, las acciones y las omisiones delictivas deben estar previa y claramente establecidas por normas de rango legal.

e. *La dimensión empresarial*

La libertad de prensa se manifiesta también en una vertiente netamente mercantilista, que se traduce en la posibilidad de formar empresas dedicadas a la impresión de periódicos y otros impresos; la regulación de su actividad queda sujeta a las normas del Derecho Comercial en cuanto sea expresión netamente de la libertad empresarial, pero, en otros aspectos, queda regulada por la Ley de Imprenta, en cuanto a que el contenido de las publicaciones pudiere afectar el honor de terceras personas.

Muy estrechamente vinculada con la libertad de prensa, está el fenómeno de la publicidad, dado que hoy día los medios de comunicación colectiva, debido a su alto costo de instalación y mantenimiento, sólo pueden subsistir cuando son de propiedad privada, por el uso intensivo de la publicidad. Por ello y a fin de evitar posibles distorsiones que la publicidad puede introducir en una sociedad donde reine una auténtica libertad de prensa, en muchos países se la regula en detalle, con el fin de que no se convierta en un medio indirecto para restringir ilegítimamente la libertad de prensa.

f. *La inexistencia de la censura previa*

Otro de los aspectos esenciales de la libertad de prensa es la garantía de la no existencia de censura previa, principio que fue desarrollado inicialmente por la doctrina y la jurisprudencia anglosajonas.

Dentro de este contexto, William Blackstone, a quien justamente se la considera el padre de la libertad en cuestión, la definía de la siguiente manera: "La libertad de prensa propiamente entendida, es esencial a la naturaleza del Estado libre y consiste en no establecer una censura previa de las publicaciones, pero sin exceptuarlas de la aplicación de las leyes criminales después de hecha la publicación. Todo hombre libre tiene un derecho incuestionable de exponer ante el público los sentimientos que le agraden. Pero si publica algo que es impropio, dañino e ilegal, debe sufrir las consecuencias de su propia temeridad. Sujetar a la prensa al poder restrictivo de un censor, como se hacía antes de la Revolución, es someter la libertad de pensamiento a los prejuicios de un solo hombre y hacerlo el juez arbitrario e infalible de los temas controvertidos de literatura, religión y política. Pero es necesario, para la conservación de la paz y el buen orden, del gobierno y de la religión, que son fundamentos sólidos del Estado Civil, castigar como hacen las leyes actuales, aquellos escritos que después de publicados, hayan sido convictos en un juicio imparcial de ofrecer tendencia peligrosa. De esta manera la voluntad de los individuos, queda en libertad y solamente se castigan los abusos. Es así que se ampara ninguna restricción a la libertad de pensar...el único crimen que la sociedad corrige es la publicación de malos sentimientos, obstructivos de los fines de la sociedad" (**Blackstone**).

Es decir, desde un principio la libertad de prensa tuvo, como garantía esencial, la ausencia de censura previa.

Hoy día la libertad de información no se podría concebir sin la prohibición de la censura previa. Las dictaduras se caracterizan justamente por la censura de la prensa en todas sus formas y las democracias, en cambio, por la ausencia total de ella.

No obstante, cuando la legislación de imprenta es muy limitativa de los derechos de los periodistas se produce con frecuencia una censura indirecta, pues los propios periodistas terminan autocensurándose por miedo a las eventuales represalias penales y civiles que podría acarrearle la publicación de determinados hechos de indudable interés público.

Dentro de este orden de ideas, en la legislación costarricense tenemos la figura penal del desacato y el principio, en materia de

270 RUBÉN HERNÁNDEZ VALLE

delitos contra el honor, de que el periodista es quien debe probar la *exceptio veritatis*, con lo que se invierte la carga de la prueba y, de paso, se viola el principio constitucional de la presunción de inocencia.

Tales inconvenientes podrían ser eliminados mediante la aplicación de la doctrina desarrollada por la Corte Suprema de los Estados Unidos de la "real malicia", según la cual "todo el que alegue haber sido difamado por la comunicación debe probar real malicia o, de lo contrario, no obtendrá desagravio" (**New York Times vs Sullivan**).

g. *Los límites entre la crítica y las figuras penales que tutelan el honor*

El aspecto más álgido de la libertad de prensa, en sentido amplio, lo constituye el límite entre la crítica y las figuras penales de la injuria, la calumnia y la difamación. En otros términos, las limitaciones específicas más importantes a la libertad de prensa vienen dadas por el respeto a la honra ajena.

Nuestra jurisprudencia penal ha precisado la diferencia en los siguientes términos: "derecho a injuriar por la prensa y libertad de imprenta son dos conceptos totalmente distintos, que no deben confundirse, ya que la libertad de imprenta es el derecho de publicar lo que se quiera sin previa censura, libertad que no contiene ni conlleva el derecho de injuriar, pues la libertad de imprenta está otorgada a todos y la injuria está prohibida a todos" (**Casación 55- 73**).

En otros términos, la libertad de información no ampara ni el insulto ni el juicio de valor formalmente injurioso o innecesario. En cambio sí admite la opinión, entendida como juicio de valor personal que no sea formalmente injurioso aunque puedan ser lo que el Tribunal de Estrasburgo ha denominado "opiniones inquietantes o hirientes" (**SSTC 62/ 1982**), las cuales pueden expresarse a través de la sátira, de la burla o de la ironía.

El artículo 7 de la ley de Imprenta vigente establece la responsabilidad solidaria de los editores responsables del periódico, folleto o libro en que hubiera aparecido la publicación que se considere injuriosa o calumniosa. El numeral 12 ibídem señala que, aquel que al autorizar la publicación acusada como difamatoria, calumniosa o injuriosa, procedió sin otro móvil que el interés público puede eximírsele de responsabilidad. En esta hipótesis, el tribunal tiene facultades, inclusive, hasta para absolver al editor.

Esta exención de responsabilidad del editor del medio se fundamenta en que algunos asuntos de interés general no pueden examinarse sin aludir a los funcionarios que han intervenido en ellos, más aún cuando lo que se estima censurable, por malo o inconveniente, es la actuación del funcionario, pues entonces la censura tendrá que dirigirse hacia él o afectarle en forma directa, pudiendo así revestir las características objetivas de la injuria, como una consecuencia de la crítica, según sea la naturaleza de las cuestiones tratadas en la publicación.

Un voto salvado en caso de injurias y calumnias dijo acertadamente que "Castigar en estos casos la injuria, sin atender el móvil de interés público, sería lo mismo que coartar el derecho de los ciudadanos a examinar la actuación de los gobernantes y restringir por allí sensiblemente, la libertad de expresión y prensa" (**Voto salvado Magistrados Coto y Retana, Casación 55-73**).

En una jurisprudencia más reciente de la Corte Plena, cuando actuaba como juez constitucional, se interpretó la relación entre los artículos 7 y 12 de la citada Ley de Imprenta, en el sentido de que "...Es cierto que el artículo 7 de la Ley de Imprenta...parece optar por el criterio de responsabilidad objetiva para acordar la posibilidad de imponer pena a los editores del periódico, folleto o libro en que apareciere el escrito calumnioso y aún el dueño de la imprenta, pero dicho criterio debe ser analizado al amparo de la legislación vigente en la actualidad, que conforme ya se indicó al inicio del presente considerando ha optado por el principio que establece que no existe pena sin culpabilidad, sea que la responsabilidad es personal, por hechos propios" (**Voto 24 /8/ 87**).

En síntesis, no existen ilícitos de prensa, delitos de prensa o delitos de imprenta, sino delitos a través de la prensa. Es decir, la prensa es uno de los medios por los cuales se puede cometer un ilícito en el ejercicio de la libertad de expresión. Por tanto, la responsabilidad consiguiente debe recaer sobre el autor de la expresión y no sobre el periodista o el medio de comunicación, cuando se limita a dar la difusión sin hacer propias esas expresiones.

La jurisprudencia de la Sala Constitucional considera que "el derecho a la información y al igual que la función de policía del Estado, tienen su límite en la vida privada de los ciudadanos, y los interrelacionados derechos fundamentales del honor y prestigio y de la imagen. De esta forma vemos que, por ejemplo, los expedientes judiciales penales sobre delitos son de acceso restringido combinando la tutela a la defensa con la protección de la reputación y el honor. Por ende, es menester que se plantee razonablemente un criterio de información de dependencias policiales y judiciales sobre asuntos en etapa de investigación. Nótese en este asunto que el caso lo desestimó el Juzgado de Instrucción a pedido del Ministerio Público y el contenido del informe fue dado a conocer por la prensa en los términos de que existía ese informe, con el consecuente daño a la empresa investigada. La Convención Americana sobre Derechos Humanos, pone como límite de la libertad de información, el respeto a los derechos o a la reputación de los demás, la protección de la seguridad nacional, el orden público, la salud o la moral públicas. Estima la Sala que en investigaciones preliminares en procesos en que no se ha intimado ni indagado a los presuntos responsables, y en los que los tribunales no han decidido sobre el futuro de la investigación y del inculpado, la publicación de un informe policial en la prensa, atenta contra el principio de información veraz, de posibilidad de rectificación o respuesta, y contra la honra del indiciado. El derecho de información no es irrestricto, y en esas circunstancias no puede ser el Estado quien proporcione los datos de quien sea acusado, para que se publique con su nombre o con condiciones que aludan directamente a su identificación. Es contrario al derecho a la reputación y al honor presentar en un artículo a una persona como delincuente si no ha sido sentenciado como tal, ni como imputado a quien no lo es. También lo será cuando se informa de una investigación preliminar si se dan los nombres de los presuntos acusados, pues puede resultar como en el presente caso, que se desestime la causa".

Sigue diciendo la Sala que "el derecho de honor y prestigio, al igual que sus correlativos de intimidad y de imagen, se tornan en los límites de la libertad de información y de la potestad de investigación del Estado sobre hechos punibles. El concepto de honor tiene dos facetas, una interna o subjetiva que se presenta en la estimación que cada persona hace de sí mismo, y otra de carácter objetivo, que es la trascendencia o exterioridad integrada por el reconocimiento que los demás hacen de nuestra dignidad, que es la reputación o fama que acompaña a la virtud. Estos valores fundamentales se encuentran tutelados en el numeral 11 de la Convención Americana sobre Derechos Humanos; y en el artículo 13 inciso 2 aparte a) de ese instrumento se encuentra estipulado el respeto a la reputación como límite del derecho de información. Como se dijo, dicho derecho al honor y a la reputación está íntimamente relacionado con el derecho de intimidad (artículo 24 de la Constitución Política), que a su vez se correlaciona con las garantías de inviolabilidad del domicilio, de documentos privados y de comunicaciones, y con el derecho a la imagen. Se ha discutido en doctrina y jurisprudencia de otros países si las personas jurídicas son titulares de derechos fundamentales (En este sentido, sentencia del Tribunal Constitucional Español número 137-85 y artículo 19.3 de la Ley Fundamental de Bonn) y la respuesta es que algunos derechos son propios de la persona física como el derecho a la vida y a la intimidad, y otros son tutelables a las personas jurídicas, como son el domicilio, las comunicaciones, la propiedad, etc. En relación al derecho fundamental del honor y de la reputación esta Sala estima que la ficción legal de grupos con identidad y personería diferente a la de sus integrantes, no son titulares del honor subjetivo, pues éste es propio de las personas físicas como tales. Mas el honor objetivo, o prestigio o reputación es tutelable a las personas jurídicas como valor fundamental, como bien preciado. Esto es así puesto que el valor del honor es íntimo de la persona física como autopercepción, mas la reputación como percepción exterior de la persona resulta un bien muy preciado para dichos grupos como elemento de cohesión y proyección. De esta forma, en cuanto al derecho a la reputación como derecho fundamental consistente en la percepción exterior de los demás hacia una persona es tutelable a una persona jurídica" (**Voto 1026-94**).

Dado que esta libertad se conecta directamente con los hechos, su protección está referida, de manera especial, a los profesionales de la información.

Aquí entra en juego el concepto de la veracidad de la información, concepto que difiere del incorporado en nuestro ordenamiento constitucional a partir de la reforma del artículo 46 de la Carta Política en 1996. En efecto, esta última norma consagra el principio de la información veraz en materia de protección al consumidor, es decir, en relación con la propaganda comercial, pero sin ninguna conexión con la libertad de información.

Ahora bien, jurídicamente no es posible exigir que todo lo que se publique sea verdadero, pues como afirma el Tribunal Constitucional español "de imponerse la verdad como condición para el reconocimiento del derecho, la única garantía de la seguridad jurídica sería el silencio" (STC 28/ 1996).

Por consiguiente el concepto de veraz significa que no se ampara al periodista que ha actuado con menosprecio de la veracidad o falsedad de lo comunicado, pero en cambio sí se protege la información rectamente obtenida y difundida "aunque resulte inexacta, con tal de que se haya observado el deber de comprobar su veracidad mediante las oportunas averiguaciones propias de un profesional diligente" (STC/ 178 1993).

La veracidad, en consecuencia, alude a una especial diligencia que asegura la seriedad del esfuerzo informativo y no puede comprometerse porque los hechos relatados no se ajusten a exigencias ni de objetividad ni de realidad incontrovertible (**Rubio Llorente-Díaz Portilla**).

Dentro de esta óptica, el Tribunal Constitucional español ha desarrollado la teoría del reportaje neutral, el cual es aplicable a "aquellos casos en que un medio de comunicación se limita a dar cuenta de declaraciones de terceros que resultan ser atentatorias contra los derechos del artículo 18.1 (derecho al honor, a la intimidad personal y familiar y a la propia imagen)" (STC 232/ 1993).

Entre las consecuencias extraídas por dicho tribunal a la citada doctrina del reportaje neutral está la conclusión de que el deber de diligencia se cumple "con la constatación de la verdad del hecho de la declaración, pero no se extiende en principio a la constatación de la veracidad de lo declarado, pues tal responsabilidad sólo sería exigible por lo general al autor de la declaración" (SSTC 22/1993).

No obstante, es evidente que un reportaje de contenido neutral deja de serlo si se le confiere unas dimensiones informativas a través de las cuales el medio contradice la función de mero transmisor del mensaje. Por ejemplo, si el medio, en vez de limitarse a transcribir la información recabada, termina editorializando sobre tales hechos y realiza una valoración negativa de ellos.

En nuestro país, sin embargo, el artículo 152 del Código Penal establece el delito de la reproducción de ofensas y sanciona como autor de las mismas a quien publicare o reprodujere, por cualquier medio, ofensas al honor inferidas por otro.

La jurisprudencia penal aplica mecánicamente esta disposición sin tomar en cuenta la precitada doctrina del reportaje neutral, lo cual ha llevado a la condenatoria de varios periodistas por el simple hecho de reproducir informaciones internacionales en que se lesionaba el honor de un tercero, sin contradecir su función de simple transmisor del mensaje.

h. *Los límites de la crítica y las figuras penales que tutelan el derecho a la intimidad*

Finalmente hay que analizar los límites de la libertad de información en relación con el derecho a la intimidad. En efecto, mientras las restricciones que afectan el derecho al honor pueden justificarse en la veracidad perseguida por el periodista, esta no es suficiente para evitar la vulneración del derecho a la intimidad. En este caso, la limitación sólo es posible cuando se fundamente en la relevancia pública del hecho divulgado. En otras palabras, que la difusión del hecho, aún siendo verdadera, resulte también ser necesaria en función del interés público del asunto sobre el que se informa.

El principio general, en la materia, es el de que el contenido de la información se desarrolla en el marco del interés general, por lo que no puede invocarse la libertad de información para proteger expresiones o afirmaciones que afectan a personas o hechos que carecen de relevancia pública. Especialmente cuando tales alegatos inciden en el ámbito de la intimidad constitucionalmente protegida de las personas.

De lo anterior se deduce que si el eventual conflicto entre la libertad de información y el honor se resuelve, en primera instancia, examinando si la información aportada fue veraz, la lesión de la intimidad presupone en cambio la veracidad. Como ha dicho el Tribunal Constitucional español "el elemento decisivo aquí es la relevancia pública del hecho divulgado, que su revelación resulte justificada en función del interés público del asunto sobre el que se informa, o si se quiere, del interés legítimo del público para su conocimiento" (**STC 197/ 1991**).

De allí ha derivado el mismo tribunal que " tratándose de la intimidad, la veracidad no es paliativo, sino presupuesto, en todo caso, de la lesión, porque, la preservación de ese reducto de inmunidad solamente puede ceder, cuando del derecho a la información se trata, si lo difundido afecta, por su objeto y por su valor, el ámbito de lo público, no coincidente, claro es, con aquello que pueda suscitar o despertar, meramente, la curiosidad ajena" (**STC 20/ 1992**).

Para terminar, se debe recodar que cada uno regula el ejercicio de su intimidad, de manera tal que si una persona famosa rinde declaraciones sobre un hecho de su vida íntima y posteriormente un medio de comunicación las desmiente de forma veraz, aquella no podría invocar ante los tribunales de justicia la violación de su derecho fundamental a la intimidad.

Otra de las limitaciones fundamentales al ejercicio de la libertad de prensa lo constituye el derecho a la imagen que regula en detalle el Código Civil, según lo analizamos oportunamente.

2. *La libertad de información por medios no escritos*

Es posible afirmar que la comunicación del pensamiento que no se realice exclusivamente de palabra o por escrito, no obstante que constituye una auténtica expresión del pensamiento, puede ser objeto de censura previa en casos muy calificados. Lo que en cambio está vedado por un contenido esencial de la libertad de información es la prohibición total o parcial de difundir cualquier manifestación del pensamiento, sea por escrito o por cualesquier otro medio. Por eso, las limitaciones a esta libertad deben ser taxativas e interpretadas de manera restrictiva.

Dentro de esta óptica, el artículo 13.4 de la Convención Americana sobre Derechos Humanos dispone que "Los espectáculos públicos pueden ser sometidos por la ley a censura previa, con el exclusivo objeto de reglar el acceso a ellos para la protección moral de la infancia y la adolescencia, sin perjuicio de lo establecido en el inciso 2".

La Ley 7449, denominada "Ley General de Espectáculos Públicos, Materiales Audiovisuales e Impresos" establece en su artículo 1 que "Esta Ley rige la actividad que el Estado debe ejercer para proteger la sociedad, particularmente, a los menores de edad y a la familia, en cuanto al acceso a los espectáculos públicos, a los materiales audiovisuales e impresos; asimismo, regula la difusión y comercialización de esos materiales".

Luego, en su artículo 2, define, para efectos de la aplicación de la ley, espectáculo público como "toda función, representación, transmisión o captación pública que congregue, en cualquier lugar, a personas para presenciarla o escucharla".

En el artículo 3 dispone que esa ley regula la valoración de los contenidos de las siguientes actividades: a) espectáculos públicos, particularmente el cine y las presentaciones en vivo; b) radio; c) televisión por VHF, UHF, cable, medios inalámbricos, vía satélite o cualesquiera otras formas de transmisión; d) juegos de video; e) alquiler de películas para video y f) material escrito de carácter pornográfico.

El articulo 11 inciso b) incluye dentro de las funciones de la Comisión de control y calificación de los espectáculos públicos el "b) Regular, en aras del bien común y sobre la base que la libertad de expresión no incluye la libertad de exhibición, las actividades mencionadas en el artículo 2, y prohibir las que constituyan un peligro social, por su contenido estrictamente pornográfico o violento, por su potencial de incitación al crimen o al vicio o por degradar la condición del ser humano".

El numeral 13 de la misma Ley señala que "No se podrá prohibir ni restringir una actividad de las enumeradas en el artículo 2, por las ideas que sustente; excepto cuando la actividad incite a la subversión, al vicio, al crimen, al odio por razones religiosas, raciales o de nacionalidad o cuando su contenido sea estrictamente pornográfico".

El artículo 21 de la citada ley sanciona con multa la distribución de material sin autorización; el numeral 22 castiga con la sanción de multa, a la personas física que, en nombre propio o de una persona jurídica, exhiba, en una película de acceso restringido para una determinada edad, una avance o porción de una película no autorizada para personas de esa edad; el numeral 23 ibídem castiga con multa la exhibición para un público no autorizado y el artículo 24 del mismo cuerpo de leyes prevé el cierre de locales, cuando se incurra en la misma infracción más de una vez.

El decreto ejecutivo número 26937-J del 27 de abril de 1998, reglamenta dicha ley. En su artículo 41 establece que las empresas o personas físicas –incluidas las Embajadas, organizaciones nacionales e internacionales, personas físicas o jurídicas que pretendan llevar a cabo festivales culturales de cine o de teatro– que pretendan hacer presentaciones en vivo, o de teatro, de televisión, radio, cine y televisión por cable, o por otros medios, deben hacer llegar por escrito a la Dirección, una solicitud de revisión y valoración del material, con ocho días hábiles de anticipación a la fecha en que se pretende transmitir o difundir el material. La solicitud puede incluir la autocalificación otorgada por el empresario. La presentación de la solicitud y autocalificación no autorizan la exhibición o transmisión del material, sino hasta que la Comisión rinda por escrito su calificación y autorice su exhibición.

Como podrá observarse, algunas de estas disposiciones son abiertamente incompatibles con contenidos esenciales de la libertad de expresión. Para comenzar en el artículo 1 se excede la limitación contenida en el artículo 14.3 del Pacto de San José en cuanto se extiende la censura previa en protección de la familia, en tanto que aquella norma sólo lo consiente en favor de la tutela moral de los menores y de los adolescentes.

En el inciso b) del artículo 11 se hace un juicio de valor al indicar que la libertad de expresión no incluye la libertad de exhibición, lo cual no es cierto. Además, al utilizar como causal de eventual prohibición de las actividades indicadas en su artículo 2 aquellas que constituyan un peligro social, por su contenido estrictamente pornográfico o violento, por su potencial de incitación al crimen o al vicio o por degradar la condición del ser humano, se incurre en clara violación de los contenidos esenciales de la libertad de expresión, cuyo principio fundamental como vivimos líneas arriba, es que no puede prohibirse su divulgación y que si se cometen excesos en su ejercicio el responsable debe responder tanto penal como civilmente.

La lógica de la normativa en análisis, por el contrario, permite no sólo la censura previa de tales actividades, sino que además autoriza la prohibición de su difusión basado en criterios no contemplados ni por el ordenamiento constitucional ni por el Pacto de San José. Su incompatibilidad con tales instrumentos normativos es evidente.

El mecanismo de la censura previa se estipula por vía reglamentaria y no en la ley, lo cual violenta el principio de reserva legal consagrado en materia de regulación de los derechos fundamentales por el artículo 28 de la Constitución Política.

3. *El derecho a la información*

Otro aspecto relevante de la libertad de prensa es el llamado derecho de información, que permite a todas las personas recibir una información suficientemente amplia de los hechos y sobre las corrientes de pensamiento –que son también realidades– y a partir de ellos escoger y formarse sus propias opiniones. Ello se logra a partir de dos vías diferentes: a) mediante la exposición objetiva de los hechos y b) por el pluralismo de las corrientes ideológicas.

Por ello es posible afirmar que el lector, en caso de los periódicos, el radioescucha, el espectador, el televidente, tienen derecho a ser informados en forma veraz y objetiva por los distintos medios de comunicación, además de que tales medios recojan las opiniones de los diversos sectores ideológicos de la sociedad.

En determinadas circunstancias el derecho a la información requiere una acción positiva del Estado. Dentro de este orden de ideas, la Corte Constitucional alemana declaró, en un célebre caso, que un inculpado que guardaba prisión preventiva, tenía el derecho a tener un aparato de radio en su celda para mantenerse informado de lo que ocurría en ese momento en su país (**Aubert**).

Es decir, la libertad de prensa conlleva el derecho en favor de los administrados de recibir información veraz y objetiva, como requisito indispensable para que cada cual se forme sus opiniones de la manera más libre que sea posible.

Dentro de esta óptica el Tribunal Constitucional español ha señalado que "El derecho a recibir información veraz tiene como características esenciales estar dirigido a los ciudadanos en general, al objeto de que puedan formar sus convicciones, ponderando opiniones divergentes e incluso contradictorias y participar así de la discusión relativa a los asuntos públicos". (**STC 220/1991**).

Por ello, es importante que los medios de comunicación fijen su línea editorial, evitando pasar por independientes cuando, en la praxis, defienden determinadas ideas políticas e ideológicas. De esa manera lo único que hacen es pervertir la libertad de prensa, pues su supuesta "independencia" y "objetividad" lo único que hace es confundir a sus lectores, radioescuchas o televidentes.

4. *El derecho de rectificación o respuesta*

   a. *Concepto*

El último aspecto relacionado con la libertad de prensa, es el derecho de rectificación o respuesta, que se ha incorporado a nuestro ordenamiento jurídico, en virtud de lo dispuesto en el artículo 14 de la Convención Americana sobre Derechos Humanos.

Dispone el artículo en cuestión que "Toda persona afectada por informaciones inexactas o agraviantes emitidas en su perjuicio en medios de difusión legalmente reglamentados y que se dirijan al público en general, tiene derecho a efectuar, por el mismo órgano de difusión, su rectificación o respuesta en las condiciones que establezca la ley. En ningún caso la rectificación o respuesta eximirán de las otras responsabilidades legales en que hubiere incurrido para la efectiva protección de la honra y la reputación. Toda publicación o empresa periodística, cinematográfica, de radio o televisión tendrá un persona responsable que no esté protegida por inmunidades ni disponga de fuero especial".

La ley de la Jurisdicción Constitucional, en su Capítulo III, regula el derecho de rectificación o respuesta.

Nuestra legislación corrige algunos de los defectos que contiene el artículo 14 de la citada Convención. Por ejemplo, en este último la protección del derecho sólo cobija a las personas físicas, en tanto que el artículo 66 de la citada ley, concede el derecho a toda persona, sin hacer distinciones de ninguna índole.

El derecho de rectificación o respuesta protege la honra y reputación de las personas, considerada la primera como la estima y el respeto de la dignidad propia, y la segunda como la "fama, opinión que sobre la excelencia de una persona tiene el común de la gente" (**Volio**).

Es, además, un derecho general y absoluto, en el sentido que siempre que una información sea inexacta o agraviante para una persona, éste tiene el derecho subjetivo de solicitar que el medio informativo responsable inserte o transmita la correspondiente rectificación o respuesta. El derecho trasciende a los herederos, pero dentro de ciertos límites, como sería la prohibición de aprovecharse de antepasados famosos para promover sus actividades personales. Dentro de este campo, nuestro Código Penal contiene algunas figuras que protegen la honra de los difuntos. Así, el artículo 148 del citado Código tipifica como delito la ofensa a la memoria de los difuntos, al mismo tiempo que otorga al cónyuge, hijos, padres, nietos y hermanos consanguíneos del muerto, el derecho a intentar la respectiva acción.

En resumen, podemos afirmar que el contenido esencial del derecho de rectificación o respuesta es defenderse de las informaciones inexactas o agraviantes, emitidas en perjuicio de determinadas personas, que se publiquen o transmitan por cualquiera de los medios de comunicación colectiva.

Dentro de este orden de ideas, la Sala Constitucional ha dicho que "Este derecho es considerado como sano y necesario debido a su carácter multidimensional, pues no sólo protege la honra y reputación del lesionado, es decir, el derecho a que se informe bien de él u objetivamente de él, sino que protege al público en su derecho a ser informado en forma completa y objetiva; por otra parte ayuda al medio de comunicación a cumplir su deber con honestidad y profesionalidad, a la vez que fortalece el ejercicio de la democracia" (**Voto 975- 90**).

Este derecho, en consecuencia, persigue proteger la moral y reputación de la persona, sea la personalidad del sujeto afectado. Por ello, cuando el agravio resulte evidente, la persona puede ejercitar este derecho; no obstante, existen casos en que a pesar de que exista una persona subjetivamente perjudicada, no se le puede conceder el derecho de respuesta, toda vez que existe un evidente interés público en la información, como lo sería la crítica a un deportista, a un músico, a un candidato derrotado, etc. En todos estos casos, tales informaciones no perjudican objetivamente a la persona, por cuanto tienden simplemente a destacar sus errores. Además, estas personas, debido a la posición, profesión u oficio que practican, están sujetas a la crítica pública, sin que por ello puedan sentirse agraviados.

b. *Objeto de la rectificación y respuesta*

El sujeto pasivo están incluidos todos los medios de comunicación, lo que excluye lógicamente a las publicaciones especializadas de poca circulación y a los libros. Tampoco sería posible intentar el ejercicio de este derecho respecto de las publicaciones de órganos oficiales, como "La Gaceta" o el "Boletín Judicial". En cambio, sí sería posible incluir entre los sujetos pasivos a las publicaciones relativas a las crónicas parlamentarias, lo mismo que los avisos comerciales, campos pagados y resoluciones judiciales que se inserten en otros medios informativos.

La Sala Constitucional ha considerado que los campos pagados están sujetos al derecho de rectificación y respuesta, pues de lo contrario personas de escasos recursos podrían verse afectadas por informaciones agraviantes o inexactas.

Sobre el particular ha sostenido la jurisprudencia constitucional patria que "Una persona es susceptible de ser afectada por "informaciones inexactas o agraviantes emitidas en su perjuicio a través de medios de difusión legalmente reglamentados" ya figuren en un campo pagado, ya en un artículo de fondo, ya en una gacetilla periodística" (**Voto 2494- 95**).

La razón para incluir a los campos pagados dentro del ámbito del derecho de rectificación o respuesta reside en que el órgano de prensa es responsable por informaciones inexactas o agraviantes emitidas en perjuicio de una persona, ya sea en forma directa o indirecta, es decir, aun cuando su participación haya consistido únicamente en la difusión de la información y no en su elaboración.

La jurisprudencia de la Sala también ha excluido del objeto del recurso a los boletines de prensa, pues dichas publicaciones no están dirigidas a la generalidad de la ciudadanía. En consecuencia, el recurso protege a las informaciones inexactas o agraviantes emitidas a través de medios de difusión legalmente reglamentados y que se dirijan al público en general (**Voto 7643- 97**).

El otro aspecto es si el recurso procede respecto de las columnas de opinión. En nuestra opinión sí es posible, pues el derecho tutela no sólo la rectificación de informaciones inexactas o agraviantes, sino también el derecho de respuesta, el cual está lógicamente referido a comentarios inexactos o agraviantes publicados o transmitidos por los medios de comunicación. De lo contrario no tendría ningún sentido que el legislador haya utilizado la expresión "respuesta", pues hubiera bastado con el de rectificación, dado que se rectifican los hechos por inexactos o agraviantes, en tanto que se "responde" a los comentarios que contengan apreciaciones inexactas o agraviantes.

Sin embargo, la jurisprudencia de la Sala ha sentado la tesis contraria. En efecto, ha dicho nuestro máximo intérprete constitucional que "estima la Sala que también acierta la parte recurrida en cuanto considera que no cabe ejercitar el derecho de rectificación o respuesta contra una publicación que, como en el caso subexamine, carece de contenido noticioso (es decir, fáctico), por constituir tan sólo una manifestación de las opiniones subjetivas de su autor. Tal y como se recalcó arriba, para efectos del derecho que se interesa lo inexacto o agraviante deben ser los "hechos" publicados, no las ideas u opiniones personales de su autor –buenas o malas, se las comparta o no– y cuya manifestación está protegida constitucionalmente también" (**Voto 5856-97**).

Tal jurisprudencia contiene errores conceptuales de bulto, pues no es cierto que sólo los hechos pueden ser inexactos o agraviantes, sino que en muchos casos, lo son más los comentarios o interpretaciones que hacen los comentaristas. Por ejemplo, el hecho de informar que un candidato a la presidencia de la República sea solterón no implica ninguna información inexacta o agraviante. En cambio, si un comentarista toma ese dato fáctico y malévolamente insinúa que el político es homosexual, es evidente que el afectado tiene el derecho de exigir la rectificación del comentario inexacto y agraviante por medio del ejercicio de su derecho de respuesta.

Por otra parte, si bien es cierto que la libertad de expresión está también tutelada constitucionalmente, como lo indica al final la sentencia de la Sala en comentario, también es cierto que nadie puede abusar en el ejercicio de sus derechos fundamentales, pues los derechos de los terceros constituyen un límite infranqueable a tal ejercicio, conforme lo estipula el numeral 28 de la misma Constitución.

La desafortunada jurisprudencia de la Sala ha reducido el derecho de rectificación o respuesta, tan sólo al de rectificación, eliminando de golpe y porrazo el de respuesta, lo cual es sumamente lamentable. Es de esperar que en el futuro se rectifique tan craso error.

c. *Legitimación activa*

Cuando los ofendidos fueren uno o más personas físicas directamente aludidas, el derecho podrá ser ejercido por cualquiera de ellas, pero si lo hicieran varias, la extensión de cada rectificación o respuesta se reducirá a proporciones razonables que garanticen el debido equilibrio con la publicación o difusión que la cause.

Si la inexactitud o el agravio fuere sólo indirecto o hubiere sido inferido a un grupo o colectividad, el derecho lo tendrá la persona o grupo de personas cuya rectificación o respuesta proteja más claramente la honra o reputación de todos los ofendidos y, en condiciones semejantes, la que se haya presentado primero, todo ello a juicio del medio de comunicación, o en su caso, de la Sala Constitucional.

No obstante, cuando el ofendido pudiere identificarse con un grupo o colectividad organizada, o sus miembros en general, el derecho deberá ser ejercido por su personero o personeros autorizados una única vez, y en el caso de una persona jurídica, por su representante legal. Si la inexactitud o el agravio afectare a más de un grupo, colectividad o persona jurídica, se aplicará lo dispuesto en el párrafo anterior.

d. *Delimitación de los conceptos de agravio e inexactitud*

La razón jurídica para la interposición de un recurso de amparo contra una información o comentario divulgado por un medio de comunicación legalmente establecido es determinar si aquella o aquel fue inexacto o agraviante. Por tanto, es imprescindible establecer la diferencia entre inexactitud y agravio.

La jurisprudencia de la Sala ha precisado sobre este punto que "La inexactitud es una significativa falta de correspondencia o de fidelidad con los hechos sobre los que la información versa: se da, por caso, si se omiten hechos importantes para la formación de un juicio equilibrado, o se incluyen otros que no son ciertos, o deliberadamente o involuntariamente se presentan de tal manera que se induce al lector a percibirlos de cierto modo con exclusión de otros razonablemente posibles, o en condiciones que pueden alterar la ponderación objetiva y correcta que de lo acontecido llegare a tener el público. Por lo que toca al agravio que el derecho habiente resiente, de lo que se trata es de que la información divulgada, por su contenido, características y forma de manifestación, sea adecuada –razonablemente– para que aquel decline o desmerezca en el aprecio o la consideración que los demás le tienen. Esto puede acaecer tanto si la información se refiere a él en lo puramente personal, como si tiene por objeto el ejercicio de la actividad que él personalmente despliega como actividad profesional, es decir, si incide en la opinión que los demás pueden tener acerca de la manera en que hace su trabajo, o –lo que es igual– en su prestigio profesional" (**Voto 2773- 96**).

e. *Limitaciones*

Lógicamente el derecho de rectificación o respuesta está sujeto, en su ejercicio, a determinados límites.

Como todo derecho fundamental, no puede ejercitarse en contra de las buenas costumbres. Así, por ejemplo, si so pretexto de rectificar una publicación periodística inexacta en relación con la participación en una huelga, no podría el aludido hacer una apología del delito ni incitar a la subversión generalizada de la población.

Tampoco se pueden atacar los intereses legítimos de terceras personas, como sería el caso de que una respuesta contuviera frases agresivas o malévolas que atenten contra la personalidad moral, la consideración política o jurídica de terceros.

Las responsabilidades que se deriven de la rectificación o respuesta recaen exclusivamente sobre sus autores y no sobre el medio de comunicación o sus personeros, con excepción de hechos nuevos que no se refieran a la materia de la rectificación o respuesta.

Sin embargo, la rectificación o respuesta ordenada por la Sala Constitucional, en la sentencia estimatoria de un amparo, eximirá a unos y otros de responsabilidad, salvo que en la misma sentencia se imponga algún tipo de responsabilidad a los personeros de los medios de comunicación demandados, por su negativa injustificada a publicarla.

f.   *Regulación procesal*

El derecho de rectificación o respuesta se ejerce conforme a las siguientes reglas:

i.- El interesado debe formular la correspondiente solicitud, por escrito, al dueño o director del órgano de comunicación, dentro de los cinco días naturales posteriores a la publicación o difusión que se propone rectificar o contestar, y se acompaña el texto de su rectificación o respuesta redactada en la forma más concisa posible y sin referirse a cuestiones ajenas a ellas.

ii.- La rectificación o respuesta debe publicarse o difundirse y destacarse en condiciones equivalentes a las de la publicación o difusión que la motiva, dentro de los tres días siguientes, si se tratare de órganos de edición o difusión diaria, en los demás casos en la próxima edición o difusión materialmente posible que se hiciere después de ese plazo.

iii.- El órgano de comunicación podrá negarse a publicar o difundir los comentarios, afirmaciones o apreciaciones que excedan de sus límites razonables, o en lo que no tengan relación directa con la publicación o difusión.

iv.- La Sala Constitucional, previa audiencia conferida por veinticuatro horas al órgano de comunicación, resolverá el recurso sin más trámite dentro de los tres días siguientes.

v.- Si se declarare procedente el recurso, en la misma sentencia se aprobará el texto de la publicación o difusión, se ordenará hacerla en un plazo igual al previsto en el inciso b y se determinan la forma y condiciones en que debe hacerse.

Hay varios aspectos que destacar desde el ángulo estrictamente procesal. Para comenzar, al amparo especial de rectificación o respuesta le son aplicables, en lo conducente, toda la normativa que regula el recurso de amparo.

En segundo término, a diferencia de lo que sucede en los amparos contra sujetos de Derecho Público, el artículo 69 de la LJC no prevé que la respuesta del medio de comunicación recurrido se deba tener como dada bajo la fe del juramento, de donde se deduce que, en estos casos, no se podría configurar el delito de perjurio ni de falso testimonio en caso de que el respectivo informe contenga falsedades, a contrario de lo que estipula el numeral 44 de la misma ley.

La Sala ha precisado que el recurso es improcedente cuando el texto que se pretende difundir no era una verdadera rectificación o respuesta (**Voto 123- 90**).

También es posible que la Sala aprecie causas que justifiquen la tardanza del medio para publicar o difundir la rectificación o respuesta (**Voto 2195- 91**).

Cuando la publicación es realizada en forma tardía, siempre se condena al medio pero no se le obliga a repetirla (**Voto 2269- 91**).

La rectificación o respuesta debe siempre solicitarse por escrito al director del medio. Por tanto, no puede hacerse ni en forma verbal ni dirigirse al periodista que elaboró la información (**Voto 2470- 94**).

También el medio tiene derecho a negarse a publicar una respuesta desproporcionada a la alusión en un campo pagado. Su obligación es sólo la de extractarla y publicarla en un lugar similar al de la publicación agraviante (**Voto 2494- 95**).

Cuando se trata de campos pagados, debe ponderarse, caso por caso, el coste de la respuesta para la empresa y el derecho fundamental de rectificación de las personas. En consecuencia, el principio fundamental consiste en destacar la respuesta –resumida si fuere del caso– en un sitio y forma similar (**Voto 2494- 95**).

La jurisprudencia también ha señalado que el recurso no conduce a la retractación del medio. En efecto, ha dicho la Sala que "el ejercicio del derecho de rectificación y (sic) respuesta no implica la retractación del órgano de comunicación recurrido –lo cual es un consecuencia del proceso penal–, sino la posibilidad de que éste publique la respuesta del sujeto perjudicado con la información publicada" (**Voto 4357- 96**).

Las resoluciones que dicte la Sala Constitucional son ejecutorias, y se harán efectivas en la vía civil por el procedimiento de ejecución de sentencia establecido en el Código Procesal Civil.

V. LA LIBERTAD DE ENSEÑANZA

1. *La delimitación conceptual de la libertad de enseñanza*

Bajo la noción de libertad de enseñanza coexisten tres nociones íntimamente relacionadas entre sí: a) el derecho de enseñar; b) el derecho de aprender y c) el derecho de escoger los propios maestros, que en algún sentido ya está incluido en el segundo concepto.

El derecho de enseñar existe cuando el ser humano está autorizado para transmitir a otros su ciencia o sus creencias. El derecho de aprender consiste en que toda persona puede, sujeta únicamente a sus propias aptitudes intelectuales, adquirir la misma instrucción que han alcanzado otros semejantes, o bien otra diferente. Finalmente, el derecho de escoger sus propios maestros implica la diversidad de los organismos dedicados a la enseñanza y la igualdad de sus prerrogativas (**Burdeau**).

Por tal razón, la libertad de enseñanza pone en juego simultáneamente la libertad de opinión (derecho de enseñar), la igualdad de los administrados (derecho de aprender) y la libertad de conciencia (derecho de escoger sus propios maestros).

En el fondo, la libertad de enseñanza es una subespecie de la libertad de comunicación y expresión, dado que toda difusión de aquello que cada ser humano tiene por verdadero, ya sea en forma escrita u oral, constituye una enseñanza.

No obstante, la libertad de enseñanza se refiere específicamente a la transmisión de los conocimientos a otras personas, especialmente a los jóvenes; es decir, a la formación, en las aulas estudiantiles, de las nuevas generaciones (**Rivero**).

2. *El contenido de la libertad de enseñanza*

La libertad de enseñar encuentra fundamento expreso en los artículos 79 y 80 de la Constitución, según los cuales "Se garantiza la libertad de enseñanza. No obstante, todo centro docente privado estará bajo la inspección del Estado" y "La iniciativa privada en materia educativa merecerá estímulo del Estado, en la forma prevista por la ley", respectivamente.

La libertad de enseñanza, en su doble faceta del derecho de aprender, sea en la libertad para elegir a los maestros y, por ello, el tipo de educación que se desea recibir y del derecho de fundar, organizar, dirigir y administrar centros docentes privados, está también consagrada en algunos instrumentos internacionales vigentes en nuestro ordenamiento.

En efecto, el artículo 26.3 de la Declaración Universal de los Derechos Humanos dispone que "Los padres tendrán derecho preferente a escoger el tipo de educación que habrá de darse a sus hijos". El numeral 13.3 del Pacto Internacional de Derechos Económicos, Sociales y Culturales, señala, por su parte, que "Los Estados Partes en el presente Pacto se comprometen a respetar la libertad de los padres y, en su caso, de los tutores legales de escoger para sus hijos o pupilos escuelas distintas de las creadas por las autoridades públicas, siempre que aquéllas satisfagan las normas mínimas que el Estado prescriba en materia de enseñanza, y de hacer que sus hijos o pupilos reciban la educación religiosa o moral que esté de acuerdo con sus propias convicciones". Finalmente, el párrafo 4 de la misma norma dispone que "Nada de lo dispuesto en este artículo se interpretará como una restricción de la libertad de los particulares y entidades para establecer y dirigir instituciones de enseñanza, a condición de que se respeten los principios enunciados en el párrafo 1 y de que la educación dada en esas instituciones se ajuste a las normas mínimas que prescriba el Estado".

Ahora bien, dentro de la libertad intelectual que integra la libertad de enseñanza, podemos distinguir tres aspectos diferentes: a) el aprendizaje que se desea obtener corresponde decidirlo a cada persona, salvo el caso de los menores de edad cuya decisión corre a cargo de su padres; b) luego, la libertad del educando se expresa fundamentalmente en la libertad a no ser enseñado contra su voluntad. En tratándose de los niños y de los adolescentes, sin embargo, este aspecto es meramente teórico, puesto que todos los ordenamientos contienen normas expresas que obligan a tales personas a cursar obligatoriamente un número mínimo de años de enseñanza formal y c) finalmente, la faceta más interesante es la libertad de escogencia de la enseñanza que se desea recibir.

Este último problema se relaciona directamente con la ideología que la enseñanza puede transmitir, puesto que la libertad de enseñanza es, ante todo, el derecho de no ser adoctrinado contra su propia voluntad.

Este derecho puede ser satisfecho por dos medios diferentes: mediante el pluralismo ideológico que ofrece a los educandos la posibilidad de escoger entre diferentes centros de enseñanza, aquel cuya educación corresponde mejor a las convicciones que ellos sustentan o que desean transmitir a sus hijos y, en segundo término, mediante una enseñanza neutral, que prohíba a los profesores realizar cualquier tipo de propaganda en favor de una determinada ideología.

En la mayoría de los países la enseñanza pública, al menos, se basa en el principio de neutralidad. En Costa Rica, sin embargo, el artículo 2 de la Ley Fundamental de Educación, fija en forma clara y precisa los fines de la educación costarricense, los cuales se pueden resumir en el principio de la "formación de ciudadanos aptos para vivir en una democracia".

La Sala Constitucional ha desarrollado este contenido de la libertad de enseñanza en los siguientes términos: "Del principio de libertad de enseñanza reconocida en el artículo 79 de la Constitución, implica el derecho de los padres de elegir la formación religiosa y moral que desean para sus hijos y de particular en el proceso educativo. La enseñanza globalmente concebida, es una proyección de la libertad ideológica, religiosa, del derecho a expresar y difundir libremente los pensamientos, ideas y opiniones, garantías todas, que se encuentran recogidas por los principios generales constitucionales... cuando los padres eligen con sus hijos un centro con un ideario determinado, están obligados a respetarlo, sin que ello implique en lo atinente a la orientación religiosa, que la misma pueda ser impuesta forzosamente al educando, en el tanto existe una limitación constitucional que garantiza la libertad de culto (arts. 70 y 36 de la Ley Fundamental de Educación). Lo propio sucede con discriminaciones por razón de raza, credo político o posición social." (**Voto 590- 91**).

Por otra parte, la misma Sala Constitucional ha señalado que "El derecho de las personas a escoger la enseñanza que deseen no podría garantizarse adecuadamente si no existiera libertad para crear y organizar instituciones de enseñanza con plena capacidad para decidir libremente su actividad académica y docente, administrativa y financiera, cultural y espiritual, sometidas tan sólo a las intervención necesaria de las autoridades públicas, apenas para garantizar los derechos de los educandos y los valores fundamentales del orden social; de otro modo, la libertad de elegir se vería seriamente lesionada, pues la única opción disponible sería la del Estado o la impuesta por él" (**Voto 3550- 92**).

Luego de sentadas tales premisas, en la última sentencia citada, la Sala fija precisamente lo que son, en su concepto, los contenidos de la libertad de enseñanza en nuestro ordenamiento. "El hecho de que la enseñanza sea, precisamente, un "derecho de libertad" implica, entre otras cosas: a) Que se trata, por su naturaleza, por su ubicación y contenido constitucionales y por su posición en el Derecho de los Derechos Humanos –tanto interno como internacional– de un verdadero "derecho fundamental", por ende derivado de la "intrínseca dignidad del ser humano –en la expresa definición de la Declaración Universal–, no de la voluntad del Estado ni de ninguna autoridad política o social, los cuales tienen el deber –y solamente el deber, no el derecho ni la opción– de reconocerlo como tal derecho fundamental, a favor de todo ser humano, en condiciones de igualdad y sin discriminación alguna; de respetarlo ellos mismos, sin violarlo, ni manipularlo, ni escamotearlo, por medios directos o indirectos, desnudos o encubiertos; y de garantizarlo frente a todo y frente a todos, poniendo a disposición los mecanismos jurídicos y las condiciones materiales necesarios para que esté al alcance de todos y por todos pueda ser gozado efectivamente; b) Que, por ser precisamente un derecho humano fundamental, quien lo actúe lo hace a nombre propio, en ejercicio de una actividad de la que es titular no de una concesión o permiso del poder público, el cual puede, a lo sumo, y siempre que lo haga por los órganos competentes y mediante el ejercicio de simples poderes de tutela, "inspeccionar", valga decir, vigilar su ejercicio para garantizar, precisa y únicamente, el equilibrio armónico entre la libertad de educación del que la ofrece –educador– y la libertad de educación del que la recibe –educando–, así como fiscalizar su cumplimiento y eventualmente sancionar su incumplimiento; c) Que el mismo equilibrio armónico entre la libertad del educador y del educando faculta y obliga al Estado, dentro de rigurosos límites de razonabilidad y proporcionalidad, a exigir a los establecimientos privados de enseñanza requisitos y garantías mínimos de currículum y excelencia académica, de ponderación y estabilidad en sus matrículas y cobros a los estudiantes, de una normal permanencia de éstos en los cursos y a lo largo de su carrera estudiantil, del respeto debido a sus derechos fundamentales, en general, y de otras condiciones igualmente necesarias para que el derecho a educarse no se vea truncado o gravemente amenazado; pero, eso sí, sin imponerles a los primeros fines ni contenidos rígidos ni invadir el campo razonable de su autonomía administrativa, económica, ideológica, académica y docente– recuérdese que no hay autonomía mayor que la de la libertad; d) Que por ser una "libertad" –un "derecho de libertad" – le convienen las condiciones, atributos, efectos y garantías de la libertad en general, la cual, entendida como ausencia de coacción arbitraria, es uno de los derechos humanos fundamentales –o más fundamentales–, como se asienta en la base misma de todo el sistema democrático–constitucional. Ella significa, desde el punto de vista jurídico, que existen actos de los particulares que el Estado no puede suprimir, alterar, restringir, ni controlar, aun mediante o con fundamento en una ley. Estos actos son, en primer lugar, los aludidos por la Constitución como "acciones privadas que no dañen la moral o el orden público, o que no perjudiquen a tercero" (**Voto 3550- 92**).

3. *Los límites al ejercicio de la libertad de enseñanza*

Al igual que todas las demás libertades, la de enseñanza no puede estar exenta de regulaciones por parte del Estado, las cuales configuran, en última instancia, su contenido esencial.

Dentro de este orden de ideas, la Corte Costituzionale italiana ha precisado que "La instrucción es uno de los sectores más delicados de la vida social, en cuanto se refiere a la formación de las jóvenes generaciones, las cuales, por representar la continuidad de la Nación y por la inexperiencia de su edad, requieren de una intensa protección. Por ello, el derecho de fundar y administrar escuelas privadas es uno de aquellos derechos sobre los cuales la acción del Estado debe ejercitarse con mayor cuidado con estudio de los intereses –de naturaleza no exclusivamente educativa y cultural– tanto de los particulares involucrados como de la colectividad" (**Voto 36-58**).

Por ello, hoy día se considera como legítima e indispensable la intervención del poder estatal en materia educacional, por cuanto se trata de evitar que la libertad de enseñanza se convierta en monopolio de unos pocos y, además, porque en los centros educativos se forman los profesionales y técnicos que posteriormente prestarán sus servicios al Estado y a la comunidad.

La intervención del poder público en el campo educacional no significa, desde luego, que éste ejerza monopolio sobre esa actividad, ya que, en tal hipótesis, como ocurre en los regímenes de corte totalitario, desaparecería totalmente el derecho de los administrados de enseñar y escoger sus propios maestros, contenidos esenciales, como ya sabemos, de la libertad de enseñanza. Es decir, si la libertad de enseñanza fuere patrimonio exclusivo del Estado se violaría un principio fundamental del régimen democrático: el pluralismo ideológico, dado que los educandos sólo podrían recibir instrucción en las ideas previamente escogidas como verdaderas por las autoridades estatales.

Dentro de este orden de ideas, uno de los más notables e influyentes constituyentes, el Lic. Rodrigo Facio, dijo que "al establecer el principio de la libertad de enseñanza, nos proponemos, como es natural, que esta norma tenga la misma fuerza que declaran, por ejemplo, la libertad de imprenta y de expresión. La libertad de enseñanza pertenece a la esencia de nuestra nacionalidad...".

La propia Sala Constitucional, en la jurisprudencia señalada de último, ha precisado que la enseñanza privada es de interés público y por esa razón es que justamente está sujeta a limitaciones generales en beneficio de la comunidad, lo cual, sin embargo, no la convierte en una actividad ni en un servicio público, dado que se trata de una libertad garantizada constitucionalmente. Por consiguiente, su ejercicio sólo está sometido a la fiscalización tutelar del Estado. Dentro de este contexto afirmó nuestro máxime intérprete constitucional que "Argumentar que la educación debe responder a contenidos claramente predeterminados por el Estado, es afirmar que éste debe garantizar una enseñanza totalmente igualitaria, lo que tergiversa evidentemente el ideal democrático: en una democracia auténtica la igualdad ante la ley es siempre igualdad en libertad; en consecuencia, un Estado democrático como el nuestro lo que debe garantizar son las condiciones que permitan la efectiva igualdad de derechos y oportunidades para todas las personas, con el fin de que vivan en libertad, ejerciendo plenamente su personalidad y el derecho no de ser iguales sino, precisamente diferentes a los demás, una de las cualidades esenciales de que goza todo ser humano" (**Voto 3550- 92**).

Por ello es justamente que en todos los ordenamientos democráticos coexisten ambos sistemas de educación: el público y el privado.

Dentro de esta perspectiva, es que se debe analizar la potestad de "inspección" que tiene el Estado sobre los centros de educación privados tanto para su fundación como para su funcionamiento.

Ahora bien, ¿cuáles son los alcances de la potestad de inspección del Estado en materia de educación privada?

En primer lugar, debemos recordar, como lo hace la doctrina administrativa, que toda potestad de inspección implica una relación de control de carácter estable o institucional, cuyo contenido depende de la actividad regulada (**Giannini**).

En virtud de esta potestad de control, el Estado está legitimado para establecer reglamentaciones de diversa naturaleza sobre los centros de educación privados, a fin de que su organización y funcionamiento cumplan con los principios cardinales que informan la educación nacional.

Sin embargo, la potestad fiscalizadora excluye, por su propia naturaleza, la posibilidad de que el Estado dirija y discipline a los centros de enseñanza privados. Como ha dicho la Sala Constitucional, las potestades de intervención del Estado en materia de enseñanza privada se constriñen únicamente a simples poderes de tutela que se ejercen a través de la inspección oficial de acuerdo con la ley. Por ello, la inspección del Estado no puede invadir el campo razonable de autonomía administrativa, económica, ideológica, académica y docente que corresponde a los centros educativos privados (**Voto 3550- 92**).

De conformidad con lo estipulado en el artículo 140 de la Constitución, la potestad de inspección está a cargo del Poder Ejecutivo (Presidente y Ministro de Educación Pública), por tratarse de una potestad de naturaleza administrativa, sin perjuicio, desde luego, que se asesoren con el Consejo Superior de Educación, el cual es un órgano con relevancia constitucional y no propiamente constitucional, como equivocadamente lo preceptúa la citada sentencia de la Sala Constitucional.

El contenido de la potestad de inspección se resume, fundamentalmente, en dos vertientes: a) la autorización para fundar y abrir centros de educación privados y b) la regulación de su funcionamiento.

La jurisprudencia de la Sala Constitucional ha determinado que la inspección del Estado consiste en la vigilancia del ejercicio de la actividad de los centros educativos privados para garantizar el equilibrio armónico entre la libertad de educación del educador y la libertad de educación del educando (**Voto 3550- 92**).

En cuanto al primer aspecto, es evidente que la creación y apertura de cualquier centro de educación privada está sujeto a la autorización del Ministerio de Educación. Dentro de esta óptica, la Sala Constitucional ha dicho que la libertad de enseñanza implica el derecho de los centros educativos de adoptar el modelo de organización legal que más convenga a sus intereses (**Voto 7494- 97**).

También tales centros educativos privados tienen el derecho de decidir libremente su actividad académica, docente, administrativa, financiera, cultural y espiritual (**Voto 3550- 92**). De ahí se deriva también su derecho a organizar la enseñanza de manera distinta a las enseñanzas oficiales, es decir, cada centro de educación privado tiene la posibilidad de dotar a sus enseñanzas de contenidos propios.

En relación con el segundo aspecto, es claro que el funcionamiento de los centros de educación queda sujeto a los mismos límites que rigen las demás libertades públicas en Costa Rica: la moral, las buenas costumbres y el orden público.

Así, por ejemplo, los edificios que alberguen los centros educativos privados se deben someter a todas las regulaciones pertinentes en materia sanitaria.

Lógicamente sería válida la intervención de la policía, cuando en tales sitios se realicen actos contrarios al orden público administrativo (ruidos molestos, actos contrarios a la moral y las buenas costumbres, etc.).

También los centros de educación privada deben cumplir, por analogía, con los principios que informan el servicio público: continuidad, igualdad, eficiencia. Sería muy grave, por ejemplo, que un establecimiento de educación privado cerrare sus puertas en cualquier momento durante el curso lectivo, o bien que dejare truncas algunas o todas las carreras profesionales que imparte. La potestad de inspección abraza también los aspectos netamente académicos, pues es evidente que los centros de educación privados deben cumplir con un mínimo aceptable de excelencia académica.

Asimismo, en aplicación del principio de igualdad de acceso, no podrían los centros de educación privados, a pesar de tener un ideario propio, prohibir el ingreso a sus aulas a los estudiantes que no profesen aquel, pues ello implicaría la utilización de un criterio discriminatorio como fundamento para el ingreso y permanencia de los estudiantes en los centros de educación privados. No obstante, su autonomía organizativa las faculta para rechazar justificada y razonablemente el ingreso de estudiantes matriculados en el ciclo lectivo anterior (**Voto 875- 96**). Por ello, la negativa del centro para dar matrícula a un estudiante debe estar justificada por motivo valedero para que no viole la libertad de elección del educando (**Voto 6043- 94**).

En tales hipótesis, el Estado debe intervenir para corregir las disfunciones constatadas y, bajo determinadas circunstancias, establecer sanciones administrativas y, eventualmente, hasta revocar la autorización de funcionamiento, previa oportunidad de defensa efectiva por parte del centro sancionado. Dentro de este orden de ideas, la Sala Constitucional ha señalado que la inspección del Estado sobre la enseñanza privada comprende además de los poderes de fiscalización, los de sancionar su incumplimiento. Además, ha dicho que las sanciones impuestas a los centros privados no pueden ser trasladadas a los estudiantes, de manera que debe siempre respetarse su derecho a la educación y a la continuidad de sus estudios (**Voto 17494- 97**).

La jurisprudencia constitucional ha señalado que la inspección del Estado comprende las facultades necesarias para exigir a los centros educativos privados, entre otros: a) los requisitos y garantías mínimas de curriculum y excelencia académica; b) garantías de ponderación y estabilidad en las matriculas y cobros a los estudiantes; c) garantías de una normal permanencia de los estudiantes en los cursos a los largo de su carrera estudiantil y d) garantías de respeto a los derechos fundamentales de los estudiantes (**Voto 3550-92**).

Un tema especialmente álgido es el relativo a la fijación de las tarifas en los centros educativos privados. La Sala Constitucional ha señalado que "El Estado por mandato constitucional tiene una labor de vigilancia de los centros educativos privados, siendo llamados por razón de la materia tanto el Ministerio de Educación Pública como el Consejo Superior de Educación a fiscalizar estas instituciones tanto en el campo educativo como administrativo. Razones de interés general justifican que el Consejo Superior de Educación, previo estudio del Ministerio de Educación Pública, con dictámenes técnicos verbigracia, auditorajes, exhibición de libros, examen de ayuda estatal, etc., determine si el aumento decretado, atiende a la proporcionalidad que debe existir entre la subsistencia de los centros privados y el cumplimiento por éstos del cometido fundamental de la educación, que es la formación del educando a costos justos, que no lo hagan prohibitivo" (**Voto 590- 91**).

En sentencias posteriores ha desarrollado este principio, indicando que las potestades de inspección del Estado comprenden facultades de aprobación previa de las tarifas, cánones y tasas establecidas por los centros privados de educación (**Voto 7494- 97**).

VI. LA LIBERTAD DE CÁTEDRA

El artículo 87 de la Constitución dispone que "La libertad de cátedra es principio fundamental de la enseñanza universitaria".

Este principio no se garantiza desgraciadamente para los profesores de los demás niveles de educación, como ocurre en algunos otros ordenamientos.

Desde el punto de vista jurídico, se la concibe como la falta de trabas que necesariamente debe tener todo profesor para investigar, exponer y transmitir el saber científico mediante lecciones, seminarios, conferencias, escritos y experimentos a quien quiera aprender (**Lucas Verdú**).

Su contenido esencial se puede resumir, entonces, en la posibilidad que le asiste al profesor universitario de manifestar sus ideas, sus conocimientos y convicciones científicas, literarias, artísticas o técnicas de manera libérrima. Además, en la facultad de seleccionar el contenido de las lecturas, de su enseñanza, del objeto de sus investigaciones y el contenido de sus publicaciones, sin necesidad de acudir a la autorización institucional o estatal previa.

Por tanto, la libertad de cátedra es una especie de derecho estamentario (**Romero Coloma**), dado que está dirigido a proteger fundamentalmente el intelecto académico de la obediencia de las normas establecidas por la autoridad institucional o la autoridad pública estatal, es indudable que su titular sea exclusivamente el docente universitario. Por ello, la libertad de cátedra es, en esencia, la libertad de los catedráticos para llevar de manera autónoma e independiente su actividad docente y su difusión.

No obstante lo anterior, se ha afirmado que "más que como un derecho del profesor, la libertad de cátedra se nos presenta como una garantía institucional en beneficio del mismo profesor, de sus alumnos y de la sociedad en general" (**Fernández Segado**).

Nuestra jurisprudencia constitucional pareciera inscribirse en esta última corriente de pensamiento, pues la concibe tanto como un derecho fundamental de los profesores, como una potestad de las autoridades universitarias. En efecto, ha dicho que "La libertad de cátedra (art 87 de la Carta Política), se puede entender como la potestad de la universidad de decidir el contenido de la enseñanza que se imparte, sin estar sujeta a lo dispuesto por poderes externos a ella, o bien, en el sentido de la facultad de los docentes universitarios de expresar sus ideas al interno de la institución, permitiendo la coexistencia de diferentes corrientes de pensamiento" (**Voto 3550-92**).

Dentro de esta óptica, ha considerado también que la libertad de cátedra no autoriza al profesor, en el ejercicio de tal derecho, para variar sustancialmente los contenidos de un curso. Es decir, "aún cuando el profesor es libre para determinar la materia que va a impartir, un curso debe, en todo caso, respetar sus lineamientos centrales y no variarlo sustancialmente" (**Voto 484- 98**).

Esta libertad se presenta fundamentalmente frente a los poderes públicos, pero también se hace valer frente a los mismos particulares. En su manifestación negativa, la libertad de cátedra significa que su titular tiene el derecho de resistir cualquier mandato de dar a su enseñanza una orientación ideológica determinada.

En su dimensión positiva, la libertad de cátedra implica que los centros educativos deben ser ideológicamente neutros, de manera que se respete el pluralismo ideológico.

De lo anterior derivan varios corolarios, como que la existencia de un ideario no obliga al profesor ni a convertirse en apologista del mismo, ni a transformar su enseñanza en propaganda o adoctrinamiento, ni tampoco subordinar a ese ideario las exigencias que el rigor científico impone a su labor.

Por otra parte, la libertad de cátedra tampoco autoriza al profesor para desencadenar un ataque directo o solapado contra el ideario del centro.

En síntesis, la libertad de cátedra debe concebirse como el derecho de quienes llevan a cabo personalmente la función de enseñar, a desarrollarla con libertad dentro de los límites del puesto docente que ocupan.

CAPITULO XI
LOS DERECHOS FUNDAMENTALES DE PROYECCIÓN SOCIAL

I. INTRODUCCIÓN

Esta categoría incluye los derechos de la persona como "*utis socius*", pues se trata de derechos que tienen como finalidad coadyuvar al libre desarrollo de la personalidad, operando de modo no tanto individual como socialmente.

De esa forma, en la democracia moderna la libertad no se concibe sólo como el respeto a áreas irreductibles de autonomía de los ciudadanos, sino, además, como una actividad efectivamente ejercitada, que trasciende de aquella libertad pasiva, por lo que está encaminada a la configuración, a través de la expresión de una pluralidad de opciones, de la voluntad general.

Se trata, en suma, de libertades individuales con la característica de que no se pueden gozar individualmente sino de manera conjunta.

Dentro de esta categoría tenemos dos derechos fundamentales: l) la libertad de reunión (art. 26 C.P.) y b) la libertad de asociación (art. 25 C.P.).

II. LA LIBERTAD DE REUNIÓN

1. *Las diversas acepciones del concepto reunión*

En general, existen dos conceptos de reunión: el primero lo configura como aquel grupo momentáneo de personas en un determinado lugar, formado para compartir una actividad específica que le interesa individualmente a cada uno de los participantes. Este concepto cobijaría cualesquier tipo de reuniones, incluso aquellas formas de asociación efímeras como las demostraciones callejeras espontáneas, los mítines, etc.

Por el contrario, la concepción restringida la configura como un encuentro temporal y voluntario de varias personas en un lugar determinado, conforme a un acuerdo previo y con un fin preestablecido (**Rivero**).

Dentro de este orden de ideas, la doctrina española reciente ha definido el derecho de reunión como "la facultad de congregarse, de una manera discontinua y temporal, en un lugar, de acuerdo con una convocatoria previa y con un mínimo de organización, para escuchar ideas u opiniones, ponerse de acuerdo en la defensa de determinados intereses o dar publicidad a ciertos problemas" (**Torres del Muro**).

En esta segunda acepción, como es obvio deducirlo, se potencia el acuerdo previo que determina la finalidad de la reunión.

2. *El contenido de la libertad de reunión constitucionalmente protegido en Costa Rica*

En primer término y desde el punto de vista subjetivo, la libertad de reunión cobija a todos los nacionales (tanto a ciudadanos como a menores de edad), lo mismo que a los extranjeros, dado que el artículo 26 de la Constitución utiliza la expresión "todos". De ahí también se deriva la consecuencia lógica de que tal libertad está también garantizada en favor de las personas jurídicas. Dentro de este orden de ideas, estarían tutelados los congresos de sindicatos, las reuniones de partidos políticos que desean coaligarse, etc.

En segundo término, conviene señalar que la libertad de reunión es, por lo general, instrumental respecto de otros derechos constitucionalmente garantizados. Dentro de esta óptica se ha afirmado que "el derecho de reunión contiene siempre la expresión, el ejercicio de otro derecho de libertad. Ese puede ser el modo de ejercicio de la libertad de discusión, de las libertades políticas, de la libertad de cultos, de la libertad personal" (**Rannelletti**).

En otros términos, la libertad en cuestión es instrumental para el ejercicio de una actividad que, respecto de la reunión, se presenta como final, tanto así que esta última es la que califica la naturaleza de la reunión (procesión religiosa, reunión deportiva, asamblea sindical, etc.).

Por consiguiente, la actividad que se desarrolla durante la reunión no se encuentra garantizada por el derecho de reunión, sino que más bien queda sujeta a la disciplina de la normativa específica correspondiente.

Las clases y tipos de actividad que pueden desarrollarse durante una reunión son múltiples y muy variados: en numerosos casos se trata de actividades tendentes a la protección de fines profesionales o económicos, que encuentran su fundamento en la libertad empresarial y de trabajo (arts. 46 y 56 C.P.). Si durante el curso de la reunión se dan espectáculos o bien se hacen discursos, la garantía constitucional de tales actividades vendría dada por el artículo 28 de la Carta Política. Otras veces, la reunión tiene fines políticos, sindicales, religiosos, etc., en cuyo caso las respectivas actividades encontrarían fundamento en los artículos constitucionales que garantizan aquellas (arts. 98, 60, 75, respectivamente).

En síntesis, la libertad de reunión es instrumental y necesaria para el ejercicio de otros derechos constitucionalmente consagrados. En todo caso, nuestra Carta Política es bastante amplia en la materia, pues garantiza su ejercicio respecto de "negocios privados o para discutir asuntos políticos o examinar la conducta pública de los funcionarios". Obviamente, dentro de tales categorías, sobre todo la de negocios privados, puede incluirse toda la amplia gama de actividades que se pueden desarrollar en el transcurso de una reunión (deportivas, culturales, religiosas, recreativas, etc.).

El tercer aspecto y el más crucial de ellos es el relativo al concepto de reunión que tutela nuestro ordenamiento.

Dentro de este contexto y partiendo del supuesto que existe reunión siempre que una pluralidad de sujetos se encuentra físicamente en vecindad, lo cual implica simultaneidad y unidad, se concluye que la garantía en cuestión abarca también todas aquellas hipótesis de reuniones que se realizan sin previa organización y sin el respectivo permiso de las autoridades, cuando aquellas tengan lugar en sitios públicos.

En efecto, no es la ausencia de voluntad, porque la voluntad de estar juntos es justamente la nota característica que distingue a una reunión, en cuanto grupo social, de las meras aglomeraciones de personas, o de las filas que se forman frente a una boletería o del tumulto de curiosos que se forma cuando ocurre algún suceso importante en la vía pública. En efecto, en el caso de las aglomeraciones y de las filas el "estar juntos" es puramente accidental y no existe tampoco una voluntad de estarlo, sino que las circunstancias lo obligan a ello.

Tampoco es la ausencia de un "fin común", porque este elemento es el que induce a un grupo de personas a permanecer juntas en un sitio en un determinado momento, sin necesidad de organización previa o de permiso de las autoridades (**Pace**).

En el fondo, la diferencia entre reunión en sentido restringido y reunión en sentido amplio, reside en la existencia de una fase organizativa previa. De acogerse este último criterio, al preaviso se le daría carácter estructural. Por tanto, su finalidad no se circunscribiría a que las autoridades puedan anticipadamente tomar las medidas necesarias para salvaguardar el orden público, gracias al auxilio de los promotores.

Dentro de esta óptica, el Tribunal Constitucional español ha precisado que la libertad de reunión sin autorización previa se integra al contenido esencial del derecho, el cual quedaría desnaturalizado al imponerse la necesidad de autorización administrativa (**Voto 115- 87**).

Por otra parte, el hecho que las reuniones privadas no requieran autorización previa de las autoridades, nos indica que esta garantía constitucional no se circunscribe únicamente a las previamente autorizadas. Además, la norma constitucional no exige la autorización previa respecto de las reuniones públicas, sino que remite a la ley para su reglamentación.

En otros términos, en el fondo lo que la norma constitucional en examen protege es cualquier tipo de reunión, siempre que no implique peligro alguno para el orden público. De todo esto deriva que la tutela del artículo 26 de la Constitución es el género reunión, y no únicamente una particular especie de ella, sean las previamente autorizadas por la autoridad competente.

En consecuencia, la norma constitucional en examen tutela también, entre otros, los Congresos, las Asambleas, las marchas, las procesiones, los mítines, las demostraciones callejeras surgidas espontáneamente, etc.

Por consiguiente, puede concluirse que si lo que identifica o individualiza al género reunión es el físico reagruparse de una pluralidad de personas en el mismo lugar, asimismo es valedero afirmar que la determinación exacta del sitio dónde se realizará la reunión es un término meramente relacional respecto de los sujetos físicamente copresentes. No identifica un lugar específico, sino que tan sólo subraya la vecindad material que debe subsistir entre las personas que se encuentran reunidas. De donde se deriva que habrá reunión tanto si las personas reunidas están estacionados en un determinado sitio, como en la hipótesis en que se muevan juntos de un lugar a otro. Se trata, en esa última hipótesis, de reuniones en movimiento (**Barbera**).

Las reuniones en movimiento, como las procesiones, las marchas, los desfiles, etc., entran en colisión con el derecho de circulación general. Tales actividades restringen, a veces en forma total, la libre circulación de las vías públicas, cuyo principal uso es asegurar el derecho de paso de los ciudadanos.

En Francia, algún sector doctrinal sostiene que "la vía pública es la sede de una libertad fundamental: la de ir y venir. Frente a la libertad muy general, las otras libertades –particulares– deben inclinarse, especialmente la libertad de reunión" (**Robert**).

Sin embargo, tal afirmación debe matizarse, pues es evidente que la vía pública ha estado siempre afectada a diversos usos del transporte de vehículos y de las necesidades peatonales. Por ello, como afirma un autor inglés, "las calles y carreteras fueron pensadas para pasear y circular, pero no es ese su único uso. También fueron pensadas para manifestaciones, paradas, funerales y acontecimientos de este tipo" (**Kretzmer**).

Por otra parte, cuando las reuniones que se celebren en lugares públicos sean para el desarrollo de actividades que están sujetas a licencia o autorización administrativa, no es necesario el preaviso. Tal sucede, por ejemplo, en las hipótesis de mercados, ferias, circos, etc.

3. *Los límites de las reuniones*

Todas las reuniones deben reunir dos notas comunes: ser pacíficas y sin armas. La diferencia entre ambos términos es evidente, dado que el primero (pacíficas) alude a la ausencia de una causal actual de desorden, mientras que el segundo (sin armas) se refiere a una causa meramente eventual.

La reunión se considera pacífica cuando no degenera en desorden colectivo, es decir, mientras no se altere el orden que debe existir entre los participantes (**Guarino**).

Una reunión deja de ser pacífica cuando se produce un desorden de un grado tal que pueda molestar, e incluso si no físicamente, a terceros que no participan en ella.

El Tribunal Constitucional español ha precisado que no basta con que los participantes acudan pacíficamente a la reunión, sino que, además, acudan a ella con el propósito de no incurrir en la violencia, pero no ya en una violencia física, sino incluso moral. En efecto, el derecho de reunión no comprende la posibilidad de ejercer sobre terceros una violencia moral de alcance intimidatorio, porque ello es contrario a bienes constitucionalmente protegidos como la dignidad de la persona y su derecho a la integridad física (**Voto 2 - 82**).

En el ordenamiento norteamericano, se considera que una reunión puede devenir ilegítima si la reacción de los participantes o de los curiosos presentes es tal que hace temer por una inminente perturbación a la paz y al orden y si la orden de disolución no es acatada por los participantes (**Note**).

Por otra parte, la existencia de uno o varios sujetos armados en una reunión no es motivo suficiente para su disolución, siempre y cuando los mismos participantes o las autoridades puedan alejarlos del sitio donde ella se realiza sin problema alguno. En cambio, cuando ese alejamiento sea prácticamente imposible, en virtud de la enorme cantidad de personas armadas o del apoyo que el grupo reunido demuestre por los armados, en tal hipótesis las autoridades de policía tendrán necesariamente que disolverla.

En consecuencia, debe conceptuarse reunión armada aquella en la que la mayoría de los participantes, con el consentimiento de los organizadores, porten objetos cuyo único objetivo es el de ser utilizados para atacar o defenderse.

El otro límite fundamental al derecho de reunión es la prohibición para que se celebren aquellas que persiguen fines ilícitos. Por ejemplo, las reuniones donde se discute la posibilidad de subvertir el orden público o de cometer delitos están lógicamente prohibidas.

Dentro de este contexto el artículo 4 de la propia Constitución dispone que "Ninguna persona o reunión de personas puede asumir la representación del pueblo, arrogarse sus derechos, o hacer peticiones a su nombre. La infracción de este artículo será sedición".

Finalmente, la Sala Constitucional ha señalado que no es posible limitar la libertad de reunión de los padres de familia dentro de un colegio, sea público o privado, pues el derecho de asociación presupone el de reunión (**Voto 590-91**).

4. *La tipología de las reuniones*

Conforme a nuestro ordenamiento, es posible distinguir tres tipos de reuniones: a) reuniones en lugares públicos; b) reuniones en lugares abiertos al público y c) reuniones privadas.

a. *Reuniones en lugares públicos*

Por reunión pública debe entenderse aquella en la que cualquier persona, en cuanto tal, sea admitida a participar en ella, y en relación a la cual no sea necesario determinar previamente ni el número preciso, ni la calidad de los participantes. La indeterminabilidad preventiva de los sujetos reunidos es la característica esencial de las reuniones en los lugares públicos.

Por consiguiente, serán públicas, por lo general, las reuniones que se realicen en bienes demaniales de uso general (calles, plazas, etc.), o las que se celebren en cualquier otro sitio público o privado, cuyo acceso sea libre y no controlado.

Nuestro texto constitucional establece que las reuniones en sitios públicos serán reglamentadas por ley. No obstante, todavía no se ha dictado ninguna norma sobre el particular, lo que implica que esta materia queda a la discrecionalidad del Poder Ejecutivo, pues según el artículo 140 inciso 6 de la Constitución, corresponde al Presidente y al respectivo Ministro "Mantener el orden y la tranquilidad de la Nación, tomar las providencias para el resguardo de las libertades públicas".

Dentro de esta óptica, cuando la Corte Plena actuaba como máximo intérprete constitucional, sostuvo la tesis de que "No se invoca en el recurso, ni se tiene a la mano, ley alguna a cuyos dictados pudiera ampararse la reunión o el desfile público de que se trata, que satisfechos, hubieren obligado a permitirla. Es preciso entonces acudir, para no citar más que disposiciones constitucionales, al aparte 6 del número 140 de la Carta, que le impone al Poder Ejecutivo el grave deber de "Mantener el orden y la tranquilidad de la Nación...". En cumplimiento del mismo y en ausencia de normas concretas de derecho aplicable al caso, no puede menos que pensarse en facultades discrecionales, que cuando se ejercitan con prudencia, están por entero ajenas a merecer el calificativo de arbitrarias" (**Voto del 2/5/61**).

En cumplimiento de ordenanzas municipales vigentes desde el siglo diecinueve, la autorización para realizar reuniones públicas se suele solicitar ante el Alcalde respectivo.

La razón para tal autorización reside en que, bajo determinadas circunstancias, aquella pueda ser denegada, cuando existan motivos suficientes para prever que su celebración podría no ser pacífica y devenir en un desorden generalizado que altere el orden público.

Dentro de este orden de ideas, nuestra anterior jurisprudencia constitucional en una ocasión declaró sin lugar un recurso de amparo interpuesto contra una denegatoria del Ministro de Gobernación para autorizar la celebración en la ciudad de San José de un procesión de una religión protestante, en plena campaña política, por considerar que de celebrarse esa actividad, la misma podría haber degenerado en motines públicos, pues las realizadas en domingos anteriores en otras cabeceras de provincia, habían terminado en forma violenta, pues dentro de ellas se habían infiltrado simpatizantes de varios partidos políticos contrarios (**Corte Plena, Voto 2/5/61**).

Concluyendo, una reunión debe considerarse pública, aunque se realice en un sitio privado, siempre que el acceso a ella sea libre e incontrolado y que cualquiera pueda entrar y abandonar el sitio a su entera voluntad.

b. *Las reuniones en lugares abiertos al público*

Las que se celebran en los denominados lugares abiertos al público, son aquellas que se realizan en sitios en donde la masa indiscriminada de la gente es admitida a participar en la reunión, dentro de los límites y bajo el control de aquellos que, en ese momento, disponen de la administración del predio. Por ejemplo, las reuniones que se realizan en gimnasios, estadios, cines, donde sólo pueden ingresar las personas que los organizadores admiten expresamente.

En otros términos, para que una reunión pueda ser considerada que se realiza en un lugar abierto al público, es necesario que los sujetos que tienen la efectiva disponibilidad del bien, se reserven el derecho de admisión o exclusión a la reunión y de establecer el número máximo de participantes (**Guarino**).

De lo anterior se deduce, sin mayor esfuerzo, que la naturaleza del lugar no es determinante para distinguir las diversas modalidades de reunión. En realidad, el lugar es público no porque sea jurídicamente tal, sino más bien porque el público tiene la posibilidad de acceso y retiro de él sin control alguno; en cambio, será un lugar abierto al público cuando exista alguien que, en algún grado jurídico, pueda disciplinar y controlar su apertura a la masa indiscriminada de personas.

c. *Las reuniones privadas*

Por el contrario, la reunión será privada, aunque se realice en un sitio demanial de uso general (calle, plaza, monumento público, etc.) cuando, por la modalidad con que se desarrolla, puedan participar en ella sólo las personas previamente determinadas y que, por lo general, se conocen entre sí. Verbigracia, los miembros de una asociación que se reúnen para escuchar la disertación de un experto sobre el significado de un monumento; un grupo de turistas que se agrupa en una plaza pública para escuchar las explicaciones de un guía privado; las reuniones de las asociaciones y de los partidos políticos en locales cerrados, etc.

Luego, en contraposición con las reuniones en lugares abiertos al público, las privadas se definen como aquellas en que los participantes son recíprocamente conocidos entre sí, o que estén en posibilidad efectiva, antes o durante el curso de la reunión, de llegar a conocerse.

5. *Las restricciones de la libertad de reunión*

En general, la libertad de reunión admite las siguientes restricciones en nuestro ordenamiento:

a.- Por razones de seguridad nacional. Verbigracia, para impedir o disolver reuniones cuya finalidad sea divulgar secretos de Estado o dar información a los enemigos;

b.- Para impedir alteraciones del orden público, o cuando sea previsible que dicha alteración se puede producir por los antecedentes. Lo anterior con fundamento en el artículo 140 inciso 6 de la Constitución, que le confiere al Poder Ejecutivo la potestad de mantener el orden público.

c.- Para proteger la salud pública, la moral y los derechos de terceros, de acuerdo con lo estipulado en el artículo 28 de la Constitución. En tratándose de la salud pública, existe una serie de restricciones y requisitos para la construcción y operación de "establecimientos de interés sanitario", dentro de los cuales se incluyen centros de reuniones, lugares de recreación o esparcimiento, iglesias, estadios. Tales restricciones tienen como objetivo garantizar las condiciones de higiene y seguridad de quienes asisten a las actividades que se realizan en esos locales. En caso de incumplimiento de las disposiciones legales y reglamentarias en la materia, el Ministerio de Salud tiene la potestad de cerrarlos, de conformidad con lo estipulado en los artículos 322 y 326 de la Ley General de Salud.

d.- Cuando no persigan un fin lícito, o la ilicitud derive de la normativa penal. Por ejemplo, las reuniones de las bandas delictivas.

e.- Cuando sean armadas

f.- En razón del cargo que desempeñan determinadas personas. Por ejemplo, los empleados del TSE tienen prohibición de realizar reuniones con fines político- electorales.

g.- Cuando, con motivo de encontrarse suspendidas las libertades constitucionales, se haya suspendido también la libertad de reunión, de conformidad con lo estipulado en los artículos 121 inciso 4 y 140 inciso 7 de la Constitución.

6. *Los poderes de control de las autoridades públicas sobre los diferentes tipos de reuniones*

Los poderes de las autoridades para disolver y vigilar las reuniones varían, desde luego, según el tipo de reunión de que se trate.

Respecto de las públicas, el motivo principal para su eventual disolución lo constituye la seguridad pública, la cual comprende todo aquello relacionado con la paz, la tranquilidad, la seguridad física de las personas, el domicilio, la libertad de cualquier persona e inclusive la de los terceros ajenos a la reunión.

Además, no es necesario que se produzca una efectiva lesión a esos bienes jurídicos, sino que basta con la amenaza de una eventual lesión. Es decir, los motivos para disolver una reunión pública abarcan no sólo aquellos casos en que se produzcan grescas entre los participantes o haya sujetos armados entre ellos, sino también cuando el comportamiento de los reunidos constituya una amenaza de lesión para terceros, o cuando, viceversa, el comportamiento de los terceros constituya un peligro para los reunidos y que las autoridades no estén en capacidad actual de controlar.

En síntesis, cada vez que existan lesión o peligro de lesión a la integridad física o psíquica de los sujetos reunidos o de terceros o contra bienes sus bienes, las autoridades de policía pueden disolver una reunión pública.

Si las autoridades policíacas pueden válidamente disolver reuniones que atenten contra el orden público, es lógico concluir que pueden, asimismo, presenciarlas y vigilarlas, así como tomar medidas preventivas para evitar que pierdan la condición de pacíficas.

Igual conclusión debe arribarse respecto de las reuniones que se realicen en sitios abiertos al público.

Finalmente, respecto de las reuniones privadas tales potestades deben ser negadas, ya que este tipo de reuniones se encuentra disciplinado más bien por otras normas relativas a la tutela del domicilio y a la libertad y al secreto de las comunicaciones.

III. LA LIBERTAD DE ASOCIACIÓN

1. *Concepto de asociación*

En sentido lato, el concepto de asociación comprende todas aquellas agrupaciones integradas por dos o más personas que deciden desarrollar conjuntamente una determinada actividad, es decir, que decidan establecer entre ellas una cooperación más o menos estable para la consecución de fines comunes de diversa índole (sociales, religiosos, culturales, etc.).

Por consiguiente, dentro de este concepto se incluye una diversa gama de formas asociativas, tales como las de carácter personal propiamente dichas, que tienden a satisfacer necesidades morales, recreativas o intelectuales de sus miembros (asociaciones religiosas, culturales, deportivas, etc.); las de carácter económico que tienen como finalidad principal el lucro (todas las diversas formas de sociedades civiles y mercantiles); asociaciones de carácter político (partidos políticos); asociaciones de naturaleza socio-económica que tienden al mejoramiento de la condición socio-económica de sus miembros (sindicatos), etc.

La asociación puede ser definida, entonces, como aquella institución surgida de un acuerdo o concierto de voluntades entre dos o más personas, que ponen en común, de manera permanente, sus conocimientos o actividades para cooperar en la realización de varios fines comunes autorizados por el ordenamiento.

Más sintéticamente, el Tribunal Constitucional español las ha definido como "aquellas organizaciones estables de varias personas para la gestión de un interés común sobre una base consensual" (**Voto 244 -91**).

De las anteriores definiciones podemos extraer, al menos, cuatro elementos fundamentales:

a.- La asociación implica, en primer término, un acuerdo de voluntades, en virtud del cual todos los adherentes persiguen uno o varios fines comunes, consecuencia de lo cual su participación en ella les confieren la titularidad de los mismos derechos y obligaciones;

b.- El segundo elemento —inherente a la noción de acuerdos antes indicada— es la pluralidad de miembros que ponen en común sus actividades o conocimientos, lo que hace de la de asociación una libertad de carácter colectivo;

c.- La permanencia distingue la asociación de la reunión. En efecto, aquella se caracteriza por una organización estable y por la existencia de un vínculo permanente entre sus miembros, mientras que la reunión no sólo tiene carácter transitorio y contingente, sino que, además, carece de una organización permanente.

No obstante, es conveniente aclarar que la permanencia está referida a la organización misma y no a sus miembros, quienes pueden desafiliarse sin que por ello deje de existir la asociación como tal.

Por otra parte, la permanencia de la asociación no implica perpetuidad, dado que es común la existencia de asociaciones por plazos cortos y determinados, como ocurre con frecuencia con las asociaciones mercantiles. Además, los asociados pueden ponerle fin en cualquier momento, mediante un acuerdo expreso. No obstante, mientras existan las asociaciones, éstas crean lazos permanentes entre sus miembros, que subsisten fuera de los momentos propiamente de reunión física entre ellos.

d.- El último elemento es que los miembros de la asociación cooperan en la realización de los fines comunes que persiguen a través de la respectiva entidad. Es decir, toda asociación se forma para la persecución de uno o varios fines determinados, que son compartidos por sus miembros y quienes colaboran en su realización. Tales fines, sin embargo, deben ser lícitos, en el sentido de estar autorizados o, al menos, no prohibidos por el ordenamiento.

Es conveniente señalar que la naturaleza de la asociación es fundamentalmente ideal, dado que busca la agrupación no tanto material como espiritual de sus miembros. En efecto, lo que une a los miembros de una asociación es un vínculo ideal, social y jurídico al mismo tiempo (**Barile**).

La jurisprudencia de la Sala Constitucional añade un elemento adicional: "que la estructura interna el funcionamiento de la asociación estén, permanentemente, fundamentados en la promoción democrática de sus miembros" (**Voto 5483- 95**).

Por otra parte, la asociación presupone otros derechos fundamentales, como el de reunión y el de libre expresión del pensamiento, sin los cuales no podría existir. Inclusive, el derecho de asociación nació luego de que se reconocieron los otros dos.

2.   *La extensión subjetiva de la libertad de asociación*

La redacción genérica del artículo 25 constitucional, al disponer que "Los habitantes de la República...", nos lleva a la conclusión de que se trata de una libertad que cobija tanto a los nacionales como a los extranjeros.

No obstante, respecto de estos últimos existen determinadas limitaciones cuando se trata de asociaciones que inciden directamente sobre la vida social, económica y política del país.

Así, por ejemplo, a los extranjeros les está prohibido ejercer cargos de dirección en los sindicatos, de conformidad con el artículo 60 de la Constitución. Implícitamente se les prohíbe también formar parte de los partidos políticos, puesto que el artículo 19 de la Carta Política les prohíbe intervenir en asuntos políticos y el 98 ibídem establece claramente que el derecho de formar partidos políticos corresponde exclusivamente a los ciudadanos (nacionales mayores de 18 años).

El otro problema que se plantea es determinar si nuestro texto constitucional garantiza la posibilidad de que entes colectivos puedan asociarse, o si esa garantía sólo cobija a las personas físicas.

Aunque la norma constitucional habla de "habitantes de la República" como únicos posibles titulares de esta libertad, lo cierto es que hoy es unánimemente reconocido, en la doctrina comparada, la posibilidad de que las personas jurídicas sean también titulares de esta libertad fundamental (**Maunz**).

En efecto, para ejercitar el derecho de asociación no es necesaria la presencia física de sus miembros, pues inclusive en sus Asambleas de asociados su representación puede acreditarse por medio de apoderados. Además, no existe ninguna razón por la cual las diversas clases de asociaciones no pueden agruparse entre ellas para formar Federaciones, Confederaciones, etc., a condición de que no persigan fines prohibidos por el ordenamiento. Dentro de este contexto, el artículo 272 del Código Penal tipifica como delito la asociación para fines ilícitos.

En consecuencia, el único requisito constitucional para el ejercicio de la libertad de asociación es que la respectiva organización persiga fines lícitos, sin importar si sus miembros son o no personas físicas.

Dentro de esta óptica, nuestra legislación en los diversos campos en que se manifiesta concretamente la libertad de asociación, la autoriza respecto de las personas jurídicas. Verbigracia, los sindicatos pueden formar Confederaciones y éstas Federaciones; igual sucede con las cooperativas. Las sociedades mercantiles pueden también ser socias de otras sociedades y los partidos políticos se pueden agrupar en coaliciones.

3. *La tipología de las asociaciones constitucionalmente tuteladas*

Un problema fundamental que surge en esta materia es determinar si el artículo 25 de la Constitución Política tutela de manera exclusiva las denominadas asociaciones sin fines de lucro, las de carácter político y las que persiguen reivindicaciones económicas y sociales, o si por el contrario, la libertad en examen abarca también todas las diversas manifestaciones del fenómeno asociativo.

En el Derecho Comparado el problema es resuelto bajo la afirmación de que la libertad de asociación engloba cualesquier tipo de asociación lícita (**Esposito, Hesse**).

Creemos que la redacción genérica de nuestro texto constitucional nos debe conducir a la misma conclusión, dado que esa norma no establece ninguna diferencia entre los tipos de asociación que tutela.

En todo caso, existen otras normas constitucionales que confieren también asidero a la gran variedad de asociaciones existentes en nuestro país. Así, verbigracia, el artículo 46 legitima todas las asociaciones lucrativas, como forma esencial para ejercer la libertad de empresa; el artículo 60 ibídem autoriza a los sindicatos en cuanto medios necesarios para "obtener y conservar beneficios económicos, sociales o profesionales"; el artículo 64 del mismo cuerpo de leyes legitima la creación de asociaciones cooperativas "como medio para facilitar mejores condiciones de vida a los trabajadores" y el artículo 98 constitucional legitima la existencia de los partidos políticos.

Sin embargo, es claro que toda esta tipología de asociaciones encuentra fundamento común en la libertad genérica de asociación que garantiza el artículo 25 de la Carta Política.

4.   *El contenido de la libertad de asociación*

El contenido de la libertad de asociación puede analizarse desde dos vertientes: a) su contenido positivo y b) su contenido negativo.

a.   *El contenido positivo de la libertad de asociación*

La faceta positiva de la libertad de asociación se manifiesta, al menos, en el siguiente haz de derechos:

i.- El derecho a fundar y participar en la asociación, lo cual implica que ni las autoridades públicas ni la propia asociación pueden limitar o restringir, de manera ilegal o indebida, esa libertad. Los Estatutos de las asociaciones deben establecer claramente los derechos y obligaciones de sus asociados, así como las competencias de sus órganos.

ii.- El derecho a establecer la propia organización del ente creado por el acto asociativo, dentro del marco de la ley respectiva. Esta potestad de organización se extiende a regular, en los Estatutos constitutivos, las causas y procedimientos de expulsión de sus miembros.

Por ello, la Sala Constitucional ha sentado la reiterada jurisprudencia de que los miembros de una asociación no pueden ser sancionados ni expulsados de ella, si no es con estricto acatamiento del principio constitucional del debido proceso (**Votos 98- 90 y 196 - 90**).

iii.- El derecho a incorporarse voluntariamente a cualquiera de las asociaciones legalmente constituidas. Dentro de este orden de ideas, serían inconstitucionales aquellas leyes que impidieran, por ejemplo, la libre incorporación a las asociaciones legalmente constituidas, siempre y cuando los candidatos reúnan los requisitos de admisión exigidos por los Estatutos de aquellos. Por ejemplo, sería inconstitucional que un Club privado negare el acceso como socio a un solicitante con base en el hecho de que éste pertenece a la raza negra o amarilla, etc.

iv.- El derecho a desarrollar la actividad necesaria o conveniente al logro de los fines lícitos en atención a los cuales se constituye.

Dentro de esta perspectiva, la Sala Constitucional ha dicho que "El derecho de asociación es una garantía constitucional reconocida, además de los instrumentos internacionales vgr. artículo 22 del Pacto Interamericano de Derechos Civiles y Políticos y supera la libertad de grupo de estar unido en la consecución de fines comunes. Presupone estos derechos fundamentales tales como el de reunión y el expresión de pensamiento...impedir a los padres de familia el repartir un volante para convocar a una reunión, para discutir un asunto de interés común, cual era analizar el monto del aumento, ha provocado, por la posición de poder en que se encuentra el Colegio en relación con los padres de familia, una violación al derecho de asociarse..." (**Voto 590 -91**).

b. *La libertad negativa de asociarse*

Como parte de su contenido esencial, el artículo 25 de la Constitución garantiza a todos los habitantes de la República el derecho a no asociarse.

La Sala Constitucional ha reiterado esta faceta negativa de la libertad de asociación al menos en dos ocasiones. En la primera de ellas dijo que "si bien es cierto la legislación faculta al IDA a indicar la forma en que deben explotar las parcelas...así como a instruir a los aparceros en otros asuntos, ni esta ni ninguna otra potestad faculta a esa institución a obligar a los parceleros a firmar convenios con terceros, en contra de su voluntad, mucho menos cuando el convenio contiene cláusulas vinculantes sobre el deber de asociarse, contrarias a la razón de ser y espíritu del artículo 25 de nuestra Constitución Política" (**Voto 733 - 90**).

En una acción de inconstitucionalidad sobre el tema dijo la misma Sala que "Además, ningún profesional en otra Ciencia que no sea la Económica y afiliado a su respectivo Colegio Profesional, que debida y legítimamente ocupe o llegue a ocupar puestos dentro de la administración de Recursos Humanos, estará obligado a inscribirse o registrarse en el Colegio de Ciencias Económicas" (**Voto 3409- 92**).

La Sala Constitucional ha tenido también oportunidad de referirse, en varias ocasiones, a formas indirectas de asociación que se establecen para el ejercicio de otros derechos fundamentales. Por ejemplo, la jurisprudencia constitucional ha señalado que no se puede obligar a que una persona se mantenga como afiliado de una cooperativa durante todo el plazo que dure un crédito hipotecario obtenido mientras era miembro activo de aquella (**Voto 532- 94**), o que los miembros del Colegio de Abogados obligatoriamente formen parte del Fondo de Retiro (**Voto 493- 93**).

El tema más álgido en esta materia, sin embargo, lo constituye la colegiatura obligatoria de los Colegios Profesionales.

La jurisprudencia de la Corte Plena, cuando actuaba como máximo tribunal constitucional, en dos ocasiones declaró sin lugar sendas acciones de inconstitucionalidad, aduciendo que, en la especie, no se estaba en presencia de un problema relativo al derecho de asociación.

La última de ellas rechazó la pretendida inconstitucionalidad del artículo 2 de la Ley Orgánica del Colegio de Cirujanos Dentistas bajo el argumento de que "No es posible confundir esos casos con la inscripción o incorporación obligatoria en los Colegios Profesionales, pues éstos tienen otra razón de ser y se organizan con una finalidad que va más allá del ámbito en que se desenvuelven los intereses del grupo o de la persona individualmente considerada...también se exige la estricta observancia de normas de ética profesional, tanto por la índole de la actividad que realizan esos profesionales, como por la confianza que en ellos depositan las personas que requieren de sus servicios. Todo esto es de interés público, y el Estado delega en los Colegios, la potestad de vigilar el correcto ejercicio de la profesión" (**Voto del 28/1/82**).

El problema se resuelve con la tesis de que el artículo 25 constitucional no comprende el derecho de constituir asociaciones cuyo objeto sea el ejercicio de funciones públicas de carácter administrativo relativo a un sector de la vida social. Estas asociaciones, de base corporativa pero de creación legal, encuentran su fundamento constitucional en el artículo 121 inciso 20 de la Carta Política, según el cual corresponde a la Asamblea Legislativa la creación de los demás organismos para el servicio nacional.

Por otra parte, en un Estado social y democrático de Derecho, como el nuestro, no se puede negar la creación de entes asociativos que sean necesarios para la persecución de determinados fines públicos de relevancia constitucional.

Esta potestad reguladora del Estado, sin embargo, está sujeta a limitaciones. Por ejemplo, en aquellos campos de actividad en los que no se pueda legítimamente obligar a los administrados a desarrollar determinadas actividades, tampoco es posible obligarlos a asociarse para su realización conjunta (**Crisafulli**).

En otros términos, y como ha dicho la Corte Costituzionale italiana, la libertad negativa de asociación encuentra un límite en la posibilidad de establecer entes asociativos de Derecho Público para la persecución de fines públicos; no obstante, tal posibilidad estaría a su vez limitada por las normas y principios constitucionales que reserven exclusivamente a la autonomía privada, fines e intereses que no son susceptibles de publicizarse (**Voto 69- 62**).

De lo anterior se deriva, por ejemplo, que en Costa Rica sólo serían válidos aquellos Colegios Profesionales cuyas actividades pudieren ser eventualmente objeto de publicización total, como todas las profesiones referentes a las Ciencias Médicas y de la Salud. En cambio, tales Colegios parecieran inconstitucionales en campos como el periodismo y otras actividades que no requieren para su ejercicio ni la autorización ni la vigilancia del Estado.

Por ello, otro límite importante a la creación de entes públicos de base asociativa lo encontramos en que tal potestad debe ser de ejercicio excepcional, pues por esa vía el Estado podría imponer una indebida restricción al ámbito de la libertad de asociación, de la libertad de sindicación y del juego del pluralismo social, económico y político, sustrayendo del mismo amplios sectores de la vida social.

Por consiguiente y tal como lo ha establecido la jurisprudencia del Tribunal Constitucional español, la creación de corporaciones públicas de base asociativa sólo se justifica en otras disposiciones de carácter constitucional o, a falta de ellas, en las propias características de los fines de interés público que el legislador persigue, y cuya consecución ha de haber encomendado la Norma suprema a los poderes públicos. En definitiva, la afiliación forzosa ha de contar con una base directa o indirecta en los mandatos constitucionales (**Voto 132- 89**).

De ahí se deriva que el mismo Tribunal haya dicho que la búsqueda de una adecuada ponderación de los bienes constitucionales y derechos en juego, exige asimismo atender al principio del pluralismo, pues éste supone la más completa movilidad, autodeterminación y competición de los sujetos sociales, y de este principio deben derivar importantes límites constitucionales frente a las formas de asociacionismo obligatorio, que han de ser consideradas como excepcionales y sólo posibles siempre que se justifique su procedencia en cada caso por razones acreditativas de que constituye una medida necesaria para la consecución de fines públicos y con los límites necesarios para que ello no incida de modo contrario a las previsiones constitucionales (**Voto 244- 91**).

En síntesis, sólo son constitucionalmente válidas aquellas corporaciones públicas de base asociativa, cuando su carácter asociativo obligatorio resulte ineludible para asegurar la consecución y tutela de determinados fines públicos, constitucionalmente relevantes, siempre que, de manera concomitante, no se viole otro derecho o principio constitucionalmente garantizado.

Sobre el tema de la obligatoriedad de la colegiatura, la jurisprudencia constitucional ha sido contundente al considerar que no se viola el derecho de asociación pues los Colegios Profesionales son corporaciones públicas creadas por ley de conformidad con lo estipulado en el numeral 121 inciso 20 de la Constitución. Dentro de este orden de ideas, ha dicho la Sala que "Igualmente es relevante señalar que no toda colegiatura puede y debe ser obligatoria; se requiere para que ello sea posible, que la actividad de que se trate, sea en algún grado de importancia, el ejercicio de funciones públicas y de profesiones muy calificadas por su incidencia social y en general, en los campos en que es imprescindible proteger valores sociales o cuando la colegiatura sea necesaria para la consecución de fines públicos" (**Voto 5483-95**).

5. *La regulación interna de la libertad de asociación*

La regulación interna del derecho de asociación debe respetar una serie de derechos que derivan de su organización y funcionamiento interno.

El derecho de asociación, en cuanto libertad pública fundamental, engloba varios aspectos: la libertad para los administrados de crear asociaciones de diversa naturaleza conforme a sus propios intereses; de afiliarse y desafiliarse voluntariamente a ellas; la libertad de las asociaciones, en cuanto personas jurídicas independientes de sus miembros, una vez creadas, de realizar actividades y de acrecentar sus recursos y la libertad de sus miembros de combatir las decisiones internas de la agrupación.

Dentro de esta óptica, la Sala Constitucional ha señalado que "que en tratándose de entes corporativos –como lo es la cooperativa recurrida–, se debe cumplir con las exigencias del debido proceso cuando se pretenda, como en este caso, la expulsión de un asociado, ya que ello implica la supresión de sus derechos corporativos" (**Voto 3585- 97**).

También la jurisprudencia de la Sala Constitucional ha señalado que "que esa libertad pública no se limita a la protección del derecho de organización, sino de todos los derivados de ese principal o necesarios para su adecuado ejercicio, como el de elegir y ser electo en cargos directivos y de permanecer en el goce y ejercicio de estatus de asociado en condiciones de igualdad. También ha indicado que dentro de las garantías que integran la libertad de asociación, se encuentra el derecho de defensa y sus consecuentes implicaciones. De lo expuesto se desprende el derecho de todo asociado de ser comunicado previamente de la intención de expulsarlo de la organización, de conocer los motivos y examinar las pruebas que fundamenten la desafiliación; de apersonarse en la Asamblea en la que se pretenda acordar su exclusión, de ser escuchado y ofrecer prueba de descargo y recurrir contra el acuerdo final" (**Voto 4431- 95**).

Cabe señalar que los Estatutos de las asociaciones no pueden establecer requisitos de acceso irrazonables o discriminatorios, ni condiciones que imposibiliten el libre retiro de sus asociados según lo explicamos en su oportunidad, principio que como también vimos, ha sido recogido por nuestra jurisprudencia constitucional.

6.   *Las limitaciones inherentes a la libertad de asociación*

En primer término, la limitación esencial de la libertad de asociación descansa en los fines que pueden perseguir esas organizaciones. Tales límites vienen dados por el mínimo común en el orden social y de la vida estatal que protege todo ordenamiento jurídico. Así, por ejemplo, nuestro Código Penal en su artículo 272 castiga como delito las asociaciones constituidas con el objeto de delinquir. Asimismo, serían punibles cualesquier otro tipo de asociaciones cuyos fines fueren contrarios al orden público, a la moral y a las buenas costumbres.

Dentro de esta óptica, el artículo 3 de la Ley de Asociaciones vigente dispone que "Dentro de la autorización de esta ley no se admitirán asociaciones de carácter político, ni las que tengan por objeto un fin que fuere física o legalmente imposible en los términos previstos en el artículo 631 del Código Civil".

Los fines que pueden perseguir las asociaciones se limitan también en razón de su propia naturaleza. Verbigracia, a los sindicatos les está prohibido perseguir fines de carácter político (art. 280 del Código de Trabajo), etc.

El segundo límite esencial consiste en que las asociaciones no pueden establecer en sus Estatutos condiciones que imposibiliten el libre retiro de sus asociados. Es decir, el libre retiro de los miembros es uno de los contenidos esenciales de la libertad de asociación.

CAPÍTULO XII

LOS DERECHOS DE LA PERSONA EN CUANTO MIEMBRO DE LA COLECTIVIDAD POLÍTICA

I. INTRODUCCIÓN

El hombre, como animal político, forma parte de una comunidad estatal y, como tal, es titular de un conjunto de derechos de participación, que implican que la persona, en cuanto ciudadano, interviene en la determinación de la voluntad de la colectividad a la que pertenece, es decir, se convierte en partícipe de la voluntad estatal.

Por otra parte, los derechos de participación son los que, en última instancia, le confieren legitimidad al principio democrático, dado que si los poderes del Estado emanan del pueblo, es lógico concluir que aquellos deban responder a la voluntad del pueblo libremente manifestada.

En nuestro ordenamiento se encuentran consagrados específicamente cuatro tipos de derechos participativos: a) el derecho de petición (art. 27 C.P.); b) el derecho de elegir y ser electo para cargos públicos (art. 90 C.P.); c) el derecho de formar partidos políticos (art. 98 C.P.) y d) los derechos de participación política directa.

II. CONCEPTO Y CARACTERÍSTICAS DE LOS DERECHOS POLÍTICOS

El concepto de derechos políticos está íntimamente relacionado con las formas de participación de los ciudadanos, ya sea individual o colectivamente, en los procesos de formación de la voluntad estatal.

Consecuencia de lo anterior, los políticos se encuadran dentro de la categoría de derechos funcionales, por lo que se ejercen frente al Estado. A través de su ejercicio se trata de influir, ya sea directa o indirectamente, en las decisiones del poder público.

Los derechos políticos son de ejercicio personal, es decir, no son susceptibles de trasmisión o renuncia. Por consiguiente, su ejercicio está ligado a su titular y sólo puede ejecutarse a través suyo y no por medio de terceros subrogados.

Un presupuesto importante de los derechos políticos es que sus titulares deben ostentar la condición de ciudadanos, que en nuestro país se adquiere a los dieciocho años, de conformidad con el artículo 90 de la Constitución.

El ejercicio de los derechos políticos no otorga, por sí mismo, la condición de funcionarios públicos a los ciudadanos, la cual sólo es adquirida por aquellos que cumplan con determinados requisitos que fija cada ordenamiento jurídico en particular.

El ejercicio de los derechos políticos sólo supone, entonces, realizar una función pública de carácter no estatal, ya que los ciudadanos que la ejercen no actúan a nombre del Estado, sino más bien a nombre propio y en función de los intereses de la comunidad donde participan.

III. CONCEPTO Y CARACTERÍSTICAS DE LOS DEBERES POLÍTICOS

El concepto de deberes políticos se inserta dentro de la categoría más amplia de los llamados deberes constitucionales. Estos últimos pueden conceptuarse como aquellas situaciones jurídicas de sujeción que se imponen a los ciudadanos para tutelar intereses colectivos.

En nuestro ordenamiento, los deberes constitucionales, en sentido genérico, están consagrados en el artículo 18 de la Constitución, cuando establece que "Los costarricenses deben observar la Constitución y las leyes, servir a la Patria y contribuir para los gastos públicos".

Dentro de estos deberes constitucionales existe una categoría específica, que podríamos denominar deberes funcionales, que son aquellos que obligan a asumir activamente la condición de ciudadano en lo que se refiere a todas las actuaciones público-políticas, necesarias para el desarrollo de la comunidad: realización de los derechos políticos, electorales, de participación.

De lo anterior se concluye que los deberes políticos son deberes de naturaleza funcional, en virtud de los cuales el ciudadano está obligado a realizar una serie de prestaciones personales o ejercitar obligatoriamente un derecho con el fin de hacer efectivos los derechos políticos que consagra el ordenamiento. Verbigracia, el artículo 41 del Código Electoral señala que el cargo de miembro de las Juntas Electorales es honorífico y obligatorio, de tal forma que si el día de las elecciones la persona designada en una determinada mesa no se presenta voluntariamente, puede ser llevada incluso mediante el uso de la fuerza pública. Aquí, como se observa, el deber político tiene como finalidad hacer efectivo un derecho político fundamental: el sufragio. En otros términos, los deberes políticos son medios jurídicos necesarios para instrumentalizar la ejecución y vigencia de los derechos políticos.

IV. TIPOLOGÍA DE LOS DERECHOS Y DEBERES POLÍTICOS

Los derechos y deberes políticos pueden ser de carácter individual, o bien de naturaleza colectiva.

Entre los primeros podemos ubicar a los derechos de carácter electoral tendentes a que los ciudadanos concurran a la formación de los órganos políticos del Estado. Es decir, mediante el ejercicio de este derecho, que es de carácter personal e intransferible, el ciudadano concurre a la integración de los órganos estatales que son de elección popular, como es el caso, en nuestro país, de la designación del Presidente y de los Vicepresidentes de la República, de los diputados y de los regidores municipales y eventualmente de los constituyentes. En otros ordenamientos este derecho se utiliza, además, para ejercitar la iniciativa popular en la formación de la ley o para dirimir asuntos sometidos a plebiscito o referendo en sus diversas modalidades.

Desde el punto de vista pasivo, cada ordenamiento fija las condiciones necesarias para que los ciudadanos aspiren a los diferentes cargos de elección popular. Es decir, este derecho está regulado, de manera profusa y detallada, por cada legislación electoral.

Desde el punto de vista colectivo, los derechos políticos están referidos a su ejercicio por medio de grupos o entidades plurales. En esencia, los derechos políticos colectivos se manifiestan en el derecho a formar partidos y agrupaciones políticas y en el derecho de participar, a través de ellos, en la vida política del país. Es decir, determinados derechos políticos sólo pueden ser ejercidos por medio de organizaciones, como es el caso específico, en nuestro ordenamiento electoral, de presentar candidaturas a puestos de elección popular, lo cual sólo está autorizado respecto de los partidos políticos, de conformidad con lo estipulado en el artículo 76 del Código Electoral.

Los deberes electorales también pueden ser individuales o colectivos. En el primer caso tenemos, por ejemplo, las hipótesis contempladas en el artículo 9 del Código Electoral, norma que impide la renuncia del cargo de diputado constituyente, o del precitado artículo 41 del mismo Código, según el cual el ejercicio del cargo de miembro de mesa, el día de las elecciones, es obligatorio.

En cuanto a los deberes políticos colectivos, éstos están referidos a todas las obligaciones que el ordenamiento impone a los partidos políticos, tales como el ajustar sus Estatutos internos a ciertas disposiciones fijadas por el Código Electoral, o el de acatar la normativa que regula la propaganda electoral durante los períodos de campaña electoral, etc.

V. LIMITACIONES DE LOS DERECHOS POLÍTICOS

Como todo derecho fundamental, los políticos están también sujetos, en cuanto a su ejercicio, a límites.

Por ejemplo, en nuestro ordenamiento, por razones de evidente necesidad pública, se pueden suspender, entre otros, los derechos de asociación, reunión y libre manifestación del pensamiento, como vimos en su oportunidad.

Los derechos de asociación y reunión están íntimamente ligados con los derechos políticos, pues constituyen, en alguna medida, medios jurídicos idóneos para el ejercicio efectivo de la mayoría de los derechos propiamente políticos.

En época electoral, por ejemplo, una suspensión del derecho de reunión tendría serias consecuencias sobre la campaña electoral. Lo mismo ocurriría con la eventual suspensión del derecho de libre manifestación del pensamiento, pues haría prácticamente imposible el proselitismo electoral por los medios de comunicación.

La restricción de los derechos políticos puede provenir de resoluciones judiciales, como sería el caso en que un tribunal declarare la interdicción de una persona. Conforme al artículo 91 de la Constitución Política, esta sería una causal expresa de pérdida de la ciudadanía, lo cual implica que aquél perdería tanto su capacidad electoral activa como pasiva.

Otra causal específica de pérdida de la ciudadanía, conforme al tenor del mismo artículo constitucional citado, lo sería la sentencia penal que impusiere, a título de pena, la suspensión del ejercicio de los derechos políticos.

Una tercera hipótesis la constituye la inhabilitación para el ejercicio de cargos públicos de cualquier índole, incluidos los de elección popular, de todas aquellas personas condenadas por delitos electorales conforme a la combinación armónica de las disposiciones contenidas en los Códigos Electoral y Penal.

Sin embargo, debemos recordar que las normas de la Convención Americana son de aplicación obligatoria en el país y en concreto el artículo 23 establece:

1. Todos los ciudadanos deben gozar de los siguientes derechos y oportunidades:

    a) de participar en la dirección de asuntos públicos…

    b) de votar y ser elegidos…

    c) de tener acceso, en condiciones generales de igualdad, a las funciones públicas de su país.

2. La ley puede reglamentar el ejercicio de los derechos y oportunidades a que se refiere el inciso anterior, exclusivamente

por razones de edad, nacionalidad, residencia, idioma, instrucción, capacidad civil o mental, o condena, por juez competente, en proceso penal".

La jurisprudencia de la CADH ha ratificado claramente que las causales de restricción de los derechos políticos establecidos en el inciso 2) del artículo 23 de la CADH son taxativas al sostener que de acuerdo con "el artículo 23.2 de la Convención se puede reglamentar el ejercicio de los derechos y oportunidades a las que se refiere el inciso 1 de dicho artículo, exclusivamente por las razones establecidas en ese inciso" (**Caso Ricardo Canese, sentencia 31 agosto 2004, párrafo 96**).

Además, debemos recordar que la interpretación en materia de derechos humanos se rige por los principios "pro homine" y "pro libertatis", por lo que toda norma en la materia debe interpretarse en el sentido de favorecer el derecho y de interpretar restrictivamente todo lo que lo limite o perjudique. Por tanto, tampoco por la vía de la interpretación se podrían ampliar las restricciones que establece la Convención al derecho fundamental a la participación política.

Es importante destacar que la Corte considera el ejercicio del derecho a la participación política como un fin en sí mismo. Este concepto fue reiterado concretamente en el fallo dictado en el caso de Leopoldo López Mendoza contra Venezuela del 1 de setiembre del 2011, donde afirmó:

> "La Corte estima pertinente reiterar que "el ejercicio efectivo" de los derechos políticos constituye un fin en sí mismo y, a la vez, un medio fundamental que las sociedades democráticas tienen para garantizar los demás derechos humanos previstos en la Convención... y que sus titulares, es decir, los ciudadanos, no sólo deben gozar de derechos, sino también de "oportunidades". Este último término implica la obligación de garantizar con medidas positivas que toda persona que formalmente sea titular de derechos políticos tenga la oportunidad real para ejercerlos...".

Por otra parte y como acertadamente lo ha puesto de relieve la jurisprudencia del TSE, "Debido a su carácter expansivo, resulta consustancial a la participación política el principio de progresividad que deriva, a su vez, del principio democrático.

A la luz del principio de progresividad de la participación política, cualquier norma o requisito, aunque tenga carácter sancionador, no puede tener una dimensión mayor a la del propio derecho tutelado en la Constitución Política y en las normas supra constitucionales, conforme al señalado principio de razonabilidad que constituye, a su vez, parámetro de constitucionalidad.

En la situación que se analiza, bajo el principio de autorregulación interna, los partidos políticos establecen sus propias normas, dictan sus disposiciones e impones requisitos subyacentes a la dinámica partidaria; sin embargo, el principio de progresividad exige que las actuaciones sean acordes a los principios y valores superiores que postulan un derecho expansivo a la participación política. En este sentido las acciones partidarias, en general, no pueden ostentar una dimensión mayor que la que protege el derecho fundamental de participación política, al punto de tomar nugatorio ese derecho y trastrocar, a su vez, el fortalecimiento del principio democrático que exigido a los partidos políticos" (**Voto 7804-E1-20112 y más recientemente el número 4102-E1-2013**).

VI. GARANTÍAS DE LOS DERECHOS POLÍTICOS

Paralelamente a las limitaciones, el ordenamiento consagra una serie de garantías en favor del ejercicio efectivo de los derechos políticos.

Algunas de tales garantías protegen al ciudadano de la intervención abusiva de los poderes públicos y otras lo hacen respecto de los demás particulares.

Dentro del primer grupo tenemos todas aquellas restricciones constitucionales y legales impuestas a los poderes públicos para salvaguardar los derechos políticos de los ciudadanos.

Verbigracia, la exigencia de que los procesos electorales sean libres, en orden y haya imparcialidad por parte de las autoridades gubernativas. En nuestro ordenamiento tenemos una garantía adicional: la de que durante los procesos electorales la fuerza pública queda bajo el mandato directo del TSE y no del Poder Ejecutivo.

También podemos citar el caso de la prohibición contenida en el Código Electoral de que determinados funcionarios públicos, como el Presidente, los Ministros de Gobierno y los miembros del Poder Judicial, etc., puedan realizar política electoral.

Respecto de los particulares, las garantías están referidas, fundamentalmente, a que éstos no puedan, directamente o por medio de los partidos políticos, interferir en el ejercicio de los derechos políticos de los demás ciudadanos. Por ejemplo, los patronos están en la obligación de otorgarle permiso a sus trabajadores, el día de las elecciones, para que puedan ejercer el sufragio. Existe también la prohibición de que en los centros de trabajo se pueda realizar propaganda electoral en horas laborales, etc.

Lo que interesa, en última instancia, es que el ejercicio de los derechos políticos sea libérrimo y no se lo impida por interferencias injustificadas o ilegítimas de las autoridades públicas o de los demás administrados.

VII. EL DERECHO AL SUFRAGIO

La participación del pueblo en las funciones soberanas sólo puede realizarse directamente en forma limitada en el Estado moderno, debido a su gran extensión territorial y a la densidad de su población. Por ello, los sistemas democráticos actuales son representativos y se basan sobre dos técnicas jurídicas concretas: la representación política y el sufragio.

1. *El cuerpo electoral*

Modernamente se afirma que los derechos políticos de los nacionales para participar en la elección de los representantes populares, se manifiestan a través del cuerpo electoral, al que inclusive algunos reputan como un órgano constitucional (**Virga**).

En otras palabras, el derecho de elegir a los representantes populares, lo mismo que los mecanismos de democracia semidirecta, se ejecutan por medio del cuerpo electoral.

2. *Concepto de sufragio*

El sufragio es el mecanismo jurídico-político mediante el cual los ciudadanos ejercen el derecho reconocido por el ordenamiento a participar en la determinación de la orientación política general, a través de la designación de sus representantes, o mediante la votación de aquellas propuestas que le sean sometidas.

En otros términos, el sufragio es un derecho fundamental de naturaleza política, que tienen los ciudadanos para participar activamente en los asuntos públicos, ya sea de manera directa o por medio de representantes.

Así concebido, el sufragio cumple dos funciones fundamentales: una función propiamente electoral, que sirve para designar a los representantes y una función normativa que se utiliza para iniciar una ley, aceptar o rechazar un texto legislativo e incluso intervenir en el procedimiento de revisión constitucional. De manera que el sufragio produce tres efectos diferentes: produce representación, produce gobierno y ofrece legitimación.

Aunque existe una íntima relación entre sufragio y voto, es importante distinguirlos conceptualmente.

El voto es una determinación de voluntad que comprende especies distintas del sufragio político (**Fayt**).

Así, por ejemplo, se vota en la Asamblea Legislativa, en los tribunales de justicia y, en general, se vota en todos los órganos colegiados para establecer la voluntad de la institución. El voto constituye, por tanto, una expresión de voluntad. Desde el ámbito del sufragio, el voto constituye el hecho de su ejercicio.

En cambio "la actividad que desarrolla el elector cuando vota, la acción de emitir el voto, configura un acto de voluntad política –que deriva del previo derecho subjetivo de sufragio– mediante el cual, sin necesidad de una fundamentación explícita, expresa su respaldo hacia una determinada opción, fórmula o solución política o manifiesta su deseo de que unos determinados candidatos ocupen ciertos puestos de autoridad; en definitiva, formaliza la propia voluntad u opinión en orden a una decisión colectiva" (**Fernández Segado**)

3. *La naturaleza jurídica del sufragio*

Existen cuatro teorías sobre la naturaleza jurídica del sufragio: a) como derecho; b) como función; c) como deber y d) como derecho- función.

a. *El sufragio como derecho*

La representación política pueden tener dos interpretaciones: la llamada representación fraccionada, basada en la teoría archidemocrática de Rousseau, según la cual la soberanía del pueblo es la suma de cada una de las diferentes fracciones de soberanía que detentan cada uno de los individuos en particular. Consecuencia de ello, cada ciudadano posee una parte del mandato que los electores otorgan al elegido.

Esta teoría es bastante democrática, dado que primero conduce al sufragio universal, puesto que cada ciudadano tiene el derecho de participar en la elección de los gobernantes para expresar la parte de la soberanía de la que es titular. En segundo término, conduce a la teoría del "electorado derecho", según la cual el voto es para cada ciudadano un derecho que le pertenece como detentador de una parte alícuota de la soberanía. Por ello diría Rousseau que "el derecho de voto es un derecho que no puede ser arrebatado a los ciudadanos por nada". Finalmente, conduce a la teoría del mandato imperativo, en la cual el elegido está atado por la voluntad del elector (**Duverger**).

En el mandato imperativo se traslada directamente al ámbito del Derecho Público la teoría del mandato privado. Por ello, la designación de representantes populares queda sujeta a revocación por los electores, porque el mandatario debe acatar estrictamente las instrucciones de sus mandantes (electores).

b. *El sufragio como función*

La teoría del sufragio como función se conecta directamente con la concepción de Sièyes de la soberanía nacional.

Según esta concepción, la soberanía no pertenece en forma individual a los ciudadanos, sino a "la nación", es decir, a la comunidad de ciudadanos considerada como un ser real y diferente a los individuos que la integran.

Por ello, si el titular de la soberanía es la nación y no los ciudadanos, el poder electoral se atribuye a éstos sólo como órganos encargados de ejercerlo cumpliendo una función pública, no ejercitando un derecho.

Esta concepción conduce lógicamente a negarle el carácter de universalidad al sufragio, toda vez que la nación tiene la facultad de atribuirle el poder electoral sólo a aquellos que considere más aptos. Por tanto, esta teoría se ha llamado "electorado función" y es la que permite justificar cualesquier clase de restricciones al derecho de voto.

Nos dice Duverger sobre el particular que "La noción de "electorado-función", sólo es la primera consecuencia de la teoría de la soberanía nacional. El carácter colectivo del mandante tiene también como corolario el carácter colectivo del mandatario; un diputado no representa a sus electores y a su circunscripción, sino que el conjunto de los diputados representa a toda la nación. Por otra parte, si el mandato de representación lo concede la nación, colectividad que no puede expresarse por sí misma, los diputados son la única expresión posible de la voluntad nacional: "ejercen un mandato representativo" que, en la práctica, conduce a la soberanía parlamentaria. La nación se encuentra así despojada de hecho de la soberanía que se le reconoce de derecho".

En esta segunda teoría se separan el derecho de ser ciudadano (*ius civitatis*) y el derecho de ser elector (*ius suffaggi*). De acuerdo con esta teoría, entonces, son electores únicamente aquellos ciudadanos que reúnan determinadas condiciones fijadas por el legislador, que los coloca en una situación objetiva particular: se les pide que participen en la elección de los gobernantes; con ello no ejercen ningún derecho personal, sino que actúan en nombre del Estado; ejercen, pues, una función política.

De la teoría del mandato representativo se deriva el hecho de la inexistencia de un mandato imperativo, dado que los verdaderos mandantes no son los electores, sino la nación. Esta, por su parte, por ser un ente colectivo incapaz de expresarse, no puede dar instrucciones a sus representantes; sólo les da el mandato de representarla, es decir, de expresarla. Por ello, los elegidos son libres en cuanto a sus actos y a sus decisiones, que son la expresión de la nación. Esta teoría conduce, como es obvio deducirlo, a que el ejercicio de la soberanía se traslade de la nación a los funcionarios elegidos.

c. *El sufragio deber*

Una variante de la anterior teoría es la que considera al sufragio como un deber. En esta concepción se dice que el sufragio es un deber jurídico en sentido estricto, por lo que no resulta un derecho disponible por la persona, sino más bien una obligación jurídica impuesta en aras del interés del funcionamiento armónico de la vida política del Estado (**Alcubilla**).

Se dice, asimismo, que el sufragio como deber no coarta la libertad individual, pues el incumplimiento del deber de voto lo único que apareja es una sanción, pero no impone deber alguno respecto del contenido del voto, lo cual es cierto, por cuanto el elector siempre es libre de votar o no por las opciones políticas que se le presenten, dado que puede perfectamente votar en blanco o anularlo, lo que implica no apoyar a ninguno de los candidatos o partidos que participan en la elección.

d. *El sufragio como derecho-deber*

Las modernas legislaciones adoptan una nueva concepción del sufragio, al clasificarlo entre los derechos de función. El sufragio es, bajo este prisma, además de un derecho político, una función, pues a través suyo se procede a determinar la orientación de la política general del Estado, ya sea mediante la designación de los órganos representativos, ora por medio de la votación de las propuestas que sean sometidas a la consideración del cuerpo electoral.

e. *La legislación costarricense*

En Costa Rica, tenemos que integrar varias normas constitucionales para establecer la naturaleza jurídica del sufragio.

En primer término, el artículo 2 de la Constitución establece que "La soberanía reside en la Nación". El 105 ibídem dispone que "La potestad de legislar reside en el pueblo, el cual la delega, por medio del sufragio, en la Asamblea Legislativa". El 130 del mismo cuerpo constitucional estipula que "El Poder Ejecutivo lo ejercen, en nombre del pueblo, el Presidente de la República y los Ministros de Gobierno en calidad de obligados colaboradores"; el 169 *ibídem* establece que "La administración de los intereses y servicios locales en cada cantón estará a cargo del Gobierno Municipal, formado por un cuerpo deliberante integrado por regidores municipales de elección popular, y de un funcionario ejecutivo que designará la ley". Finalmente, el artículo 93 la Carta Política dispone que "El sufragio es función cívica primordial y obligatoria que se ejerce ante las Juntas Electorales en votación directa y secreta, por los ciudadanos inscritos en el Registro Civil".

Es conveniente aclarar que nuestro constituyente utilizó, de manera indiscriminada, los términos "Nación" y "pueblo", aunque con idénticos significados, es decir, como el conjunto de personas, con sustantividad propia, diferente de los nacionales que lo integran.

Por ello se afirma, justamente, que en el Estado democrático moderno, como es el caso de nuestro país, el derecho político fundamental de los nacionales lo constituye el sufragio, dado que por medio suyo el pueblo contribuye a determinar la dirección política de la comunidad nacional (**Pretti**).

De la normativa transcrita se concluye que, en principio, nuestro ordenamiento sigue la teoría de la soberanía nacional y, por ende, del mandato representativo, con la salvedad, como veremos luego, de que el voto es universal. No obstante, pareciera que nuestra legislación se acerca más a la moderna concepción del derecho-función, ya que el sufragio tiene como características fundamentales, el ser un derecho político, aunque de ejercicio obligatorio y de mandato representativo.

4. *Características del sufragio*

El sufragio en Costa Rica presenta las siguientes características: a) es universal; b) es directo; c) es secreto y d) es libre.

a. *Universal*

Para hacer posible y realidad la contribución del electorado a la determinación de los asuntos públicos de un país, es necesario considerar que el sufragio deba ser universal, es decir, otorgado a todos los nacionales, sin ningún género de restricciones ni de discriminaciones, salvo por motivos de edad o de insanidad mental, como reza nuestra Constitución.

Un autor italiano ha dicho que "es la conciencia moderna la que reclama el sufragio universal en nombre de una concreta e insuprimible instancia de libertad, la cual exige el derecho de participación activa de cada individuo en el ejercicio de las funciones públicas, a fin de que no se convierta en mero ciudadano de nombre o súbdito de hecho" (**Pretti**).

Consecuentemente, el Estado democrático reconoce a todos los ciudadanos el derecho al sufragio, dado que por medio de él se hace efectivo el principio de la soberanía popular, que encuentra su fundamento en la voluntad del pueblo libremente expresada. Por ello es justamente que se la denomina soberanía popular.

El artículo 93 de nuestra Constitución le otorga al sufragio la categoría de "función cívica primordial y obligatoria", la cual se ejerce en votación directa y secreta por los ciudadanos inscritos en el Registro Civil. Luego, los artículos 1 y 2 del Código Electoral establecen, respectivamente, quiénes son electores y las condiciones para ser elector.

En primer lugar, es conveniente observar que nuestro constituyente elevó el sufragio a la categoría de "función cívica primordial y obligatoria", lo que plantea algunos problemas.

Es posible afirmar, dentro de este orden de ideas, que en nuestra legislación el sufragio no es un sólo un derecho, sino más bien una función, pues implica simultáneamente el ejercicio de un derecho y de un deber.

Por otra parte, corresponde al legislador determinar las sanciones idóneas o no establecer ninguna respecto de los electores que se abstengan de votar.

Además, la configuración del voto como función cívica no le resta carácter de derecho, pues la esencia de éste estriba en la posibilidad de que el elector pueda libremente manifestar su voluntad por los candidatos o papeletas de sus preferencias, o si ninguno de ellos le satisface, de votar en blanco o bien de anularlo.

En otros términos, aunque existieren medios compulsivos para obligar a los electores a presentarse en las urnas electorales el día de las elecciones, su derecho al sufragio, en cuanto derecho fundamental, permanecería inalterable, toda vez que éste lo que tutela es el libre arbitrio del elector para escoger los candidatos de su preferencia o de no escoger ninguno.

Un caso especial es el de los detenidos, quienes sin encontrarse inhabilitados para ejercer sus derechos políticos, no pueden hacerlo por el simple hecho de encontrarse detenidos. Nuestra jurisprudencia constitucional ha tenido ocasión de ocuparse de este problema e ha indicado que "y es obligación del Estado universalizar el proceso electoral, facilitando que el mayor número de ciudadanos logre ejercer ese derecho. En el supuesto de las personas privadas de libertad, ese derecho subsiste a menos que la sentencia condenatoria les inhabilite para ejercer los derechos políticos; por esa razón es que la Administración Penitenciaria tiene el deber de garantizar y respetar su libre ejercicio, mediante la creación de un sistema que asegure de manera efectiva que los internos cuyo derecho no resulte afectado por la sentencia, tengan la posibilidad de emitir su voto" **(Voto 184- 98).**

    b. *Secreto*

Otra de las características fundamentales del sufragio es que es directo y secreto. No obstante y aunque la Constitución no lo diga de manera expresa, la garantía del sufragio secreto implica otro concepto fundamental y que se encuentra ínsito en esta norma: la libertad y personalidad del voto.

En efecto, la personalidad del voto significa que cada ciudadano debe ejercitar personalmente su propio derecho, con exclusión de cualquier forma de delegación. Es uno de aquellos actos intransferibles, que sólo puede realizar la persona misma. El artículo 3 del Código Electoral establece el requisito de la personalidad del voto.

Los ciegos y quienes padezcan de cualesquier otro impedimento físico para votar, como los que carecieren de pulgar o de ambas manos, pueden hacerlo públicamente. En tal caso y a petición de ellos y acatando lógicamente su voluntad, el Presidente de la Junta Electoral marca las papeletas en las columnas correspondientes.

c. *Libre*

Por otra parte, cuando se habla de que el sufragio es libre, se quiere decir que todos los órganos estatales tienen el deber de garantizarle a cada ciudadano la plena libertad del voto, protegiéndolo contra cualquier forma de presión, de amenaza o de violencia.

En nuestra legislación existe una profusa regulación que protege la libertad del voto (arts. 154, 155, 156 y 158 del Código Electoral).

Por otra parte, la libertad del sufragio implica naturalmente la facultad de escoger entre uno o varios candidatos. Es decir, en todo sistema democrático es de principio que el elector tenga la posibilidad de escoger sus candidatos entre varias listas y no de una sola, dado que de lo contrario, la libertad de escogencia, propia del sufragio, se transformaría en una mera libertad de adhesión.

d *Directo*

La garantía de la votación directa es también importante, por cuanto permite al elector sufragar directamente por los candidatos de su predilección y no por representantes suyos ante un Colegio Electoral, en el que no necesariamente se expresa la voluntad de la mayoría.

El voto se reputa secreto, garantía establecida directamente en función de la libertad del votante. En efecto, sólo si el sufragio es secreto, el elector que se encuentra en cualquier estado de sujeción, puede tener la seguridad de que no será eventualmente perseguido en razón de su comportamiento electoral.

5. *Garantías del sufragio*

En el artículo 95 de la Constitución se establece una serie de principios en relación con el sufragio, a manera de norma programática para el legislador en la materia. Tales principios son los siguientes:

a. *Autonomía de la función electoral*

Se encuentra garantizada fundamentalmente por el nivel del órgano constitucional que tiene el TSE, el cual, conforme lo dispone el artículo 99 de la Constitución, es el encargado exclusivo de la organización, dirección y vigilancia de los actos relativos al sufragio. Con este principio se quiso acabar con el sistema anterior, según el cual la declaratoria de Presidente correspondía hacerla al Congreso Constitucional (hoy Asamblea Legislativa), lo cual era evidentemente inconveniente y constituyó la causa directa de los sucesos armados de 1948, cuando el Congreso anuló, de manera espuria, la elección presidencial de don Otilio Ulate.

b. *Obligación del Estado de inscribir de oficio a los ciudadanos en el Registro Civil y de proveerlos de cédula de identidad, para ejercer el sufragio*

Hoy día esta es una de las garantías electorales que mejor se cumplen en la praxis, pues el Registro Civil realiza periódicamente campañas masivas de cedulación y empadronamiento por todos los rincones del país.

c. *Garantías efectivas de libertad, orden, pureza e imparcialidad por parte de las autoridades gubernativas*

Esta garantía, al igual que la mayoría de las contenidas en este artículo constitucional, tiene una explicación en la situación histórica que vivió el país en la década del cuarenta.

Para hacerla efectiva se han dictado diversas normas, tales como las que le confieren al TSE la facultad de investigar, por sí o por medio de delegados y de pronunciarse con respecto a toda denuncia formulada por los partidos sobre la parcialidad política de los servidores del Estado en el ejercicio de sus cargos, o sobre actividades políticas de funcionarios a quienes les está prohibido ejercerlas.

La declaratoria de culpabilidad que dicte el TSE es causa obligatoria de destitución e incapacita al culpable para el ejercicio de cargos públicos por un período no menor de dos años, sin perjuicio de las responsabilidades penales correspondientes, según el artículo 102 inciso 4 de la misma Constitución.

Sin embargo, cuando tales denuncias se refieren a miembros de los Supremos Poderes o diplomáticos, el TSE debe únicamente instruir la sumaria y pasar luego el asunto a manos de la Asamblea Legislativa, la cual debe decidir el resultado de la investigación.

Está también la facultad acordada en favor del TSE por el artículo 102 inciso 6 de la Constitución para que dicte, respecto de la fuerza pública, las medidas que estime pertinentes para que los procesos electorales se desarrollen en condiciones de garantías y libertad irrestrictas.

d. *Garantías de que el sistema para emitir el sufragio les facilita a los ciudadanos el ejercicio de ese derecho*

Con anterioridad a la reforma constitucional de 1997, se establecía el principio de que el ciudadano tenía que sufragar en su domicilio. La aplicación de esta garantía ha producido serios inconvenientes en la praxis, pues numerosas personas no pueden votar el día de las elecciones por encontrarse lejos de su domicilio, al mismo tiempo que encarecen innecesariamente el costo de las elecciones.

En el futuro bastará con una reforma al Código Electoral para permitir el voto en cualquier parte de la República e inclusive en el extranjero.

e. *Identificación del elector por medio de cédula con fotografía u otro medio técnico adecuado dispuesto por la ley al efecto*

Esta garantía es importante, a fin de evitar el doble voto y ha funcionado muy bien en la práctica. Asimismo, se ha reforzado con la exigencia de que cada mesa electoral cuente con un padrón fotográfico, como medio auxiliar de identificación del elector.

f. *Garantías de representación para las minorías*

Esta es posiblemente la única garantía que todavía no se ha cumplido en la praxis, pues bien algunas disposiciones contenidas en el Código Electoral atentan contra ella, sobre todo por el sistema de elección que se utiliza.

La garantía de financiación previa de las campañas políticas atenta contra la existencia de partidos minoritarios, los cuales se organizan, por lo general, a nivel cantonal y, a lo sumo, a nivel provincial. En efecto, el artículo 96 constitucional restringe la financiación estatal de los partidos políticos a aquellos que presenten candidatos a cargos de Presidente, Vicepresidente y/o de diputados, con lo cual se excluye expresamente a los partidos que sólo presenten candidatos para elegir regidores municipales. En los cantones es justamente donde existen las posibilidades reales de que se formen partidos pequeños y, al mismo tiempo, se prohíje la participación masiva de los ciudadanos, incluidas las minorías.

Se ha cuestionado por parte de algunos partidos minoritarios que el sistema electoral del subcociente atenta contra el principio. Sin embargo, la Sala Constitucional consideró, con justa razón, de que dicho sistema de elección para los diputados era congruente con este principio. Dijo la Sala sobre el particular "Alguna parte de la doctrina especializada esgrime un argumento favorable al sistema de elección por cociente y subcociente y afirma que permite a las minorías organizadas en partidos políticos, tener representantes en la función legislativa. El argumento reconoce, a nuestro modo de ver, un fenómeno frecuente en los partidos llamados "grandes" o "mayoritarios" y es el de la incorporación a ellos de diversos sectores y minorías de pensamiento. No resulta aventurado afirmar, por los estudios socio políticos que se han realizado en diversos países y momentos, que los denominados "partidos de masas" no son bloques ideológicos monolíticos, sino que se les integran diversos grupos minoritarios, y es de allí que, a través del sistema, esos grupos tendrían acceso a los cargos electivos. Así, el sistema les garantizaría a "estas minorías" incorporados en los "partidos mayoritarios", un efectivo ejercicio del derecho a elegir y ser electo. En virtud de este enfoque, el sistema diseñado por la legislación costarricense resulta compatible con la Constitución Política cuando ordena que debe incorporar "garantías de representación para las minorías" (**Voto 1234- 98**).

Adicionalmente podría agregarse que la democracia requiere de determinadas reglas que permitan su operatividad. Alterar tales reglas lleva a procurar su riesgo y eventual desaparición, pues se tendería al caos, lo cual es todo lo contrario de la democracia. El sistema de cociente y subcociente ha demostrado, en la praxis, que las minorías y específicamente, los partidos minoritarios, sí pueden tener acceso a la distribución de escaños en la Asamblea Legislativa, por lo que resulta falso que no lo permite. Más bien un sistema electoral que prohíje la fragmentación excesiva de la representación partidaria en el Parlamento impide la formación de mayorías estables y coherentes y, por tanto, conduce a la ingobernabilidad del país.

El subcocientes es una barrera legal que permite la participación legislativa de los partidos minoritarios, pero evita que los muy pequeños puedan acceder al órgano parlamentario, con lo cual se refuerza el principio democrático de la gobernabilidad.

g. *Garantías de pluralismo político*

El pluralismo político es un principio que deriva del principio democrático.

Como ha dicho el Tribunal Constitucional Español "la inclusión del pluralismo político como un valor jurídico fundamental (art. 1. l.) y la consagración constitucional de los partidos políticos como expresión de tal pluralismo (art. 6) dotan de relevancia jurídica (y no sólo política) a la adscripción política de los representantes y que, en consecuencia, su adscripción no puede ser ignorada, ni por las normas infraconstitucionales que regulan la estructura interna del órgano en que tales representantes se integran, ni por el órgano mismo, en las decisiones que adopte en el ejercicio de su facultad de autoorganización. Estas decisiones no pueden ignorar derechos de la minoría" (**STC 32/1985**).

Este principio se articula, sobre todo, en el ámbito del Parlamento, pues es el lugar donde se expresa, en toda su dimensión, el pluralismo político, pues en él está representado todo el pueblo y no sólo su mayoría. Es decir, es en la Asamblea Legislativa donde la sociedad se concibe no como una unidad homogénea, sino más bien heterogénea, integrada por una gran variedad de posiciones e intereses que deben ser representados y respetados.

Por consiguiente, el Reglamento Interno de la Asamblea debe garantizar que todas las representaciones del pluralismo político de la sociedad tengan el derecho de expresar sus ideas y programas, al debate, a la información, a la investigación de todos los asuntos públicos y a la crítica de los gobernantes de turno. Por ello el Parlamento no sólo es un órgano, sino también una institución. En otros términos, la Asamblea Legislativa es la institución del pluralismo político.

h. *Garantías para la designación de autoridades y candidatos de los partidos políticos, según los principios democráticos y sin discriminación por el género.*

Los dos principios recogidos en esta norma tienden a garantizar la democracia interna de los partidos políticos. En efecto, por una parte se establece la garantía de que los candidatos a puestos de elección popular (Presidente, diputados y regidores municipales), así como los cargos de elección al interno de los partidos (Presidente, Secretario General, etc.), sean elegidos directamente por los miembros del partido mediante el mecanismo de las elecciones. En segundo lugar, se garantiza que en la escogencia de tales candidatos y dirigentes políticos no se discrimine por género. Inclusive, en la actualidad, los partidos políticos están obligados a designar al menos el cuarenta por ciento de sus candidatos a cargos electivos entre representantes del sexo femenino. Pero no basta con que la lista de candidatos incluya al menos el cuarenta por ciento de mujeres, sino que dicho porcentaje tiene que ser entre puestos potencialmente elegibles.

VIII. EL DERECHO A SER ELEGIDO

En nuestro régimen político, existen cuatro cargos de elección popular: Presidente y Vicepresidentes de la República (art. 130 C.P.); los diputados (art. 105 C.P.); los regidores municipales (arts. 169 y 171 de la C.P.) y los diputados constituyentes (art. 196 C.P.).

Tanto la Constitución como los Códigos Electoral y Municipal, este último para el caso específico de los regidores municipales, establecen una serie de requisitos para aspirar a tales cargos de elección popular.

Asimismo, la legislación electoral, tanto a nivel constitucional como legal, consagra una serie de causas de inelegibilidad.

IX. EL DERECHO A FORMAR PARTIDOS POLÍTICOS

1. *El contenido del derecho de formar partidos políticos*

El artículo 98 de la Constitución consagra el derecho a formar partidos políticos. Según esa disposición "Todos los ciudadanos tienen derecho a agruparse en partidos, para intervenir en la política nacional, siempre que éstos se comprometan en sus programas a respetar el orden constitucional".

La jurisprudencia de la Sala Constitucional lo ha configurado en la siguiente forma: "a) Se trata de un verdadero derecho de libertad" y, por ende, de un derecho fundamental, aunque reconocido solamente a favor de los ciudadanos, y no de todos los hombres sin distinción de nacionalidad dada su inmediata vinculación con el ejercicio de los derechos políticos, los cuales se encuentran restringidos a los nacionales por definición; b) Es, a su vez, un derecho de garantía, en cuanto medio instrumental para el goce de los derechos y libertades políticas fundamentales, tanto el activo, de participar en la gobernación de los asuntos colectivos y especialmente de elegir a quienes hayan de ocupar los cargos públicos, como el pasivo, de desempeñar esos cargos y, en particular, de acceder a los de elección popular" (**Voto 1234- 98**).

Este derecho fundamental garantiza, al menos, que los ciudadanos pueden asociarse libremente en partidos, pero sin que, de manera concomitante, exista la obligación de inscribirse en alguno de ellos.

Además, se garantiza que ni la ley ni las autoridades administrativas o electorales, en su caso, pueden limitar el número de partidos, impedir su creación, ni imponerle a los ciudadanos, directa o indirectamente, la obligación de inscribirse en un determinado partido (**Esposito**).

La Sala Constitucional, dentro de este orden de ideas, ha dicho que "la posibilidad de esas limitaciones no significa que la libertad de constituir partidos políticos, aún dentro de la mayor rigidez justificada por su carácter público, deje por ello de ser, como se dijo, un derecho de libertad, como tal igual para todos los ciudadanos, titulares de los derechos políticos, ni que el sistema democrático autorice a imponerles restricciones innecesarias o no razonables: los partidos son instrumentos esenciales del ejercicio de aquellos derechos y, por ende, de la democracia misma; su formación y funcionamiento libérrimos son, pues, de un altísimo interés público a la sola condición de que cumplan algunos requisitos objetivamente derivados del sistema de partidos: la posibilidad de constituirlos, organizarlos e inscribirlos y de participar con ellos en la elección de los gobernantes y en la conducción de los asuntos públicos, debe ser lo más amplia posible, dentro de los límites estrictamente indispensables para preservar los intereses públicos correspondientes a su naturaleza fines y función" (**Voto 980-91**)

2. *El derecho de los partidos al pago de los gastos electorales*

El artículo 96 de la Constitución dispone que "El Estado no podrá hacer deducción alguna en las remuneraciones de los servidores públicos para el pago de los deudas políticas.

El Estado contribuirá al pago de los gastos de los partidos políticos de acuerdo con las siguientes disposiciones:

a.- La contribución será del cero coma diecinueve por ciento (0, 19%) del producto interno bruto del año trasanterior a la celebración de la elección para Presidente, Vicepresidentes de la República y Diputados a la Asamblea Legislativa. La ley determinará en qué casos podrá acordarse una reducción de dicho porcentaje. Este porcentaje se destinará a cubrir los gastos que genere la participación de los partidos políticos en esos procesos electorales, y satisfacer las necesidades de capacitación y organización política. Cada partido político fijará los porcentajes correspondientes a estos rubros.

Esta disposición autoriza, a diferencia de la normativa anterior a la reforma constitucional de julio de 1997, la posibilidad de que la contribución estatal sea utilizada, además de fines netamente electorales, en actividades de capacitación y organización política, lo cual constituye una importante novedad y avance en la materia.

b.- Tendrán derecho a la contribución estatal, los partidos políticos que participen en los procesos electorales señalados en este artículo y alcanzaren al menos el cuatro por ciento (4%) de los sufragios válidamente emitidos a escala nacional o los inscritos a escala provincial, que obtuvieren como mínimo ese porcentaje en la provincia o eligieren, por lo menos, un diputado.

El porcentaje se bajó del 5% al 4% y se autorizó a que los partidos inscritos a nivel provincial, aunque no obtuvieren dicho porcentaje, puedan tener acceso a la contribución estatal si eligen al menos un diputado. No obstante, sigue manteniendo la vieja omisión de no extenderla a los partidos que participen a nivel cantonal.

c.- Previo otorgamiento de las cauciones correspondientes, los partidos políticos tendrán derecho a que se les adelante parte de la contribución estatal, según lo determine la ley.

En una importante jurisprudencia, antes de la entrada en vigencia de la reforma de 1997, la Sala Constitucional precisó que "el requisito principal para considerar autorizada la financiación estatal –adelantada– de los partidos es que se trate, no de un "pago adelantado", sino de un "financiamiento" propiamente dicho, a cuenta de la única verdadera obligación asumida constitucionalmente por el Estado, que es la de reembolsar a los partidos sus gastos electorales, una vez realizada la respectiva elección y con base en los sufragios que en ella haya recibido cada uno. Se trata, pues, de un mero "anticipo" sobre una obligación futura e incierta que, conforme al artículo 96 de la Constitución, no se establecerá ni se hará líquida y exigible sino después de la elección y de acuerdo con sus resultados, imposibles de profetizar y, por ende, puramente aleatorios. Tiene pues, más bien la característica de un "préstamo" con vencimiento en el mismo momento en que deba cancelarse la deuda definitiva –a posteriori– del Estado, con lo cual se producirá una verdadera "compensación", debiendo entonces, o completarse por el propio Estado la cancelación de la deuda mayor, o reintegrársele por cada partido el exceso que hubiere recibido, si ella resultare menor –esto último, por cierto, ha ocurrido en diversas oportunidades, y hasta se ha establecido la corruptela de condonar posteriormente ese exceso a los partidos perdidosos, a menudo mediante "normas atípicas"– del Presupuesto Nacional" (**Voto 980-91**).

d.- Para recibir el aporte del Estado, los partidos deberán comprobar sus gastos ante el Tribunal Supremo de Elecciones. Las contribuciones privadas a los partidos políticos estarán sometidas al principio de publicidad y se regularán por ley. La ley que establezca los procedimientos, medios de control y las demás regulaciones para la aplicación de este artículo, requerirá, para su aprobación y reforma, el voto de dos tercios del total de los miembros de la Asamblea Legislativa.

La nueva regulación establece el sano principio de que las contribuciones privadas están sometidas al principio de publicidad y de que serán reguladas por ley. Ello permitiría, por ejemplo, establecer topes máximos a las contribuciones de las personas físicas, así como prohibir eventualmente las de los extranjeros y de las personas jurídicas.

3. *Los derechos de los miembros frente al partido*

Este es un tema central, pues en última instancia está relacionado con el aspecto neurálgico de los partidos modernos: su democratización interna.

Sin embargo y desde el punto de vista jurídico, aquí sólo cabe analizar esa rica materia en la medida en que los Estatutos o las decisiones de los órganos internos de los partidos violentan o amenazan violar los derechos de sus miembros para participar libremente en las elecciones internas.

Con motivo de la celebración de las Asambleas Distritales del Partido Liberación Nacional en 1992, se planteó un recurso de amparo por dos miembros de ese partido que alegaron, en sustancia, que se habían violentado sus derechos políticos, por cuanto no habían supuestamente tenido tiempo para presentar candidaturas en esas elecciones, pues el plazo transcurrido entre la convocatoria y la celebración de los comicios había sido de escasos tres meses. Además, alegaron que la inscripción de las candidaturas causaba el pago de una pequeña suma, destinada a sufragar los gastos administrativos del proceso eleccionario, lo cual atentaba contra el derecho al sufragio. Finalmente, el recurso de amparo esgrimía, como tercer argumento, que la elección se estaba celebrando con un año de anticipación a la fecha de vencimiento de los entonces miembros de las Asambleas distritales.

La Sala Constitucional declaró con lugar el citado recurso de amparo y en el núcleo central de su argumentación jurídica dijo que "Pero esa anticipación con que se procedió, en nuestra opinión, sí pudo haber causado que grupos o personas en especial no tuvieran la oportunidad de participar en el proceso, ya que este tipo de actividades demandan preparación de diverso tipo, lo que se traduce también en tiempo requerido para ello. Esta circunstancia atenta contra el derecho de asociación política, pues no basta con que al ciudadano se le permita la pertenencia a un partido político, sino que se requiere, a la par, una verdadera posibilidad de participar internamente en ellos, pues aunque hablamos en nuestro medio de derechos políticos (elegir y ser electo), la verdad es que conforme al sistema costarricense, para tener la posibilidad de optar a un cargo de elección popular, solamente haciéndolo a través de un partido político se puede lograr" (**Voto 2150- 92**).

El voto en comentario constituye un craso error de nuestro máximo tribunal constitucional, por cuanto para tutelar supuestamente el derecho de los dos recurrentes, pretirió el voto válido y libremente emitido por más de trescientos mil electores.

La citada sentencia violó el principio electoral del impedimento del falseamiento de la voluntad popular, que se deriva directamente del principio democrático que informa todo el ordenamiento costarricense.

En esencia, el principio en examen postula que la voluntad libremente expresada de los electores no puede ser suplantada.

Dado que el principio del impedimento del falseamiento de la voluntad popular postula que toda elección debe ser el resultado de la libre expresión de la voluntad mayoritaria del pueblo, la concurrencia de vicios en el proceso electoral que alteren el resultado de la votación, al punto de no llegarse a conocer realmente lo querido por los electores, conlleva naturalmente la anulación de la respectiva elección.

Sin embargo, los vicios invalidantes deben ser de tal gravedad que alteren efectivamente la voluntad mayoritaria de los electores, pues de lo contrario, por simples vicios formales o que impliquen, a lo sumo la anulación de algunos pocos votos o mesas electorales, no se podría hacer nugatorio el derecho libremente expresado por la mayoría de los electores de hacer valer su voluntad política en una elección determinada.

Si el sufragio es el mecanismo jurídico por medio del cual el pueblo ejercita la soberanía en el Estado moderno, el cual es otorgado a todos los ciudadanos en igualdad de condiciones, de allí deriva, como corolario necesario, la prohibición para preterir cualquier voto que haya sido válidamente emitido. De donde se deriva, asimismo, que cualquier votación debe plasmar la verdadera voluntad de los ciudadanos.

Dentro de este orden de ideas, el Tribunal Constitucional español ha dicho lo siguiente: "El mantenimiento por tanto de esa voluntad expresada en votos válidos debe constituir criterio preferente a la hora de interpretar y aplicar las normas electorales. Y desde esta perspectiva resulta claro que, si bien ha de protegerse el resultado de las votaciones de manipulaciones y falsificaciones que alterarían la voluntad popular, no cabe hacer depender la eficacia de los votos válidamente emitidos de irregularidades e inexactitudes menores, que siempre serán frecuentes en una Administración Electoral no especializada e integrada, en lo que se refiere a las Mesas electorales, por ciudadanos designados por sorteo" (**Voto 26- 90**).

Posteriormente, en otra sentencia del mismo año, dijo el citado Tribunal lo siguiente: "decretar indebidamente la nulidad de una votación supone privar del voto a los electores afectados y, en su caso, privar a un candidato de acceder a un escaño al que pudiera tener derecho...sólo en el supuesto de que la Sala no lograse alcanzar una conclusión cierta sobre el sentido de los votos emitidos, podría decretar la nulidad de la votación celebrada en las Mesas impugnadas" (**Voto 131- 90**).

Nuestra jurisprudencia constitucional ha terminado aceptando esta doctrina, pues en una sentencia del año de 1996 dijo que "Además, para que las elecciones fueran nulas, tendría que demostrarse que el resultado podría haber sido otro de no haber impedido a un grupo considerable de estudiantes ejercer su derecho al voto"(**Voto 1225- 96**).

La doctrina que dimana de ambos votos es nítida: la soberanía popular impide el falseamiento de la voluntad popular, lo que implica que la nulidad de las elecciones o de las mesas electorales sólo puede y debe decretarse en casos muy calificados, es decir, cuando sea imposible determinar cuál ha sido la verdadera voluntad libremente expresada de los electores. En las demás hipótesis, deberá aplicarse el principio de la conservación del acto electoral.

Dentro de la lógica que trasunta la sentencia de la Sala Constitucional comentada, hubiera bastado, para proteger el derecho de participación política de los recurrentes, con la anulación de las votaciones en los distritos donde se les impidió supuestamente participar y haber ordenado, de manera concomitante, la repetición de la votación en ellos.

X. LOS DERECHOS DE PARTICIPACIÓN POLÍTICA DIRECTA

1. *Introducción*

El 28 de mayo del 2002, mediante Ley número 8281, se aprobó en segunda legislatura, una reforma a los artículos 102, 105, 123, 124, 129 y 195 de la Carta Política vigente con el fin de introducir los siguientes institutos de democracia semidirecta: l) la iniciativa popular en la formación de la ley y de las reformas constitucionales; 2) el referendo aprobatorio de leyes ordinarias y de reforma constitucional y 3) el referendo abrogatorio de leyes ordinarias y de reforma constitucional.

Posteriormente mediante Ley número 8492 de 9 de marzo se reglamentó el ejercicio del referendo.

2. *La iniciativa popular en la formación de la ley y de las reformas constitucionales*

a. *La naturaleza de la iniciativa*

El artículo 123 de la Constitución consagra la iniciativa legislativa, en tanto que el 195 ibídem reconoce la iniciativa a nivel de leyes de reforma constitucional.

El texto constitucional es omiso en precisar si se trata de iniciativas simples o formuladas, o discrecionales o vinculantes, según la terminología arriba explicada. Por tanto es necesario realizar una exégesis de las normas constitucionales precitadas para determinar la voluntad del constituyente reformador.

De la lectura de ambas normas y del contexto donde se encuentran ubicadas se llega a la conclusión de que estamos en presencia de una consulta formulada, dado que tanto el artículo 123 de la CP (relativo a la iniciativa de en la formación de la ley ordinaria) como el 195 ibídem (relativo a la presentación de proyectos de reforma constitucional) exigen que dicha iniciativa se formule jurídicamente como un proyecto articulado.

Asimismo la exégesis de las precitadas normas constitucionales nos permite concluir que se trata de una iniciativa discrecional, dado que la Asamblea Legislativa, ya sea que cuando actúe como legislador ordinario o como Poder Reformador de la Constitución, tiene amplia discrecionalidad para modificar el texto original de la iniciativa.

b. *Legitimación para ejercer la iniciativa*

En ambos casos, la titularidad de la iniciativa corresponde al menos al cinco por ciento de los electores inscritos en el Padrón Electoral.

Pareciera que el porcentaje exigido es alto, pues en estos momentos aquél implica la recolección al menos de ciento veinte mil firmas, lo cual es bastante difícil y además excesivamente oneroso. Pareciera más equitativo establecer un número fijo de electores en vez de un porcentaje determinado, a fin de no restringir demasiado el ejercicio de este derecho de participación política.

c. *Materias excluidas de la iniciativa*

El artículo 123 de la Constitución excluye expresamente de la iniciativa, tanto legislativa como constitucional, los proyectos relativos a materia presupuestaria, tributaria, fiscal, de aprobación de empréstitos y contratos o actos de naturaleza administrativa.

En primer lugar, debe precisarse que la limitación relativa a la "aprobación de empréstitos y contratos o actos de naturaleza administrativa "sólo sería eventualmente aplicable respecto de la iniciativa legislativa, por tratarse del ejercicio de una potestad tutelar en relación con actos suscritos por el Poder Ejecutivo. Es decir, la Asamblea, por mandato expreso del artículo 121 inciso 15) respecto de los empréstitos y del numeral 140 inciso 19) en relación con los contratos o actos de naturaleza administrativa, debe aprobar dichos actos para su validez en el primer caso y para su eficacia en la segunda hipótesis.

Inclusive dicha limitación, aún respecto de la iniciativa legislativa, carece totalmente de sentido, por cuanto ningún particular tiene la potestad de suscribir empréstitos ni de celebrar contratos ni de dictar actos administrativos que deben ser aprobados por la Asamblea para su validez o eficacia. Por tanto, es jurídicamente imposible ejercer una iniciativa popular legislativa en estas materias.

Por el contrario, debió haberse restringido la posibilidad de ejercitar la iniciativa legislativa en materia de gracia, es decir, de impedir la presentación de proyectos de ley tendentes a la amnistía e indulto generales por delitos políticos. En todo caso, el artículo 121 inciso 21) de la Constitución prohíbe el otorgamiento de la gracia respecto de los delitos electorales, lo cual constituye una restricción expresa por razón de la materia para ejercer la iniciativa legislativa.

Existe otra restricción constitucional, no explicitada en el artículo 123 precitado, para el ejercicio de la iniciativa legislativa. En efecto, el numeral 121 inciso 14) de la Carta Política establece expresamente que no pueden salir definitivamente del dominio del Estado: a) las fuerzas que puedan obtenerse de las aguas del dominio público en el territorio nacional; b) los yacimientos de carbón, las fuentes y depósitos de petróleo, y cualesquiera otras sustancias hidrocarburadas, así como los depósitos de minerales radioactivos existentes en el territorio nacional; c) los servicios inalámbricos.

Es claro, entonces, que no se podrían presentar proyectos de ley, por medio del ejercicio de la iniciativa legislativa popular, tendentes a burlar esta prohibición constitucional.

En las hipótesis indicadas en los dos párrafos anteriores, por el contrario, sí sería posible ejercitar la iniciativa popular constitucional, dado que por medio de ella podría perfectamente presentarse un proyecto de reforma constitucional para modificar el artículo 121 incisos 14) y 21), respectivamente.

d. *Plazos para votación de los proyectos presentados en ejercicio de la iniciativa popular*

El tercer párrafo del artículo 123 de la Constitución, establece que "Los proyectos de ley de iniciativa popular deberán ser votados definitivamente en el plazo perentorio indicado en la ley, excepto los de reforma constitucional, que seguirán el trámite previsto en el artículo 195 de esta Constitución".

Dicho plazo es de dos años según el artículo 6 la Ley número 8491.

Respecto de la iniciativa popular constitucional, como lo indica la norma constitucional precitada, no existirán plazos perentorios de votación, por existir un procedimiento específico para la tramitación y votación de los proyectos de reforma constitucional, el cual no puede ser alterado bajo ninguna circunstancia.

e. *Reglamentación de la iniciativa popular*

El último párrafo del artículo 123 constitucional establece que "Una ley adoptada por las dos terceras partes del total de los miembros de la Asamblea Legislativa, regulará la forma, los requisitos y las demás condiciones que debe cumplir los proyectos de ley de iniciativa popular".

Esta disposición nos parece errada, por cuanto el instrumento normativo competente para complementar la regulación de los procedimientos parlamentarios es el Reglamento Interno de la Asamblea y no la ley.

Con la introducción de esta norma constitucional se está derogando, para el caso concreto del procedimiento relativo a la iniciativa popular, la potestad de autoorganización que tiene la Asamblea Legislativa, según el artículo 121 inciso 22) de la Constitución, para regular su funcionamiento interno y, de manera especial, los procedimientos parlamentarios de aprobación de la ley y de las reformas constitucionales.

En realidad está norma es completamente innecesaria, pues lo único que se requería era fijarle a la Asamblea un plazo razonable para reformar su Reglamento Interno, con el fin de regular los requisitos y demás condiciones que deben cumplir los proyectos de ley de iniciativa popular.

f. *Evaluación de la institución*

Como es harto conocido, en el Derecho Comparado la iniciativa legislativa y constitucional popular surge en países en que, por razones del tamaño de su territorio o del número de habitantes –con la excepción de Suiza– al ciudadano común se le hace muy difícil tener acceso directo a los legisladores. Por tal razón, es necesario que el ordenamiento arbitre mecanismos que hagan posible que los Parlamentos conozcan también proyectos de ley o de reforma constitucional emanados directamente de los ciudadanos comunes.

En Costa Rica, sin embargo, existe un contacto directo entre los legisladores y los ciudadanos, por lo que es sumamente sencillo obtener la firma de un diputado para acoger un proyecto de ley determinado al trámite legislativo, o bien las firmas de diez diputados para presentar un proyecto de reforma constitucional.

En la praxis, ningún ciudadano que haya querido presentar un proyecto de ley ordinario o de reforma constitucional ha encontrado nunca obstáculo alguno para ello. Por tanto, nos parece que la introducción de la iniciativa popular era totalmente innecesaria y posiblemente nunca será ejercitada, pues carece de razonabilidad gastar dinero y tiempo en recoger ciento veinte mil firmas de ciudadanos inscritos en el Padrón Electoral en vez de conseguir la de un solo diputado para que acoja el respectivo proyecto a trámite.

El único argumento que juega a favor de la iniciativa popular en nuestro país es que, sin duda alguna, un proyecto de ley que vaya calzado con la firma de al menos ciento veinte mil electores difícilmente sería rechazado por la Asamblea, por el indudable respaldo popular que tiene. Sin embargo, como la iniciativa no es vinculante sino discrecional, es claro que el legislador podría modificar el proyecto inicial dándole un sentido diferente y hasta contrario al que perseguía el texto original.

3. *El referendo*

a. *Clases de referendos en el ordenamiento costarricense*

Nuestra legislación prevé dos tipos de referendo desde el punto de vista de la materia objeto de consulta popular: el constitucional y legislativo.

Según el segundo párrafo del artículo 105 de la Constitución, el pueblo puede ejercer la potestad legislativa mediante el referéndum, para aprobar o derogar leyes y reformas parciales de la Constitución, cuando lo convoque al menos un cinco por ciento de los ciudadanos inscritos en el padrón electoral, la Asamblea Legislativa, mediante la aprobación de las dos terceras partes del total de sus miembros, o el Poder Ejecutivo junto con la mayoría absoluta de la totalidad de los miembros de la Asamblea Legislativa.

El numeral 195 inciso 8) ibídem dispone, por su parte, que "De conformidad con el artículo 105 de esta Constitución, las reformas constitucionales podrán someterse a referéndum después de aprobadas en una legislatura y antes de la siguiente, si lo acuerdan las dos terceras partes del total de los miembros de la Asamblea Legislativa".

De las normas transcritas se pueden extraer algunas conclusiones importantes: primero, el referendo constitucional es optativo, pues no existe la obligación, en ningún caso, de que las reformas parciales o generales de la Carta Política sean sometidas a referendo para su validez o eficacia.

En segundo término, nuestro ordenamiento recoge tanto la modalidad del referendo solo (en el caso del artículo 105 constitucional) y del referendo precedido de la intervención del Parlamento (en la hipótesis del artículo 195 CP).

En la primera modalidad, la norma constitucional en examen no precisa si la convocatoria a la consulta popular se hace o no con un texto específico, o simplemente se consulta al electorado si está o no de acuerdo con reformar uno o varios artículos de la Constitución. Dada la redacción genérica de la norma nos inclinamos por la primera hipótesis.

Sin embargo, el artículo 14 de la Ley 8492 establece expresamente que "El referéndum únicamente podrá realizarse después de que el proyecto de reforma haya sido aprobado en la primera legislatura y antes de la segunda, de conformidad con el inciso 8) del artículo 195 de la Constitución Política".

Esta norma la reputamos inconstitucional, pues nada obstaría para que al electorado se le someta un texto determinado de reforma constitucional sin que ésta se encuentre en discusión en la Asamblea Legislativa, ya que no existe ninguna restricción constitucional sobre el particular. La única exigencia al respecto es que la solicitud de convocatoria del referendo ante el Tribunal Supremo de Elecciones, en cada caso concreto, sea realizada por el órgano competente (electorado, Asamblea Legislativa, Poder Ejecutivo y mayoría absoluta de la Asamblea) y respetando las correspondientes mayorías exigidas al efecto.

Se trata, en esencia, de una potestad atribuida por el artículo 105 de la Constitución de manera directa a los ciudadanos, sin la intervención de ningún órgano estatal. Por consiguiente, lo que se sometería en este caso a consideración del electorado sería el texto de la ley que se quiere introducir en el ordenamiento, o, en su caso, reformar.

En cambio, el numeral 196 constitucional autoriza a la propia Asamblea Legislativa, por una votación no menor de dos tercios del total de sus miembros, para que someta a referendo el texto de un proyecto de reforma constitucional en trámite, una vez aprobado en primera legislatura y antes de serlo en la segunda.

En cuanto al referendo legislativo nuestra Constitución Política distingue el referendo aprobatorio de leyes y el denominado referendo abrogativo.

En este caso, al igual que en el referendo constitucional, no se aclara qué es lo que se somete a consideración del electorado: si un texto concreto o simplemente una pregunta para que el elector responda si está o no de acuerdo con aprobar una ley sobre determinada materia.

Nos inclinamos, al igual que en el caso del referendo constitucional, por la primera hipótesis, es decir, que lo que se somete a la decisión del electorado es un texto específico y no una simple pregunta de si se está o no de acuerdo con que se apruebe o modifique una determina ley.

Esta duda ha sido despejada por el artículo 6 inciso b) de la Ley 8492, al disponer que "b) La solicitud –para recoger firmas ante el TSE que autoriza el inciso a) de la misma norma– deberá indicar el texto por consultar, las razones que justifican la propuesta, así cómo los nombres, los números de cédula y las calidades de ley de los interesados, y el lugar para recibir notificaciones".

Aunque no está expresamente contemplada la posibilidad de someter a referendo la reforma de una ley vigente, sin embargo consideramos que esa hipótesis se encuentra incluida dentro de la potestad de aprobar leyes, pues en aplicación del aforismo jurídico de que quien puede lo más también puede lo menos, es lógico concluir que si el electorado puede, por medio del referendo, aprobar nuevas leyes, también puede reformar las vigentes.

Al igual que en el referendo constitucional, en nuestro criterio al electorado se le puede someter ya sea un texto determinado de reforma legal o bien uno que se encuentre en discusión en la corriente legislativa, dado que no existe ninguna restricción sobre el particular. La única exigencia al respecto es que la solicitud de convocatoria del referendo ante el Tribunal Supremo de Elecciones, en cada caso concreto, sea realizada por el órgano competente (electorado, Asamblea Legislativa, Poder Ejecutivo y mayoría absoluta de la Asamblea) y respetando las correspondientes mayorías exigidas al efecto.

No obstante, como vimos supra, la Ley que regula el referendo, ha circunscrito su celebración a los proyectos de ley que se encuentren en discusión en la Asamblea Legislativa.

El referendo abrogativo es similar al contemplado en otras legislaciones, como la italiana, la uruguaya y la colombiana, donde se utiliza este instrumento normativo para abrogar total o parcialmente una ley vigente.

b. *Legitimación para solicitar el referendo*

En tratándose del referendo constitucional, están legitimados para solicitarlo, en primer término, el cinco por ciento de los electores inscritos en el Padrón Electoral; en segundo lugar, dos terceras partes del total de los miembros de la Asamblea Legislativa y, en tercer término, el Poder Ejecutivo junto con la mayoría absoluta de la totalidad de los miembros del órgano parlamentario, cuando se trate de reformas que no van anejas a un determinado proyecto.

En cambio, cuando ya existe un proyecto en trámite, sólo la Asamblea Legislativa puede acordar someterlo al referendo, luego de ser aprobado en primera legislatura y antes de la segunda.

Respecto del referendo legislativo, están legitimados para convocarlo el cinco por ciento de los electores inscritos en el Padrón Electoral, dos tercios del total de miembros de la Asamblea Legislativa o el Poder Ejecutivo junto con la mayoría absoluta de integrantes del órgano parlamentario.

c.   Materias excluidas de los referendos

El penúltimo párrafo del artículo 105 de la Constitución dispone que "El referéndum no procederá si los proyectos son relativos a materia presupuestaria, tributaria, fiscal, monetaria, crediticia, de pensiones, seguridad, aprobación de empréstitos y contratos o actos de naturaleza administrativa".

En buena lógica jurídica debe entenderse que esta limitación por razón de la materia sólo es aplicable a los referendos legislativos, dado que el ejercicio de la potestad legislativa es limitada, en tanto que el ejercicio del Poder Reformador de la Constitución, sólo está sujeto a límites competenciales en materias que tocan la esencia misma del Estado y de la sociedad civil subyacente. En otros términos, estaría vedado someter a referendo constitucional proyectos tendentes a modificar la forma de Estado o de gobierno y el régimen de los derechos fundamentales, cuando se trate de imponerles restricciones o eliminar algunas de sus garantías. En todos los demás casos, es admisible el referendo en materia de reformas constitucionales, por lo que las restricciones de materia indicadas en el artículo 105 de la Constitución no le son aplicables al referendo constitucional.

Por mayoría de razón, tales materias también estarían sustraídas a los referendos legislativos, por ser materias excluidas constitucionalmente de la competencia de la Asamblea Legislativa.

d.   Regulación del instituto

El último párrafo del artículo 105 constitucional dispone que "Este instituto será regulado por ley, por las dos terceras partes de la totalidad de los miembros de la Asamblea Legislativa "El Transitorio Único dispone, por su parte, que "Las leyes especiales referidos en los artículos 105 y 123 de la Constitución Política, aquí reformados, deberán dictarse dentro del año siguiente a la publicación de esta ley. Durante este plazo, no entrará en vigor lo aquí dispuesto".

Mediante ley número 8492 del 9 de marzo del 2006 se reguló específicamente el instituto del referendo.

La convocatoria a referendo que haga la Asamblea Legislativa deberá aprobarse como un acuerdo legislativo y no como ley, según el artículo 124 de la Constitución. Por tanto, dicho acto se deberá aprobar en un solo debate y publicarse en La Gaceta. Contra él no podrá interponerse el veto por parte del Poder Ejecutivo.

El artículo 102 de la Carta Política establece una limitación numérica y temporal a la convocatoria de referendos, en el sentido de que no podrá convocarse a más de uno al año. Tampoco se podrá ejercer este derecho político durante los seis meses anteriores ni posteriores a la elección presidencial.

Finalmente, la misma norma señala que corresponderá exclusivamente al Tribunal Supremo de Elecciones organizar, dirigir, fiscalizar, escrutar y declarar los resultados de los procesos de referendo.

e. *Grado de vinculatoriedad jurídica de los referendos*

El artículo 102 inciso 9) de la Constitución dispone que "Los resultados serán vinculantes para el Estado si participa, al menos, el treinta por ciento de los ciudadanos inscritos en el Padrón Electoral para la legislación ordinaria, y el cuarenta por ciento como mínimo, para las reformas parciales de la Constitución y los asuntos que requieran aprobación legislativa por mayoría calificada ".

Para que un referendo sea declarado con lugar basta con el voto afirmativo de la mayoría absoluta de los votos válidos emitidos.

En el caso de que se tratare de referendos constitucionales o legislativos, la reforma constitucional o la nueva ley será obligatoria y surtirá efectos desde el día en que dicha norma lo designe o, en su defeco, diez días después de su publicación en La Gaceta, luego de la respectiva sanción ejecutiva.

Si el resultado del referendo constitucional o legal fuere negativo, lógicamente la reforma constitucional o el texto legal sometidos a consulta popular serían desechados.

Sin embargo, de no alcanzarse el porcentaje de participación necesario, si el referéndum no es vinculante, el TSE envía el proyecto de reforma a la Asamblea Legislativa, para que continúe con el trámite ordinario.

No existe, en ninguna de las dos hipótesis, limitación alguna en cuanto al tiempo que duraría la prohibición de someter el texto rechazado nuevamente a consulta popular, como en cambio sí está previsto en la legislación portuguesa.

Finalmente, respecto del referendo abrogativo, el artículo 129 de la Constitución Política establece claramente sus efectos jurídicos vinculantes, al disponer en lo conducente que "La ley no queda abrogada ni derogada sino por otra posterior.... Por vía de referéndum, el pueblo podrá abrogarla o derogarla, de conformidad con el artículo 105 de esta Constitución ".

XI. EL DERECHO DE PETICIÓN

1. *Concepto y contenido*

El artículo 27 de la Constitución consagra el derecho de petición al disponer que "se garantiza la libertad de petición, en forma individual o colectiva, ante cualquier funcionario o entidad oficial, y el derecho de obtener pronta respuesta".

El derecho de petición es una facultad que tienen los administrados para realizar peticiones ante las autoridades públicas sobre asuntos de interés particular o general, siempre que el objeto de la petición sea legalmente posible.

El texto constitucional es claro en cuanto a que este derecho fundamental se tiene sólo frente a los servidores públicos. Sin embargo, una sentencia de la Sala Constitucional admitió, de manera expresa, la posibilidad de que también pueda ser ejercitada ante los particulares, al disponer que "En otras palabras, que aún tratándose de sujetos de derecho privado, cuando un miembro de un determinado grupo o colectividad, solicita a sus administradores información sobre asuntos que interesan al grupo o colectividad, sí estamos en presencia del derecho de petición que consagra el artículo 27 de la Constitución" (**Voto 228-90**).

El ejercicio de este derecho fundamental apareja la obligación del funcionario o entidad pública de contestar en el menor plazo posible. Pero, la contestación no puede limitarse a dejar constancia de que se recibió la petición, sino que la autoridad pública corres-

RÉGIMEN JURÍDICO DE LOS DERECHOS FUNDAMENTALES 361

pondiente debe examinar el contenido de la solicitud y resolverla conforme a las atribuciones jurídicas que le competen.

Lo anterior no implica, desde luego, que la respuesta deba ser favorable a las pretensiones del administrado, sino de responder lo antes posible, es decir, de obtener pronta respuesta. De esta manera lo que se trata es garantizar que el administrado obtenga la información correspondiente lo antes posible, o bien que sepa cuál es el criterio del funcionario público, a fin de que pueda eventualmente plantear las respectivas acciones administrativas o judiciales si el acto le depara algún perjuicio.

Dentro de este orden de ideas, la Sala Constitucional ha dicho, con acierto, que "El sentido correcto de la libertad de petición, debe concebirse como el derecho de toda persona a dirigirse, sea en forma individual o colectiva, ante la Administración y el correlativo deber jurídico de ésta, de contestar a las pretensiones de los interesados, no importa cómo, pero contestando siempre. El silencio de la Administración no es un derecho; al contrario, es una garantía en favor de los mismos particulares que tiene como objeto evitar que se haga nugatorio el derecho fundamental a obtener pronta respuesta de parte de la Administración; es decir, evitar a todo trance, que los administrados sean injustamente agraviados en sus derechos y en forma indefinida, por la inactividad de quien debe resolver su requerimiento. Es por ello que los efectos del silencio negativo de la Administración únicamente son procesales, dejando expedito el camino de los tribunales de justicia, para que puedan acceder a ellos los agraviados, en defensa de sus intereses legítimos....cuando el particular se dirige, como en el caso bajo examen, con una pretensión determinada, la Administración contará con el término previsto para agotar la vía administrativa para resolverla, sin que sea amparable el caso, mientras se cuente con el plazo para decidirlo. Una vez transcurrido el término y agotada la vía administrativa, sin pronunciamiento expreso sobre el fondo debatido, empieza a correr el término de dos meses a que alude el artículo 35 de la Ley de la Jurisdicción Constitucional y entra la Administración en mora en su deber jurídico de responder con violación clara de los derechos fundamentales contenidos en los artículos 27 y 41 de la Constitución Política" (**Voto 669- 91**).

En síntesis, el derecho de petición garantiza no sólo la posibilidad de que las autoridades públicas respondan con celeridad las peticiones de los administrados, sino también el derecho a que sus reclamos y recursos sean resueltos dentro de los plazos legales correspondientes, pues de lo contrario, el silencio administrativo podría ser desvirtuado y dejar de producir efectos estrictamente procesales, para convertirse en un medio para que la Administración se niegue a resolver expresamente las peticiones y reclamos de los particulares.

Sin embargo, la jurisprudencia de la Sala Constitucional ha sido ambivalente en esta materia, pues a la anteriormente citada, se ha sumado una profusa cantidad de sentencias en las que ha sostenido, en esencia, que el derecho de petición se circunscribe únicamente a la posibilidad de los administrados de acceder a la información que deben brindar los órganos administrativos, relacionando el numeral 27 de la Constitución con el artículo 32 de la Ley de la Jurisdicción Constitucional. Según la Sala estas normas se refieren a la "petición pura", que se encuentra ligada exclusivamente a ser informado (**Votos 424- 90; 753- 98**).

Queda clara la contradicción evidente que, en esta materia, ha tenido la jurisprudencia del más alto tribunal constitucional. De lo anterior pareciera colegirse que se confunde lamentablemente el derecho de petición con la libertad de acceso a las dependencias públicas, que garantiza el artículo 30 de la Constitución.

En efecto, esta última garantía constitucional se reduce al derecho de los administrados para "tener libre acceso a los departamentos administrativos con propósitos de información sobre asuntos de interés público". Lo anterior significa que, en estos casos, los administrados sólo pueden tener acceso a las oficinas públicas, ya sea personalmente o por medio de una solicitud escrita, para obtener información sobre asuntos de interés público. El deber correlativo de la Administración se traduce en no impedir el libre acceso a la documentación en sus manos, salvo que se trate, como veremos luego, de materias sustraídas a la libre información, o cuando la petición se formule por escrito, de entregarle al solicitante la información requerida, con la misma limitación antes apuntada.

Por el contrario, el derecho de petición tiene varias vertientes, como son las diversas peticiones que puede formular, no sólo por razones de interés público sino también de carácter personal, tanto a las autoridades administrativas como ante las judiciales.

De ahí que el contenido de este derecho sea más extenso y complejo que el de acceso a los departamentos administrativos con fines de información sobre asuntos de interés público, por lo que no puede ser restringido, como erróneamente lo hace la Sala Constitucional y en contradicción con decisiones anteriores suyas, a la simple petición de información ante los órganos administrativos.

Lo que ocurre es que el artículo 32 de la Ley de la Jurisdicción Constitucional regula el derecho de petición sólo en su vertiente administrativa y restringida a las solicitudes de simple información que formulen los particulares ante la Administración.

La confusión se produce porque el libre acceso a los departamentos administrativos es una manifestación concreta del derecho de petición, cuyo contenido, como vimos supra, es mucho más complejo. Lo lógico sería que el texto del artículo 30 de la Constitución constituyera el último párrafo del artículo 27 ibídem, con lo cual se evitaría la confusión jurisprudencial antes citada.

De donde se deriva que el artículo 32 de la Ley de la Jurisdicción Constitucional, se refiera más bien al derecho de libre acceso a las dependencias públicas que garantiza el artículo 30 de la Constitución, que al derecho de petición que sanciona el 27 ibídem. De ahí nos parece que nace la confusión y contradicción de la jurisprudencia constitucional, pues aplica una norma legal que, aunque en su letra se refiere al derecho de petición, por su contenido regulatorio tiene más bien relación directa con la garantía contenida en el artículo 30 de la Constitución.

2. *Naturaleza jurídica del derecho de petición*

En nuestro ordenamiento, el de petición es simultáneamente un derecho civil y un derecho político.

En efecto, la libertad de petición se puede ejercitar para un caso concreto en asuntos de interés estrictamente privado; pero la norma constitucional precitada, así como su complemento necesario el artículo 30 ibídem, autorizan el ejercicio del citado derecho en forma colectiva y respecto de asuntos de interés público.

La utilización del término "colectiva" le da una configuración política a este derecho, pues si se refiriera estrictamente a asuntos privados esa palabra sobraría.

De lo anterior se deriva, asimismo, que su legitimación activa está otorgada no sólo en favor de las personas físicas, sino también de las jurídicas.

La Sala ha sostenido que no que se requiere de "interés legítimo para ejercer el derecho de petición, que consagra el artículo 27 de la Constitución Política, ni es tampoco, tal interés, requisito para obtener respuesta. Más específicamente, una persona puede plantear sus solicitudes ante el Estado, sin necesidad de ese interés, y tiene del derecho de recibir la respuesta que jurídicamente corresponda" (**Voto 740- 95**).

Respecto a la nacionalidad, el derecho de petición se debe considerar restringido para los extranjeros, cuando se trata de asuntos de naturaleza política o electoral, pues éstos, al tenor de lo dispuesto en el artículo 19 de la Constitución, no pueden intervenir en asuntos políticos en el país. Además, de conformidad con el artículo 90 ibídem, carecen de los derechos políticos.

3. *Condiciones y formas de ejercicio*

La petición debe formularse en forma respetuosa, pacífica, oralmente o por escrito. Sin embargo, en algunos casos específicos la petición queda sujeta a determinadas formalidades que establece el propio ordenamiento. Verbigracia, las solicitudes de certificación de documentos.

La solicitud debe formularse a título personal, sin que tenga importancia el hecho de que sean peticiones presentadas en forma individual o colectiva. La única prohibición es que se formulen peticiones a nombre del pueblo o en representación suya, arrogándose los peticionarios derechos que no les corresponden. Esta prohibición deriva de la interpretación armoniosa de los artículos 4 y 2 de la Constitución Política.

4. Los límites y limitaciones al ejercicio del derecho de petición

Como todo derecho fundamental, la libertad de petición encuentra límites y limitaciones en su ejercicio.

a. Límites

Específicamente encontramos dos límites al ejercicio del derecho de petición: **i)** las fuerzas de policía y las fuerzas armadas y **ii)** no ejercitar derechos a nombre del pueblo.

i) Fuerzas de policía y fuerzas armadas

El artículo 12 de la Constitución prohíbe el ejército como institución permanente, lo que excluye la posibilidad jurídica de que en Costa Rica tengamos fuerzas militares permanentes.

No obstante, la misma norma constitucional, en su segundo párrafo, establece que "Para la vigilancia y conservación del orden público, habrá las fuerzas de policía necesarias".

El tercer párrafo del mismo artículo dispone, por su parte, que "Sólo por convenio continental o para la defensa nacional podrán organizarse fuerzas militares; unas y otras, estarán siempre subordinadas al poder civil; no podrán deliberar ni hacer manifestaciones ni declaraciones en forma individual o colectiva".

En este párrafo se excluye expresamente a las fuerzas militares del ejercicio del derecho de petición en forma individual o colectiva. Esta prohibición es lógica, por cuanto por su propia naturaleza las fuerzas armadas deben rendir obediencia y seguir la disciplina impuesta por sus superiores. El concederles el derecho de petición, bajo determinados supuestos, podría atentar contra los principios esenciales de la institución castrense, que son necesarios para su normal y eficiente funcionamiento, pues, como es sabido, la democracia no existe dentro de su seno.

En cambio, la prohibición no alcanza a las fuerzas de policía, las cuales, entonces, sí pueden ejercer individual o colectivamente el derecho de petición ante las demás autoridades públicas.

Los servidores públicos tampoco están limitados para ejercer, individual o colectivamente, el derecho de petición. Lo único que el ordenamiento constitucional les limita, es arrogarse facultades que la ley no les concede, pues conforme al artículo 11 de la Constitución, son simples depositarios de la ley.

ii) Prohibición de realizar peticiones a nombre del pueblo

El artículo 4 de la Constitución califica de sediciosas las peticiones que una persona o grupo de ellas realice a nombre del pueblo, o bien cuando se arrogue su representación.

Cabría, sin embargo, plantearse la duda acerca de si la legitimación procesal amplia que establece el segundo párrafo del artículo 75 de la Ley de la Jurisdicción Constitucional para incoar acciones de inconstitucionalidad, atenta contra el principio de que nadie puede arrogarse la representación del pueblo.

En efecto, según la citada norma, "No será necesario el caso previo pendiente de resolución cuando por la naturaleza del asunto no exista lesión individual, o se trate de la defensa de intereses difusos o que atañen a toda la colectividad".

Obsérvese que cualquier persona queda legitimada para plantear una acción de inconstitucionalidad cuando los intereses "atañen a toda la colectividad". Lógicamente quien plantea la acción es el que decide, *prima facie*, si los intereses atañen o no a toda la colectividad, que es lo mismo decir, que al pueblo.

En estas hipótesis, en alguna medida, se legitima a que una persona o grupo de ellas pueda accionar judicialmente ante la Sala Constitucional a nombre de "toda la colectividad", es decir, del pueblo.

b. *Limitaciones al derecho de petición*

Nuestro ordenamiento establece limitaciones concretas al derecho de petición, como lo son los asuntos que se consideren secretos de Estado, así como otros que se encuentren pendientes de resolución administrativa.

i.- Los secretos de Estado

El artículo 30 de la Constitución deja los secretos de Estado a salvo del derecho de los ciudadanos para obtener información de los departamentos administrativos.

La legislación no define el concepto de "secreto de Estado"; sin embargo, cuando la Sala Primera de la Corte Suprema de Justicia actuaba como juez constitucional, estableció que, dentro de ese concepto, están incluidas las materias relativas a la seguridad, a la defensa y a las relaciones internacionales del país (**Voto 115- 83**).

ii.- Secreto político

Bajo este concepto se engloban los secretos relativos a la seguridad y a la defensa. Es evidente que los asuntos relativos a la seguridad interna y externa del país deben estar cubiertos por una gran discreción y a los que sólo un pequeño grupo de funcionarios debe tener acceso.

iii.- Secretos diplomáticos

Este tipo de secretos se refiere a aquellos servidores públicos que desempeñan actividades en materia de relaciones internacionales, como Embajadores, Cónsules y funcionarios administrativos de la Cancillería. La publicidad de estos documentos eventualmente podría poner en peligro la seguridad y tranquilidad del país.

Congruente con este principio, el artículo 121 inciso 23 de la Constitución, al autorizar al órgano parlamentario para interpelar eventualmente a los Ministros de Gobierno, exceptúa expresamente los asuntos en tramitación de carácter diplomático o que se refieran a operaciones militares pendientes.

iv.- Asuntos pendientes de resolución administrativa

El derecho de petición también se limita cuando existe un asunto administrativo pendiente de resolución. Dentro de este orden de ideas, el artículo 273 de la Ley General de la Administración Pública establece que no existe acceso a las piezas del expediente cuyo conocimiento pueda comprometer secretos de Estado o información confidencial de la contraparte o, en general, cuando el examen de tales piezas confiera a una parte un privilegio indebido o una oportunidad para dañar ilegítimamente a la Administración, a la contraparte o a tercero, dentro o fuera del expediente.

Se presumen en esta condición, salvo prueba en contrario, los proyectos de resolución, así como los informes para órganos consultivos y los dictámenes de éstos antes de que hayan sido rendidos.

De lo anterior se deduce que no es posible ejercer el derecho de petición respecto de los asuntos o documentos antes indicados, como sería, por ejemplo, el solicitar un dictamen de un organismo técnico antes de que se haya tomado la respectiva resolución administrativa que se fundamenta en aquél.

5. *Los deberes de la Administración*

El deber fundamental de la Administración es el de responder dentro del plazo señalado por la ley al efecto. En caso de que no lo hubiere, deberá hacerlo dentro de los 10 días siguientes al recibo de la solicitud, de conformidad con lo interpretación dada por la Sala Constitucional al artículo 32 de la Ley de la Jurisdicción Constitucional.

La jurisprudencia de ese tribunal ha establecido sobre el particular que "El derecho de petición y pronta respuesta protegido por el artículo 27 de la Constitución Política exige al funcionario público una acción positiva y clara ante la petición de un ciudadano. Normalmente la respuesta deberá darse dentro de los diez días siguientes a la recepción de la petición, como lo ordena el artículo 32 mencionado; excepcionalmente si la respuesta no puede brindarse por razones justificadas, la Administración está obligada a explicar, dentro del plazo exigido por la ley, las razones por las cuales no pueda dar cumplimiento a lo pedido, explicación que deberá ser clara, profusa y detallada con el objeto de que el petente debidamente informado, pueda ejercer las acciones legales que le correspondan" (**Voto 5383- 96**).

La Sala ha reiterado que el exceso de trabajo y la falta de recursos humanos no son causas que eximan o hagan imposible la obligación de la Administración de contestar una petición de los solicitantes (**Voto 896- 95**). Dentro de esta óptica ha señalado también la Sala que "Por lo tanto, el exceso de tardanza, o el silencio absoluto, constituyen una violación a este precepto constitucional" (**Voto 139- 94**).

También la Sala ha señalado que "No puede la Administración "refugiarse" en su propia inactividad con el propósito de evadir una obligación frente al administrado afirmando, como ha sido frecuente hacerlo, que la pretensión ha sido rechazada por un acto denegatorio presunto, derivado de la total inmovibilidad del proceso iniciado con el reclamo. En consecuencia, en tanto subsista el deber de resolver el caso, la prescripción resulta improcedente" (**Voto 6560-94**).

6. *Las modalidades de ejercicio del derecho de petición*

El derecho de petición se ejercita de manera diversa según la naturaleza jurídica del órgano o servidor público al que se dirige. En general, el ejercicio del derecho de petición presenta diferentes matices si las peticiones van dirigidas al órgano legislativo, a los tribunales de justicia o a los órganos propiamente administrativos.

a. *El derecho de petición ante los órganos legislativos*

Como la Asamblea Legislativa es un órgano eminentemente político, el derecho de petición respecto de él se encuentra bastante limitado.

Por ejemplo, si un ciudadano solicita a un diputado que le acoja para el trámite legislativo un determinado proyecto de ley, el legislador no está en la obligación ni siquiera de contestarle, pues en esta materia existe una discrecionalidad total del diputado para aceptar o no la petición del administrado.

El artículo 30 inciso a de la Ley de la Jurisdicción Constitucional excluye la posibilidad del recurso de amparo contra leyes, lo que impide fiscalizar, en la vía judicial, cualquier violación al derecho de petición por parte de los diputados en el ejercicio de su función legislativa.

Sin embargo, el derecho sí puede ejercerse ante el órgano legislativo por asuntos administrativos, así como frente a los diputados considerados individualmente. La Sala Constitucional ha dicho sobre el particular que "La genérica referencia que se hace en este artículo a "cualquier funcionario público" incluye, en el criterio de este tribunal, a los mismos legisladores, quienes, no obstante la mencionada libertad que les está dispensada y el fuero de protección constitucional que se les defiere por razones funcionales, no están exonerados de absolver las simples peticiones de información de sus representados, ciertamente que en el sentido que estimen razonable y por los medios que aseguren el derecho de aquellos a "obtener pronta resolución" (**Voto 122- 94**).

El derecho de petición se puede también ejercer por medio de los llamados institutos de democracia semidirecta: referendo en sus diversas modalidades, plesbiscito, iniciativa popular de la ley, etc., de los cuales carecemos en nuestro ordenamiento.

b. *El derecho de petición ante los tribunales de justicia*

De la combinación de los artículos 27 y 41 de la Constitución, se deriva el derecho de los ciudadanos de accionar judicialmente.

Las diferentes leyes procesales establecen las formalidades y requisitos que deben revestir las distintas acciones, a fin de ser tuteladas por los tribunales de justicia. Verbigracia, el recurso de hábeas corpus se puede plantear sin sujeción a ninguna formalidad, en tanto que el de casación se considera un recurso formalista por antonomasia, por lo que si no se plantea conforme a los requisitos procesales correspondientes, se rechaza ad portas, etc.

La jurisprudencia de la Sala Constitucional ha establecido la posibilidad de ejercer el derecho de petición y pronta respuesta por la mora judicial, con fundamento en los artículos 27 (libertad de petición) y 41 (derecho a obtener justicia pronta y cumplida) (**Voto 5873- 98**).

c. *El derecho de petición ante los órganos administrativos*

Como el derecho de petición tiene mayor aplicación en sede administrativa, es lógicamente en este ámbito donde se produce la mayor cantidad de problemas jurídicos.

Para poner en marcha un procedimiento administrativo existen varios mecanismos jurídicos, que vale la pena comentar, aunque sea de manera somera.

i.- Procedimiento administrativo a petición de parte

La primera modalidad son las reclamaciones administrativas, cuya finalidad es que el particular solicita el reconocimiento de un derecho subjetivo o de un interés legítimo, conforme lo exige el artículo 275 de la LGAP. La interposición del reclamo pone en movimiento el procedimiento administrativo que debe desembocar en una resolución formal que acoge o deniega el reclamo.

Si vencidos los términos legales correspondientes la Administración no ha resuelto el reclamo, el particular queda legitimado para interponer el recurso de amparo, de manera que la Sala Constitucional, al dictar al correspondiente sentencia estimatoria, le otorgue a la Administración morosa un plazo para que resuelva el reclamo del recurrente.

ii.- Peticiones de naturaleza política

También existen peticiones de naturaleza política, que están dirigidas a que la Administración adopte ciertos actos de contenido discrecional o promulgue disposiciones de carácter general.

Lógicamente, por su naturaleza política, tales peticiones no obligan a la Administración a satisfacer los intereses del peticionario, por cuanto no tienen como fundamento jurídico un derecho subjetivo, sino tan sólo un interés.

Cuando el solicitante no sea titular de un derecho subjetivo o de un interés legítimo, conforme al artículo 291 de la LGAP, queda a juicio de la Administración responder en la forma que tenga a bien.

Aparte de estos dos casos citados, y de conformidad con lo estipulado en el artículo 292 inciso 3 de la misma ley, la Administración está autorizada para rechazar de plano aquellas peticiones que fueren extemporáneas, impertinentes o evidentemente improcedentes. La resolución que así lo declare tiene los mismos recursos que la resolución final, a fin de no causarle indefensión al solicitante.

iii.- Peticiones necesarias como acto preparatorio

Conforme al artículo 284 de la LGAP, el procedimiento administrativo puede iniciarse sólo a instancia de parte "cuando así expresa o inequívocamente lo disponga la ley". Es decir, en tales hipótesis la Administración Pública está inhibida para actuar de oficio y sólo puede hacerlo a petición expresa de un administrado.

iv.- Denuncias

A veces quien formula la petición carece de un derecho subjetivo o de un interés legítimo, por lo que la solicitud se limita a informarle a la Administración acerca de algún vicio o defecto en una determinada actividad administrativa.

El artículo 291 de la LGAP establece, en los casos de denuncia, que quedará a juicio de la Administración proceder en la forma que a bien tenga cuando se le formule una petición por una persona sin derecho subjetivo o interés legítimo en el caso.

v.- *Los recursos administrativos*

La otra forma posible en que un particular puede hacer una petición ante la Administración son los recursos, que se interponen contra las resoluciones de aquella que le deparen perjuicio. La LGAP contempla los de revocatoria, apelación, reconsideración y el extraordinario de revisión.

d. *Plazos de resolución para la Administración*

Existen diversos plazos para que la Administración conteste las peticiones de los administrados.

En primer término, conforme al artículo 261 de la LGAP cualquier petición de un administrado debe ser resuelta dentro del término de dos meses. En caso de que la resolución no se produzca en ese plazo, el reclamo se tiene por desestimado, a fin de que el reclamante pueda hacer valer sus derechos, ya sea en sede administrativa o jurisdiccional.

El artículo 331 de la LGAP establece que el plazo para que surja el silencio positivo es de un mes, a partir de que el órgano reciba la solicitud de aprobación, autorización o licencia con los requisitos legales.

Asimismo, el silencio positivo de la Administración se produce cuando así lo establezca expresamente la ley, además de los casos citados en que se trate de autorizaciones o aprobaciones que deben acordarse en el ejercicio de funciones de fiscalización y tutela.

Luego, conforme al artículo 352 de la LGAP, los recursos de revocatoria y apelación deben resolverse dentro de los ocho días posteriores al recibo del expediente.

En cuanto al recurso de revisión debe aplicarse la misma disposición, por reenvío del artículo 355 ibídem.

De acuerdo con las nuevas regulaciones del Código Procesal Administrativo, el agotamiento de la vía administrativa es potestativo para el administrado. Sin embargo, cuando se planteare algún recurso contra una resolución, la Administración dispone del plazo de dos meses para resolverlo. Caso de que no se pronuncie dentro de ese plazo, se tiene por producido el silencio negativo y por denegado el recurso, a fin de que el interesado pueda ventilar sus derechos en la vía contencioso administrativa.

No obstante, aún en el supuesto de que haya transcurrido el citado período de dos meses, la Administración queda obligada a dictar resolución expresa sobre el fondo dentro del año siguiente al momento en que se produjo el agotamiento de la vía administrativa por silencio negativo.

Finalmente, el artículo 32 de la Ley de la Jurisdicción Constitucional establece que cuando no hubiere plazo establecido legalmente para contestar, se entenderá que la violación se produce una vez transcurridos diez días hábiles desde la fecha en que fue presentada la solicitud a la oficina administrativa, sin perjuicio de que, en la resolución del recurso, se aprecien las razones que aduzcan para considerar insuficiente ese plazo, atendidas las circunstancias del caso.

La correcta inteligencia de esta norma es la de que la violación del derecho de petición se produce, en los casos en que existan plazos legales expresos para contestar, a partir del momento en que la Administración entra en mora. De ello se deriva, asimismo, que el plazo de dos meses para interponer el recurso de amparo contra tal omisión, empieza a correr al día siguiente en que vence el correspondiente plazo legal para resolver o contestar la petición del administrado.

En cambio, en los casos en que no existiere plazo legal alguno para responder, entonces la violación se considera perpetrada luego de diez días hábiles de haber sido presentada la respectiva solicitud, con lo cual el plazo de dos meses para interponer el amparo corre a partir del día siguiente en que le venció el plazo de diez días que tenía la Administración para contestarle al peticionario.

CAPÍTULO XIII
LOS DERECHOS DE LA EN EL ÁMBITO LABORAL

I. INTRODUCCIÓN

Los seres humanos, en cuanto actúan como trabajadores, son titulares de una importante cantidad de derechos, tanto en el plano individual como en el ámbito colectivo.

Esta clase de derechos conciben al ser humano como *"homo faber"*. Tales derechos se orientan fundamentalmente hacia la defensa de sus intereses en cuanto factor de la producción. En nuestro ordenamiento encontramos los siguientes: a) el derecho al trabajo y a la libre elección de la actividad laboral (art. 56 C.P.); b) garantías laborales (arts. 57, 58, 59, 63 y 68 C.P.); c) el derecho a formar sindicatos (art. 60 C.P.); d) el derecho de huelga (art. 61 C.P.); y e) el derecho a suscribir convenciones colectivas (art. 62 C.P.).

II. EL DERECHO AL TRABAJO Y A LA LIBRE ELECCIÓN DE LA ACTIVIDAD LABORAL

El artículo 56 de la Constitución Política establece que "El trabajo es un derecho del individuo y una obligación con la sociedad. El Estado debe procurar que todos tengan ocupación honesta y útil, debidamente remunerada, e impedir que por causa de ella se establezcan condiciones que en alguna forma menoscaben la libertad o dignidad del hombre o degraden su trabajo a la condición de simple mercancía. El Estado garantiza el derecho de libre elección de trabajo".

Este artículo constitucional es complejo en su estructura, pues reúne en una misma disposición una norma de carácter preceptivo

(el derecho al trabajo y el deber para con la sociedad) y otra netamente programática, que le fija directrices concretas al Estado sobre
la forma en que deberá hacer efectivo el disfrute de tal derecho, no
sólo mediante la creación de los puestos de trabajo necesarios para
lograr una política de pleno empleo, sino además imponiéndole la
obligación correlativa de velar porque el ejercicio de la actividad
laboral no implique menoscabo contra la libertad y dignidad del ser
humano. Por ello, es necesario que analicemos su contenido por
partes, a fin de desentrañar sus diferentes consecuencias jurídicas.

1. *El contenido del derecho al trabajo*

El derecho al trabajo tiene dos contenidos diversos: uno negativo, que tiende a garantizar la libertad personal, en el sentido de que
todos los administrados tienen el derecho frente al Estado para que
éste se abstenga de realizar cualquier actividad que incida, de manera directa o indirecta, sobre la libre escogencia o la forma de ejercicio de la actividad laboral escogida, salvo los casos excepcionales,
por motivos de orden público, que hacen imprescindible la intervención del poder público para regular esa actividad.

Dentro de este orden de ideas, la Corte Costituzionale italiana
ha dicho que "Debe retenerse que el principio de tutela del derecho
al trabajo está, por su propia naturaleza, sujeto también a los límites
impuestos por la consecución de fines sociales y de carácter general, fines que el legislador ordinario, en su indiscutible discrecionalidad política, bien puede cada vez, valorar y considerar preeminen-
tes respecto de los intereses individuales" (**Voto 16- 68**).

Esta fase negativa se garantiza en favor de todos los gobernados, ya sean nacionales o extranjeros.

Como parte integrante de esta faceta del derecho al trabajo se
encuentra también el derecho de acceder a un puesto de trabajo en
igualdad de condiciones, siempre que la persona cuente con los requisitos necesarios de capacitación para ejercerlo.

Dentro de este orden de ideas, la jurisprudencia de la Sala
Constitucional ha señalado que "En su dimensión individual se concreta en el derecho de tener acceso a un determinado puesto, si se
cumplen los requisitos necesarios que se exigen para la clase de labor que se pretende desempeñar. Desde el punto de vista de la di-

mensión individual, todas las personas que satisfagan requisitos para desempeñar una determinada labor, tendrán derecho a ser tomados en cuenta sin ningún tipo de discriminación, que por su naturaleza resulte inconstitucional" (**Voto 2635- 91**).

La elección laboral, en consecuencia, está condicionada fácticamente por una serie de elementos personales y sociales, como son, entre otros, la existencia de un mercado ocupacional suficiente y amplio, la idoneidad para la tarea pretendida, etc. Como ha dicho la Sala Constitucional "la libre elección de una actividad requiere, por parte del individuo, una capacitación que le proporcione la idoneidad necesaria que esa actividad demanda y por parte del Estado, el condicionamiento suficiente y eficaz de un orden justo en lo social, cultural y económico, como para hacer accesibles las fuentes de actividad a todo aquél que, con su iniciativa propia, pretende realizar la elección comentada"(**Voto 3834- 92**).

Desde el punto de vista positivo, el derecho al trabajo se sustancia en la pretensión a obtener una ocupación remunerada, o bien que el Estado cree las condiciones necesarias para ello. Esta faceta positiva del derecho al trabajo se concreta en la pretensión a obtener una ocupación que presente el doble carácter de ser conjuntamente retributiva y estable, dado que la norma constitucional pretende garantizar un medio de vida permanente y no transitorio ni aleatorio (**Mortati**).

Este aspecto positivo del derecho al trabajo está restringido a determinadas categorías de administrados, por cuanto todos aquellos trabajadores que laboran por cuenta propia, como los que ejercen profesiones liberales y los pequeños artesanos, no pueden exigirle al Estado la creación de puestos de trabajo, toda vez que su actividad laboral depende enteramente de la libre oferta y demanda en el mercado. Es decir, su actividad, aunque conservando ciertos ribetes laborales, se asemeja más a la del pequeño empresario, por lo que la tutela de sus intereses debe buscarse más bien en las normas que garantizan la libertad empresarial. No obstante y como dijo otra jurisprudencia de la citada Corte Costituzionale italiana "el Estado tiene el deber de determinar y de mantener situaciones económicas, sociales y jurídicas tales de abrir concretamente a la generalidad de los ciudadanos la posibilidad de procurarse un puesto de trabajo" (**Voto 61- 65**).

Es conveniente señalar que el artículo 56 de la Constitución no garantiza a los administrados el derecho a obtener un puesto de trabajo, ni mucho menos el derecho de conservarlo, dado que esta norma lo único que tutela es la libre escogencia de la actividad laboral y prohíbe, además, que el Estado y sus instituciones puedan interferir, directa o indirectamente, en esa escogencia, lo mismo que en el modo de ejercitarla, salvo que tal ejercicio contravenga la moral, el orden público y las buenas costumbres.

En otros términos, el derecho al trabajo se resume en un derecho de escoger libremente la actividad laboral que se desea y en los medios para ejecutarla. Además, en la posibilidad de que todos los trabajadores dispongan de un mínimo de derechos y garantías tendentes a darle estabilidad y adecuada remuneración a su actividad.

Por ello, del derecho al trabajo se deriva una pluralidad de otros derechos, que en el caso de Costa Rica, encuentran asidero constitucional expreso. Sobre ellos hablaremos en el próximo acápite.

Tales derechos tienden a hacer efectivo el disfrute estable y bien remunerado de la actividad laboral libremente escogida. Tal es, en síntesis, el contenido del derecho al trabajo.

2.   *El trabajo como deber*

Pero, por otra parte, nuestro texto constitucional habla también de que existe un deber de trabajar para con la sociedad. No obstante, pareciera bastante difícil, desde el punto de vista jurídico, configurar una obligación al trabajo. Como ha dicho un autor italiano "en una sociedad en la cual la fuerza de trabajo se basa en un régimen convencional no puede existir un deber de trabajo que tenga efectividad jurídica" (**Giannini**).

La única posible consecuencia jurídica que puede derivarse de tal deber se da en el plano del Derecho Penal, en el sentido de que tipificar como delito o, al menos como contravención, la vagancia. Sobre esta premisa es que justamente se dictó la denominada "Ley de Vagos", que en praxis sólo sirve, como es público y notorio, para justificar las inconstitucionales redadas periódicas de malvivientes.

Por otra parte, su constitucionalidad es bastante dudosa, por cuanto en ninguna sociedad moderna, salvo que estuviere totalmente colectivizado el trabajo, es materialmente imposible la existencia de una política de pleno empleo (**De Eufemia**). Además, la mayoría de los desocupados lo es involuntariamente, por falta de creación de suficientes empleos, obligación que, conforme al texto constitucional citado, corresponde al Estado.

3.   *El contenido programático del derecho al trabajo*

En la parte netamente programática de la norma en examen, el constituyente creó la obligación para el Estado de procurar que todos tengan "ocupación honesta y útil". Es evidente que el término "honesta" está mal empleado, pues, como es sabido, esa palabra tiene una connotación estrictamente sexual en el ámbito del Derecho Penal. En realidad lo que el constituyente quiso decir fue "ocupación honrada", es decir, aquella que no provenga del ejercicio de una actividad ilícita, por ser contraria al orden público, a la moral o a las buenas costumbres.

En todo caso, esta norma programática sólo impone al Estado la obligación de buscar una política de pleno empleo y la prohibición, fundamentalmente para los órganos legislativos, de no establecer disposiciones normativas que, en alguna forma, impidan o hagan imposible el libre ejercicio del derecho al trabajo.

Dentro de este orden de ideas, la Sala Constitucional ha precisado que "cuando se elige una actividad a desarrollar en relación de dependencia para un empleador como en el caso en examen, ha de tenerse en cuenta, como principio, que la libertad de contratar impide que se celebre un contrato de trabajo posterior donde la prestación del servicio esclavice, denigre o discrimine al hombre, pues el trabajo debe responder siempre a la dignidad de la persona, la salud, la subsistencia, la seguridad y como principios derivados de la supremacía constitucional y la vida, sea ésta personal, familiar y social, aún en aquellos casos en que el trabajador haya consentido en su quebranto o lesión. Por eso considera la Sala que no lleva razón la CCSS, al señalar en su informe que la disponibilidad es irrenunciable, pues en tratándose de aquellos casos en donde el trabajador se haya comprometido a disponibilidad, puede renunciar a ella cuando las misma sea incompatible con su horario de trabajo normal o discriminatoria por contraponerse a la dignidad, la salud, la subsistencia, la seguridad y la vida, amén de una remuneración acorde con el sacrificio que la disponibilidad lleva consigo" (**Voto 2953- 91**).

También ha dicho la jurisprudencia constitucional que "El trabajo es un derecho humano básico que debe estimularse, si bien no hay un derecho a que se le facilite por parte del Estado una ocupación remunerada a todos, sí existe un deber estatal de mantener en el ejercicio de tal derecho a quienes no incurran en las causales de despido justificado que regulan la Constitución y la ley. Así deberá entenderse inconstitucional utilizar la jubilación forzosa como instrumento de una política de empleo y que cualquier introducción de jubilación forzosa en una ley, convenio o laudo, viola el derecho al trabajo consagrado en la Constitución Política. Lo anterior por cuanto la jubilación ha sido considerada siempre como un derecho del trabajador que, al alcanzar la edad prefijada, puede libremente cesar en el trabajo para pasar a percibir la pensión, sin hacer de la jubilación una obligación para el trabajador" (**Voto 5377- 97**).

III. LAS GARANTÍAS LABORALES

El constituyente estableció un conjunto importante de garantías, como complemento necesario del derecho al trabajo.

La primera de ellas es el derecho al salario mínimo y de fijación periódica por jornada normal, que procure bienestar y existencia digna (art. 57 C.P.), así como el principio de que el salario será siempre igual para trabajo igual en idénticas condiciones de eficiencia.

El salario mínimo consiste en el límite inferior remunerativo que se considera necesario para que los diferentes trabajadores, durante determinado período de tiempo, puedan satisfacer sus necesidades y procurar bienestar y dignidad. Ha dicho la Sala sobre el particular: "Sería infringida la Constitución, y no se prejuzga sobre los remedios para enmendar el entuerto, si habiéndose determinado un salario mínimo viniera un servidor o grupo de servidores a percibir uno menor" (**Voto 834- 95**).

La segunda es el principio de igualdad de salario en idénticas condiciones de eficiencia (art 57 C.P.).

La jurisprudencia de la Sala ha dicho sobre el particular que "De manera que el legislador no puede fijar un tope máximo para el pago del aguinaldo con base en el salario del gerente de cada institución autónoma, porque los años de antigüedad laboral u otros pluses salariales de un servidor, pueden elevar el salario de éste por encima del monto del salario del gerente de la institución autónoma de que se trate, por cuanto el monto del salario de los trabajadores constituye un derecho adquirido, relacionado con las condiciones propias de cada relación laboral en concreto." (**Voto 3935- 95**). Es decir, la igualdad salarial sólo se puede producir cuando el trabajo sea igual en idénticas condiciones de eficiencia.

Luego tenemos la jornada diurna y nocturna máximas, el pago extraordinario de las jornadas laborales extraordinarias (art. 58 C.P.).

También se consagra el derecho al descanso semanal y a las vacaciones anuales (art. 59 C.P.).

Las vacaciones son un derecho del trabajador, por lo que deben fijarse tomando en cuenta, de manera preferente, un justo descanso para quien labora. La jurisprudencia de la Sala Constitucional ha señalado sobre el particular que "el beneficio de las vacaciones responde a una doble necesidad, tanto del trabajador como de su empleador: a) por una parte, es evidente el derecho del cual debe disfrutar toda persona, de tener un descanso que a nivel constitucional puede inclusive entenderse como derivado del derecho a la salud (artículo 21 de la Constitución); b) por otra, las vacaciones del primero benefician también al segundo, ya que el descanso de aquél por un período, favorece su mayor eficiencia, al encontrarse, luego de ese lapso razonable de reposo, en mejores condiciones físicas y psíquicas para el desempeño de sus labores. Con base en ello, se concluye que las vacaciones tienen la ambivalencia de ser derecho y deber del trabajador, pudiendo incluso su empleador obligarlo a disfrutarlas en tiempo" (**Voto 5969- 93**).

El artículo 63 de la Constitución establece el derecho al pago de la cesantía, cuando el trabajador sea despedido sin causa justificada.

El 66 ibídem consagra el derecho a que los centros de trabajo cuenten con condiciones de seguridad e higiene adecuadas.

El 67 de la Constitución incorpora el derecho de los trabajadores a que el Estado le otorgue preparación técnica y cultural adecuada para el desempeño de sus funciones.

El 68 constitucional prohíbe establecer discriminaciones respecto de las ventajas y condiciones de trabajo. Igual prohibición se extiende a la materia de salarios. En caso de igualdad entre costarricenses y extranjeros, se debe preferir al trabajador nacional.

Finalmente, el numeral 70 de la Carta Política crea una jurisdicción laboral especializada, dependiente del Poder Judicial.

Todas estas garantías tienen en común su aspiración a garantizar el disfrute estable y bien remunerado de la actividad laboral libremente escogida por el trabajador.

IV. EL DERECHO A FORMAR SINDICATOS

1. *Concepto de libertad sindical*

Este derecho, considerado como una libertad individual, presenta dos aspectos. En primer lugar, significa que la facultad reconocida por el ordenamiento a los administrados para constituir una asociación profesional o de adherirse a ella. Por ello, la libertad sindical no existiría si fuera prohibida la constitución de asociaciones profesionales.

La libertad sindical se sustenta en tres aspectos esenciales: a) el libre ingreso y retiro del sindicato; b) la pluralidad de agrupaciones sindicales y c) la autonomía necesaria de las asociaciones sindicales para actuar libremente frente al Estado, frente a otras organizaciones o frente al empleador, todo con el fin de que las agrupaciones colectivas puedan desarrollarse y cumplir con sus objetivos sin injerencias extrañas a sus fines específicos.

En efecto, no sería posible y atentaría contra esta libertad, la existencia de normas que hicieran obligatoria la afiliación a determinados sindicatos. Es decir, bajo el ángulo de las libertades públicas, la de carácter sindical exige dos postulados fundamentales: la libertad del administrado para adherirse a un sindicato de su escogencia o bien de no adherirse a ninguno. En segundo término, presupone la licitud de la asociación, las facilidades de constitución, la pluralidad de sindicatos y su independencia respecto del Estado (**Colliard**).

La segunda faceta de este derecho fundamental es la libertad de empleo para los trabajadores sindicalizados. Es decir, la libertad sindical no sería nada más que una vana palabra si el trabajador, una vez sindicalizado, no pudiera encontrar ocupación o fuere despedido por el sólo hecho de estarlo (**Burdeau**).

En Costa Rica, el artículo 60 de la Constitución consagra el derecho de formar sindicatos, tanto en favor de los trabajadores como de los patronos, con el fin exclusivo de obtener y conservar beneficios económicos, sociales y profesionales. Por su parte, el artículo 25 ibídem —que consagra la libertad de asociación— le confiere fundamento al derecho de libre sindicalización, que incluye, como ya sabemos, también el derecho de no sindicalizarse. En otros términos, en Costa Rica está prohibida la sindicalización obligatoria, lo cual es ratificado por el artículo 271 del Código de Trabajo al disponer que "A nadie se le puede obligar a no formar parte de él" (se refiere a los sindicatos).

Ahora bien, el artículo 269 del Código Laboral define al sindicato como "toda asociación de trabajadores o patronos o de personas de profesión u oficio independiente, constituida exclusivamente para el estudio, mejoramiento y protección de sus respectivos intereses económicos y sociales comunes". De donde se deduce que los sindicatos sólo pueden constituirse para fines específicos y concretos, que se encarga de señalar el propio ordenamiento jurídico. Por ello, toda participación de un sindicato en actividades político- electorales es castigada con su inmediata disolución, lo mismo que el ejercicio del comercio con ánimos de lucro (art. 280 incisos 1 y 2 del Código de Trabajo).

Un aspecto muy importante que tutela esta libertad y que no ha encontrado desarrollo legislativo en nuestro medio es el despido frecuente de trabajadores por el sólo hecho de sindicalizarse. En estas hipótesis, el patrono aduce siempre otras razones para motivar el despido, pero lo cierto es que sería factible, por medio de la prueba indiciaria, demostrar que la verdadera causa del despido es la pertenencia del trabajador a un sindicato determinado.

En otros países, como Francia, tales actos del patrono se consideran como abusos de derecho y se obliga a los empleadores a la reparación de los perjuicios que sufra el trabajador injustamente despedido (**Burdeau**).

Por otra parte y como garantía fundamental de esta libertad, nuestra legislación laboral le impone al Estado la obligación de fomentar, por medio del Ministerio de Trabajo y Seguridad Social, el movimiento sindical en forma armónica y ordenada, por los medios legales que juzgue convenientes. Al efecto, debe dictar, por medio de decretos ejecutivos, todas las disposiciones que sean necesarias, en los casos concurrentes, para garantizar la efectividad del derecho a la sindicalización (art. 291 Código de Trabajo).

La Sala Constitucional ha reivindicado la autonomía funcional de los sindicatos respecto de los órganos estatales, al establecer que el Ministerio de Trabajo no puede ejercer facultades de policía administrativa, pues ello le está vedado en virtud de los principios de autonomía e independencia sindicales, implícitos en el artículo 60 de la Constitución Política y en el Convenio 87 de la OIT" (**Voto 71- 89**).

2.   *Derecho de sindicalización*

El derecho de sindicalización se encuentra consagrado, además del artículo 60 de la Constitución, por el artículo 2 del Convenio 87 de la OIT. En ambos instrumentos se garantiza el derecho del trabajador o del empleador a sindicalizarse sin distingos en razón de ocupación, sexo, color, raza, credo, nacionalidad u opinión política.

La Sala Constitucional ha señalado que "El derecho de sindicalización, consagrado en la Constitución Política y ampliamente protegido por diversos convenios internacionales así como por la legislación laboral, permite tanto a los trabajadores como a los patronos organizarse en sindicatos para obtener y conservar beneficios económicos, sociales y profesionales" (**Voto 233- 95**).

La jurisprudencia constitucional ha dicho que la protección de los dirigentes sindicales opera desde los actos de organización del sindicato (**Voto 3869- 94**).

Respecto a la desafiliación de los miembros de un sindicato, la jurisprudencia constitucional ha indicado que "Se estima necesario para el caso concreto recalcar el tema de la aplicación del principio del debido proceso en la desafiliaciones o expulsiones de asociados a sus agrupaciones..." (**Voto 4410- 95**).

Dentro de este orden de ideas, ha dicho la Sala que "De lo expuesto se desprende el derecho de todo asociado de ser comunicado previamente de la intención de expulsarlo de la organización, de conocer los motivos y examinar las pruebas que fundamentan la desafiliación; de apersonarse en la Asamblea en la que se pretenda acordar su exclusión, de ser escuchado y ofrecer prueba de descargo, y recurrir contra el acuerdo final" (**Voto 4431- 95**).

3. *Fuero sindical*

El fuero sindical se deriva del derecho de sindicalización consagrado en el artículo 60 de la Constitución y de los convenios internacionales de la OIT, especialmente el Convenio 135 sobre "Los Representantes de los Trabajadores", el cual contempla la protección de los representantes de los trabajadores, sean designados o electos, contra todo acto que puede perjudicarles –incluido el despido–, en razón de su condición de dirigente sindical o representante, de sus actividades como tales, de su afiliación al sindicato o de su participación en actividades sindicales.

La Sala Constitucional ha manifestado sobre el particular que "la protección dada a los representantes de los trabajadores, y que les concede " protección eficaz contra todo acto que pueda perjudicarlos, incluido el despido", constituye lo que en la materia se conoce como fuero sindical especial en beneficio particular de los representantes y como protección de los derechos de los trabajadores mismos, quienes verían menoscabados sus derechos si sus líderes no fueran inamovibles mientras ostenten el mandato válidamente concedido y pudieran ser despedidos unilateralmente por decisión patronal, sin que mediara causa legal objetiva que justificara el rompimiento del contrato laboral" (**Voto 2810- 96**).

Existen límites al fuero sindical, como lo son el régimen disciplinario y la reestructuración.

En cuanto al primero, la Sala Constitucional ha señalado que "si bien es cierto que a través del fuero sindical, se garantiza tanto a los trabajadores agremiados como a sus representantes que no podrán ser objeto de despido, traslado o cualquier otra determinación que conlleve un menoscabo en sus condiciones laborales, en razón de su filiación sindical, ello no implica que a través de un debido proceso aquellos puedan ser destituidos por incumplimiento de las funciones propias del cargo que desempeñan independientemente de sus tendencias gremiales" (**Voto 6043- 93**).

La reestructuración se puede considerar una razón válida para el despido o traslado de trabajadores, incluidos los representantes sindicales, sin que éstos puedan alegar persecución sindical, ya que en tales casos las destituciones no tienen como fin perjudicar, perseguir o discriminar a los servidores afectados, ni implica, de ninguna manera, una persecución u hostigamiento sindical. Desde luego que, en estos casos, la reestructuración debe estar precedida de un estudio técnico que establezca la necesidad de la transformación o desaparición de determinados puestos dentro de la institución.

En el ámbito privado, el tema del fuero sindical ha sido también abordado por la Sala Constitucional en los siguientes términos: "el equilibrio constitucional entre los factores de la producción (artículo 74) veda una interpretación unilateral del "fuero" sindical: si la empresa logra probar una causal legítima de despido, no será la pertenencia o el liderazgo en una asociación o sindicato lo que garantice al culpable la inamovilidad...lo amparable es la discriminación inconstitucional, no el ejercicio legítimo de la potestad de despido" (**Voto 5633- 93**).

4. *Atribuciones del sindicato*

Las principales atribuciones del sindicato son: a) obtener el reconocimiento de su personería jurídica, que conlleva el derecho a impugnar actos en defensa de los intereses de sus afiliados; b) el fuero de autonomía sindical y c) la negociación colectiva.

a. *Obtener reconocimiento de su personería jurídica*

En cuanto al primer aspecto, el Estado tiene el deber de inscribir a los sindicatos que se organicen conforme a la ley y otorgarles personería jurídica. Del reconocimiento de su personalidad jurídica deriva el derecho del sindicato para actuar procesalmente en defensa de los intereses de sus afiliados. La Sala Constitucional ha dicho que los sindicatos son titulares colectivos cuando "actúa como tal, en defensa de los derechos e intereses de las personas que conforman su gremio pero además de lo anterior, siempre y cuando se trate del cuestionamiento de normas o disposiciones que inciden en aquel núcleo de derechos o intereses que constituye la razón de ser y el factor gremial de la agrupación actora, incluso cuando, en algunos casos, los efectos de tales normas pudieran repercutir de manera individualizada en cada uno de sus miembros" (**Voto 7056- 95**).

En el ámbito contencioso- administrativo el artículo 10.1.b. del Código Procesal Administrativo les confiere también legitimación procesal para la representación y defensa de intereses de carácter general o corporativo cuando el juicio tuviere por objeto la impugnación directa de disposiciones de carácter general de la Administración central o descentralizada, que los afectaren directamente.

b. *Fuero de autonomía sindical*

En cuanto a la autonomía sindical, se puede definir como el derecho de organizar libremente el sindicato (art 3 del Convenio 87 de la OIT), según el cual las organizaciones de trabajadores y de empleadores tienen el derecho de redactar sus Estatutos y Reglamentos, el de elegir libremente sus representantes, el de organizar su administración, sus actividades y sus programas de acción, materias en las cuales se ordena la abstención de las autoridades públicas. También están incluidas dentro del ámbito de la autonomía sindical, la libertad que tienen los sindicatos para disolverse, por las causas y en las condiciones previstas en sus propios Estatutos, la libertad de elección de sus autoridades, así como para determinar su estructura interna.

La Sala Constitucional ha protegido la autonomía sindical en varias ocasiones. En una de ellas declaró con lugar un recurso de amparo planteado por un afiliado y miembro de la Junta Directiva de SINDEU contra el Rector de la Universidad de Costa Rica, por cuanto éste le negó el derecho a participar como delegado del Tribunal de Arbitraje de la Junta de Relaciones Laborales, alegando que no tenía nexo laboral con la institución por ser pensionado. La Sala, en su sentencia estimatoria, sostuvo que la negativa de la UCR constituía una violación a la autonomía organizativa del sindicato, de conformidad con el artículo 60 de la Constitución (**Voto 3434-92**).

c. *Facultades de negociación colectiva*

Finalmente, la libertad sindical incluye el derecho a la acción sindical la cual se articula, de manera preferente, en el derecho de suscribir convenciones colectivas de conformidad con el artículo 62 de la Constitución.

Dentro de las actividades principales que pueden realizar los sindicatos, nuestra legislación señala, además de la celebración de convenciones y contratos colectivos, la participación en la formación de los organismos estatales que indique la ley; la creación, administración o subvención a instituciones, establecimientos u obras sociales de utilidad común, tales como cooperativas, entidades deportivas, culturales, educacionales, de asistencia y previsión y todas aquellas que no se encuentren reunidas con sus fines esenciales ni con las leyes (art 270 Código Trabajo).

V. EL DERECHO DE HUELGA

Dispone el artículo 61 de la Constitución que "Se reconoce el derecho de los patronos al paro y de los trabajadores a la huelga, salvo en los servicios públicos, de acuerdo con la determinación que de estos haga la ley y conforme a las regulaciones que la misma establezca, las cuales deberán desautorizar todo acto de coacción o violencia".

Antes de analizar su concepto jurídico, primero debemos definir precisamente el concepto de huelga.

En general, huelga es todo abandono colectivo del trabajo, determinado por un interés general (**Branca**). Nuestra legislación laboral, sin embargo, da una definición más amplia, pues le añade requisitos adicionales que, como veremos luego, restringen indebidamente su ejercicio y, muchas veces, lo hacen imposible.

En efecto, el artículo 364 del Código de Trabajo dispone que "huelga legal es el abandono temporal del trabajo en una empresa, establecimiento o negocio, acordado o ejecutado pacíficamente por un grupo de tres o más trabajadores, con el exclusivo propósito de mejorar o defender sus intereses económicos y sociales comunes".

Como podrá observarse, la norma en cuestión establece los requisitos esenciales para que una huelga pueda ser considerada legal y, en consecuencia, tutelada por el ordenamiento jurídico. Por consiguiente, toda huelga que no reúna tales requisitos, deviene lógicamente en ilegal.

La jurisprudencia del Tribunal Superior de Trabajo ha sido reiterada en el sentido de que es "ilegal aquel movimiento que no persiga mejorar los intereses económicos y sociales de los trabajadores y para los que fueron a la huelga no hayan recurrido al tribunal respectivo a efecto de que calificara la legalidad o ilegalidad de la misma, o lo que es más técnico la calificación de la huelga" (**Voto 3161 - 75**).

En realidad, la huelga no es una simple abstención del trabajo, como pareciera entenderlos de manera exclusiva nuestro Código Laboral, sino más bien todo un procedimiento, compuesto de una pluralidad de actos (**Calamandrei**).

Podemos individuar en la huelga al menos, los siguientes momentos: a) promoción de la declaración de huelga; b) declaratoria de la huelga; c) promoción de la huelga en sí y d) la celebración de la huelga propiamente dicha, que es el único aspecto cuyo ejercicio regula nuestra legislación laboral en detalle.

Dentro de este mismo orden de ideas, es evidente que ninguna huelga se realiza sin una previa proclamación, más o menos formal. Es igualmente claro que tampoco puede realizarse sin un mínimo de instigación, dado que la abstención colectiva del trabajo nunca se genera en forma espontánea, sin previa preparación, justamente por ser colectiva.

Por ello, la huelga, en su esencia sociológica y normativa, es un conjunto de actos que se producen sucesivamente y en un orden lógico. Pero lo que realmente interesa subrayar es que estos actos se dan concatenadamente, en una relación de complementariedad tal que no existe huelga si uno de ellos no se produce. Son elementos esenciales de la huelga, y, por ende, inescindibles (**Calamandrei**).

Ahora bien, si la huelga es un conjunto de actos complementarios e inescindibles, el derecho a la huelga es lógicamente el derecho a realizar todos esos actos. En otros términos, el derecho a la huelga se manifiesta en una serie de facultades, correspondientes a tales actos. Al igual que el derecho a la propiedad, la huelga es un haz de facultades jurídicas.

Por ello consideramos insuficiente la definición legal de nuestro Código de Trabajo, pues se limita a definirla sólo en su momento final, sea cuando se produce la abstención del trabajo.

Conforme al tratamiento legal de la huelga en Costa Rica, la titularidad de este derecho corresponde a una coalición por lo menos por tres trabajadores, que deben representar al menos el sesenta por ciento de la totalidad de los trabajadores que prestan sus servicios a la empresa, negocio, establecimiento o centro de trabajo. El carácter de titularidad colectiva, según nuestro ordenamiento, debe reunirse en tres momentos: al plantearse el pliego de peticiones que da inicio a los procedimientos de conciliación, al tomarse el acuerdo de ir a la huelga (abstención de labores) y, finalmente, al realizarse ésta. No obstante, en la praxis, la titularidad sólo se comprueba al momento de la realización de la huelga (**Van der Laat**).

Por otra parte, nuestra jurisprudencia ha excluido, de manera arbitraria, para los efectos de la composición del sesenta por ciento antes indicado, a los aprendices, a los trabajadores eventuales, a los empleados de confianza y a los altos empleados, por lo que el derecho de huelga se vuelve, con frecuencia, completamente nugatorio.

Nuestra legislación prohíbe las llamadas huelgas de protesta, simbólicas, jurisdiccionales, económico- políticas, lo mismo que la ocupación de empresas, el boicot y, en varios casos, los piquetes, dado que para la realización de la huelga nuestra legislación exige el abandono total del centro de trabajo.

El derecho de huelga debe ejecutarse en forma pacífica, es decir, ninguna huelga puede ejecutarse mediante la utilización de la violencia física ni de la coacción moral, tanto respecto de los patronos o sus representantes, o bien de los trabajadores disidentes, o de sus bienes. Así, el artículo 367 del Código de Trabajo dispone que "la huelga deberá limitarse al mero acto de la suspensión y abandono del trabajo. Los actos de coacción o de violencia sobre personas o propiedades serán sancionados por las autoridades represivas comunes con las penas correspondientes". En otros términos, una huelga, para ser legal en Costa Rica, debe ser pacífica durante toda su ejecución. De lo contrario, habría motivo suficiente para que los tribunales la declararen ilegal, por razones sobrevivientes, sea por ser contrarias a su contenido esencial de pacificidad.

El artículo 61 de la Constitución establece que se garantiza el derecho a la huelga "salvo en los servicios públicos, de acuerdo con la determinación que de éstos haga la ley".

El término "servicios públicos" sólo tiene dos interpretaciones posibles en esta norma: o deja que la ley defina lo que se entiende por servicio público, o bien permite que la ley determine en cuáles servicios públicos no cabe la huelga.

En el primer sentido lo entendió equivocadamente la Corte Plena cuando actuaba como tribunal constitucional, al disponer que "la actitud del constituyente responde, a decir verdad, a una tendencia muy generalizada en las legislaciones modernas...la huelga en los servicios públicos implica la anarquía" (**Voto del 2/7/74**).

Consecuencia de tales razonamientos llegó a la conclusión de que las huelgas están prohibidas, sin ninguna excepción, en los servicios públicos.

No obstante, creemos que la única interpretación posible y correcta es la segunda, sobre todo con base en las Actas de la Asamblea Constituyente y en la doctrina y en la legislación comparada.

En efecto, uno de los principales propulsores de este artículo dijo sobre el particular: "que sobre este tema se había discutido mucho en el seno de la Comisión Redactora del Proyecto del 49. En un primer momento se adoptó el principio del derecho de huelga sin limitaciones, como un recurso valedero para todos los trabajadores del país, pero una vez agotados determinados trámites rigurosos de solución pacífica. Sin embargo, posteriormente la Comisión alteró su parecer, prohibiendo el derecho a la huelga en los servicios públicos muy calificados, sistema muy usual en la legislación de trabajo en los países latinoamericanos y finalmente hemos vuelto al texto de la Constitución de 1871, que recurre al mismo principio" (**Rodrigo Facio**).

Queda sumamente claro, entonces, que la intención del constituyente fue la de prohibir la huelga sólo en determinados servicios públicos, "los muy calificados", servicios que debían ser determinados por ley. Dentro de esta perspectiva, el proyecto de Constitución de los socialdemócratas, por ejemplo, prohibía la huelga en los servicios públicos conectados con la salud de la población. En otros servicios y para los servidores públicos, el ejercicio de este derecho estaba sujeto a una reglamentación especial. Como podrá observarse, la norma constitucional vigente recoge esta misma doctrina.

Por otra parte, tal es la doctrina que sustenta el Comité de Libertades Sindicales de la OIT, el cual se caracteriza, como es público y notorio, por ser bastante moderado. Dice el Comité Ejecutivo de aquél que "El Comité ha señalado que no parece apropiado que todas las empresas del Estado sean tratadas sobre la misma base en cuanto a las restricciones del derecho de huelga, sin distinguir en la legislación pertinente entre aquellas que son auténticamente esenciales, por cuanto su interrupción podría ocasionar perjuicios públicos y aquellas otras que no son esenciales conforme a este criterio".

Finalmente y para recalcar la tendencia moderna en la materia, contrariamente a lo que tesis sostenida por la citada jurisprudencia de la Corte Plena, la mayoría de las legislaciones europeas, siempre a la vanguardia en esta materia, sólo prohíbe la huelga en los servicios públicos muy calificados. Verbigracia, en los ejércitos, en la policía y en la magistratura, en donde si se permitiera podría sobrevenir el caos y la anarquía. Esas legislaciones, respecto de los demás servicios públicos, se limitan a establecer reglamentaciones en detalle sobre las causales para ejercitar este derecho, lo mismo que las modalidades de su actuación (**Burdeau**).

La Sala Constitucional, mediante el **Voto 1317- 98,** anuló los incisos a) (prohibición de huelga para los servidores públicos) b) (prohibición para los trabajadores agrícolas) y e) (facultad del Poder Ejecutivo de decretar prohibiciones a propósito de la suspensión de garantías individuales) del artículo 376 del Código de Trabajo. Sin embargo, como el fallo increíblemente no está todavía redactado, no sabemos cuáles son sus alcances concretos.

En cuanto al paro, nuestro ordenamiento exige, respecto de su carácter colectivo, que deben declararlo una pluralidad de patronos, no teniendo ninguna relevancia el carácter colectivo del sujeto pasivo, es decir, el número de trabajadores afectados, como es lo usual en la legislación y doctrina comparadas (**Van der Laat**).

Por otra parte, existe una absoluta ambigüedad, tanto a nivel constitucional como legal, en cuanto a los fines económico sociales que pueden ser perseguidos por el paro y que no sean atentatorios de los derechos adquiridos de los trabajadores. En todo caso, creemos que tales derechos adquiridos constituyen límites infranqueables para ejercitar el derecho al paro.

Pero, además, en Costa Rica sólo es posible el llamado paro ofensivo, dado que los otros tipos que reconoce la doctrina –retorsivo, defensivo– no tienen sentido jurídico en nuestro ordenamiento, por cuanto nuestra legislación laboral autoriza la finalización unilateral de los contratos en favor de los patronos sin necesidad de justificación alguna. Por ello, tales clases de paros son práctica y jurídicamente imposibles en nuestro país.

El último problema que plantea el derecho a la huelga y al paro es en relación con las llamadas cláusulas de "paz sindical", que con frecuencia se incluyen en las convenciones colectivas. En virtud de tales cláusulas los sindicatos, ya sean de trabajadores o de patronos, se comprometen a no realizar huelgas o paros, en su caso, durante la vigencia de la convención colectiva en cuestión.

En primer término, tales cláusulas de "tregua sindical" carecen de valor jurídico, por cuanto violentan lo dispuesto en el artículo 74 de la Constitución Política, que le otorga el carácter de irrenunciables a los derechos laborales, dentro de los que están lógicamente incluidas, las garantías sindicales.

Además, no tienen ningún sentido práctico, pues ya sabemos que la titularidad para firmar convenciones colectivas, que corresponde siempre a los sindicatos, es diferente a la titularidad para ejercer el derecho a la huelga o a paro, que corresponde a un determinado número de trabajadores o de los patronos, respectivamente.

VI. EL DERECHO A CELEBRAR CONVENCIONES COLECTIVAS

Conforme al artículo 62 de la Constitución, "tendrán fuerza de ley las convenciones colectivas de trabajo que, con arreglo a la ley, se concierten entre patronos o sindicatos de patronos y sindicatos de trabajadores, legalmente organizados".

El artículo 54 del Código de Trabajo establece, por su parte, que el objeto de las convenciones colectivas es reglamentar las condiciones en que el trabajo debe prestarse y las demás materias relativas a éste. El 58 ibídem señala los aspectos que deben incluirse en una convención colectiva. Entre ellos, pueden citarse: a) la intensidad y calidad de trabajo; b) la jornada de trabajo, los descansos y las vacaciones; c) los salarios; d) las profesiones, oficios, actividades y lugares que comprenda, etc.

La misma norma citada les confiere carácter de ley profesional y consagra, además, la obligación de que todos los contratos individuales o colectivos, existentes o que luego se realicen en las empresas, industrias o regiones afectadas, deberán adaptarse a ellas.

El carácter novedoso de esta institución es que siendo formalmente un contrato suscrito entre particulares, no obstante es susceptible de producir efectos normativos con rango de ley, dado que inclusive afectan a terceras personas no participantes en su suscripción o que no eran empleados en ese momento. Es decir, se trata, en el fondo, de un instrumento jurídico con cuerpo de contrato y alma de ley (**Carnelutti**).

El punto nuclear es determinar si las convenciones colectivas son posibles en el ámbito público. La respuesta tiene que ser negativa, por las siguientes razones.

Los artículos 191 y 192 de la Constitución consagran un régimen de empleo público para los servidores públicos, el cual es ratificado posteriormente por el numeral 112 de la LGAP.

Este régimen de empleo público presenta dos características esenciales: a) la indisponibilidad de las partes del término de la relación y b) la imposibilidad de convenir las partes entre ellas las condiciones de la relación (**Mauro Murillo**).

En relación con el segundo principio, que es el que aquí nos interesa analizar, significa que las condiciones de la relación son determinadas por normas y nunca pueden ser convenidas por las partes, mediante contratos individuales o colectivos. Es decir, la relación de empleo público se desarrolla según cuanto establezcan las normas, porque sobre derechos y obligaciones las partes no pueden pactar (principio de indisponibilidad de la relación).

Para ello existen razones públicas muy poderosas: la Administración se rige por el principio de legalidad y sólo puede hacerse aquello expresamente autorizado por el ordenamiento (arts. 11 Constitución y 11 de la LGAP), de manera que sólo si existiera una norma expresa que así lo autorizara, podría el Estado suscribir convenciones colectivas.

Por otra parte, el principio fiscal de la fuerza restrictiva del Presupuesto (art. 176 C.P.), le impone a la Administración Pública, como dijo el Tribunal Superior de Trabajo, la obligación de no gastar más de lo expresamente autorizado en su Presupuesto anual de gastos (**Voto 3477- 74**).

En segundo lugar, quienes sostienen la posibilidad jurídica, la existencia de convenciones colectivas en el régimen de empleo, afirman que por tratarse de un derecho consagrado a nivel constitucional, el de negociar y concertar convenciones colectivas no puede ser negado ni restringido por la ley.

Pobre argumento, porque para llegar a tal conclusión hay que soslayar, de manera olímpica, el contenido del artículo 191 de la Constitución, según el cual "la relación entre el Estado y sus servidores se regirá por un Estatuto de Servicio Civil".

Además, habría que olvidarse de un elemental principio de hermenéutica legal, según el cual la Constitución no puede ni debe interpretarse aisladamente, sino de manera sistemática. Tales omisiones llevan a sus propulsores, como es obvio deducirlo, a la errada conclusión que el precitado artículo 62 de la Constitución carece de límites y, por consiguiente, su ámbito de aplicación es ilimitado.

Como dice Mauro Murillo "Que nuestra Constitución garantiza la convención colectiva en el ámbito público. Falso, porque es elemental compatibilizar las garantías sociales con un régimen estatutario también previsto constitucionalmente. Si la aplicación de las garantías sociales constitucionales fuera liberal, en el empleo público no podría verse un asunto de empleo en la vía contencioso administrativa (porque se violaría el artículo 70); los salarios mínimos (art. 57) estarían por encima de la Ley de Presupuesto de la República; ni podría "reglamentarse" dichas garantías fuera de la "legislación social y de trabajo" prevista (porque se violaría el artículo 74)".

Por ello y conforme a la interpretación lógico sistemática de la Constitución, que es la única posible en la especie, se llega a la conclusión de que el derecho a celebrar convenciones colectivas corresponde de manera exclusiva a los trabajadores amparados por un régimen de empleo privado, dado que respecto de los servidores públicos, por encontrarse cobijados por un régimen de empleo público, la celebración de tales convenciones es abiertamente incompatible con los principios jurídicos que lo informan, como ha quedado demostrado líneas arriba.

Debe aclararse, sin embargo, que existe la posibilidad de suscribir tanto convenciones colectivas como arreglos directos, en los entes públicos con régimen privado de empleo, aunque tales negociaciones no pueden violentar los límites legales y los impuestos por directrices gubernamentales (**Voto 3053-94**).

VII. EL RÉGIMEN CONSTITUCIONAL DE EMPLEO DE LOS SERVIDORES PÚBLICOS

1. *Régimen de empleo público*

Los artículos 191 y 192 de la Constitución establecen reglas específicas para el régimen de empleo de los servidores públicos.

Para comenzar recordemos que las personas físicas pueden ligarse a la Administración en la prestación de servicios, bajo tres modalidades diferentes: a) en relación de mero servicio, es decir cuando actúa a nombre y por cuenta de la Administración, en donde el servidor es parte de la estructura, pero sin contraprestación salarial; b) en relación de empleo, en la que además de los elementos anteriores, existe salario y el régimen de la relación es esencialmente diverso y c) el tercer caso lo es de contratación administrativa y allí se actúa a nombre propio. Evidentemente sólo en la segunda hipótesis hay relación de trabajo, la cual debe reunir los tres elementos clásicos establecidos por la doctrina laboral: prestación personal de servicios, subordinación y salario.

El artículo 191 de la Constitución consagra un régimen de empleo público, regido por el Derecho Administrativo, que tiene principios propios y, en algunos casos, contrastantes con los del Derecho Laboral. Algunos de esos principios se encuentran recogidos en el numeral 192 ibídem. Dicho régimen, es decir sus principios, son aplicables a toda la Administración Pública, tanto centralizada como descentralizada.

De este régimen sólo están excluidos parcialmente, al tenor de lo establecido en los artículos 140 inciso l) y 192 de la Constitución, los miembros de la fuerza pública, los empleados de confianza y otros casos "muy calificados" determinados por el Estatuto de Servicio Civil. La exclusión de estos servidores del régimen estatutario sólo se produce respecto de su nombramiento y remoción. La jurisprudencia de la Sala Constitucional ha dicho que la exclusión parcial del régimen de casos "muy calificados" sólo puede establecerlos la ley en aquellos casos de servidores que por "encontrarse en una relación de servicio no típicamente laboral, no bajo un régimen de subordinación jerárquica sino más bien de dirección o colaboración donde no median órdenes, sino más bien directrices en unos casos; o bien, en una relación de confianza que obliga a otorgar una mayor libertad para el nombramiento y la eventual remoción del funcionario" (**Voto 5778- 94**).

Respecto a las exclusiones totales del régimen, la jurisprudencia constitucional ha dicho que sólo caben cuando pueda razonablemente disponerse de un régimen privado de empleo (**Voto 1696-92**), como es el caso de los servidores públicos que trabajen para empresas públicas, como los bancos estatales y las instituciones aseguradoras. Es decir, la regla es que la naturaleza de la función, básicamente empresarial, es la que determina si un servidor público queda sujeto al régimen estatutario o, por el contrario, a un régimen de empleo privado, regido por el Derecho Laboral. No obstante, debe aclararse que aún en estos últimos casos, existen limitaciones a la aplicación indiscriminada del Derecho Laboral a tales funcionarios, como lo estableció el **Voto 1696-92** de la Sala Constitucional. Dentro de esta óptica, la Sala ha dicho que "los principios básicos del régimen (escogencia por idoneidad, estabilidad en el empleo) cubren a todos los funcionarios al servicio del Estado, tanto de la administración centralizada, como de los entes descentralizados" (**Voto 1119- 90**).

Aquellos entes públicos que no tengan un Estatuto propio, deben regirse supletoriamente por los principios y normas contenidas en el Estatuto de Servicio Civil y, a falta de regulación específica, por el Código de Trabajo. La aplicación supletoria del Estatuto del Servicio Civil se basa en que el propósito de que dicho Estatuto, según la propia Constitución, es garantizar la eficiencia de la Administración, el cual, de acuerdo con la jurisprudencia de la Sala Constitucional abarca "no sólo la realización de los cometidos públicos (eficacia, como se entiende de la Ciencia de la Administración), sino también llevarlos a cabo de la mejor manera posible (buena calidad y menores o mínimos costos, por ejemplo)" (**Voto 1696- 92**).

2. *Los principios de idoneidad comprobada y estabilidad*

El artículo 192 de la Constitución dispone que "Con las excepciones que esta Constitución y el Estatuto de Servicio Civil determinen, los servidores públicos serán nombrados a base de idoneidad comprobada y sólo podrán ser removidos por las causales de despido justificado que exprese la legislación de trabajo, o en el caso de reducción forzosa de servicios, ya sea por falta de fondos o para conseguir una mejor organización de los mismos".

En relación con el ingreso, según la Sala Constitucional dicho principio "significa que es condición necesaria para el nombramiento de los servidores públicos...tener o reunir las características y condiciones que los facultan para desempeñarse óptimamente en el trabajo, puesto o cargo público; es decir, reunir los méritos que la función demande" (**Voto 150-93**). La idoneidad, en consecuencia, se refiere al cumplimiento de los requisitos y condiciones definidas (o definibles) como necesarios; comprobada sería documentarla de manera fehaciente.

La norma en examen no establece literalmente, sin embargo, que el concurso sea el medio idóneo para comprobar la idoneidad. No obstante, si la integramos con otras disposiciones constitucionales como los artículos 33 (principio de igualdad en el acceso a los cargos públicos) y 182 (principio de concurso público en los contratos públicos), se llega a la conclusión de que la idoneidad del aspirante a servidor público debe demostrarse por medio de concurso público.

Por otra parte, es evidente que los principios de eficiencia e idoneidad deben mantenerse durante toda la relación (**Voto 140-93**), principio en el que encuentran fundamento, entre otros, los institutos de la valoración anual de servicios y sus consecuencias.

Dentro del principio del concurso se encuentran ínsitos otra serie de principios colaterales: publicidad, libertad de participación, igualdad de oportunidades, selección del mejor candidato, etc.

De conformidad con la Constitución, el ingreso a un cargo público se perfecciona con un nombramiento que supone un acto formal (**Ortiz**), el que usualmente se expresa por medio de la denominada acción de personal. Por ello, la Sala Constitucional le ha negado valor a los nombramientos realizados mediante telegrama (**Voto 6290- 94**).

En cuanto al principio de la estabilidad laboral del servidor público, se plantean varios problemas interesantes. El primero de ellos, es el nombramiento a plazo. La Sala ha dicho que no se viola dicho principio en el caso específico de los jueces (**Voto 2548- 91**), por cuanto un nombramiento a plazo confiere sólo una estabilidad relativa. Sin embargo, por tratarse de casos de excepción, en cada uno de ellos debe valorarse su razonabilidad. Verbigracia, pareciere razonable el nombramiento a plazo de un funcionario de confianza, en tanto no lo sería el de un misceláneo.

Posiblemente la estabilidad en el empleo público sea la diferencia más notoria con el empleo privado. En efecto, el servidor público no puede ser removido libremente, a diferencia de los trabajadores regidos por el Código de Trabajo.

Dentro de este orden de ideas, la jurisprudencia de la Sala Constitucional ha considerado que el servidor interino goza de una estabilidad precaria, es decir, no puede ser destituido para nombrar a otro interino en su lugar. Su destitución, en consecuencia, sólo es procedente cuando el cargo vaya a ser asumido por su titular (**Voto 3705- 94**). Del anterior principio ha derivado la Sala la conclusión de que el servidor interino, ni aún después de varios años de ocupar el cargo, adquiere el derecho a su titularidad (**Voto 6601- 94**).

Respecto al servidor en período de prueba es claro que puede ser destituido siempre y cuando incurra en falta grave conforme a la legislación laboral vigente o que demuestre incapacidad notoria para ejercer el cargo. Por tanto, su destitución debe ser motivada, previa evaluación sobre su desempeño. La jurisprudencia de la Sala ha sido ambivalente en la materia, pues en un caso sostuvo que procede el despido en período de prueba "siempre y cuando las razones que se aleguen no sean antojadizas o discriminatorias y vayan a configurar abuso de poder" (**Voto 6052- 94**), mientras que en otra sentencia sostuvo que "el jefe autorizado podrá despedir libremente al empleado durante el período de prueba" (**Voto 6529- 94**).

Según la norma en análisis, el servidor sólo puede ser removido por despido por justa causa y por reducción forzosa de servicios. En cuanto a las causales de despido, la ley puede crear adicionales respecto de las contempladas en el Código de Trabajo, a condición de que sean razonables.

La reducción forzosa de servicios, por su parte, no coincide completamente con la supresión de plazas, pues a menudo ocurre que la plaza se mantiene pero con variación de las funciones y de los requisitos. En estos casos, se requiere la plaza, pero no al funcionario que la desempeña. La reducción forzosa se puede dar por dos motivos: por falta de fondos y por reorganización. La causal de falta de fondos está referida a la falta de fondos suficientes, lo cual en la praxis se puede prestar para abusos, pues nunca los fondos públicos son suficientes para satisfacer las necesidades de la Administración Pública.

La reestructuración es una reforma de carácter organizativo que implica movimiento de plazas y/ o de servidores. Para que se pueda llevar a cabo una reestructuración deben existir necesidades reales y debidamente comprobadas (**Voto 3288- 94**).

De lo dicho se deriva que debe existir un estudio técnico justificativo, el cual debe sujetarse a ciertos requisitos mínimos: debe realizar un diagnóstico del problema y sugerir su solución. Luego, dicho estudio, que obviamente debe ser realizado por una firma especializada en la materia por ser materia técnica, debe recibir las aprobaciones exigidas al efecto por el ordenamiento. Por otra parte, ningún estudio puede mantener su validez técnica de manera indefinida ni justificar un número indeterminado de reorganizaciones, pues las necesidades de la institución varían con el transcurso del tiempo. El acto que determine la reorganización debe ser debidamente motivado.

Otro tema relacionado con el principio de la estabilidad, es el de la suspensión de un funcionario mientras se investiga un posible despido. La jurisprudencia de la Sala ha establecido que la suspensión procede siempre que al funcionario investigado no se le suspenda el goce de su salario (**Voto 877- 95**).

3. *El principio de la indisponibilidad de la relación*

El principio de la indisponibilidad de la relación por las partes es posiblemente el más importante en materia de empleo público y, en alguna medida, sirve de soporte a los demás principios en la materia.

Dicho principio significa que "la relación no disponible ni alterable por voluntad de las partes" (**Ortiz**), lo que implica varios supuestos y consecuencias.

Su principal corolario es que la relación no es contractual, sino más bien estatuaria, es decir, regida por el Derecho Administrativo. En el empleo público no hay ningún contrato expreso ni implícito, sino tan sólo un nombramiento que es un acto unilateral de autoridad, que es precisamente el constitutivo de la relación.

De lo anterior se deduce lógicamente, que en el ámbito de empleo público no pueden existir contratos individuales ni colectivos de trabajo, salvo el caso de aquellos beneficios en favor del servidor que deben formalizarse por contrato. Verbigracia, becas, dedicación exclusiva, etc., y en los que se requiere de la voluntad de ambas partes y, además, sea necesario detallar las condiciones del otorgamiento de los beneficios.

Si el contenido de la relación está fijado por el ordenamiento, entonces no cabe la suscripción de convenciones colectivas, pues el régimen estatutario no establece mínimos superables, sino el contenido preciso de los derechos y obligaciones de los servidores.

También la indisponibilidad conduce a la estabilidad, lo que impide la terminación de la relación por la simple voluntad patronal. Tampoco puede el servidor dar por rota unilateralmente su relación laboral, ante medidas graves o injustas de patrono. Lo que procede, en estos casos, es que el servidor impugne las medidas del patrono que considere lesivas de sus derechos o dignidad. Tampoco procede la rescisión por mutuo acuerdo con el correspondiente pago de prestaciones. En cambio, sí procede la renuncia, pero sin el pago de prestaciones y sujeta a la aceptación del patrono, la cual debe producirse dentro de un plazo razonable. Por ello, son evidentemente inconstitucionales aquellas leyes que autorizan el pago de las prestaciones laborales por renuncia dentro de los programas de movilidad laboral.

4. *Principios constitucionales sobre el trabajo*

Aquellos principios constitucionales del Derecho Laboral que son compatibles con el régimen de empleo público son aplicables a los servidores públicos.

El principio contenido en el artículo 56 de la Constitución de que el trabajo no debe menoscabar la dignidad de la persona, encuentra aplicación en el ámbito del empleo público en el tema de las limitaciones al *ius variandi* de las instituciones públicas y en el relativo a la supresión de las funciones más importantes del servidor. Dentro de este orden de ideas la Sala Constitucional ha dicho que "la supresión de funciones importantes lesiona la dignidad del funcionario" (**Voto 389- 95**).

Las garantías contenidas en el numeral 57 de la Constitución, relativas al salario mínimo y al principio de igualdad salarial, rigen también en el sector público, aunque en la praxis existe un variado mosaico de escalas salariales. Lo anterior no implica que no puedan existir diferentes regímenes salariales en los diversos órganos fundamentales, a condición de que las diferencias entre unos y otros sean razonables y en función de la diversa naturaleza y complejidad de las funciones que desempeñan los trabajadores de cada institución.

Las garantías relativas a la jornada de trabajo, al pago de horas extras (art 58 C.P.), así como las que se ocupan del descanso semanal y del anual (art 59 C.P.) son también aplicables en el sector público.

El derecho de sindicalización también está permitido en el sector público. En cuanto a la huelga, como indicamos supra, nos parece que en términos generales procede, salvo en los servicios públicos esenciales, como los hospitales, la fuerza pública, los tribunales de justicia, etc.

Respecto a las convenciones colectivas ya dijimos que no son posibles en el ámbito del empleo público, porque lo prohíbe el precitado principio de la indisponibilidad de los términos de la relación.

El artículo 63 de la Constitución funda la potestad disciplinaria del patrono al autorizar el despido sin responsabilidad patronal cuando exista justa causa. Dicha norma también autoriza que el patrono le ponga término a la relación laboral pagándole el auxilio de cesantía al trabajador. Esta última faceta del poder disciplinario no es aplicable en el empleo público. En cambio, sí es aplicable el pago de las prestaciones laborales cuando el despido se haya producido sin justa causa, siempre que no esté prevista la reinstalación.

De la potestad disciplinaria de despido deriva también la facultad del patrono público para imponer otro tipo de sanciones menos graves, al igual que ocurre en el régimen de empleo privado.

En cuanto al pago de las prestaciones se trata de una obligación de pago inmediato. Inclusive, en los casos de movilidad laboral voluntaria, si se produce algún atraso en el pago, se deben reconocer los salarios caídos (**Voto 6005- 97**).

El *ius variandi* encuentra aplicación en el empleo público, pero está sujeto a límites precisos. La Sala Constitucional ha señalado que "Esta Sala no desconoce las potestades del *ius variandi* que posee la Administración, así como sus facultades para disponer de la organización y ubicación material de sus respectivos departamentos. Pero esas atribuciones deben ejercerse de modo razonable y dentro de ciertos límites y sin lesionar los derechos fundamentales de los servidores".

En tratándose de las limitaciones, la Sala ha dicho que las variaciones no pueden ser intempestivas, como sería el caso de la revocación de un permiso sin goce de salario (**Voto 973- 95**).

Dentro del tema del *ius variandi* se ha discutido el relativo a los traslados de funcionarios de un cargo a otro. La Sala ha encontrado fundamento constitucional a la potestad de traslado en el hecho de que la Constitución no garantiza la inamovilidad sino la estabilidad y en el artículo 140 inciso 8 de la misma Carta Política que establece el deber del Poder Ejecutivo de vigilar el buen funcionamiento de los servicios y dependencias administrativas, "que en los términos del artículo 4 de la LGAP implica orientar la actividad de los entes públicos de manera que se asegure su continuidad, su eficiencia y su adaptación a todo cambio en el régimen legal o en la necesidad social que satisfacen" (**Voto 743- 92**).

El traslado, por ser un acto discrecional, debe aplicarse en determinadas circunstancias y en fundadas razones de conveniencia laboral para el servidor y de acuerdo a las necesidades institucionales, procurando no imponer al trabajador un gravamen irreparable o de difícil reparación (**Voto 82- 91**).

El traslado forzoso es, por lo tanto, excepcional y conforme a la jurisprudencia de la Sala Constitucional "debe realizarse con estricto apego al principio de buena fe, en el marco de la relación estatutaria y colocando en un justo equilibrio el interés público que motiva el traslado y los derechos del trabajador" (**Voto 2800- 97**). Los traslados no pueden constituir tampoco un despido encubierto (**Voto 686- 95**) y como consecuencia de un traslado "no es constitucionalmente lícito alterar las condiciones de remuneración, categoría y consideración social, tiempo, lugar, o cualquier acto de variación sustancial de esos extremos" (**Voto 712- 95**).

Otros principios cardinales del Derecho Laboral, en cambio, no son aplicables al régimen de empleo público. Entre ellos el principio pro operario, desarrollado por el artículo 17 del Código de Trabajo, según el cual en caso de duda la norma debe interpretarse en beneficio del trabajador. En el ámbito público, sin embargo, dicho principio no existe, pues las normas del empleo público deben interpretarse no sólo en interés del trabajador, sino también en atención a la conveniencia social.

Tampoco es aplicable el principio protector de la norma más favorable, pues en el Derecho Público, en virtud del principio de la jerarquía de las normas, éstas deben aplicarse conforme al puesto que ocupan en dicha escala jerárquica.

Asimismo, la teoría del contrato realidad no encuentra aplicación en un régimen de empleo público, dado que el contenido de los derechos y obligaciones de los trabajadores viene dado íntegramente por el respectivo Estatuto, el cual sólo puede ser modificado por los mecanismos jurídicos correspondientes. Lo anterior no significa que se desconozca en el empleo público la costumbre como fuente de Derecho; no obstante, lo que no puede existir es una costumbre contra *legem*, es decir, que contradiga el contenido de los derechos y obligaciones otorgados por el respectivo Estatuto a los servidores públicos.

CAPÍTULO XIV
LOS DERECHOS DE LA PERSONA EN CUANTO MIEMBRO DE UNA COMUNIDAD SOCIO-ECONÓMICA

I. INTRODUCCIÓN

La persona, en cuanto forma parte de una comunidad socio-económica, es titular de una serie de derechos, algunos de contenido económico y otros de carácter prestacional.

Estos últimos, tradicionalmente conocidos como sociales, nacen de una situación de desequilibrio social, por lo que su finalidad es justamente la de buscar un equilibrio basado en el principio de igualdad material, o en el "carácter solidario de la libertad individual" (**Mortati**).

Dentro de este orden de ideas, algún sector de la doctrina inclusive llegó a cuestionarse la virtualidad jurídica de tales derechos, pues los consideraba como "vocaciones a la libertad por cuanto no definen una libertad presente, anuncian una liberación. Y esa liberación se obtendrá menos por el esfuerzo individual, que por la acción de los gobernante" (**Burdeau**).

En suma: esta categoría otorga a los particulares una serie de derechos que les permiten desarrollarse, por una parte, como empresarios y, por la otra, ser beneficiarios de una serie de prestaciones que le brinda el Estado, con el fin de buscar un equilibrio social adecuado.

Algunos de estos derechos prestacionales no son de goce inmediato, sino recién cuando el Estado establezca los servicios públicos o las instituciones encargadas de prestarlos, o bien se creen las condiciones económicas necesarias para su efectivo disfrute.

Nuestra Constitución consagra, dentro de la primera categoría: 1) el derecho a la propiedad privada (art. 45 C.P.); 2) la libertad de empresa (art. 46 C.P.); 3) los derechos de propiedad intelectual (art. 47 C.P.) y 4) la libertad de contratación (principio constitucional derivado de los artículos 28, 45 y 46 C.P.).

En la segunda categoría encontramos: 1) el seguro de desempleo (art. 63 C.P.); 2) el derecho a la creación de cooperativas (art. 64 C.P.); 3) el derecho a la vivienda y al patrimonio familiar (art 65 C.P.); 4) derecho a la seguridad social (art. 73 C.P.) y 5) el derecho de tutela al grupo familiar (arts. 51, 52, 53, 54 y 55 C.P.). Todos estos derechos se agrupan bajo la categoría de los denominados derechos prestacionales y serán analizados en un capítulo aparte.

II. EL DERECHO A LA PROPIEDAD PRIVADA

1. *Introducción*

El artículo 45 de la Constitución establece que "La propiedad es inviolable; a nadie puede privarse de la suya si no es por interés público legalmente comprobado, previa indemnización conforme a la ley. En caso de guerra o conmoción interna, no es indispensable que la indemnización sea previa. Sin embargo, el pago correspondiente se hará a más tardar dos años después de haber concluido el estado de emergencia. Por motivos de necesidad pública podrá la Asamblea Legislativa, mediante el voto de dos tercios del total de sus miembros, imponer a la propiedad limitaciones de interés social".

Esta disposición constitucional contiene tres normas diferentes: 1) la inviolabilidad de la propiedad; 2) las limitaciones a la propiedad por una mayoría calificada de dos tercios del total de votos de la Asamblea y 3) la expropiación previa indemnización.

2. *El concepto constitucional de la propiedad privada*

Para comenzar, nuestro texto constitucional no define expresamente el contenido del derecho de propiedad, lo que no significa que corresponde a la ley su determinación, como erróneamente lo conceptuaba la jurisprudencia de la Corte Plena cuando actuaba como juez constitucional (**Voto 71- 71**).

Antes de precisar los alcances del contenido del derecho de propiedad, es necesario definir los alcances del término propiedad.

El concepto de propiedad que tutela la norma constitucional precitada debe concebirse como una afectación de un bien en favor de un administrado. Es decir, la imputación de un bien que se encuentra en el comercio de los hombres a un sujeto determinado le confiere a éste el poder jurídico de disposición sobre el mismo. Tal poder de disposición debe reputarse jurídico, porque implica, para su titular, la posibilidad de hacerlo respetar coactivamente frente a los demás sujetos del ordenamiento, quienes tienen la obligación correlativa de abstenerse de vulnerar o perturbar ese disfrute. Por ello, el derecho de propiedad, en cuanto derecho real por antonomasia, reviste naturaleza *"erga omnes"*, sea que es oponible a toda la comunidad.

En segundo lugar, la propiedad es un derecho de estructura compleja, en el sentido de que está integrado por un haz de poderes o facultades, que comúnmente se denominan atributos de la propiedad.

El derecho de propiedad incluye el derecho, no sólo a los bienes de consumo o de uso, sino también a los reproductivos, es decir, en general, la propiedad como medio de producción, salvo las excepciones contempladas en la propia Constitución (propiedad pública, propiedad del Estado).

La jurisprudencia de la Sala Constitucional lo ha definido como "el derecho de poseer exclusivamente una cosa y gozar de ella, sin más limitaciones que las establecidas en la ley y el propietario, y conceptualizándose como facultades de uso, goce y disfrute del bien" (**Voto 3617- 94**).

El contenido de ese derecho se determina de acuerdo con los principios generales del ordenamiento constitucional y con el concepto mismo de propiedad jurídicamente acumulado, al cual debe entenderse incorporado a la Constitución. Desde este punto de vista, forman parte del derecho de propiedad la definición de dominio y sus atribuciones esenciales: la posesión, uso y goce, transformación, disposición, defensa, reivindicación.

Como ha sostenido la jurisprudencia constitucional, el concepto de propiedad en el ámbito constitucional es más compleja que la recogida por el Derecho Civil. Por tanto, la propiedad constitucional comprende todos los "intereses apreciables que un hombre puede poseer fuera de sí mismo, de su vida y de su libertad, con lo que todos los bienes susceptibles de valor económico o apreciable en dinero alcanzan nivel de derechos patrimoniales rotulados unitariamente como derecho constitucional de propiedad" (**Voto 1062- 91**).

En síntesis, el derecho de propiedad, como derecho subjetivo, incluye todos los bienes productivos y de consumo, salvo los constitucionalmente atribuidos al Estado y sus instituciones.

3. *El contenido esencial del derecho de propiedad*

Como es sabido el contenido esencial de un derecho está constituido por un conjunto de facultades derivadas del principio de autonomía, para la satisfacción de un interés jurídicamente protegido. Por ello, el contenido esencial engloba un haz de facultades que garantizan la satisfacción del interés jurídico tutelado.

En el caso del derecho de propiedad, como ha dicho un jurista español "desde un punto de vista dogmático, un derecho de propiedad sólo es recognoscible como tal si en él se produce la conjunción de los clásicos *ius utendi* (derecho de uso), *ius fruendi* (derecho a los frutos) y *ius disponendi* (derecho de disponer)" (**Diez-Picaso**). A estos tres elementos habría que añadir las facultades de elección y de defensa del bien.

La facultad de elección, como integrante del contenido esencial del derecho de propiedad, ha sido reconocida por nuestra jurisprudencia constitucional al declarar inconstitucional un decreto ejecutivo que definía quiénes y en qué medida pagarían el costo de las cajas de cartón que se utilizan para la exportación del banano, por considerar que dicha disposición sustituía la voluntad privada, es decir, se le imponían a los contratos privados ya celebrados entre compradores y productores de cajas para el empaque del banano determinadas condiciones que, conforme al contenido esencial del derecho de propiedad, corresponden exclusivamente elegir y determinar a las partes contratantes (**Voto 1635- 90**).

En relación con la facultad de defensa, la Sala Constitucional declaró inconstitucional el artículo 6 de la Ley de la Moneda que impedía que los contratos celebrados en el país en moneda extranjera pudieran ser amparados por nuestros tribunales de justicia, por considerar que la falta de esa acción legal lesionaba la facultad de defensa y conservación del derecho de propiedad (**Voto 3495- 92**).

4. *El contenido del principio de inviolabilidad de la propiedad privada*

La jurisprudencia de la Sala Constitucional ha establecido que la inviolabilidad de la propiedad privada consiste en "que ni el Estado ni los particulares pueden dañarla, turbarla, desconocerla o desintegrarla" (**Voto 3617- 94**).

En una acepción más amplia, la inviolabilidad significa la prohibición para imponerle limitaciones al derecho de propiedad contra la voluntad de su titular, si los sacrificios o privaciones no le deparan algún beneficio.

Por ello, el principio de inviolalibidad fija un límite más allá del cual el titular del derecho está constitucionalmente garantizado contra confiscaciones, requisiciones y limitaciones a la propiedad. Por ello, dentro de este principio se engloban los de no confiscación (art. 40 C.P.) y el de intangibilidad del patrimonio.

a. *Prohibición de la confiscación*

El primero de ellos, como es bien sabido, tiene aplicación preferente en el ámbito tributario. La razonabilidad es el criterio determinante para establecer si una norma es o no confiscatoria. Dentro de este orden de ideas, un tributo que tase la producción y no la renta puede devenir confiscatorio, puesto que podría implicar una apropiación indirecta de la propiedad por parte del Estado sin el pago de ninguna indemnización previa.

Existen otras dos instituciones que difieren de la confiscación aunque implican también el secuestro de bienes de los ciudadanos: el decomiso y la requisición.

El decomiso, a diferencia de la confiscación, tiene fundamento constitucional, pues consiste en el apoderamiento, destrucción y eventual enajenación por el Estado de las mercaderías que se encuentren en infracción de la legislación (aduaneras, municipal, penal, etc.). El decomiso constituye jurídicamente una pena accesoria. Es decir, lo que el derecho de propiedad protege es el apoderamiento de bienes por parte del Estado, sin pago de indemnización previa, de bienes bien habidos.

La requisición, por su parte, es también compatible con el derecho de propiedad, pues consiste en una medida de carácter transitorio, en virtud de la cual se afecta de manera compulsiva el uso de un bien por parte del Estado, tanto de bienes muebles como inmuebles. La afectación, además de ser temporal como se dijo, se refiere sólo al uso y no al dominio del bien.

b. *Principio de intangibilidad*

El principio de intangibilidad del patrimonio es una garantía de los ciudadanos en los casos de responsabilidad pública objetiva. En efecto, si el Estado causa un daño, de manera lícita o ilícita en el patrimonio de los ciudadanos, no encontrándose éstos en condición de soportarlo, entonces deben ser indemnizados en forma plena.

De este principio derivan, entre otros, dos corolarios importantes: las sentencias deben indexarse y el derecho del equilibrio económico del contrato en la contratación administrativa debe ser respetado por el Estado.

5. *Las limitaciones al derecho de propiedad*

a. *Diferencia entre delimitación y limitación*

Este es posiblemente el tema más álgido, puesto que en esta norma se encuentra el límite entre delimitación y limitación del derecho de propiedad.

Como ha dicho felizmente Eduardo Ortiz siguiendo a la doctrina española, "limitar la propiedad privada es condicionar su ejercicio a potestades administrativas o a deberes para subordinarla –como institución– a otra de más alto rango, por la importancia del interés que representa, en un episodio de conflicto entre ambas. Ello ocurre cuando el haz de potestades y facultades se constituye en amenaza para otros intereses distintos del que es propio de la propiedad privada. Delimitar ésta es, en cambio, definir y atribuir las potestades y facultades del propietario y las sujeciones y deberes correlativos o concomitantes, que sirven como medio para el cumplimiento del fin natural y normal de la propiedad, legalmente establecido".

La configuración o delimitación del derecho de propiedad privada se puede producir, desde el punto de vista jurídico, por dos vías diversas: a) a través de regulaciones propiamente normativas (ley o reglamento), o b) bien mediante actos administrativos individualizados, que pueden ser discrecionales en cuanto a motivo o contenido.

Dentro de esta óptica, la jurisprudencia de la Sala Constitucional ha señalado que toda limitación que afecte el ejercicio y el contenido del derecho de propiedad es inconstitucional. Por ello, ha dicho que "Nótese que la limitación a la propiedad resistirá el análisis constitucional dependiendo de la afectación a los atributos esenciales de la propiedad que son aquellos que permiten el uso natural de una cosa, dentro de la realidad socioeconómica actual"(**Voto 5141-94**).

También ha sostenido que toda limitación que haga imposible el uso de la cosa, es contraria a la Constitución. En este caso bastaría con que se impongan requisitos que hagan imposible usufructuar el bien: "podría tratarse de una limitación que haga imposible el uso de la cosa, porque el Estado imponga requisitos de autorización o de aprobación tan complejos que impliquen de hecho, la imposibilidad de usufructuar el bien" (**Voto 5141- 94**).

Dentro de este orden de ideas, ha establecido la Sala también que "Es decir, pueden limitarse los atributos de la propiedad, en tanto el propietario reserve para sí la posibilidad de explotar normalmente el bien, excluida claro está, la parte o la función afectada por la limitación impuesta por el Estado. Fuera de estos parámetros, si el bienestar social exige sacrificios de uno o de algunos únicamente, debe ser indemnizado, lo mismo que ocurre cuando el sacrificio que se impone al propietario es de tal identidad, que lo hacer perder en su totalidad el bien. Así, la limitación a la propiedad resiste el análisis constitucional, cuando la afectación a los atributos esenciales de la propiedad, que son aquellos que permiten el uso natural de la cosa dentro de la realidad socio-económica actual, no hace desaparecer la naturaleza del bien o haga imposible el uso de la cosa, porque el Estado imponga requisitos de autorización o de aprobación tan complejos que impliquen de hecho, la imposibilidad de usufructuar el bien" (**Voto 2345- 96**).

b. *Las regulaciones normativas*

En estos casos, la Administración, en principio, sólo puede vigilar la conducta de los particulares, ya sea para prohibirla o sancionarla, cuando esa conducta sea violatoria de la regulación en cuestión.

En el caso concreto de nuestro ordenamiento, el artículo 45 constitucional exige una mayoría calificada de dos tercios del total de miembros de la Asamblea Legislativa para imponerle limitaciones a la propiedad. Respecto de su delimitación la norma constitucional precitada guarda silencio, por lo que, en aplicación de los principios generales que rigen la materia, la reglamentación originaria de todo derecho fundamental debe hacerse por medio de una ley formal (art 28 C.P.).

El primer problema es determinar si estamos frente a una reserva legal absoluta o relativa. Pareciera que tal reserva es absoluta, aunque de acuerdo con una vieja jurisprudencia de la Corte Plena habría que concluir que se trata de una reserva de carácter relativo (**Voto del 29/11/73**).

Conforme a esa jurisprudencia, el reglamento ejecutivo sería idóneo para regular la propiedad, siempre y cuando se circunscriba a desarrollar el contenido del mandato legal y no legisle *ex novo*. Dentro de este mismo orden de ideas, los reglamentos delegados podrían servir como instrumento normativo para regular el derecho de propiedad, siempre que la ley delegante fije claramente los límites dentro de los cuales debe dictarse la reglamentación respectiva. No obstante, en nuestro criterio tales reglamentos no son posibles en Costa Rica, por cuanto el artículo 9 de la Constitución prohíbe expresamente la delegación de las funciones propias de un Poder en otro distinto.

La característica esencial de las regulaciones normativas que configuran el derecho de propiedad, es el establecimiento de prohibiciones o la imposición de deberes a sus titulares, sobre todo en relación con el ejercicio de facultades o poderes que integran ese derecho (uso, transformación, usufructo, disposición, etc.). Por lo tanto, tales regulaciones integrativas del derecho de propiedad pueden válidamente imponer a los propietarios obligaciones de dar, hacer y no hacer. La imposición de estas obligaciones no implica el deber correlativo de indemnización para el Estado. Nos dice, dentro de este orden de ideas, un autor argentino que "No aparejan indemnizaciones (las restricciones administrativas). Esto es así porque ellas, siendo una condición normal del ejercicio del derecho de propiedad, no implican sacrificio alguno para el propietario, quien entonces no sufre agravio en su derecho" (**Marienhoff**).

En otros términos, las delimitaciones a la propiedad concurren a definir el contenido del derecho subjetivo de propiedad, en la medida en que individualizan alguno de sus contenidos específicos. En consecuencia, esos contenidos –poderes o facultades del propietario– pueden resultar limitados precisamente como resultado de la delimitación. No obstante, tal delimitación no hace surgir ninguna situación jurídica nueva en favor de otro sujeto del ordenamiento.

Por ello, es posible afirmar que son perfectamente constitucionales todas aquellas delimitaciones que imponen obligaciones al propietario de no hacer (prohibición de construir a cierta distancia de las vías públicas); de hacer (construcción de escaleras de emergencia en ciertos edificios, etc.); de dar (en todas las urbanizaciones se exige que el propietario destine para el uso comunal una determinada área del terreno urbanizado), etc.

La jurisprudencia de la Sala Constitucional ha considerado que "toda limitación que traspase el contenido normal significa expropiación (**Voto 3617- 94**). Por tanto, "Toda expropiación o limitación equiparable a ella, es indemnizable de conformidad con lo dispuesto en la Constitución Política" (**Navarro Fallas**).

Sobre el particular existen dos sentencias de la Sala que desarrollan este concepto en los siguientes términos: "si la limitación es de tal grado que detrae el bien de su valor económico y lo detrae del comercio de bienes inmuebles, el Estado debe indemnizar el perjuicio causado" (**Voto 5141- 91**) y "las limitaciones que imponen al propietario gravámenes de tal grado que impidan el usufructo natural de la cosa, pierden el carácter de tales y se convierten en expropiaciones, razón por lo que el daño causado debe ser indemnizado" (**Voto 796- 91**).

c. *Las delimitaciones por actos individuales*

Cuando se trata de regulaciones administrativas casuísticas, que crean vínculos de sujeción de los gobernados respecto de la Administración Pública, la situación jurídica es totalmente diversa, por cuanto la técnica jurídica que se utiliza es también distinta.

En efecto, la complejidad de la vida moderna ha hecho necesario que el Estado y sus instituciones estén dotados de instrumentos jurídicos acordes con el vertiginoso ritmo de los cambios económicos y sociales que se producen cotidianamente. Por ello y como vimos en su oportunidad, se habla de que el Estado moderno es, ante todo, un Estado administrativo antes que legislativo (**Hesse**). Es decir, el acento se pone hoy día sobre las potestades jurídicas de los Gobiernos y no sobre los de los Parlamentos, de tal suerte que a las Administraciones Públicas se les confiere, cada vez con mayor frecuencia, potestades jurídicas que estaban anteriormente reservadas, de manera exclusiva, a los cuerpos legislativos.

Dentro de este contexto, las legislaciones y la práctica administrativa contemporáneas, han otorgado a los Gobiernos amplia discrecionalidad en todo lo relativo a la regulación de los derechos fundamentales de contenido económico, que son los que, por su propia naturaleza, se han visto más afectados por el creciente intervencionismo estatal.

Ahora bien, una de las técnicas que más utilizada para configurar los derechos económicos es la autorización, concepto que ha sufrido una profunda transformación, pues hoy día se le conceptúa como el "acto de la Administración por el que ésta consiente a un particular el ejercicio de una actividad inicialmente prohibida, constituyendo al propio tiempo la situación jurídica correspondiente" (**García de Enterría**).

Por ello, la autorización es hoy día fuente no sólo de derechos sino también de obligaciones para los administrados, por lo que puede concluirse que la autorización es un procedimiento constitutivo, ya sea tanto de derechos cuanto de obligaciones, en favor o en perjuicio de los administrados.

Dentro de las varias categorías de las autorizaciones nos interesan aquellas que la doctrina denomina programáticas, en virtud de las cuales se crean vínculos personales de vigilancia y dirección entre la Administración y los gobernados (**Burdeau**).

En materia de propiedad privada, este tipo de autorizaciones se presenta, sobre todo, en el campo urbanístico. Así, por ejemplo, las autorizaciones edilicias constituyen un típico ejemplo de actos administrativos casuísticos, que se consideran como integrativas del derecho de propiedad. Es decir, el *"ius edificandi"*, en su moderna concepción, dejó de ser un simple atributo de la propiedad, para convertirse en un derecho complejo derivado tanto del ejercicio de aquél derecho constitucional como de las obligaciones contenidas en el respectivo auto autorizativo.

Puede también ocurrir que estas autorizaciones programáticas se manifiesten ya no como actos individualizados, creadores de vínculos personales tanto para los particulares como para la Administración Pública, sino más bien como reglamentaciones autónomas, que son aplicables a todo un determinado sector de propietarios y frente a los cuales las autorizaciones particulares actúan como reglas complementarias.

Tales reglamentaciones se dictan a menudo sin base en ninguna ley, porque su constitucionalidad es bastante dudosa, dado que en esta materia nuestro texto constitucional exige al menos una reserva legal relativa, en los términos antes explicados.

La Sala Constitucional ha señalado que cuando la afectación es individual y no general se considera que la limitación tiene carácter expropiatorio: "la afectación es válida y no genera la obligación estatal de indemnizar, en tanto afecte a todos en forma general. Sin embargo, cuando la limitación solamente afecta a una persona en particular, se produce una expropiación"(**Voto 796- 91**).

Este principio se recoge en el artículo 194 de la LGAP. Es decir, cuando las limitaciones afectan a una persona o a un pequeño grupo de ellas, aunque sean lícitas, se debe indemnizar a los afectados por violación del principio de igualdad.

Tales reglamentaciones deben respetar, asimismo, el contenido esencial del derecho de propiedad garantizado constitucionalmente. En otros términos, el artículo 45 de la Carta Política garantiza un núcleo irreductible de posibilidades de acción a los propietarios, que queda sustraído, inclusive, a la actividad del legislador.

Recordemos que el contenido esencial del derecho de propiedad establece la prohibición para el legislador de restringir de manera arbitraria y sin sujeción a los principios constitucionales de la razonabilidad y de la proporcionalidad, el contenido de todo el derecho de propiedad o de alguno de los poderes jurídicos que lo integran (disposición, enajenación, transformación, etc.), lo mismo que en la posibilidad de conformarlo o limitarlo mediante actos administrativos no autorizados por normas de rango legal, y, desde luego, en la prohibición absoluta de eliminar alguno de tales poderes.

d.   *El concepto de limitaciones de interés social*

La norma en comentario establece la posibilidad de que una mayoría calificada de la Asamblea Legislativa establezca a la propiedad privada "limitaciones por motivos de necesidad pública".

Cuando la Corte Plena actuaba como juez constitucional, definió este concepto en los siguientes términos: "La solución del problema consiste, pues, en definir en qué sentido se usa el concepto "interés social" en el artículo 45 párrafo segundo de la Constitución, pues de ello depende el ámbito de aplicación de esa facultad extraordinaria que la citada norma constitucional otorga a la Asamblea Legislativa... El vocablo "social" es de amplio significado, pues se emplea para referirse a todo lo que concierne a la sociedad. Pero también tiene una acepción más restringida, como lo deja ver el Diccionario de la Academia, al definir ese vocablo en los siguientes términos: "Social: Perteneciente o relativo a la sociedad o a las contiendas entre unas y otras clases". Esta acepción que habla de "las contiendas entre clases" es la que interesa en el presente caso, y es la misma que se usa para aludir a la llamada "cuestión social", a la justicia social, a la doctrina social de la iglesia, a los problemas sociales, con especial referencia a la necesidad de proteger a las clases de menores recursos económicos, y de allí proviene también el concepto de "función social de la propiedad", que considera a la propiedad no sólo como un derecho sino también como un deber ... que en la Constitución de 1949 no se llegó a declarar o reconocer la llamada "función social" de la propiedad; pero sí se mantuvo el mismo concepto de "interés social" y tanto por la época en que se regía fue incorporada al Derecho Constitucional patrio, junto con las Garantías Sociales, como por los motivos que impulsaron la reforma y por el sentido que desde años anteriores se daba a esta expresión en la literatura jurídica, no hay duda de que aquel concepto se identifica con los problemas de las clases sociales, acentuadamente las de menores recursos, y con las medidas que deben adoptarse para mejorar las condiciones económicas de esas clases y lograr que la convivencia humana se oriente hacia la consecución del bien común y de la justicia social" (**Voto del 25/3/83**).

De donde se deduce, en primer término, que las limitaciones de carácter no "social" no están autorizadas por el ordenamiento constitucional. Su adopción legislativa sólo sería posible si existiere otra norma de rango constitucional que la autorice expresamente.

Tampoco están autorizadas las nacionalizaciones o estatizaciones de categorías de objetos, que por evidente mayoría de razón, están reguladas por iguales principios restrictivos que las limitaciones, dado que aquellas hacen legalmente imposible el ejercicio del derecho de propiedad en determinados sectores de la actividad productiva. El artículo 46 constitucional exige, dentro de esta óptica, que los nuevos monopolios en favor del Estado o de las Municipalidades requieren la aprobación de dos tercios del total de los miembros de la Asamblea Legislativa.

Debe añadirse que existe una diferencia entre limitación y privación de la propiedad, pues so pretexto de introducirle limitaciones por razones de "interés social", no puede el legislador, ni por mayoría de razón la Administración Pública, cercenar ni eliminar uno de sus contenidos esenciales. Por consiguiente, son constitucionalmente posibles las limitaciones razonables a alguno o algunos de los atributos del dominio, siempre que tales limitaciones no lleguen al extremo de impedir el ejercicio normal, razonable y económicamente rentable de la propiedad; o a la pérdida de alguno de aquellos atributos esenciales; estas limitaciones son posibles sin indemnización, o con la indemnización que la ley considere apropiada (**Piza Escalante**). En cambio, serían inconstitucionales todos aquellos actos legislativos o administrativos que priven al titular del derecho de su propiedad sin un "interés social" legalmente decretado por una mayoría de dos tercios del total de miembros de la Asamblea Legislativa.

e. *La función social de la propiedad*

Cabe finalmente precisar, en este acápite, el concepto de "función social de la propiedad". Para ello hay que distinguir entre la propiedad como institución y como derecho fundamental.

Función social de la propiedad significa que esta institución debe orientarse al cumplimiento de una función social, de manera tal que el derecho de propiedad está limitado por esa orientación. La función social es tarea que corresponde cumplir a la sociedad, pues el derecho de propiedad es derecho subjetivo y privado, por lo que su titular no puede ser convertido en funcionario de esa función social.

La función social implica ejercer el derecho de propiedad de manera tal que no perjudique a terceros y soportar la armonización con los derechos de los demás. Por ejemplo, los titulares del derecho de propiedad deben respetar el principio constitucional de tutela al ambiente. Las obligaciones derivadas del respeto de este principio serán siempre de carácter negativo, es decir, le indican al propietario lo que no puede hacer a fin de armonizar su ejercicio con el derecho a un ambiente sano y ecológicamente equilibrado que el artículo 50 le garantiza a todos los habitantes de la República.

En otros términos, la propiedad en cuanto institución existe y se define en cuanto cumple, al mismo tiempo, una función de interés personal, de utilidad e interés para toda la sociedad. El derecho de propiedad, en cuanto derecho fundamental, es un derecho cuyo ejercicio, no obstante que está sometido a limitaciones que lo hacen compatible con dicha función social, no implica la obligación de satisfacer esa función. Su deber jurídico se circunscribe a no ejercitar su derecho en forma contraria a tal función, pues la consecución de ésta es tarea de la sociedad. De lo contrario se terminaría colectivizando el derecho de propiedad, lo cual es contrario al contenido ideológico liberal-democrático que permea nuestro ordenamiento.

Sin embargo, la jurisprudencia de la Sala Constitucional entiende en forma diversa el concepto de función social. En efecto, ha dicho nuestra jurisprudencia constitucional que "El poder del propietario sobre la propiedad está determinado por la función que ésta cumpla. El objeto del derecho de propiedad ha sufrido transformaciones importantes. Actualmente, no sólo es tutelable el derecho de los propietarios, sino también diversos intereses generales o sociales que coexisten con aquél. El derecho objetivo enmarca el contenido de los derechos subjetivos. Cada objeto de derecho implica una peculiar forma de apropiación. Así, por ejemplo, las facultades del dominio relativas a un fundo agrícola son muy distintas de las que correspondientes a una finca ubicada en el sector urbano de intensa utilización" (**Voto 509- 93**).

La Sala Constitucional ha ido más lejos, integrando junto al principio de lo que erróneamente denomina la función social de la propiedad, el de solidaridad social, el cual configura de la siguiente manera: "está imbuida nuestra Constitución Política, permite el gravamen soportado por todos en favor de todos, o inclusive de unos pocos en favor de muchos, con el requisito de el uso natural del bien inmueble no sea afectado al límite de su valor en el mercado, esto es, que desaparezca como identidad productible" (**Voto 2345- 96**).

En síntesis, según la jurisprudencia de nuestro máxime intérprete constitucional, "el contenido de esta "propiedad-función" consiste en que el propietario tiene el poder de emplear el bien objeto del dominio en la satisfacción de sus propias necesidades, pero correspondiéndole el deber de ponerla también al servicio de las necesidades sociales cuando tal comportamiento sea imprescindible" (**Sancho González**). Evidentemente esta errónea concepción de la propiedad-función ensancha las atribuciones del legislador para determinar el contenido del derecho de propiedad, lo que se logra, como es obvio deducirlo, mediante la imposición de obligaciones de dar, hacer o no hacer, las que, en la gran mayoría de los casos, terminan vaciando el contenido esencial del derecho de propiedad, quedando éste a merced de lo que diga el legislador.

6. *La expropiación previo pago de indemnización*

Finalmente, la tercera norma que contiene el artículo 45 de la Constitución, consagra la garantía de que nadie puede ser privado de su propiedad, si no es por interés público legalmente comprobado. En caso de guerra o conmoción interna, no es indispensable que el pago sea previo. Sin embargo, el pago correspondiente debe realizarse a más tardar dos años después de haber concluido el estado de emergencia.

Esta garantía se refiere a la expropiación forzosa por causa de utilidad pública, lo cual plantea algunos problemas jurídicos interesantes.

La expropiación puede definirse como "la cesión imperativa del propio derecho de dominio en trueque por indemnización justa" (**Marín Gamero**).

Ahora bien, la expropiación abarca no sólo a la nuda propiedad, sino que se extiende, además, a los restantes derechos reales que se pueden ejercer sobre los bienes inmuebles, tales como los arrendamientos, los derechos de posesión, derechos proindivisos, servidumbres, etc. Además, cubre cualesquier tipo de derechos patrimoniales, siempre y cuando se encuentren en el comercio de los hombres. De esa forma se puede hablar más propiamente de que la expropiación puede darse sobre cualesquier tipo de derechos patrimoniales.

En cuanto a la "causa expropiandi" se debe fundar en motivos de "interés público legalmente comprobado". En esta materia el interés público se refiere específicamente al destino futuro del derecho expropiado, o sea a la afectación a un fin de interés público concreto (**Carretero Pérez**). Nuestra legislación es ambivalente sobre el particular, pues se utilizan indistintamente los términos "utilidad pública" e "interés público".

Mayor interés ofrece, en cambio, la determinación del concepto "indemnización conforme a la ley". Una interpretación literal nos llevaría a la errada conclusión que el legislador tiene plena discrecionalidad para fijar los criterios sobre el monto de la indemnización y sus modalidades de pago, sin estar sujeto a ninguna restricción de fondo.

No obstante, por propia definición y por ser un contenido esencial del derecho de propiedad, la indemnización siempre debe ser equitativa.

En efecto, la indemnización en las expropiaciones "debe valorarse la cosa en un momento dado que ha de fijarse en la fecha de iniciación del expediente al que se deben retrotraer los valores de mercado, desechando la plusvalía que le da la propia obra pública" (**Carretero**).

La indemnización justa se puede definir como sigue: "Valor equitativo en plaza se define como el importe al contado, o en términos razonablemente equivalentes al contado, por el que, según todas las posibilidades un dueño deseoso de vender pero no obligado a hacerlo vendería la propiedad a un comprador deseoso pero no obligado a comprar, pero sin asignar compensación alguna por utilizaciones lejanas, imaginarias o meramente conjeturables. En ningún caso puede tasarse una propiedad en vista de un uso único, ni agregarse cantidad alguna en concepto de aumento de valor por una utilización distinta o incompatible...la indemnización sólo comprenderá el valor objetivo del bien y los daños sean una consecuencia directa e inmediata de la expropiación. No se tomarán en cuenta circunstancias de carácter personal, valores afectivos, ni ganancias hipotéticas. No se pagará lucro cesante. En materia de inmuebles tampoco se considerarán el valor panorámico o el derivado de hechos de carácter histórico... El valor de los bienes debe estimarse por el que hubieren tenido si la obra no hubiere sido ejecutada ni aún autorizada" (**Canasi**).

Cuando el pago se realice en bonos, no se pueden calcular éstos por su valor facial, sino por el que tengan en el mercado, pues de lo contrario la indemnización no sería equitativa. En otros términos, el expropiado deberá recibir un equivalente en efectivo al valor real de mercado del bien o del derecho expropiado.

Íntimamente ligado con esta garantía, se encuentra el tema de las limitaciones expropiatorias, que son aquellas que, al lesionar en forma general toda una categoría de propietarios o a todos los propietarios, lo hacen en forma anormal, por excesivamente intensa en contra de todos y cada uno. Verbigracia, la nacionalización; o la inversa, lo hacen sólo en contra de unos pocos, lo que suele denominarse "sacrificio especial". En consecuencia, la interrogante es si en nuestro ordenamiento son indemnizables los daños legislativos o causados por una ley, que se presentan como especiales o anormales.

Los artículos 190 y 194 de la LGAP dan una respuesta afirmativa, los cuales incorporan, como pivote fundamental, el concepto de lesión especial por confinada a unos pocos, o como anormal, por excepcionalmente intensa, lo cual implica que son incompatibles con los poderes que dimanan para sus titulares del derecho fundamental de la propiedad privada.

Sin embargo resta por deslindar la diferencia conceptual entre limitación, que no es indemnizable como lo vimos en el acápite anterior, con el de expropiación, que siempre da lugar al pago de una indemnización por el traslado del bien o del dominio privado al público.

Existe limitación cuando en aplicación del principio constitucional de proporcionalidad, éste exige conformar potestades y facultades del propietario, sin privar de utilidad el derecho en cuestión; por el contrario, hay expropiación cuando el mismo principio de proporcionalidad exija el cambio de titularidad o la privación sustancial de utilidad de su derecho en contra del propietario.

Dentro de esta óptica, un autor alemán ha dicho que "Si la ley se refiere a la propiedad según la función de ésta, si obliga al propietario únicamente al aprovechamiento conforme a la función de su objetivo sobre el que recae el derecho de propiedad, se está limitando la facultad de disposición del propietario en el marco de la "función social"... Por el contrario, si se impone al propietario una obligación que aparta el objetivo de su fin, entonces, no puede, como regla general, hablarse ya de "vinculación social" (**Forssthoff**).

III. LA LIBERTAD EMPRESARIAL

1. *Concepto y alcances de la libertad empresarial*

Dispone el artículo 46 de la Constitución Política que "Son prohibidos los monopolios de carácter particular y cualquier acto, aunque fuere originado en una ley, que amenace o restrinja la libertad de comercio, agricultura o industria. Es de interés público la acción del Estado encaminada a impedir toda práctica o tendencia monopolizadora. Las empresas constituidas en monopolio de hecho deben ser sometidas a una legislación especial. Para establecer nuevos monopolios en favor del Estado o de las Municipalidades se requerirá la aprobación de los dos tercios de la totalidad de los miembros de la Asamblea Legislativa".

Antes de precisar su concepto, es conveniente recordar que esta libertad está indisolublemente unida a las garantías constitucionales de la propiedad privada y de la libertad de trabajo, dado que cualesquier forma de propiedad que se encuentre en explotación es lógicamente una empresa y, por consiguiente, medio de expresión de la iniciativa privada que, a su vez, se sustenta en la libertad de trabajo. Por ello, es posible afirmar que algunas de las garantías otorgadas constitucionalmente a la propiedad privada y a la libertad de trabajo, también son necesaria y lógicamente aplicables a la libertad empresarial.

El concepto y contenido de la libertad empresarial ha variado con el transcurso del tiempo. En efecto, desde las prohibiciones que rigieron a finales del siglo XVIII y principios del XIX para que el poder público pudiera intervenir en la economía privada, producto de la ideología económica del "laissez- faire-laisser passer", la libertad en cuestión ha evolucionado hasta el régimen actual de concurrencia con la actividad estatal en el campo económico. Por ello, la libertad empresarial se ha ido restringiendo a medida que el llamado orden público económico paralelamente se ha ido ensanchando.

No obstante, es posible afirmar que la libertad empresarial sigue conservando, a pesar de las coordenadas tiempo y espacio, un núcleo irreductible y que en Costa Rica se encuentra garantizado a nivel constitucional.

La empresa debe concebirse como una situación jurídica activa, que tiene como objeto la "azienda" y como contenido el poder de gestión. Es decir, toda empresa es un conjunto organizado y operativo de medios materiales y humanos para la producción de bienes económicos, sea de riqueza material.

Por ello, la libertad empresarial puede conceptuarse como "la libertad de los particulares para disponer de los recursos materiales

RUBÉN HERNÁNDEZ VALLE

y humanos; y, en segundo lugar, la libertad de los particulares para organizar la actividad productiva, y, por consiguiente, la libertad de decidir qué cosa producir, cuánto producir, cómo producir, dónde producir" (**Galgano**).

2. *Los aspectos más relevantes de la jurisprudencia constitucional y su análisis crítico*

La jurisprudencia de la Sala Constitucional en la materia se inscribe, casi sin variantes de importancia, en las coordenadas fijadas por la Corte Plena cuando actuaba como máximo intérprete de nuestra Constitución. Realmente no ha habido cambios sustanciales, salvo algunas precisiones jurídicas para justificar mejor la impronta estatista que la caracteriza.

En prácticamente todas las sentencias de la Sala que aluden al tema de la libertad de empresa se repite el estribillo que "la libertad de comercio que existe como garantía fundamental, es el derecho que tiene todo ciudadano para escoger, sin restricciones, la actividad comercial legalmente permitida que más convenga a sus intereses, de manera que ya en el ejercicio de esa actividad, la persona debe someterse a todas las regulaciones que la ley establece" (**Votos 143- 94, 3499- 96 y 7619- 99 entre otros**).

Tratando de paliar esta posición tan radical en otras sentencias se ha sostenido que "las leyes que restrinjan la libertad empresarial deben ser razonables y proporcionales; es decir, que debe haber proporcionalidad entre el perjuicio que la medida restrictiva genera en el titular de la libertad y el beneficio que se obtiene mediante ésta" (**Voto 4848- 96**).

Esta reiterada tendencia jurisprudencial de la Sala es prácticamente una copia literal de la presentada por la Corte Plena cuando actuaba como juez constitucional. Entre otras, pueden verse las sentencias del 27 de noviembre de 1980 y la del 9 de julio de 1973 de aquel tribunal. La única salvedad estriba en que la Corte Plena añadía un párrafo que decía "De modo, que el ejercicio del comercio no conlleva el derecho a una libertad irrestricta, máxime cuando, como en el caso presente, se está en presencia de una regulación que se considera de interés general".

Esta tendencia jurisprudencial, tomada de la Corte Plena sin que hubiera mediado ninguna justificación para ello ni mucho menos un análisis jurídico atento, constituye una interpretación no sólo contraria al texto mismo del artículo 46, sino, fundamentalmente, al contenido esencial de ese derecho garantizado por nuestra Carta Política vigente.

Lo único cierto de la tendencia jurisprudencial en comentario es que la libertad de escogencia de una determinada actividad lucrativa legalmente válida constituye uno de los contenidos esenciales de la libertad de empresa.

Sin embargo, la libertad de empresa, al igual que el derecho de propiedad, está constituida por un haz de facultades o derechos que integran su contenido esencial, es decir, aquel mínimo de derechos sin los cuales la libertad de empresa no existiría jurídicamente.

La jurisprudencia constitucional en la materia, sin embargo, reduce todo el rico contenido de la libertad empresarial a un solo contenido, con lo cual, termina por vaciarlo de todo contenido, valga el juego de palabras.

En efecto, si "en el ejercicio de esa actividad, la persona debe someterse a las regulaciones que la ley establece", es lógico concluir que nuestra jurisprudencia constitucional considera que el contenido esencial del derecho de libertad empresarial es materia reservada a la ley y no al constituyente, con lo cual, de paso, se vulnera groseramente el sistema de las fuentes normativas, dado que se coloca a la ley por encima de la Constitución.

En otros términos, según la jurisprudencia de la Sala será constitucionalmente válida cualesquier limitación que imponga el legislador a la libertad de empresa, siempre que respete los principios de razonabilidad y proporcionalidad. Sin embargo, la determinación de la proporcionalidad y razonabilidad de la regulación legal, en cuanto conceptos jurídicos indeterminados, queda al completo arbitrio del legislador bajo el eventual control de la Sala Constitucional.

En la praxis, como lo demuestra abundantemente la jurisprudencia de la propia Sala, todas las limitaciones que introduce la Asamblea a dicha libertad son consideradas constitucionalmente válidas bajo el estribillo de fundamentarse en razones de interés público, concepto que, por otra parte, ni siquiera se molestan en definir. Este concepto indeterminado, como se indicó líneas arriba, también ha sido tomado de la antigua jurisprudencia de la Corte Plena.

De esa forma queda claro que la jurisprudencia de la Sala Constitucional ha desconstitucionalizado la libertad de empresa, al punto de que hoy día su contenido esencial lo determina el legislador sujeto a los principios de proporcionalidad y razonabilidad, los cuales dicha jurisprudencia considera invariablemente cumplidos cada vez que aquél invoque una razón de interés público para justificar la emanación de la legislación en cuestión.

En resumen, según la jurisprudencia de la Sala Constitucional, el contenido esencial del derecho de empresa es el que establezca el legislador, el cual puede limitarlo discrecionalmente siempre que la restricción se fundamente en la cláusula del orden público.

Asimismo, sostiene la jurisprudencia de la Sala Constitucional que los artículos 46, 50 y 74 de la Constitución justifican cualesquier intervención del Estado en la actividad económica.

Esta doctrina había sido sentada originalmente por la Corte Plena en su sesión del 7 de agosto de 1975, cuando dijo que "Entre los textos constitucionales que autorizan la intervención del Estado en la actividad económica, se encuentra el artículo 46". Con base en dicha premisa la Corte Plena justificaba la restricción de la libertad empresarial consagrada en el mismo texto, lo cual no dejaba de ser paradójico.

La jurisprudencia de la Sala retoma esta doctrina de la Corte Plena y le añade dos elementos ulteriores: la potestad de organizar la producción contenida en el artículo 50 y el principio de solidaridad recogido en el numeral 74 ambos de la Constitución. Según la jurisprudencia de la Sala ambas disposiciones justifican plenamente la intervención del Estado en el ámbito de las libertades económicas, puesto que la combinación de tales textos consiente que "el Estado puede regular su ejercicio (de los derechos económicos) en la medida estrictamente necesaria para garantizar el orden público, la moral social, los derechos de terceros y la vigencia de los valores democráticos y constitucionales; que el orden público se entiende como la integridad y supervivencia de los elementos fundamentales del Estado" (**Voto 7619- 99**).

De donde se deduce, sin mayor esfuerzo, que la jurisprudencia de la Sala concibe a las libertades económicas como una especie de derechos debilitados, de segunda categoría, dado que están a merced de cualesquier tipo de regulación legal que tienda a garantizar el orden público, la moral social, los derechos de terceros y la vigencia de los valores democráticos y constitucionales.

El razonamiento de la Sala es falaz, pues los valores democráticos y constitucionales justamente tienen como objetivo fundamental que el acento se ponga sobre la libertad y no sobre la potestad reguladora el Estado. En otros términos, un Estado puede calificarse de democrático en la medida en que asegure el ejercicio pleno de la libertad, lo cual implica que todos los órganos estatales, incluido el Parlamento, deben respetarse el contenido esencial de los derechos fundamentales reconocidos por el ordenamiento.

No es cierto, entonces, que el propio artículo 46 constitucional consienta la restricción de la libertad empresarial, puesto que al prohibir los monopolios más bien garantiza el libre ejercicio de tal derecho, dado que la libertad empresarial es, por definición, incompartible con la existencia de monopolios.

Por otra parte, los artículos 50 y 74 de la Constitución no pueden invocarse para restringir válidamente las libertades económicas, si no se armonizan con el contenido esencial de la libertad de empresa. Es decir, el Estado puede invocar sus potestades de organización de la producción y distribución de la riqueza y el principio de solidaridad social para restringir las libertades económicas, a condición de que el ejercicio de esa potestad reguladora de los derechos fundamentales respete el contenido esencial de la libertad de empresa, garantizado por el artículo 46 constitucional.

Sin embargo, la jurisprudencia de la Sala Constitucional nunca ha reconocido tales contenidos esenciales como integrantes de la libertad de empresa, salvo el relativo a la libertad de escogencia como quedó indicado líneas arriba. Mientras dicho reconocimiento no se haga, la libertad económica en nuestro país será simplemente una bella expresión filosófica sin contenido jurídico concreto.

El problema reside, en esencia, en una concepción ideológica de la jurisprudencia de la Sala de corte acentuadamente estatista. En efecto, las resoluciones de la Sala en la materia están ideológicamente permeadas por una cultura pro intervencionista en el campo económico, lo que ha impedido que su jurisprudencia desarrolle el rico contenido del artículo 46 constitucional. La herencia de la Corte Plena, en esta materia, es absoluta y no pareciera otearse en el horizonte ninguna posibilidad de cambio positivo en el futuro cercano.

En el estadio actual de la evolución de nuestra jurisprudencia constitucional, las libertades económicas han perdido la categoría normativa de derechos fundamentales para convertirse en simples derechos de naturaleza legal, por lo que pueden ser libremente limitados y eliminados por el legislador ordinario.

3. *El contenido esencial de la libertad de empresa*

El régimen económico mixto que sanciona nuestra Constitución garantiza, al menos, determinados derechos en favor del empresario. En efecto, de conformidad con el artículo 46 de la Carta Política el "contenido esencial" de la libertad empresarial incluye, al menos: a) el derecho de sus titulares para emprender (escoger) y desarrollar la actividad económica que deseen; b) el poder de organizar la empresa y el de programar sus actividades en la forma más conveniente a sus intereses; c) el derecho a la libre competencia y d) el derecho a un lucro razonable en el ejercicio de la actividad emprendida.

a. *El derecho a escoger libremente la actividad emprendida*

Evidentemente la primera facultad que integra la libertad de empresa es el derecho de toda persona para escoger libremente, es decir, sin injerencias de terceros públicos o privados, la actividad económica lícita que desea realizar.

Desde este punto de vista, toda persona puede ejercer, en principio, una actividad empresarial sin autorización estatal y por mayoría de razón sin la interferencia de otros particulares. Sin embargo, el ejercicio de ciertas actividades, por estar de por medio la tutela del ambiente, la salud y otros intereses vitales para la comunidad, requieren de determinadas autorizaciones estatales o municipales para operar válidamente. Verbigracia, los permisos del MINAE para las empresas que se dedican a la extracción de minerales.

El segundo elemento es que la actividad escogida sea lícita, pues la libertad empresarial no tutela el ejercicio de aquellas contrarias a la ley, a la moral o al orden público. Cuando a pesar de tales prohibiciones alguna de esas actividades se desarrolla públicamente, el Estado queda autorizado para su clausura sin necesidad de indemnización previa, por tratarse de actividades contrarias al ordenamiento jurídico. Por ejemplo, la venta de estupefacientes o de loterías que no sean estatales.

El derecho a escoger libremente la actividad emprendida incluye también la libertad de transformar la empresa en el sentido que más convenga a sus intereses, incluido el derecho fundamental de clausura sin necesidad de autorización estatal.

b. *La potestad de organización interna de la empresa*

La doctrina comparada enfatiza en el hecho de que "el empresario es siempre libre de organizar como crea la propia actividad"(**A. Baresi**). La jurisprudencia de la Corte Costituzionale italiana ha reafirmado que "la libertad de iniciativa económica y privada, se traduce en la posibilidad de dirigir libremente, según su propia conveniencia, la propia actividad en el campo económico" (**Sentencia Nº 29 del 26/ 1/ 57**).

Este contenido alude a la denominada gestión operativa de la libertad de empresa. Por su propia naturaleza, ésta "parece demandar una existencia y preservación de una autonomía de su ejercicio (iniciación, cese, planificación interna de la producción, métodos de gestión, etc.), por parte de los operadores económicos, de tal suerte que los poderes públicos no puedan imponer comportamientos, actividades y resultados y demás vinculaciones y controles que funcionalicen la actividad empresarial. Esta es una de las facetas más relevantes de la libertad de empresa y que quizás, en el fondo, constituye su auténtico contenido. En contraste con la vinculación social de la propiedad en sentido estático, la libertad de empresa parece demandar una potencial autonomía de gestión económica" (**Bassols Coma**).

De lo anterior se colige que las limitaciones que se impongan al ejercicio de esta libertad deben respetar el derecho de los empresarios para escoger y organizar los medios idóneos para obtener los resultados programados por ellos mismos.

En consecuencia, cuando se le fije al empresario un determinado giro de actividad en perjuicio de otro, se le impongan programas vinculantes a su actividad, o modos de organización o se le indique cuáles medios de personal o financieros debe escoger para obtener los resultados programados por él, en todas estas hipótesis y en otras similares que podrían fácilmente hipotizarse, la restricción impuesta incurriría en una flagrante violación del contenido esencial de la libertad empresarial.

En efecto, en su condición de titulares de esta libertad, los empresarios tienen el derecho para escoger la forma de organización y establecer autónomamente los medios financieros y personales idóneos para obtener los resultados programados por ellos, que en esta materia, es lógicamente la obtención de un lucro razonable. Es decir, el empresario tiene el derecho de reorganizar sus medios de personal y financieros como mejor convenga a sus intereses.

En otros términos, la libertad empresarial es el derecho de los empresarios para organizar su actividad como mejor convenga a sus intereses, así como la facultad de utilizar los medios a su alcance, humanos, financieros, etc., para hacerla lo más rentable posible.

Dentro de este orden de ideas, la jurisprudencia de la Sala Constitucional ha dicho que "La Sala reconoce el derecho de los patronos de reorganizar su empresa y de reducir gastos, tendientes a estabilizar su economía, pues no aceptarlo sería violentar el derecho constitucional a la libertad de comercio, pero en un Estado social de Derecho como el vigente en Costa Rica, no pueden vulnerarse impunemente las libertades y derechos fundamentales de los ciudadanos" (**Voto 5000- 93**).

c.   *La libertad de competencia*

La jurisprudencia de la Sala Constitucional ha sostenido que "el principio de libre competencia, que es el fundamento de la libertad de empresa" (**Voto 3016- 95**). En consecuencia se puede afirmar, dentro de la óptica jurisprudencial de ese tribunal, que el contenido esencial de la libertad de empresa es el principio de libre competencia.

Dentro de este mismo orden de ideas, el Tribunal Constitucional español ha señalado que "El reconocimiento de la economía de mercado como marco obligado de la libertad de empresa, y el compromiso de proteger el ejercicio de ésta supone la necesidad de una actuación específicamente encaminada a defender tales objetivos constitucionales, apareciendo así la defensa de la competencia como una necesaria defensa y no como una restricción de la libertad de empresa y de la economía de mercado, que se verían amenazadas por el juego incontrolado de las tendencias naturales de éste" (**STC 88/1986**).

Ahora bien: ¿en qué consiste la libre competencia? Establecer su contenido es complejo, pues presenta una serie de aristas muy variadas y que sería largo enumerar. Sin embargo, a título ejemplificativo únicamente y no exhaustivo, podemos citar algunos de los contenidos que integran la libre competencia.

Para ello podría tomarse como base la enumeración contenida en el artículo 17 de la Ley para la Promoción de la Competencia, según el cual "Entre los agentes económicos, se prohíben los actos de competencia contrarios a las normas de corrección y buenos usos mercantiles, generalmente aceptados en el sistema de mercado, que causen un daño efectivo o amenaza de daño comprobados. Estos actos son prohibidos cuando generen: a)...b)...c)...d). También son prohibidos cualesquiera otros actos o comportamientos de competencia desleal, de naturaleza análoga a los mencionados, que distorsionen la transparencia del mercado en perjuicio del consumidor o de los competidores".

Por tanto, se puede concluir que todos aquellos actos dictados por un ente público que distorsionen la transparencia del mercado en perjuicio de los competidores deben conceptuarse como actos que violan la libre competencia, es decir, como actos ilegítimos por cuanto vulneran el derecho fundamental de la libertad de comercio consagrado en el numeral 46 de la Constitución.

Entre tales actos podemos citar, a título ejemplificativo, el otorgar beneficios a una empresa o grupo de ellas, los cuales no se otorgan a todas las demás concurrentes del mercado sin que exista una justificación razonable u objetiva. Por ejemplo, exonerar a algunas empresas del pago de determinados tributos, en tanto que sus competidoras deben sufragarlos. O bien conceder a una determinada empresa un horario de funcionamiento más favorable que al resto de sus competidoras, u otorgar exenciones a un grupo de empresas a pesar de encontrarse en la misma situación de hecho que las excluidas del beneficio, etc.

La competencia entre agentes económicos es el medio principal y más efectivo para alcanzar la eficiencia de un sistema económico. En efecto, la competencia permite que los consumidores dispongan de más oferta para elegir y adquirir bienes y servicios al precio más bajo posible, de mejor calidad, evitando el derroche económico.

La competencia se define, entonces, como la situación de mercado en que los vendedores, actuando de manera independiente, se esfuerzan por atraer clientes para maximizar sus beneficios, ya sea aumentando el volumen de ventas o las cuotas de mercado. Por tanto, la competencia puede referirse a los precios, la calidad de los productos o servicios o a otros elementos que son fundamentales para la elección de los consumidores.

La competencia produce eficiencia económica, es decir, permite utilizar de forma óptima recursos escasos. Y la función del sistema económico de mercado es justamente producir bienes y servicios con eficiencia.

Por ello, una empresa resulta económicamente eficiente cuando pone en práctica sus factores de producción de tal forma que consigue una cierta escala de producción al menor costo posible.

El artículo 46 C.P. reconoce a los titulares de la libertad de empresa, como uno de sus contenidos esenciales, el derecho a la libre competencia, el cual se articula, desde el ángulo de los consumidores y usuarios, con la libertad de elección.

En efecto, la libertad de elección tiene como finalidad promover la mayor variedad de productos y servicios disponibles para los consumidores y usuarios.

De ahí que corresponda al Estado prohibir aquellas prácticas restrictivas de la competencia que disminuyan los actores en el mercado y con ello, la amplia oferta y alternativas para el consumidor.

Los monopolios constituyen la excepción a la competencia. Sin embargo, existen tres casos en que el ordenamiento los acepta y regula: i) monopolios naturales; ii) monopolios de derecho y iii) monopolios temporales de derecho.

i.- Monopolios naturales

El monopolio natural ocurre si el nivel de producción, cualquiera que sea éste, puede ser producido de forma más barata por una empresa que por una pluralidad. Si hay economías de escala en todos los modos de producción, la industria es un monopolio natural. En este caso la economía a escala es más eficiente, por lo que el monopolio es deseable y la competencia no es viable.

Este tipo de monopolios se presenta, en otros países, sobre todo en los servicios públicos. Verbigracia, suministro de agua, alcantarillado, electricidad. Por tanto, tales servicios están regulados por el Estado o son gestionados directamente por él.

En estos casos, el Estado interviene para evitar que el ente o empresa que opera en forma de monopolio fije precios exorbitantes por los bienes y servicios que presta a los consumidores y usuarios. En la hipótesis de los servicios públicos, el precio lo fija un ente estatal y no la empresa ni el ente prestador del servicio.

Este es el supuesto que prevé el párrafo tercero del artículo 46 de la CP, según el cual "Las empresas constituidas en monopolios de hecho deben ser sometidas a una legislación especial".

Aunque hasta la fecha no se ha dictado ninguna regulación al respecto, nada impide, por ejemplo, que en algunos campos donde existen monopolios u oligopolios de hecho, como en los sectores industriales de la producción de cerveza o cemento, se dictare legislación específica al respecto en el futuro.

Evidentemente la existencia de monopolios naturales es relativa y depende de muchos factores, por lo que están constantemente sometidos a revisión para eliminarlos cuando no cumplan con el principio de eficiencia económica.

ii.- Monopolios de derecho

Son los creados expresamente por el ordenamiento jurídico. Verbigracia, la norma contemplada en el párrafo cuarto del artículo 46 CP, según el cual "Para establecer nuevos monopolios a favor del Estado o de las Municipalidades se requerirá la aprobación de dos tercios de la totalidad de los miembros de la Asamblea Legislativa".

La única justificación para la existencia de este tipo de monopolios es que el Constituyente quiso garantizar la prestación continua y eficiente de un servicio público, considerado estratégico para la economía del país. Por ejemplo, la producción de energía, las telecomunicaciones, los seguros, la distribución de hidrocarburos, etc.

Sin embargo, este tipo de monopolios está sujeto a dos limitaciones concretas: el principio de eficiencia económica y la reserva legal en materia tributaria.

La actividad económica, sea pública o privada, no puede ir en detrimento de los intereses del consumidor y, en general, del orden público económico. Por ello, los monopolios estatales tienen como límite sustancial el principio de eficiencia económica, es decir, los precios de los servicios prestados por instituciones estatales no puede ser arbitrario.

La admisión de ingresos y utilidades más allá del criterio de eficiencia económica viola las garantías constitucionales relativas a la tutela del interés económico del usuario. Dentro de este orden de ideas, el artículo 3 de la Ley de creación de la Ley de la Autoridad Presupuestaria recoge el principio de servicio al costo que es una manifestación concreta, en el ámbito de la regulación de los servicios públicos, del principio de la eficiencia económica.

El otro límite sustancial a los monopolios de derecho lo constituye el principio de reserva legal en materia tributaria, que consagra el artículo 121 inciso 13) de la CP. En efecto, los precios de los servicios públicos prestados de manera monopólica no pueden servir como instrumento para que el Estado recaude tributos de los ciudadanos sin la intervención de la Asamblea Legislativa. Por tanto, tales precios deben cumplir con el principio de servicio al costo que deriva del criterio de la eficiencia económica.

iii.- Los monopolios de derecho temporales

La tercera excepción a la competencia son los monopolios de derecho temporales, previstos por el artículo 47 de la CP. Estos monopolios temporales se refieren exclusivamente a los derechos de propiedad intelectual.

En virtud de la importancia que tiene para la sociedad el descubrimiento de nuevos productos o procedimientos productivos, es necesario que a sus inventores se les otorgue el monopolio temporal para su explotación industrial y comercial. De lo contrario no habría incentivos para que tales invenciones se produzcan de forma masiva como lo exige la moderna sociedad tecnológica.

iv.- La regulación de los monopolios en nuestra Constitución Política

El artículo 46 de la CP establece una amplia normativa sobre la existencia y regulación de los monopolios en nuestro ordenamiento. Se trata de acciones positivas tendentes a salvaguardar el principio de la competencia y a minimizar los efectos de los monopolios naturales o de derecho existentes o que se crearen en el futuro.

De conformidad con su primer párrafo "Son prohibidos los monopolios de carácter particular y cualquier acto, aunque fuere originado en una ley, que amenace o restrinja la libertad de comercio, agricultura e industria".

En consecuencia, en nuestro ordenamiento no es posible establecer monopolios privados por vía legal o reglamentaria. Se debe aclarar que la adjudicación de la gestión de un servicio público por vía de licitación no constituye ninguna de forma monopolio privado, pues la selección del contratista se hace mediante un concurso público en el que participa una pluralidad de oferentes. Simplemente se escoge a la oferta que sea más beneficiosa para los intereses públicos.

El segundo párrafo de la misma norma dispone que "Es de interés público la acción del Estado encaminada a impedir toda práctica o tendencia monopolizadora".

Esta garantía constitucional tiende a promover la competencia en el mercado y hacer efectivo un contenido esencial de la libertad de empresa, como es el derecho a la libre competencia, además de tutelar los intereses de los consumidores y usuarios.

Los monopolios naturales están regulados por el tercer párrafo del artículo 46 CP, al disponer que "Las empresas constituidas en monopolios de hecho deben ser sometidos a una legislación especial".

El monopolio implica una exclusividad de producción o comercialización en el mercado de determinado bien o servicio. El abuso del monopolio se traduce en precios excesivos, por encima del precio de eficiencia económica.

La empresa en régimen de monopolio tiene el poder para establecer o fijar unilateralmente los precios de los bienes y servicios. Por tanto, es lógico que la empresa busque obtener la mayor rentabilidad posible.

No obstante, la empresa en monopolio tiene como límite la eficiencia económica, pues de lo contrario el exceso en el precio se convierte en un costo adicional para el consumidor, lo que afecta sus intereses económicos.

En estas hipótesis, el Estado puede dictar legislación para controlar precios y, en el caso de los prestadores de servicios, lo relativo a su calidad y otros elementos que condicionan la capacidad de elección de los consumidores.

Finalmente, el cuarto párrafo del artículo 46 CP establece que la creación de nuevos monopolios, tanto estatales como municipales, requiere la aprobación calificada de dos tercios del total de miembros de la Asamblea Legislativa.

Tales monopolios están también sujetos a los principios de eficiencia económica y de reserva legal en materia tributaria. También deben respetar los derechos de los usuarios y consumidores contenidos en la Ley de Defensa Efectiva del Consumidor.

v.- Los derechos del consumidor y los monopolios

Con la entrada en vigencia del último párrafo del artículo 46 de la CP en 1996, se introdujeron en nuestro ordenamiento los derechos fundamentales de los consumidores.

Entre tales derechos, se incluyó el derecho a la elección de los consumidores, lo que supone lógica y jurídicamente que los servicios públicos se presten en régimen de concurrencia.

Por consiguiente, no sería aventurado afirmar que, luego de la vigencia de dicha reforma constitucional, los monopolios de derecho existentes, como el de FANAL, RECOPE, el ICE y RACSA en materia de telecomunicaciones, etc., perdieron su fundamento constitucional original, pues en aplicación del principio de hermenéutica jurídica, según el cual norma posterior deroga o modifica la anterior de igual rango, es necesario concluir que la voluntad expresa del Poder Reformador de la Constitución en 1996, fue la de derogar los monopolios de derecho existentes a esa fecha.

d.   *El derecho a obtener un lucro razonable*

Una de las características principales de la actividad empresarial es que se organiza en función de la obtención de un rendimiento económico, es decir, para la obtención de lucro en el ejercicio de su actividad. No es posible concebir la existencia de una empresa cuya finalidad no sea el lucro, pues nadie emprende una actividad empresarial por deporte o filantropía. Para perseguir otro tipo de fines existe una variada gama de organizaciones, precisamente denominadas no lucrativas, como las asociaciones, las fundaciones, los partidos políticos, los sindicatos, etc., que se constituyen y organizan para la persecución de fines de diversa naturaleza.

La obtención del lucro, sin embargo, debe ser razonable, es decir, proporcional a la inversión de los recursos de capital y trabajo realizada en la actividad empresarial escogida. En todo caso, cuando una actividad empresarial intenta obtener un lucro desmedido en el ejercicio de su actividad, el propio mercado se encarga de evitarlo, salvo que se trate de empresas que operan como monopolios u oligopolios. Por ello es justamente que el artículo 46 de nuestra Constitución establece que "Es de carácter público la acción del Estado encaminada a impedir toda práctica o tendencia monopolística".

El lucro razonable, en cuanto contenido esencial de la libertad empresarial, implica un límite a la potestad legislativa del Estado. Por tanto, la ley no puede válidamente establecer cargas muy onerosas a la operación de un sector empresarial, de forma tal que el ejercicio de su actividad deje de ser rentable o inclusive devenga ruinoso.

Por mayoría de razón, tampoco puede la Administración Pública establecer restricciones, introducir limitaciones o fijar requisitos de organización y funcionamiento que hagan nugatorio el derecho del empresario a un lucro razonable en el ejercicio de su actividad.

En síntesis, cuando la ley o la Administración impongan a los titulares de la libertad de empresa cargas o condiciones que hagan imposible o poco rentable el negocio, se estaría en presencia de una violación evidente del contenido esencial del derecho a obtener un lucro razonable en el ejercicio de su actividad.

4. *Garantías, restricciones y limitaciones a la libertad empresarial*

Los artículos 45 y 46 de nuestra Constitución Política consagran algunas garantías en favor de este núcleo irreductible o contenido esencial de la libertad empresarial, que conviene analizar con algún detalle.

El primer párrafo del artículo 46 antes citado prohíbe, de manera expresa, que la ley cree potestades administrativas en favor del Estado que sean incompatibles con el haz de derechos, facultades y atributos que integran la libertad empresarial. En otros términos, cuando nuestra Carta Política establece que "serán prohibidos... y cualquier acto, aunque fuere originado en la ley, que amenace o restrinja la libertad de comercio, agricultura e industria..." quiere significar, ni más ni menos, que ninguna ley puede otorgar potestades administrativas al Estado para restringir de manera no razonable ni proporcional la libertad empresarial, de manera tal que se haga nugatorio su efectivo disfrute.

Dentro de este contexto, es posible asegurar que el Estado puede limitar, pero no suprimir la libertad empresarial, salvo por calificadísimos motivos de interés público (expropiación mediante pago de indemnización previa), o por causas patológicas o análogas (empresa declarada en quiebra o que se dedique a una actividad ilícita, como sería el caso de la operación de casinos en nuestro país), etc.

De esta última garantía se deduce, además, que las limitaciones que imponga el Estado a las libertades económicas están también sujetas a una serie de restricciones.

Así, por ejemplo, las medidas restrictivas deben ser proporcionales entre el beneficio que el orden público deriva de tal reglamentación y el perjuicio que la medida puede implicar para los titulares de la libertad. Las restricciones, por otra parte, deben permitir que la empresa regulada pueda seguir produciendo con apego a cánones de eficiencia y márgenes de utilidad razonables. Finalmente, tales limitaciones deben respetar el derecho del empresario de escoger los medios idóneos para obtener los resultados programados por él.

En resumen, de la combinación de los artículos 45 y 46 de la Constitución puede concluirse que la empresa costarricense está constitucionalmente garantizada en el sentido de que cualquier ley que venga a limitarla requiere necesariamente la aprobación de los dos tercios del total de los miembros de la Asamblea Legislativa. En todo caso, la restricción no puede ser arbitraria, pues debe respetar los principios constitucionales de la proporcionalidad y de la razonabilidad. Asimismo, su contenido esencial no puede ser suprimido, el cual deberá determinarse caso por caso, conforme a las pautas antes señaladas.

Por otra parte y dado que en un Estado de corte liberal como el costarricense, el principio de libertad jurídica informa la actividad de los particulares, según reza el artículo 28 constitucional, debe considerarse, en principio, que las libertades económicas no están sujetas a ninguna autorización para su ejercicio, salvo casos calificados de excepción. Por ello, en esta materia sólo es posible la imposición de obligaciones (de dar, hacer o no hacer) que tengan fundamento legal reforzado. No obstante, los reglamentos ejecutivos y los delegados podrían ser eventualmente instrumentos jurídicos idóneos para la imposición de limitaciones a esta libertad, siempre y cuando desarrollen la ley a título de ejecución y no legislen *ex novo*.

En consecuencia, no es posible aceptar la regulación de esta materia por medio de autorizaciones que no se encuentren fundadas en la ley o en el Reglamento en los términos antes indicados, ya que en todo caso el principio de legalidad le impone el deber a la Administración de fundamentar sus actos en normas específicas del ordenamiento, ya sean escritas o no escritas. Es decir, no existen en De-recho Público potestades de imperio basadas en la costumbre (**Jesch**).

De lo dicho se deduce que esta libertad constitucional está ga-rantizada, además de la reserva legal antes indicada, por los princi-pios de legalidad y de libertad jurídica y el pago de indemnización en caso de expropiación.

No obstante, en la praxis administrativa costarricense es mone-da de curso corriente la admisión de potestades autorizativas de carácter programático, que implican no sólo la facultad para la Ad-ministración de dictar mandatos individualizados, sino también re-glamentos que crean vinculaciones especiales de los empresarios pertenecientes a un determinado sector productivo respecto de ella, de tal suerte que las órdenes concretas se vuelven complementarias de tales Reglamentos. Los ejemplos son numerosos y baste citar, entre otros, las potestades del MINAE en relación con los asuntos de aguas del dominio público y las empresas distribuidoras de energía; las del Banco Central sobre la banca comercial; los de la Oficina del Café respecto de los industriales y agricultores de esa actividad, etc.

En todos estos ejemplos y muchos otros no citados, las Admi-nistraciones respectivas ejercen una actividad tutelar sobre los go-bernados, la cual incide de manera directa sobre el ejercicio de su libertad empresarial, no obstante que, en la mayoría de los casos, no existe una fundamentación legislativa reforzada que le dé sustento constitucional a tales normas integrativas de la libertad de empresa, con violación flagrante de su contenido esencial.

Por otra parte, hay que señalar que la libertad empresarial está lógicamente sujeta a restricciones de diversa naturaleza, las cuales son impuestas por el legislador en aras del interés público.

En otros términos, es válida la imposición de limitaciones a la libertad empresarial por razones de tranquilidad pública (cierre de negocios a determinada hora de la noche); salud pública (condicio-nes mínimas de salud en los locales que expenden alimentos); co-modidad a la circulación peatonal (prohibición de colocar objetos que impidan el paso de los transeúntes); salvaguardia de la estética (exigencias mínimas en la construcción de locales comerciales e industriales); buena fe negocial (prohibición de la competencia desleal); de interés social (pago de salarios mínimos a los trabajadores; vigilancia y control de las pesas y medidas que utilizan los establecimientos comerciales), etc.

Tales limitaciones, sin embargo, no pueden ir más allá de cierto límite, de tal suerte que cuando el legislador, so pretexto de regular el ejercicio de ese derecho, le imponga al empresario la apertura y operación de una determinada actividad, o le establezca cargas o condiciones que lo hagan imposible o no rentable, o le fije un determinado giro en perjuicio de otro, o le imponga programas vinculantes a su actividad, en todas estas hipótesis la normativa correspondiente sería obviamente inconstitucional por violación expresa del contenido esencial de la libertad de empresa.

5. *La libertad empresarial y el artículo 50 de la Constitución*

Dispone el artículo 50 de la Constitución: "El Estado procurará el mayor bienestar de todos los habitantes del país, organizando y estimulando la producción y el más adecuado reparto de la riqueza".

A primera vista, cualquiera podría afirmar que esta norma es contraria e incompatible con la libertad empresarial. No obstante, conviene detenerse en su exégesis a fin de desentrañar su verdadero contenido y alcances.

Es conveniente recordar que se trata de una norma de legislación o programática (**Crisafulli**), cuyos destinatarios son los órganos estatales (Asamblea y Administración Pública), imponiéndoles determinados comportamientos o directrices que deberán seguir en la disciplina de la materia económica.

Por otra parte, la norma establece una finalidad a perseguir (el mayor bienestar de los habitantes del país) y establece simultáneamente tres medios para conseguirla: a) el estímulo de la producción; b) la organización de la producción y c) el más adecuado reparto de la riqueza.

Nos interesa, en relación con el tema en examen, establecer el contenido jurídico preciso de los medios que señala el artículo 50 citado para lograr la finalidad prevista en su primer párrafo. Esta norma alude evidentemente al fomento de la actividad empresarial privada, que es, por su propia naturaleza, de usufructo voluntario, aunque presuponga lógicamente la existencia de obligaciones accesorias.

La actividad de fomento antes de ser antitética con la libertad empresarial más bien la refuerza, ya que le permite contar con la ayuda directa o indirecta del Estado a fin de hacerle frente a todos los riesgos, de muy diversa índole, que conlleva el ejercicio de la actividad empresarial. Verbigracia, las leyes que otorgan incentivos a los exportadores y a los industriales, etc.

En resumen, la actividad estatal de fomento de la actividad económica privada constituye un refuerzo importante para la libertad empresarial, porque en vez de oponerle obstáculos, más bien la hace posible al exonerarla de ciertas cargas que, en circunstancias normales, harían esa actividad poco o nada rentable.

Para distribuir la riqueza, el Estado puede hacer uso de los procedimientos ablatorios, los cuales implican un sacrificio (caso de expropiación) o limitación a la propiedad o libertad de los administrados (procedimientos ablatorios reales, personales, etc.). Por ello, es necesario establecer de manera precisa la incidencia de tales procedimientos sobre la libertad empresarial.

Lógica y jurídicamente no se puede distribuir algo que no esté ya creado. Por tal razón, las potestades "ablatorias" sobre la libertad empresarial sólo podrían incidir sobre la riqueza creada y nunca sobre la propiedad y organización de los medios productivos. En otros términos, la potestad del Estado para distribuir la riqueza sólo puede ejercitarse válidamente una vez creada la riqueza, como ocurre con el impuesto sobre la renta y no antes de que aquella se genere. Sea que tal potestad deja incólumes la propiedad y organización internas de la empresa.

El problema más álgido en la materia lo constituye la posibilidad de que el Estado pueda obligatoriamente "organizar la producción".

Una interpretación puramente gramatical nos llevaría a la conclusión de que esta norma autoriza la planificación vinculante en el sector privado, dada la redacción tajante, en apariencia, de la disposición en examen. No obstante, un análisis más detallado y profundo de la norma nos conduce, como veremos de inmediato, a resultados totalmente contrapuestos.

Desde el punto de vista jurídico, el término organizar tiene una connotación precisa, pues se refiere a la actividad de carácter político de crear un ente, un órgano, fijarle su competencia, fines, planes o programas que esa organización debe realizar, así como la creación y regulación de los medios necesarios para garantizar el cumplimiento de tales fines (personal, patrimonio, etc.).

Es decir, la actividad de organización conlleva lógica y jurídicamente la posibilidad de imponerle a un tercero no sólo su estructura interna (organización en sentido subjetivo), sino, además, los fines que debe realizar y los medios más adecuados para ello. Se trata, ni más ni menos, de la interferencia más amplia que pueda existir sobre la libertad de otra persona, dado que quien está subordinado a la potestad organizativa de otro sujeto ve su actividad condicionada y, en muchos casos, sometida a contralores posteriores por parte de un tercero.

Dentro de este orden de ideas se ha señalado que "La actividad de organización de la Administración Pública no es homogénea, porque está compuesta por actividades normativas, internas, de Derecho Administrativo y de Derecho Privado, además de otras que son equiparadas a una o algunas de éstas. La actividad de organización, en general, no es homogénea: a) ordenar sus oficinas; b) disciplinar la actividad de cada una; c) procurarse y organizar los bienes y servicios de que tiene necesidad para desarrollar su actividad como figura subjetiva..." (**Giannini**).

Ahora bien, el problema central estriba en determinar si el Estado puede, por razones de interés público, someter a la empresa privada a contralores programáticos, en el sentido de encuadrar su actividad dentro de planes nacionales de desarrollo, imponiéndoles obligaciones de diversa naturaleza como vehículo necesario para la realización de tales fines, basado en su potestad de "organización de la producción".

Para encontrar una respuesta adecuada, es necesario relacionar el artículo 50 precitado con las libertades económicas garantizadas por los artículos 45, 46 y 56 de la Constitución, dado que todo ordenamiento constitucional debe interpretarse de manera armónica a fin de no incurrir en contradicciones.

Es evidente que la potestad del Estado de "organizar la producción" encuentra un límite infranqueable en el contenido esencial de los derechos económicos. Por otra parte, sería contradictorio que la Constitución impusiere a los órganos estatales, por una parte, la obligación programática de estimular la producción, actividad que supone lógicamente la libertad empresarial, y, por la otra, le establezca también la posibilidad de organizarla de manera coactiva, con lo cual esa libertad prácticamente desaparecería.

Por ello, a fin de conciliar el sistema vigente en Costa Rica es necesario concluir que la potestad organizativa del Estado, contemplada en el artículo 50 constitucional, tiene dos significados diferentes, según se trate de la actividad estatal o de la actividad privada.

En el primer contexto implica la potestad del Estado costarricense para organizar, en el sentido técnico jurídico explicado líneas arriba, toda su producción, ya sea mediante la creación de empresas públicas u otros entes económicos que compitan con los empresarios particulares en la explotación de bienes y servicios, y en la imposición de programas vinculantes a todos los entes públicos estatales a través de la planificación imperativa.

En tratándose de la actividad privada, en cambio, el Estado costarricense sólo puede interferirla de manera indirecta, por medio de la regulación de su actividad, pero nunca de su organización empresarial.

De lo dicho se puede concluir que los órganos estatales sólo pueden organizar la producción mediante el estímulo y no mediante la imposición coactiva de su organización y funcionamiento. En otros términos, en nuestro régimen constitucional no es posible la existencia de la planificación vinculante para el sector privado, sino únicamente de carácter indicativo, dado que la actividad estatal es subsidiaria e integradora de la iniciativa privada y debe tender no a sustituirla, sino más bien a armonizarla y coordinarla, con el objeto de racionalizar el libre curso de las fuerzas económicas.

Por ello, el Estado no puede imponerle a la actividad privada fines determinados ni tampoco un tipo específico de giro u organización, o la naturaleza misma de la empresa o su funcionamiento, ni imponerle tampoco limitaciones irrazonables o arbitrarias que establezcan cargas que hagan imposible o excesivamente oneroso el giro de su actividad, o de exigirle la realización de determinados fines o programas unilateralmente fijados por él.

En síntesis, el Estado costarricense no puede imponer a los empresarios las actividades económicas que deben ejercer, determinándoles los fines y programas a seguir, aunque sí puede regular el ejercicio de la actividad que el empresario haya libremente escogido, con sujeción estricta de los principios constitucionales de la razonabilidad y de la proporcionalidad.

IV. LOS DERECHOS DE LOS CONSUMIDORES Y USUARIOS

1. *La necesidad de tutelar los derechos de los consumidores y usuarios*

La tutela de los derechos de los consumidores está íntimamente ligada con la protección la libertad empresarial. Se trata, en el fondo, de dos caras de la misma moneda.

En efecto, toda persona que participa en el mercado, ya sea como agente económico, es decir como oferente de bienes y servicios o bien como consumidor, es decir, demandante de bienes y servicios, está sujeto a sufrir amenazas o situaciones objetivas de peligro. Por ello es necesario que el ordenamiento establezca mecanismos jurídicos que eviten esos peligros y, en caso de que ocurren, minimicen sus consecuencias.

Los derechos que tutelan al consumidor tienen en común el presuponer acciones positivas del Estado, es decir, se trata de derechos que requieren, previa o concomitantemente a su disfrute, que el Estado tome acciones positivas tendentes a hacer posible la satisfacción efectiva de los intereses sustanciales tutelados por aquellos. Estas medidas, sin embargo, deben respetar la libre competencia en el mercado de los agentes económicos para lograr su adecuada ordenación.

RUBÉN HERNÁNDEZ VALLE

Verbigracia, el Estado debe promulgar leyes o dictar medidas administrativas tendentes a tutelar la salud de los consumidores de cigarrillos o de licor, etc., pero, al mismo tiempo, debe garantizar que se produzca una leal competencia entre los distintos operadores que participan en esa actividad económica.

Como ha dicho la jurisprudencia del Tribunal Constitucional español, "Estos dos momentos de la ordenación del mercado (defensa de la competencia y protección de los consumidores) pueden diferenciarse desde una perspectiva general, partiendo del criterio consistente en considerar que el primero de ellos –la defensa de la competencia–, se refiere a la regulación de la situación recíproca de las empresas productoras o distribuidoras en el mercado, en el plano horizontal, es decir, las empresas, compiten en una situación que se quiere de igualdad en el mercado; mientras que el segundo aspecto –defensa de los consumidores– hace referencia a una situación distinta, en tanto que el consumidor aparece como destinatario unos productos ofrecidos por las empresas cuyas condiciones de oferta se pretende regular protegiendo, como indica el artículo 51.1 de la CE. Pero esta diferencia general no obsta a la posibilidad de que, en la regulación relativa a la ordenación del mercado, existan normas que se ocupen de cuestiones que pueden situarse en ambos campos" (**STC 88/1986**).

La jurisprudencia de la Sala Constitucional, en el caso de los seguros, ha desarrollado este principio en los siguientes términos: "IV.- Un segundo aspecto que ha sido mencionado por la Defensoría como sustento para presentarse como accionante en este proceso de inconstitucionalidad se relaciona con la supuesta afectación que los consumidores van a recibir en sus derechos constitucionales a raíz de la aplicación de las penas pecuniarias a las entidades aseguradoras y reaseguradoras. Se afirma que una sanción podría resultar eventualmente excesiva y en tal caso podría existir –a su vez– la posibilidad de que la empresa optara por trasladar ese costo de la multa a los consumidores a través de un aumento del precio de sus servicios, o bien –se indica– podría acontecer que ante una sanción de suspensión de actividades (o una multa demasiado alta) la empresa decida retirarse el mercado dejando a los consumidores desprotegidos respecto de sus relaciones jurídicas con esa empresa. Tal condición abierta hace que sea el propio consumidor quien tenga poder suficiente para disuadir a las empresas de trasladar los costos y para evitar así el perjuicio que supuestamente se les produciría si una empresa decide aumentar el precio de sus servicios de forma arbitraria y sin consideración del resto de factores del mercado. Finalmente, agréguese a lo anterior el hecho de que tal y como lo han hecho ver las partes-, esta acción se ha planteado para lograr la nulidad y desaparición del ordenamiento, de las normas relacionadas con una parte del sistema sancionatorio aplicable a las empresas aseguradoras y reaseguradoras, de manera que de prosperar el reclamo, tal vacío sí incidiría necesaria y negativamente en la esfera de derechos e intereses de los consumidores en el tanto las empresas aseguradoras y reaseguradoras quedarían libres de omitir una larga serie de conductas que el propio legislador ha considerado como fundamentales para el buen funcionamiento del mercado de seguros.- Dejar el cumplimiento de tales conductas al arbitrio y conveniencia de las empresas prestadoras del servicio sin posibilidades de coacción, sí produciría necesariamente en una afectación de los consumidores, razón por la que el planteamiento de la Defensoría debe rechazarse de plano en el tanto en que, de prosperar más bien las personas a las que señala defender saldrían perjudicadas (**Voto 990-2013**).

2. *La tutela constitucional de los derechos de los consumidores y usuarios*

Por medio de una reforma realizada en 1996, se elevó a rango constitucional la protección de los derechos de los consumidores y de los usuarios en materia de salud, ambiente, seguridad e intereses económicos. Además se consagró la obligación del Estado de apoyar los organismos que constituyan aquellos en defensa de sus derechos.

Asimismo, estableció el derecho fundamental de los consumidores a que la propaganda comercial debe ser adecuada y veraz, para evitar daños a la salud y objeto de engaños en cuanto a la calidad de los bienes y servicios ofrecidos por los proveedores en el mercado.

También se constitucionalizó la libertad de elección de los consumidores y usuarios, así como el derecho a un trato equitativo tanto para los consumidores como para los usuarios.

La jurisprudencia de la Sala Constitucional ha precisado al respecto que "En efecto, es notorio que el consumidor se encuentra en el extremo de la cadena formada por la producción, distribución y comercialización de los bienes de consumo que requiere adquirir para su satisfacción personal y su participación en este proceso, no responde a razones técnicas ni profesionales, sino en la celebración constante de contratos a título personal. Por ello su relación en esta secuencia comercial es de inferioridad y requiere de una especial protección frente a los proveedores de bienes y servicios, a los efectos de que previo a externar su consentimiento contractual cuente con todos los elementos de juicio necesarios, que le permitan expresarlo con toda libertad y ello implica el conocimiento cabal de los bienes y servicios ofrecidos. Van incluidos por lo expresado, en una mezcla armónica, varios principios constitucionales, como la preocupación estatal a favor de los más amplios sectores de la población cuando actúan como consumidores, la reafirmación de la libertad individual al facilitar a los particulares la libre disposición del patrimonio con el concurso del mayor conocimiento posible del bien o servicio a adquirir, la protección de la salud cuando esté involucrada, el ordenamiento y la sistematización de las relaciones recíprocas entre los interesados, la homologación de las prácticas comerciales internacionales al sistema interno y en fin, la mayor protección del funcionamiento del habitante en los medios de subsistencia" (**Voto 1441-92**).

La Sala ha considerado que tales principios se encuentran recogidos y desarrollados en la Ley de Protección al Consumidor. Ha establecido la jurisprudencia constitucional respecto que "Los principios aludidos sirven de marco a las disposiciones de la Ley de Protección al Consumidor que, en la medida que se faculta la intervención de los Poderes Públicos en la regulación de precios de bienes y servicios de consumo básico y la de márgenes máximos de utilidad en los demás, no provoca lesiones constitucionales que la Sala deba declarar. Ello en nada afecta las garantías de mercado y libre circulación de los bienes o lo que es lo mismo, el llamado principio económico "de la economía de mercado". Existe como se ha venido analizando, una amplia interrelación entre la defensa de los derechos del consumidor, representados en el acceso a todos los bienes legalmente comercializables, así como a la cantidad y calidad que el particular puede adquirir, según su propia capacidad y los derechos de la libre competencia y libertad de empresa, los que podrían verse amenazados y hasta eliminados por el juego incontrolado de las tendencias de cualesquiera de ellos". (**Voto 2435-95**).

3. *Derecho de protección a la salud*

Esta norma obliga al Estado a tomar las medidas legislativas y administrativas necesarias para tutelar la salud de los consumidores y usuarios. Verbigracia, velar porque en los sitios donde es prohibido fumar no se burle esa prohibición, establecer controles estrictos para la importación y comercialización de productos que eventualmente pueden ser perjudiciales para la salud.

La jurisprudencia de la Sala Constitucional ha dispuesto que "El Estado tiene el deber de velar por la salud de todos los individuos según el contenido del artículo 10 del Protocolo Adicional a la Convención Americana de los Derechos Humanos en Materia de Derechos Económicos Sociales y Culturales "Protocolo de San Salvador":

"1°. Toda persona tiene derecho a la salud, entendida como el disfrute del más alto nivel de bienestar físico, mental y social.

2°. Con el fin de hacer efectivo el derecho a la salud como un bien público y particularmente a adoptar las siguientes medidas para garantizar este derecho:

a) La atención primaria de la salud, *entendiendo* como tal la asistencia sanitaria esencial puesta al alcance de todos los individuos y familiares de la comunidad;

b) La extensión de los beneficios de los servicios de salud a todos los individuos sujetos a la jurisdicción del Estado;

c) La total inmunización contra las principales enfermedades infecciosas;

d) La prevención y tratamiento de las enfermedades endémicas, profesionales y de otra índole;

e) La educación de la población sobre la prevención y tratamiento de los problemas de salud, y

f) La satisfacción de las necesidades de salud de los grupos de más alto riesgo y que por sus condiciones de pobreza sean más vulnerables"

Asimismo, ante una posible amenaza a la salud por exceso de elementos químicos en productos de consumo, el Estado deba informar a los individuos de las condiciones en que se encuentran tales productos. Lo anterior significa, que el contenido de este derecho fundamental tiene una relación directa con los derechos del consumidor, los que se desprenden del párrafo 5° del artículo 46 constitucional, que dice:

"Los consumidores y los usuarios tienen derecho a la protección de su salud, ambiente, seguridad, e intereses económicos, a recibir información adecuada y veraz; a la libertad de elección y a un trato equitativo. El Estado apoyará los organismos que ellos constituyan para la defensa de sus derechos. La ley regulará esas materias".

Bajo este orden de ideas, la Ley número 7472, Ley de Promoción de la Competencia y Defensa Efectiva del Consumidor atribuye a la Administración Central en su artículo 30 el:

"(...) a) Velar porque los bienes y servicios que se vendan y se presten en el mercado, cumplan con las normas de salud, seguridad, medio ambiente y los estándares de calidad.

b) Formular programas de educación e información para el consumidor, con el propósito de capacitarlo para que pueda discernir y tomar decisiones fundadas acerca del consumo de bienes y servicios, con conocimiento de sus derechos...."

Asimismo, en desarrollo al derecho fundamental del artículo 46 constitucional, el artículo 26 de esta Ley señala:

"Sin perjuicio de lo establecido en tratados, convenciones internacionales de las que Costa Rica sea parte, legislación interna ordinaria, reglamentos, principios generales de derecho, uso y costumbres, son derechos fundamentales e irrenunciables del consumidor los siguientes:

a) La protección contra los riesgos que puedan afectar su salud, su seguridad y el medio ambiente (...)"

Consecuentemente, al acreditarse los efectos dañinos que producen en la salud de los individuos los excesos de cadmio y plomo en la sal (folio 36), la actuación del órgano recurrido resulta razonable y proporcional en atención de los derechos fundamentales que el Estado debe asegurar. Nótese —según el contenido de los artículos transcritos— que la administración está autorizada para informar a los consumidores sobre los elementos que componen los productos que están en el mercado, así como sus consecuencias en la salud. En efecto, al tener certeza de los resultados dañinos que producen los elementos supra mencionados, el proceder del recurrido se justifica, y por ende, lejos de ser arbitrario responde a la finalidad de asegurar la salud de todos los individuos sujetos a la jurisdicción del Estado, así como a los fines que la Ley número 7472, Ley de Promoción de la Competencia y Defensa Efectiva del Consumidor, atribuye al funcionamiento de la Administración Central" (**Voto 388-00**).

Es indudable que el Estado está en la obligación de garantizarle a los consumidores que la actividad empresarial no se desarrolle en el mercado con perjuicio del derecho a la salud de los consumidores, pues es evidente que numerosas actividades empresariales pueden no sólo crear situaciones de riesgo para la salud de los usuarios, sino que los productos que se expenden y venden en el mercado deben manufacturarse y manipularse conforme a estrictas reglas higiénicas.

Dentro de este orden de ideas, el Estado debe diseñar reglas preventivas y sancionatorias para quienes, en el ejercicio de la actividad empresarial de prestación de bienes y servicios, atente contra la salud de los consumidores y usuarios. Por ello, justamente, la Ley General de Salud contiene disposiciones concretas al respecto lo mismo que la Ley de Promoción de la Competencia y Defensa Efectiva del Consumidor. Asimismo, cada normativa sectorial debe contener normas tanto preventivas como sancionatorias contra los empresarios que, en el ejercicio de su actividad, atenten contra la salud de los consumidores y usuarios.

4. *Derecho a la protección del ambiente*

Esta norma está íntimamente relacionada con el derecho a un ambiente sano y ecológicamente equilibrado que consagra el numeral 50 de la Constitución.

El derecho de protección al ambiente entra a menudo en colisión con el derecho de los empresarios de producir al costo más bajo posible, pues en numerosos casos esa rebaja en los costes de producción se realiza mediante el sacrificio de protección al ambiente.

Por ello, se ha acuñado el término "desarrollo sostenible". La jurisprudencia del Tribunal Constitucional español ha señalado que

"En su virtud, no puede considerarse como objetivo primordial y excluyente la explotación al máximo de los recursos naturales, el aumento de la producción a toda costa, sino que se ha de armonizar la "utilización racional" de esos recursos con la protección de la naturaleza, todo ello para el mejor desarrollo de la persona y para asegurar una mejor calidad de vida" (**STC 64/1982**).

Este es uno de los temas neurálgicos en esta materia, pues las exigencias del desarrollo económico entran constantemente en conflicto con las regulaciones en materia ambiental. La jurisprudencia de nuestra Sala Constitucional ha tratado de equilibrar ambas necesidades en diversas sentencias.

Uno de los hitos jurisprudenciales de la Sala en materia ambiental fue justamente en el que definió el concepto de desarrollo sostenible en la siguiente forma: "El desarrollo sostenible es una de esas políticas generales que el Estado dicta para ampliar las posibilidades de que todos puedan colmar sus aspiraciones a una vida mejor, incrementando la capacidad de producción o bien, ampliando las posibilidades de llegar a un progreso equitativo entre un crecimiento demográfico o entre este y los sistemas naturales. Es el desarrollo sostenible, el proceso de transformación en la utilización de los recursos, orientación de las inversiones, canalización del desarrollo tecnológico, cambios institucionales y todo aquello que coadyuve para atender las necesidades humanas del presente y del futuro" (**Voto 4423-93**).

En una resolución de fecha posterior dijo que "Esta Sala también ha reconocido, que tanto el derecho a la salud como a un ambiente libre de contaminación, sin el cual el primero no podría hacerse efectivo, son derechos fundamentales, de modo que, es obligación del Estado proveer a su protección, ya sea a través de políticas generales para procurar ese fin o bien, a través de actos concretos por parte de la Administración. El desarrollo sostenible es una de esas políticas generales que el Estado dicta para ampliar las posibilidades de que todos puedan colmar sus aspiraciones a una vida mejor, incrementando la capacidad de producción o bien, ampliando las posibilidades de llegar a un progreso equitativo entre un crecimiento demográfico o entre este y los sistemas naturales" (**Voto 1763-94**).

Posteriormente ha tenido aplicaciones concretas muy importantes, como la que se refiere a la explotación racional que debe hacerse de los recursos que componen los humedales protegidos en el "Refugio Silvestre de Gandoca–Manzanillo", de conformidad con lo dispuesto en la "Convención de Ramsar sobre Humedales" (**Voto 1888–95**), así como la aplicación del "Convenio para la Conservación de la Biodiversidad y protección de Áreas Silvestres Prioritarias en América Central" y del "Convenio sobre la Diversidad Biológica", a fin de declarar la inconstitucionalidad del decreto ejecutivo que permitía la caza de las tortugas verde y lora, a pesar de constituir una especie en vías de extinción (**Voto 1250-99**).

5. *Derecho a la protección de la seguridad*

La seguridad ciudadana encuentra una garantía específica en esta norma, en el sentido de que el Estado impida que los agentes económicos pongan en peligro este principio constitucional. Por ejemplo, el Estado debe reglamentar el transporte de sustancias tóxicas o peligrosas o que los tanques de gas LPG sigan estrictas normas de seguridad para su comercialización.

La producción, el trasiego y la comercialización de determinados bienes en el mercado ponen en riesgo la seguridad de las personas, por lo que el Estado está obligado a tomar las medidas que sean necesarias al efecto.

Verbigracia, la zonificación que se encuentra en todos los Planes Reguladores es uno de los instrumentos más importantes en la materia, pues impide que industrias que producen sustancias potencialmente peligrosas para la salud, como venenos o artefactos explosivos, sean producidos en zonas donde existen abundantes viviendas familiares.

El trasiego de sustancias peligrosas como los hidrocarburos, está sujeto a la regulación tanto de los medios de transporte, como a los horarios en que puede realizarse el trasiego.

Asimismo, ciertos productos que se ofrecen el mercado están sujetos al cumplimiento de determinadas normas tendentes a garantizar la seguridad de los potenciales usuarios o consumidores. Por ejemplo, las bombas de gasolina deben reunir determinadas requisitos técnicos para garantizar la seguridad de sus empleados y usuarios que fijan el Ministerio de Salud y la ARESEP.

6. *Derecho a la protección de los intereses económicos*

Este derecho está referido a la prohibición de que existan monopolios u oligopolios que afecten los intereses económicos de los consumidores, así como también la existencia de cualesquier tipo de práctica comercial desleal, dado que todo ello incide directamente sobre el precio de los bienes y servicios que adquieren o reciben los consumidores y usuarios.

Este derecho, en última instancia, tutela el derecho a precios y tarifas justas.

La jurisprudencia de la Sala Constitucional ha establecido al respecto que "Así las cosas, la Sala estima que el limitar los derechos del consumidor impidiéndole u obstaculizándole innecesariamente, como es el caso, conocer cabalmente las características del producto expuesto a la venta, era razón fundada y suficiente para que las funcionarias competentes, aquí recurridas, procedieran como lo hicieron, esto es, ordenaran devolver la mercadería a la bodega del establecimiento comercial, impidiéndose su comercialización mientras subsistiesen los defectos comprobados. Esto no tiene nada de irrazonable o desproporcionado" (**Voto 6999-95**).

Este derecho fundamental de los consumidores y usuarios implica una habilitación para que el legislador intervenga en el mercado, tratando de evitar distorsiones que eleven artificialmente los precios de los bienes y servicios.

En efecto, este derecho fundamental exige que haya transparencia en el mercado y que exista una verdadera competencia, de manera que los precios se fijen por las reglas del mercado, es decir, la oferta y la demanda, sin ninguna distorsión.

Proteger los intereses económicos de los consumidores significa protegerlos de los abusos de la posición de predominio que tienen los proveedores y vendedores en el mercado, supremacía que se manifiesta en diversas formas, tales como los denominados contratos de adhesión, las promociones engañosas de publicidad, prácticas comerciales restrictivas, etc.

En síntesis, la protección de los intereses económicos de los consumidores y usuarios implica que el Estado tome acciones positivas de diversa índole con el fin de permitir que sea el mercado el que fije el precio justo de los bienes y servicios que se transan en él. Sin embargo, cuando ello no fuere posible por el libre juego de la oferta y la demanda, el Estado está en la obligación de intervenir para evitar los abusos que competen los proveedores o vendedores de bienes y servicios.

Dentro de este orden de ideas, el artículo 5 de la Ley de Promoción Efectiva de la Competencia y Defensa Efectiva del Consumidor, autoriza al Poder Ejecutivo para que, en casos excepcionales, regule los precios de los bienes y servicios que se ofrezcan en el mercado costarricense.

7. Derecho a la protección del derecho a recibir información adecuada y veraz

Es importante que, dentro de una economía de mercado, el usuario y el consumidor se encuentren bien informados, de manera que puedan escoger el bien o el servicio ofrecido en el mercado en condiciones de calidad y de precio razonable.

Por ejemplo, los centros privados de enseñanza están en la obligación de publicitar el contenido de sus cursos, así como su costo. De esa manera los estudiantes pueden comparar con otros centros académicos y realizar una escogencia de acuerdo con sus preferencias académicas y sus posibilidades económicas.

Dentro de este orden de ideas, la jurisprudencia de la Sala Constitucional ha establecido que "Los centros educativos se encuentran en la obligación de brindar a los usuarios información veraz y oportuna, con especificación correcta respecto de las características, calidad, precio, y demás calidades del servicio que se ofrece, conforme lo dispone la Ley de Promoción de la Competencia y Defensa Efectiva del Consumidor en los artículos 29 y 31 que señalan los derechos del consumidor y obligaciones de quien le da el servicio. Según se señaló, el estudiante ha de conocer desde el inicio de su carrera cual será el monto que debe pagar por los cursos, exámenes, pruebas de grado, tesis, etc.," (**Voto 7494-97**).

Información veraz implica que no sea engañosa, es decir, que se publicite un bien o servicio atribuyéndoles cualidades que no poseen.

La Sala Constitucional ha subrayado al efecto que "La relación del consumidor en la cadena comercial es de inferioridad y requiere, por ello, de una especial protección frente a los proveedores de los bienes y servicios, a efecto de que antes de adquirirlos cuente con todos los elementos de juicio necesarios, que le permitan hacerlo y ello implica el conocimiento cabal de lo que se le está ofreciendo...Si bien no hay una relación de congruencia entre el Decreto y la Ley que se cita para apoyarlo, lo cierto es que hay todo un conjunto de reglas, derivadas de los principios constitucionales expuestos, y de diversas leyes en vigencia, que legitiman la actuación del Poder Ejecutivo y que lo obligan a proteger al público consumidor por la vía de suministrarle toda la información que razonablemente pueda interesarle" (**Voto 4764-99**).

8.   *Derecho a la protección de la libertad de elección*

Este derecho tiene como finalidad promover la mayor cantidad de productos y servicios disponibles en el mercado para los consumidores y usuarios.

Por ello, no son posibles los monopolios en los servicios públicos, salvo aquellos que se hayan establecido por la Asamblea Legislativa por una mayoría calificada de dos tercios del total de sus miembros.

Los monopolios privados de hecho deben ser regulados y el Estado debe tomar medidas concretas para incentivar la competencia en los bienes y servicios que se ofrecen en el mercado a los usuarios y consumidores.

La jurisprudencia de la Sala Constitucional ha precisado que "Por otra parte, la disposición contenida en el artículo 46 de la Constitución Política debe verse como una protección a los derechos del consumidor, ya que con la creación de los monopolios se coarta la posibilidad de elección, por cuanto existe una única opción. Es por ello que aquellas instituciones a las que se le haya otorgado un monopolio no puede negarse a contratar, sin que exista un motivo razonable, ya que de lo contrario se haría nugatoria la posibilidad del particular de accesar a los servicios que brinda quien tiene un monopolio" (**Voto 5207-95**).

Asimismo, ha precisado "El objeto de la libre competencia es garantizar el libre acceso al mercado de los operadores económicos, sin que encuentren barreras injustificadas, evitando prácticas que de algún modo restrinjan o limiten la oferta en unos pocos agentes (sic) económicos. La anterior filosofía impacta, con mayor razón, el tema de las telecomunicaciones en una sociedad globalizada en donde se requiere, por parte de los usuarios y consumidores, garantías de acceso a los diferentes servicios. Todo consumidor tiene derecho a elegir, dentro de su ámbito de libertad individual, y bajo el respeto de las regulaciones mínimas que garantizan los servicios de telecomunicaciones, la forma y el medio de acceder libremente a los referidos bienes y servicios. En particular, tienen que tener un abanico abierto de posibilidades para poder escoger el aparato que más le convenga, atendiendo al precio y a sus necesidades personales, para solicitar la conexión del servicio. En consecuencia, el consumidor, respetando las normas legales y las exigencias técnicas que el legislador fija con criterios de razonabilidad y proporcionalidad para la prestación de un servicio público, podría solicitar la activación de un servicio de telefonía móvil. En ese sentido, es preciso indicar, el grado de satisfacción o cumplimiento del bien constitucional, cual, es proteger el servicio público y la calidad del servicio público brindado, no es equiparable con la restricción que se le impone al cliente o usuario. En este aspecto en concreto, es donde alcanza relevancia la regla que las afectaciones de derechos fundamentales deben ser lo más restringida, posibles y, consecuencia las mínimas necesarias para alcanzar su finalidad, los Órganos Públicos, sin renunciar a sus potestades, no deben excederse en su ejercicio, con el establecimiento de disposiciones que transgredan esa regla y el obligado equilibro entre la finalidad que busca lograr con la medida y la restricción, limitación, o afectación de derechos fundamentales que se produce para lograrlo. En este punto resulta importante rescatar lo que dispone el artículo 46 de la Constitución Política, en cuanto consagra varios principios y derechos, relacionados con la libertad empresarial y la protección de los derechos del consumidor. Con la puesta en marcha de dicha disposición constitucional, se pretende evitar el ejercicio de una posición dominante, o prácticas monopólicas que impidan una competencia efectiva. El ejercicio de dicho poder, puede provocar la capacidad de eliminar o debilitar de forma importante la competencia existente, o impedir que competidores potenciales entren en el mercado... En este orden de ideas, no se aprecia que el contenido de la carta machote "Renuncia a futuras reclamaciones de calidad del servicio por utilización de terminal no homologado" lesione el Derecho de la Constitución. Lo anterior por cuanto, es claro que los dispositivos homologados se encuentran en una situación completamente distinta de los que no lo han sido, con lo cual la Sala no estima que se les brinde un trato discriminatorio cuando se exige al usuario que pretenda utilizar un dispositivo no homologado que renuncie a futuras reclamaciones. Ahora bien, como lo afirma la Procuradora General Adjunta en su dictamen, no se observa que la norma impugnada lesione los derechos de información al consumidor (en cuanto más bien detalla claramente las condiciones con las que figuran en el mercado los aparatos no homologados), ni la libertad de elección, en la medida en que el particular siempre tiene la opción o la oportunidad de elegir libremente alguno de estos dispositivos sean homologados o no, y de someterse al régimen de cada uno de éstos" (**Voto 2220-2013**).

9. *Derecho a la protección del trato equitativo*

El Estado debe garantizar que no exista una discriminación entre usuarios al ofrecer sus servicios en el mercado.

Por ello y en el ámbito del servicio público, no se pueden establecer diferentes tarifas para usuarios ubicados en la misma situación de hecho. Es decir, la prestación de bienes y servicios, tanto privados corno públicos, debe enmarcarse dentro de parámetros de equidad. Por tanto, las tarifas de los servicios públicos deben estar al alcance de los usuarios. Dentro de este orden de ideas, el artículo 12 de la Ley de Creación de ARESEP establece que "Los prestatarios no podrán establecer ningún tipo de discriminación contra un determinado grupo, sector, clase o consumidor individual. No constituirán discriminación las diferencias tarifarias que se establezcan por razones de orden social". O sea que la ARESEP debe buscar un trato equitativo entre los sus usuarios en sus fijaciones tarifarias.

Por otra parte, el artículo 4 de la Ley General de la Administración Pública establece que "La actividad de los entes públicos deberá estar sujeta en su conjunto a los principios fundamentales del servicio público, para asegurar su continuidad, su eficiencia, su adaptación al cambio de régimen legal o en la necesidad social que satisfacen y la igualdad en el trato de los destinatarios, usuarios o beneficiarios", con lo cual se subraya que los entes públicos deben otorgar un trato equitativo a todos los administrados que requieran de sus servicios.

En el ámbito privado, la venta de bienes o la prestación de servicios deben también respetar este derecho fundamental de los consumidores, de manera tal que a sujetos ubicados en la misma situación de hecho, no puede otorgárseles un trato diferente. Verbigracia, los precios de los bienes que se expendan en un determinado establecimiento comercial deben ser iguales para todos los clientes.

10. *Derecho a la promoción de organismos para la defensa del consumidor y usuario*

El Estado tiene la obligación de apoyar los organismos que los usuarios y consumidores constituyan para la defensa de sus derechos.

Dado que los consumidores normalmente no actúan individualmente en defensa de sus derechos, es necesario que el Estado prohíje la creación de organismos que defiendan sus derechos ante los eventuales abusos de los agentes económicos o de la propia Administración. Verbigracia, la participación de las asociaciones de usuarios en las audiencias para las fijaciones tarifarias de los servicios públicos que realiza la ARESEP.

V. LOS DERECHOS DE PROPIEDAD INTELECTUAL

1. *Fundamentos constitucionales*

Los derechos de propiedad intelectual tienen un triple fundamento constitucional: específicamente el artículo 47, según el cual "todo autor, inventor, productor o comerciante gozará temporalmente de la propiedad exclusiva de su obra, marca o nombre comercial, con arreglo a la ley"; el numeral 121 inciso 18 de la misma Constitución dispone que "Además de las otras atribuciones que le

confiere esta Constitución, corresponde a la Asamblea Legislativa...: 18) Promover el progreso de las ciencias y de las artes y asegurar por tiempo limitado, a los autores e inventores, la propiedad
de sus respectivas obras o invenciones" y, finalmente, en cuanto una
modalidad de la propiedad, los derechos de propiedad intelectual
encuentran también fundamento en el artículo 45 de la Carta Política.

2. *Naturaleza jurídica*

La jurisprudencia de la Sala Constitucional acoge la denominada teoría mixta, al establecer que "La propiedad intelectual comprende una serie de derechos que se refieren a bienes inmateriales y
que cuando están asociados a la libertad industrial y mercantil, ge-
neran posibilidades de competir en un mercado de bienes concretos.
La propiedad intelectual es un derecho real, en virtud de que supone
un poder jurídico ejercitado por una persona determinada, para
aprovechar los beneficios personales y patrimoniales producto de su
creación, pudiendo oponer ese derecho *erga omnes*. Esta oposición
erga omnes reconoce a su autor facultades exclusivas de dos tipos:
la primera, de carácter personal, reconoce la paternidad de la obra o
invención y tutela la personalidad del autor en relación con su invento, con ella se garantizan los intereses intelectuales del llamado
derecho moral de duración, en principio, ilimitada. En segundo lugar, están las facultades de carácter patrimonial, relativas a la explotación patrimonial que es siempre de duración limitada" (**Voto
2134- 95**).

En otra sentencia posterior precisó que "Al respecto debe indicarse que en el artículo 47 constitucional encontramos no solamente
la protección propiamente patrimonial de los creado, sino también,
el acto creador, llámese éste producción, investigación o creación,
en cualquiera que sea el ámbito de su proyección (literario, artístico,
ideológico, etc.,). El derecho de creación intelectual tiene por contenido bienes inmateriales, interiores, que forman parte, en general,
de lo que la doctrina del Derecho Constitucional conoce como Derechos de la Personalidad. Por su parte, los derechos morales de autor o de propiedad, son aquellos expresivos de las obras que produce el ingenio humano. Es la creación consumada que sale del ser
personal y se encuentra íntimamente relacionada, con la libertad de
expresión y la difusión del pensamiento" (**Voto 2247- 96**).

3. *El contenido esencial de los derechos de propiedad intelectual*

Por constituir una subespecie del derecho de propiedad, los de propiedad intelectual están integrados por un haz de derechos, que se resumen fundamentalmente en dos: a) un derecho moral o de paternidad y b) un derecho de contenido netamente patrimonial.

En cuanto al primero, se expresa en la protección que el ordenamiento jurídico brinda a los inventores o autores para que puedan ostentarse como únicos autores del invento o de la obra y, por lo tanto, que el invento o la obra indique el nombre de su inventor. Se trata de un derecho absoluto y eterno, en el sentido de que no se pierde por el transcurso del tiempo, por lo que puede ser transmitido indefinidamente a sus descendientes.

El segundo, en cambio, es un derecho complejo que presenta las siguientes facultades: se adquiere con la patente u obra debidamente inscrita. Es decir mientras dicha inscripción o registro no se produzca el inventor o autor carece de una protección *erga omnes*.

Consecuencia de lo anterior, el inventor o autor adquiere sobre el invento o la obra un auténtico derecho al monopolio de su explotación industrial, derecho que por revestir naturaleza real, debe ser respetado *erga omnes*, y no sólo por aquellos que en virtud de relaciones particulares están obligados a guardar el secreto del invento o de la obra.

En virtud de este monopolio, el titular de la patente o de la obra es el único que puede fabricar o publicar el producto o emplear industrialmente el procedimiento objeto de la patente, o permitir que otros lo fabriquen o lo empleen.

El derecho a explotarlo comercialmente de manera exclusiva, sin interferencias de terceros. Ello significa que cualquier tipo de competencia sobre el objeto o producto patentado u obra registrada está prohibida. Lo anterior se justifica porque los derechos de propiedad intelectual se rigen por los mismos principios generales del derecho de propiedad. Y dado que el dominio comprende, entre sus atributos primarios, el derecho de utilizar, de usufructuar el objeto adquirido, en todas las formas que sea susceptible de ser aprovechado, es lógico concluir que el titular de una patente u obra registrada tiene el derecho de explotarlo en la forma que más convenga a sus intereses.

En materia de derechos de propiedad intelectual, es evidente que la forma más lógica y natural de usufructuar un invento o una obra es mediante su comercialización exclusiva, ya que de lo contrario no tendría ningún sentido su protección por parte del ordenamiento jurídico.

Otro contenido esencial es la facultad de transmitir el derecho inter-vivos o mortis causa. Se trata, por lo tanto, de un derecho que está en el comercio de los hombres y que es susceptible de transmisión, pero únicamente en lo relativo a su explotación industrial y comercial, pues el inventor o el autor sigue siendo considerado siempre como el padre intelectual del invento o de la obra.

Finalmente, el derecho a que el ordenamiento jurídico le garantice las correspondientes acciones civiles y penales para impedir que terceros exploten, en cualquier sentido no autorizado por su titular, el bien patentado o la obra registrada. Es claro que sin dicha protección judicial el disfrute de los derechos del inventor o autor sería una mera quimera.

4. *La tutela adicional del artículo 121 inciso 18 de la Constitución*

El artículo 121 inciso 18 de la Constitución es una típica norma programática, pues le impone a la Asamblea Legislativa la obligación de asegurar, por tiempo limitado, a los autores o inventores la propiedad de sus respectivas obras e invenciones.

En este caso el constituyente no le dio al órgano legislativo ni siquiera indicaciones acerca de los medios que debía utilizar para satisfacer el fin consagrado por la norma constitucional, sea "la protección del derecho de patente o registro de la obra o invención".

No obstante, es claro que la inobservancia de lo establecido en esa norma por parte del legislador es motivo de invalidez, total o parcial, de la ley que eventualmente regule la materia en forma contraria o diversa a lo dispuesto en la precitada norma constitucional. Dentro de este orden de ideas, un gran jurista italiano ha dicho que "cuando el legislador no toma en cuenta la existencia de una norma constitucional que le prohíbe darle a esa ley un cierto contenido o le impone darle uno determinado, esta circunstancia determina un vicio intrínseco que toca la sustancia de la ley ordinaria" (**Calamandrei**).

De lo dicho se deduce que el legislador está inhibido para dictar leyes que restrinjan no sólo el contenido esencial de los derechos de propiedad intelectual de los inventores o autores, sino que también tienen la obligación de dictar normativa que asegure, por tiempo limitado, los derechos de propiedad de aquellos. De lo contrario incurriría en inconstitucionalidad por omisión.

V. LA LIBERTAD DE CONTRATACIÓN

1. *Fundamento constitucional*

Nuestra Constitución no garantiza directamente la libertad de contratación. Sin embargo, se trata de un derecho fundamental que se deriva de la interpretación armónica de los artículos 28, 45 y 46 de la Carta Política.

En efecto, el principio de libertad de contratación deriva, entonces, del ejercicio del derecho de propiedad y de la libertad de empresa, pues el contrato constituye el vehículo de la circulación de la riqueza privada, es decir, la libertad de contratación debe ser considerado el instrumento normal mediante el cual se manifiesta jurídicamente la iniciativa económica privada. Por otro lado, su fundamento lógico lo constituye el principio de libertad jurídica, según el cual el particular puede realizar todas aquellas conductas no prohibidas expresa o implícitamente por el ordenamiento jurídico.

2. *Contenido*

La jurisprudencia de la Sala Constitucional ha precisado que el contenido esencial de la libertad de contratación se resume en las siguientes facultades: "a) La libertad para elegir al contratante; b) la libertad de escogencia del objeto mismo del contrato y, por ende, de la prestación principal que lo concreta; c) la libertad en la determinación del precio, contenido o valor económico del contrato que se estipula como contraprestación; d) el equilibrio de las posiciones de ambas partes y entre sus mutuas prestaciones; equilibrio que reclama, a su vez, el respeto a los principios fundamentales de igualdad, razonabilidad y proporcionalidad, según los cuales la posición de las partes y el contenido y alcances de sus obligaciones recíprocas han de ser razonablemente equivalentes entre sí y, además, proporcionadas a la naturaleza, objeto y fines del contrato. Esto último resulta de necesaria aplicación y, por ende, de rango constitucional, incluso en las relaciones de desigualdad que se dan, por ejemplo, en los contratos y otras relaciones de derecho público, aunque en ellos permanezcan como de principio las llamadas cláusulas exorbitantes, en virtud de las cuales el ente público puede imponer unilateralmente determinadas condiciones, y hasta variaciones, pero aún esto respetando siempre el equilibrio de la relación, la llamada "ecuación financiera del contrato" y el principio de la "imprevisión". Con mayor razón, pues, en las relaciones contractuales privadas esos principios de igualdad, razonabilidad y proporcionalidad deben mantenerse a toda costa" (**Voto 3495- 92**).

En cuanto al primer contenido, es claro que a nadie se le puede imponer, contra su voluntad, la celebración de un contrato con otra persona. Debe aclararse que los denominados contratos de adhesión –como los que se celebran para la prestación de servicios públicos o bancarios– quien utiliza tales servicios normalmente no tiene opción de escoger al otro contratante, pues casi siempre sólo existe un prestador del servicio. Sin embargo, conserva la libertad de no contratar.

En segundo lugar, es innegable que las partes tienen el derecho de determinar, por sí mismas, sin interferencias de terceros ni de la ley, el contenido del clausulado, a condición de que éste no sea contrario al orden público, a la moral ni a los derechos de los terceros, conforme lo establece el artículo 28 de la Constitución. Fuera de tales límites constitucionales, es jurídicamente imposible que terceras personas, ya sean públicas o privadas, puedan interferir en la determinación del contenido del contrato.

El tercer contenido implica, además del derecho de fijar el precio, contenido o valor económico del contrato que se estipula como contraprestación, la libertad para determinar el tipo de moneda que regirá el contrato. Es, por lo tanto, un aspecto intangible para el legislador, pues cada contratante es libre de fijar la clase de moneda en la que habrá de realizarse la prestación.

El otro aspecto sustancial es el equilibrio financiero del contrato, el cual debe mantenerse durante toda la ejecución del contrato, pues su alteración implica, en el fondo, una falta sobreviniente de causa.

En efecto, en los contratos sinalagmáticos debe partirse del supuesto lógico de que las partes al celebrarlo quieren concluir un auténtico contrato de cambio, en el que cada una está dispuesta a procurarle a la otra una prestación en la que ésta ve el congruo equivalente a la suya. Por consiguiente, atenta contra la buena fe que una parte insista en exigir la prestación, cuando las relaciones se hayan transformado en tal forma por hechos sobrevinientes que una de las partes recibirá por su prestación una contraprestación en la que no podría verse, ni aproximadamente, el equivalente en el que, según la finalidad del contrato, debe consistir (**Larenz**). Lo anterior en razón de que en un contrato bilateral el equilibrio objetivo entre prestación y contraprestación es la base del contrato admitida por ambas partes.

El problema en examen tiene como eje fundamental el elemento funcional del negocio, sea la función económico-social del negocio, según la terminología utilizada por **Emilio Betti.** Ello en cuanto se perturba el equilibrio de la conmutación (principio sinalagmático): el equilibrio de los contratantes.

Dentro de este orden de ideas se ha afirmado que "la alteración de tal equilibrio y, pues la excesiva onerosidad, se encuadran en la categoría de vicios de la causa conmutativa" (**Mazeaud**). En otros términos, todo contrato, como contenido esencial, presupone un equilibrio entre las prestaciones de las partes. En los de compraventa, por ejemplo, debe existir siempre un equilibrio entre las prestaciones económicas de los contratantes, de manera que al momento en que dicho equilibrio se vea alterado por alguna causa ajena a las partes, el ordenamiento debe brindarle a aquellas los mecanismos necesarios para su restablecimiento. De lo contrario, el contrato pierde validez porque se produce una falta de causa sobreviniente.

Dentro de este orden de ideas, nos dice un autor italiano: "La causa tiene una función teleológica (es el por qué del contrato) en el sentido de que el ordenamiento jurídico secundando la legítima expectativa de cada una de las partes, hace depender la validez del contrato de la circunstancia de que mediante el mismo la parte consiga efectivamente el fin que el contrato es idóneo para hacer conseguir" (**Messineo**).

De todo lo dicho cabe concluir que el equilibrio financiero del contrato debe mantenerse durante toda su fase de ejecución, pues la obligatoriedad del pacto tiene que subordinarse al principio de equidad, si admitimos que la ruptura en la equivalencia de las prestaciones es causa suficiente para que el contratante perjudicado no esté obligado a cumplir (**Rojina Villegas**).

En otros términos, el ordenamiento admite, como contenido esencial de la libertad de contratación, que el contratante obtenga un beneficio del contrato; pero no admite, en cambio, que obtenga un beneficio excesivo respecto del que inicialmente podía prometerse; y que, correlativamente, el otro contratante sufra un perjuicio más grave que el que podía esperarse inicialmente del contrato, porque se alteraría la relación originaria entre las prestaciones de las partes.

Creemos que el contenido esencial de la libertad de contratación, además de las facultades señaladas por la jurisprudencia precitada de la Sala, se debe integrar, además, con la obligación de las partes de respetar las condiciones pactadas, salvo hipótesis de caso fortuito o fuerza mayor (**Baldassare**).

CAPÍTULO XV
LOS DERECHOS PRESTACIONALES

I. INTRODUCCIÓN

Luego de la entrada en vigencia de las Constituciones Políticas de la postguerra, el tradicional Estado de Derecho, basado sobre los principios de libertad e igualdad, evolucionó hacia el moderno Estado Social y Democrático de Derecho, en el que se han potenciado los derechos de contenido económico y social, cuyos antecedentes se remontan hasta la Constitución mexicana de 1917 y la de Weimar de 1919.

El reconocimiento de los derechos sociales y económicos en los textos constitucionales de la postguerra plantea una serie de problemas jurídicos de difícil solución, sobre todo en el ámbito de los derechos fundamentales. Uno de ellos será analizado en relación con nuestro ordenamiento constitucional: los denominados derechos prestacionales.

II. COSTA RICA COMO ESTADO SOCIAL DE DERECHO

En la Carta Política vigente, que data del 7 de noviembre 1949, se reforzaron y ampliaron las garantías sociales introducidas por la reforma constitucional de 1942. Asimismo se intentó modelar un Estado dirigista o benefactor tanto estructural como dogmáticamente.

La Constitución de 1949, como toda Carta Política, fue el resultado del compromiso de las fuerzas políticas dominantes en ese momento histórico (**Martínez**).

Luego de los hechos armados del 48, la Junta Fundadora de la Segunda República nombró una Comisión para que redactara un proyecto de Constitución, que sería tomado como base de discusión por la Asamblea Constituyente.

Sin embargo, en la Asamblea Constituyente el Partido Unión Nacional, de extracción conservadora y que se oponía radicalmente a las ideas socialdemócratas de la Junta de Gobierno, obtuvo la mayoría de los escaños.

Por ello, al instalarse la Constituyente se desechó el citado proyecto y se tomó como base de discusión la derogada Constitución de 1871.

Los pocos diputados socialdemócratas que integraban la Asamblea Constituyente, sin embargo, presentaron mociones de reforma para cada artículo en discusión, con lo cual lograron introducir importantes cambios en el texto de 1871. Estos se dieron, de manera fundamental, en lo relativo al atemperamiento de la forma de gobierno, que pasó de un Presidencialismo clásico a un sistema presidencialista racionalizado por la introducción de instituciones propias del régimen Parlamentario.

El resultado final es que nuestra Constitución vigente no es ni socialista ni totalmente conservadora, pues otorga poderes de intervención al Estado en los campos económico y social al mismo tiempo que respeta los derechos económicos de los particulares (propiedad privada, libertad empresarial, libertad de trabajo, etc.). Por ello, repetimos, la Constitución de 1949 es el resultado del compromiso de las fuerzas políticas dominantes al momento de su promulgación.

Desde el ángulo que nos interesa, la citada Constitución introdujo las siguientes novedades:

a.- Fijación de las bases constitucionales para la creación y organización de las instituciones descentralizadas, las cuales, a partir de entonces, han compartido el ejercicio de la función administrativa con el Poder Ejecutivo.

b.- Definición de las bases, libertades y garantías necesarias para un sistema económico y social más justo, con potestades de organización y dirección del Estado, dentro del respeto de la propiedad privada y a la libre empresa, concebidas como fundamentales pero claramente relativas.

c.- Creación de mecanismos jurídicos de defensa de la Constitución y de los derechos fundamentales de los administrados (habeas corpus, amparo, recurso de inconstitucionalidad, juicio contencioso-administrativo).

d.- Introducción de varias normas programáticas en materia económica y social, que procuran la mayor distribución de la riqueza; obligación del Estado de procurar trabajo honrado y bien remunerado; fomento a la creación de cooperativas para facilitar mejores condiciones de vida a los trabajadores; promoción de la construcción de viviendas populares y creación del patrimonio familiar del trabajador; velar por la preparación técnica y cultural del trabajador; creación del seguro de desempleo, etc.

En resumen, la Constitución Política de 1949 crea un Estado benefactor, tanto estructural como dogmáticamente, ya que al autorizar la creación de instituciones descentralizadas en forma expresa y tácitamente de empresas públicas, permitió su crecimiento burocrático acelerado, al mismo tiempo que autorizó su intervención activa en los campos económico y social, pues justamente esas instituciones descentralizadas asumieron funciones que anteriormente estaban en manos de los particulares.

Verbigracia, la prestación de los servicios de electricidad y telecomunicaciones (ICE); construcción de viviendas populares (INVU); refinación y distribución de combustibles (RECOPE); control y operación de los ferrocarriles (INCOFER); monopolio de los seguros (INS); monopolio de los depósitos a la vista bancarios (los cuatro bancos estatales).

En otros términos, el aparato estatal se ensanchó para que el Estado pudiera intervenir activamente en los campos económico y social, lo cual estaba concentrado exclusivamente en manos de los particulares antes de 1949.

Desde el punto de vista dogmático nuestra Constitución vigente consagra una serie de garantías sociales y económicas en favor de los ciudadanos, tales como los derechos laborales, las garantías sindicales, los derechos familiares, además de los derechos prestacionales arriba citados.

Con justa razón puede afirmarse, entonces, que la Constitución de 1949 marca el tránsito del Estado Liberal de Derecho hacia el Estado Social y democrático de Derecho que actualmente vivimos.

III. LOS DERECHOS PRESTACIONALES

En este acápite analizaremos si los derechos prestacionales son auténticamente derechos fundamentales, tal y como se les concibe a éstos hoy día.

1. *Diversas concepciones doctrinales*

Para dar una muestra de la gran variedad de concepciones que existen sobre los derechos prestacionales, nos limitaremos a las esbozadas por la doctrina francesa, italiana y española.

a. *La doctrina francesa*

Un sector importante de la doctrina francesa llegó a cuestionarse la virtualidad jurídica de tales derechos, pues los consideraba como "vocaciones a la libertad por cuanto no definen una libertad presente, anuncian una liberación. Y esa liberación se obtendrá menos por el esfuerzo individual, que por la acción de los gobernantes" (**Burdeau**).

Luego, este mismo autor, los configuró como la autorización que conceden a los individuos frente a la sociedad para exigir a los poderes públicos prestaciones para desarrollar su personalidad.

Para **Rivero** consisten en un crédito contra la sociedad dirigido a satisfacer prestaciones positivas a través de servicios públicos.

Madiot los configura, por su parte, como obligaciones que pesan sobre el Estado ausentes en la Declaración de 1789, con fines asistenciales o de beneficencia.

b. *La doctrina italiana*

En general ha encuadrado los derechos prestacionales dentro de la categoría de los derechos cívicos. Por estos últimos se han entendido pretensiones de los individuos frente al Estado para obtener prestaciones a su favor, consistentes en obligaciones positivas de hacer (**Mortati**).

El mismo autor los justifica diciendo que la persona, en cuanto forma parte de una comunidad socio-económica, es titular de una serie de derechos, algunos de contenido económico y otros de carácter prestacional. Estos últimos nacen de una situación de desequilibrio social, por lo que su finalidad es justamente la de buscar un equilibrio basado en el principio de igualdad material, o en el "carácter solidario de la libertad individual".

Lavagna, por su parte, los preceptúa como derechos públicos de prestación de titularidad individual, subespecie de los derechos sociales siempre que consistan en intervenciones públicas directas tendentes a eliminar las desigualdades económicas y sociales mediante el otorgamiento de satisfacciones esenciales.

Para no hacer muy larga la lista, **Biscaretti di Ruffia** los considera derechos públicos de prestación para comprender las específicas pretensiones de los ciudadanos a obtener prestaciones, de hacer o de dar, en materia económico- social a cargo de quien ejercita una función pública.

c. *Los derechos prestacionales como caracterizantes de la forma de Estado*

La doctrina italiana más reciente sostiene que los derechos prestacionales son expresión de la forma de Estado. Dentro de este orden de ideas se afirma que "Los derechos fundamentales son indudablemente situaciones subjetivas que la persona puede hacer valer tanto frente a los poderes públicos, como frente a los particulares. No obstante, tal consideración no puede oscurecer el hecho de que los derechos sean garantizados y reconocidos en las Constituciones también en cuanto elementos caracterizantes de una particular forma de Estado" (**Rolla**).

En efecto, los principios organizativos típicos del Estado Liberal tenían como objetivo proteger al ciudadano de posibles abusos y del uso ilegítimo del poder por parte de las autoridades públicas. Por tal razón es que la separación de poderes, el principio de legalidad y la reserva de ley asumieron la doble condición de principios que caracterizaban la forma de Estado y de garantías institucionales de los derechos fundamentales de la persona.

La conexión entre principios generales de la organización constitucional de un Estado y garantías de los derechos fundamentales de la persona también se refleja en el Estado Social y Democrático de Derecho que actualmente vivimos. En otros términos, la experiencia del Estado Social y Democrático de Derecho influye tanto sobre la estructura de las garantías, así como sobre el catálogo de las situaciones subjetivas consideradas como derecho s fundamentales.

En efecto, el detallado reconocimiento de los derechos prestacionales que se encuentran presentes en todas las Constituciones modernas asume un carácter bivalente: por un lado, satisface la exigencia de enriquecer el principio personalístico y, por el otro, se conecta casi naturalmente a la calificación de la forma de Estado (**Mazziotti**).

Con justa razón un jurista español ha dicho que "sólo hay derechos en la democracia y no hay democracia sin derechos. Son así un verdadero rasgo funcional de la democracia" (**Solozábal**).

De esa forma los derechos prestacionales presentan una doble faceta, dado que representan, al mismo tiempo, la especificación de posiciones subjetivas de las personas y la articulación de las políticas típicas del Estado Social y Democrático de Derecho dirigidas a la afirmación del principio de igualdad sustancial y de participación en la vida social. Por tanto, los cultores de esta posición concluyen que los derechos prestacionales participan, al mismo tiempo, de las condiciones de verdaderos derechos y de disposiciones constitucionales de principio.

No obstante, esta corriente de pensamiento admite que "Las características propias de los derechos sociales ponen problemas no menos arduos a la doctrina: tanto de calificación jurídica, cuanto de garantía y de tutela" (**Rolla**).

Nos parece, sin embargo, que el problema de la naturaleza jurídica de los derechos prestacionales, queda todavía sin resolver, puesto que como es sabido, los derechos que carezcan de tutela jurisdiccional no pueden ser calificados de fundamentales.

d. *La doctrina española*

Satrústegui, López Guerra, Espín, García Morillo y Pérez Tremps los preceptúan como un conjunto de derechos sociales que están directamente vinculados con la definición de la forma de Estado, como Estado social (art. 1. CE). En sus propias palabras "Se trata de derechos que no consisten en la exigencia de un abstencionismo estatal, o en la garantía de un ámbito de autonomía o de dominio individuales, sino que generalmente pueden interpretarse como derechos de prestación, que se traducen en el requerimiento de un dar o un hacer estatal".

En un obra reciente un autor mexicano, pero formado en España y aplicando su definición al ordenamiento constitucional español, los define como "aquellos derechos constitucionales que tengan reconocido contenido esencial y cuya obligación primaria consista en el otorgamiento de prestaciones públicas tendentes a la elevación de las condiciones de vida de la población" (**Cossio Díaz**).

El mismo autor, luego de un prolijo análisis de todos los derechos constitucionales consagrados en el ordenamiento español, llega a la conclusión de que sólo existen dos derechos fundamentales prestacionales: el derecho al trabajo y el derecho a la educación.

Finalmente, **Francisco Fernández Segado** los configura como derechos sociales enunciados como principios.

2. *Los derechos prestacionales como obligaciones del Estado para satisfacer pretensiones materiales de los ciudadanos*

Pese a sus ilustres propulsores ninguna de las concepciones señaladas capta, en nuestro criterio, la naturaleza jurídica de los derechos prestacionales porque todas ellas les confieren, directa o indirectamente, la categoría de derechos subjetivos públicos. Por consiguiente, en tales concepciones los mal derechos prestacionales serían auténticos derechos fundamentales, con todas las implicaciones jurídicas que ese reconocimiento conlleva.

El problema nuclear estriba en establecer si se trata propiamente de derechos subjetivos públicos, en el sentido de que son oponibles **erga omnes** y exigibles frente al Estado y, además, tutelados judicialmente en caso de violación o amenaza de violación por medio del recurso de amparo, o si, por el contrario, se trata de meras pretensiones materiales frente al Estado, las cuales sólo pueden ser satisfechas en la medida del desarrollo económico de cada sociedad estatal particular.

En esta última concepción, no serían auténticos derechos y, por tanto, no serían oponibles al Estado, en el sentido de exigir una conducta concreta de éste para satisfacer los intereses por ellos amparados, ni tampoco serían tutelables en la vía jurisdiccional por medio del recurso de amparo, en caso de violación o amenaza de vulneración.

En nuestro criterio las normas constitucionales que consagran tales prestaciones no confieren auténticos derechos subjetivos públicos en favor de los ciudadanos, sino que se trata, más bien, de verdaderas normas de legislación o programáticas (**Crisafulli**), cuyos destinatarios son los órganos estatales, especialmente los Parlamentos.

Es decir, se trata de obligaciones públicas creadas por la Constitución para satisfacer eventualmente pretensiones materiales de los ciudadanos.

Las citadas normas constitucionales establecen directrices, de naturaleza política, con el fin de que la acción de los gobernantes se canalice en el sentido de satisfacer, en la medida de las posibilidades económicas del Estado, determinadas pretensiones materiales a los ciudadanos, pues se considera que la efectiva satisfacción de esos intereses sustanciales propugna una sociedad más igualitaria y justa, que son dos de las finalidades esenciales que persigue el moderno Estado Social y Democrático de Derecho.

El incumplimiento de tales directrices, ya sea por parte del legislador o de la Administración, no puede conceder a los ciudadanos derechos subjetivos para exigir por vía del recurso del amparo que las prestaciones se cumplan efectivamente, primero porque nadie está obligado a lo imposible —ni siquiera el Estado— y, en segundo término, porque la esencia del derecho subjetivo estriba precisamente en poder exigir una conducta o una prestación a la otra parte y si ésta rehúsa hacerlo, imponerla coactivamente por medio de los tribunales de justicia, pues como dicen los ingleses, sólo pueden considerarse derechos aquellas pretensiones que son tutelables judicialmente.

En este caso, la supuesta parte incumpliente –el Estado– no está obligada a la realización de ninguna prestación concreta, pues las normas de legislación respetan la discrecionalidad política del legislador, dado que éste constituye la esencia del Parlamento en un sistema democrático de gobierno.

A lo sumo, las directrices de legislación implican una prohibición para el Parlamento y la Administración Pública de actuar en forma contraria al contenido de la directriz, pero nunca un mandato al legislador (**Rubio Llorente**), que sea vinculante y que, en consecuencia, tenga efectos jurídicos concretos en caso de que no sea actuado.

De esa forma se puede concluir que los denominados "derechos prestacionales" no confieren a los ciudadanos derechos subjetivos públicos, por lo que tampoco son tutelables judicialmente por los mecanismos del recurso de amparo. Es decir, su violación o amenaza de conculcación sólo son tutelables judicialmente cuando haya sido creada la institución o, en su caso, el mecanismo administrativo o jurídico idóneos para hacer efectiva la respectiva prestación o garantizar su ejercicio.

Verbigracia, un desocupado involuntario no podría recurrir a la jurisdicción constitucional en nuestro país, por vía del recurso de amparo, alegando que el Estado debe pagarle un seguro de desempleo, porque dicho derecho se encuentra consagrado en la Carta Política, aunque no se haya creado la institución encargada de administrarlo. En nuestro criterio, en esta hipótesis, el respectivo recurso de amparo debería rechazarse *ad limine*, pues el derecho subjetivo del ciudadano nacería en el momento en que el Estado creare la institución pública encargada de la administración del seguro de desempleo.

A pesar de lo dicho, es evidente que las disposiciones constitucionales que los consagran tienen eficacia normativa, pues de lo contrario habría que concluir que las Cartas Políticas contienen preceptos jurídicamente ineficaces, lo cual es contradicho unánimemente hoy día por la doctrina especializada. Es decir, las normas constitucionales no son simples saludos a la bandera, sino normas jurídicas con eficacia *erga omnes*.

En consecuencia, subsiste el problema de conciliar el principio de la eficacia de las normas constitucionales con la inexigibilidad jurisdiccional de los derechos prestacionales y la discrecionalidad del Parlamento.

Estos tres elementos deben armonizarse a fin de que, sin lesionar ninguno de ellos, se pueda tutelar jurisdiccionalmente, bajo determinadas circunstancias, a los beneficiaros de las obligaciones públicas prestacionales.

IV. CONFIGURACIÓN Y EFICACIA JURÍDICA DE LOS DERECHOS PRESTACIONALES

1. *La configuración jurídica de los derechos prestacionales*

En el acápite anterior hemos concluido que los denominados derechos prestacionales no son derechos subjetivos en sentido estricto, por lo que no pueden configurarse como auténticos derechos fundamentales, tutelables por la vía del recurso de amparo. Ahora nos corresponde delimitar sus caracteres jurídicos propios y su eficacia normativa.

Para comenzar nuestro análisis conveniente definir las prestaciones como aquellas actividades de hacer o de dar impuestas a los poderes públicos por el ordenamiento constitucional.

El punto central consiste en reconocer que en los derechos prestacionales no se está frente al titular de un derecho subjetivo público, sino más bien ante una obligación pública prestacional. En otros términos, si bien la Constitución impone una obligación a los poderes públicos, concomitantemente no otorga por ello un derecho a favor de los particulares.

Es posible afirmar que los poderes públicos tienen una obligación prestacional en tanto deben garantizar u otorgar a todos la prestación respectiva (servicios de salud, educación, vivienda, etc.).

Si centramos el concepto de derechos prestacionales en la obligación de los poderes públicos es posible distinguir tres momentos en los derechos prestacionales: la postulación de una obligación a

cargo de los poderes públicos establecida en la Constitución; segundo, la regulación para concretizar esa obligación por parte del
legislador y, tercero, el surgimiento de un derecho en favor de los
particulares, quienes en lo sucesivo podrán exigir su cumplimiento
jurisdiccionalmente. Por tanto, los derechos prestacionales antes
que enunciar derechos lo que hacen es consagrar obligaciones a
cargo de los poderes públicos.

La obligación pública, por otra parte, no da lugar al nacimiento
de una relación jurídica entre el particular y los poderes públicos,
dado que en la Constitución no se precisan ni las prestaciones concretas a obtener ni los medios idóneos para exigirlas. En segundo
término, la obligación que se impone a los poderes públicos busca
realizar el contenido de los derechos prestacionales, sin que se introduzcan distinciones en cuanto a los sujetos obligados. En tercer
lugar, esta obligación con un sujeto genérico sólo puede ser desarrollada por la Asamblea Legislativa, dado que en virtud del principio
de división de poderes recogido en nuestra Constitución, los demás
poderes públicos requieren actuar, para estos efectos, autorizados
por una ley.

Dado que la obligación de los poderes públicos no proviene en
el caso de los derechos prestacionales de un derecho correlativo de
los particulares, no se puede obligar a la Asamblea Legislativa a
dictar la normativa necesaria para hacer exigible aquella obligación.
En efecto, la Constitución, en virtud del principio del pluralismo
político, puede fijarle a los poderes públicos –especialmente a la
Asamblea Legislativa– la realización de determinadas conductas a
favor de los gobernados, pero, al mismo tiempo, puede dejarle discrecionalidad respecto al modo y al tiempo en que puede realizarlas.

De lo dicho podemos concluir, que los mal denominados derechos prestacionales, pues no son auténticos derechos subjetivos
públicos, presentan las siguientes características:

a.- son normas jurídicas, que como tales tienen eficacia jurídica
respecto de todos los poderes públicos sin necesidad de una ley previa;

b.- postulan fines a perseguir a través de conductas, de hacer o de dar, impuestas a los poderes públicos, especialmente a la Asamblea Legislativa;

c.- no conceden derechos subjetivos correlativos a los ciudadanos para exigir el cumplimiento de la obligación pública;

d.- la obligación pública concreta contenida en cada uno de los derechos prestacionales, requiere de una ley que la desarrolle para hacerla efectiva;

e.- la finalidad perseguida por las obligaciones es la elevación de las condiciones de vida de los individuos y de los grupos.

La jurisprudencia de la Sala Constitucional los considera como derechos que "En el marco del Estado Social y Democrático de Derecho, los Derechos Humanos de Segunda Generación –también denominados Derechos Económicos, Sociales y Culturales– tienen como objetivo fundamental garantizar el bienestar económico y el desarrollo del ser humano y de los pueblos. En sentido subjetivo, los derechos fundamentales prestacionales, demandan la actividad general estatal –en la medida de las posibilidades reales del país– para la satisfacción de las necesidades individuales o colectivas. Objetivamente, se configuran como mínimos vitales para los individuos por parte del Estado. En este particular, la satisfacción de esas necesidades supone crear las condiciones necesarias y el compromiso de lograr progresivamente su goce, lo que se encuentra condicionado a que se produzcan cambios profundos en la estructura socioeconómica de un país. Respecto al disfrute de esas condiciones, el artículo 26 de la Convención Americana sobre Derechos Humanos, impone a los poderes públicos una obligación de cumplimiento progresivo, que incluye respeto, protección, garantía y promoción. (...)" (**Voto 1378-07**).

2.   *La eficacia jurídica de los derechos prestacionales*

Aunque tales obligaciones no permiten reconocer el otorgamiento directo e inmediato de prestaciones, no por ello carecen de eficacia jurídica. Dependiendo de cada poder público su eficacia es diferente, como lo analizamos de inmediato.

a.- En relación con el Poder Legislativo sirven como informadores de la legislación. El poder conformador del legislador es muy amplio en tratándose de los derechos prestacionales, pues éstos, a diferencia de los fundamentales, carecen de un contenido esencial que limita la acción reguladora del legislador.

Desde luego los derechos prestacionales, en cuanto normas constitucionales, integran el parámetro de validez constitucional.

Por otro lado tienen también una eficacia habilitadora para el legislador, el cual puede encontrar en ellos la cobertura necesaria para superar restricciones a la intervención estatal, que pudiera derivarse de los derechos económicos de los particulares.

b.- Los derechos prestacionales también vinculan al Gobierno y a la Administración Pública en general. La función de dirección política que corresponde al Ejecutivo debe respetar los lineamientos contenidos en las normas constitucionales que consagran tales derechos. Por consiguiente, tales normas constituyen un parámetro de validez para los reglamentos, además del que se deriva de las leyes que reglamentan o ejecutan. Inclusive en materias sociales y económicas, los reglamentos independientes, en numerosas ocasiones, sólo tienen como parámetro de validez a los derechos prestacionales por la ausencia de normativa legal específica.

c.- Finalmente en cuanto al Poder Jurisdiccional, su eficacia se produce sobre todo en el ámbito de la justicia constitucional. En efecto, en la praxis de la Sala Constitucional los derechos prestacionales sirven no sólo como parámetro de validez constitucional en algunos casos, sino también como parámetro para una interpretación, conforme a la Constitución, de la legislación. Esto permite, en algunas hipótesis, potenciar las potestades de creación judicial, dada la oscuridad o la ausencia total o parcial de regulación en las materias tuteladas por los derechos prestacionales.

V. LA CATEGORIZACIÓN DE LOS DERECHOS PRESTACIONALES EN EL ORDENAMIENTO JURÍDICO CONSTITUCIONAL

Conforme a nuestro ordenamiento constitucional, los mal llamados derechos prestacionales se pueden agrupar en cinco categorías: 1.- protección a la familia: 2.- protección a los trabajadores; 3.- protección a sectores sociales específicos; 4.- protección a determinados bienes materiales y 5.- protección a la educación.

1. *Protección a la familia*

a. - El artículo 51 dispone que la familia, como elemento natural y fundamento de la sociedad, tiene derecho a la protección especial del Estado.

El concepto de familia tutelado por esta norma es amplio y no restrictivo, ya que el mismo incluye tanto a la familia unida por un vínculo formal –el matrimonio– como aquella otra en la cual la unión se establece por lazos afectivos no formales, es decir, uniones de hecho, pero estables.

Dentro de este orden de ideas, la Sala Constitucional ha dicho que "encontramos en la norma constitucional dos elementos de suma importancia en la comprensión de la intención de legislador al promulgarla, cuales son el "elemento natural" y "fundamento de la sociedad", como componentes básicos de la formación de la familia. En la primera frase, entendemos que nuestro legislador quiso que en dicho concepto –familia– se observara que su sustento constituye un elemento "natural", autónomo de los vínculos formales. Por otro lado, y siguiendo esta misma línea de pensamiento, también debemos entender que al decirse que la familia es el "fundamento de la sociedad" no debemos presuponer la existencia de vínculos jurídicos" (**Voto 1975-94**).

Por familia, en consecuencia, debe entenderse el conjunto de personas que vinculadas por una unión estable de un hombre y una mujer, que viven bajo el mismo techo e integran una unidad social primaria.

La norma en examen establece la obligación del Estado, es decir, de todos los poderes públicos, de proteger al núcleo familiar, lo cual se articula, en la praxis en diversas formas: promulgación de legislación específica que la tutele como institución (Código de Familia), tratamiento tributario más benevolente para el núcleo familiar, políticas de vivienda especiales para la familia, creación de instituciones dedicadas a su protección, etc.

La jurisprudencia de la Sala ha dicho, dentro de este orden de ideas, que "En aras del mantenimiento de la unidad familiar y de la integridad de los miembros de la familia, es que el legislador consideró oportuno dotar a las personas víctimas de violencia doméstico de un procedimiento ágil y oportuno, que les garantice en forma inmediata el cumplimiento de los postulados constitucionales mencionados" (**Voto 3046-96**).

b. El matrimonio como base esencial de la familia y la igualdad de los derechos de los cónyuges

Existe un derecho fundamental de las personas para contraer matrimonio, que se deriva no sólo del artículo 52 de la Constitución, sino además del numeral 16 de la Declaración Universal de los Derechos Humanos y 17.2 de la Convención Americana sobre Derechos Humanos (Pacto de San José).

Lo anterior no impide que las personas, en el ejercicio de su libertad individual, puedan optar por fundar una familia sin cumplir con las formalidades propias del matrimonio. Lo implica, por una parte, que el Estado no puede de manera alguna impedir ni obstaculizar, de manera irrazonable, el matrimonio de las personas y, por otra parte, no es posible que se imponga como única forma de constitución de una familia, la opción matrimonial. Como ha dicho la jurisprudencia de la Sala Constitucional "La promulgación de una ley que establezca normas relativas a la unión de hecho, constituye más bien una respuesta obligada del Estado, ante la realidad social concreta para la que en el pasado no se ofrecía mayor solución, salvo unas aisladas normas, alrededor de las cuales, fundamentalmente la jurisprudencia de esta Sala, ha ido construyendo una doctrina" (**Voto 3693- 94**).

No obstante, la regulación de la familia de hecho no puede tener la misma protección como la que el ordenamiento le otorga a la fundada en el matrimonio. Ello implicaría perder la razonabilidad de protección a la unión de hecho, al otorgárseles a los convivientes una mayor garantía que a los cónyuges, que no pueden constituir la familia si existe un vínculo matrimonial previo. Dentro de esta óptica ha dicho la Sala Constitucional "Lo aceptable, entonces, es que en ejercicio de su libertad, las personas escojan por contraer matrimonio, o simplemente decidan unirse para fundar una familia sin los rigores formales de aquél. Pero, puesto el legislador en la tesitura de regular una y otra, no puede exonerar a los convivientes de ciertos requisitos considerados normales para los cónyuges, como el de las libertad de estado, porque se coloca en situación de poner en ventaja a aquellos por sobre éstos, cuando la idea es asimilarlos" (**Voto 3693- 94**).

c.- El artículo 65 contiene una disposición en favor de la familia al establecer la obligación del Estado de promover el patrimonio familiar del trabajador.

Dado que la ejecución de esta obligación constitucional resultaría muy onerosa para el Estado, en la praxis sólo se ha logrado legislar para proteger los bienes matrimoniales destinados a la habitación familiar y a la satisfacción de sus necesidades. Por ejemplo, tales bienes no pueden ser objeto de embargo y sólo pueden ser hipotecados con el consentimiento expreso de ambos cónyuges.

2. *Protección a los trabajadores*

a.- El artículo 56 de la Constitución establece que "El Estado debe procurar que todos tengan ocupación honesta (*sic*) y útil, debidamente remunerada, e impedir que por causa de ella se establezcan condiciones que en alguna forma menoscaben la libertad o la dignidad del hombre o degraden el trabajo a la condición de simple mercancía. El Estado garantiza el derecho de libre elección al trabajo".

La jurisprudencia de la Corte Costituzionale italiana ha establecido, dentro de este orden de ideas, que "el Estado tiene el deber de determinar y mantener situaciones económicas sociales y jurídicas tales de cubrir concretamente a la generalidad de los ciudadanos la posibilidad de procurarse un puesto de trabajo" (**Voto 61- 65**).

La norma en examen garantiza la libre escogencia de la actividad laboral, al mismo tiempo que prohíbe que el Estado y sus instituciones puedan interferir, directa o indirectamente, en esa escogencia, lo mismo que el modo de ejercitarla, salvo que tal ejercicio contravenga la moral, el orden público o las buenas costumbres.

El deber del Estado de procurar que todos tengan "ocupación útil y honesta" debe entenderse como "útil para la sociedad y honrada", es decir, que sea el ejercicio de una actividad lícita.

Esta norma impone al Estado, de manera indirecta, la obligación de buscar una política de pleno empleo y la prohibición, fundamentalmente dirigida al órgano legislativo, de establecer disposiciones normativas que, en alguna forma, impidan o hagan imposible el libre ejercicio del derecho al trabajo. Esta obligación se apoya en principios de solidaridad, igualdad real y participación de todos en la vida económica del país, que son principios y valores reconocidos por el propio ordenamiento constitucional.

Respecto a la elección laboral debe recordarse que está fáctica y necesariamente condicionada, por una parte, a factores personales y sociales, como son la existencia de un mercado ocupacional suficiente y amplio, la idoneidad para la tarea pretendida y la efectiva participación del Estado. De donde se deduce que "la libre elección de una actividad requiere, por parte del individuo, una capacitación que le proporcione la idoneidad necesaria que esa actividad demanda y por parte del Estado, el condicionamiento suficiente y eficaz de un orden justo en lo social, cultural y económico, como para hacer accesibles las fuentes de actividad a todo aquél que, con su iniciativa propia, pretende realizar la elección comentada" (**Voto 3834-92**).

b.- El artículo 72 de la Constitución establece la obligación para los poderes públicos de mantener, mientras no exista un seguro de desocupación, un sistema técnico y permanente de protección a los desocupados involuntarios, a la vez que deberá procurar la reintegración de los mismos al trabajo.

c.- El numeral 63 ibídem, por su parte, crea el derecho de cesantía en favor de los trabajadores despedidos sin justa causa cuando no se encuentren cubiertos por un seguro de desocupación.

Es decir, el Estado tiene la obligación de crear un seguro de desocupación para cubrir a todos los trabajadores. Mientras ello no ocurra, tiene la obligación de establecer un sistema técnico y permanente de protección a los desocupados involuntarios.

Sin embargo, ninguna de las dos instituciones han sido creadas, por lo que los trabajadores desocupados carecen de protección adecuada. Se trata de dos disposiciones constitucionales todavía inactuadas por el legislador.

La jurisprudencia de la Sala ha señalado que "El fundamento constitucional de la cesantía se encuentra en el artículo 63 que estipula que los trabajadores despedidos sin causa justa tendrán derecho a una indemnización, cuando no se encuentren cubiertos por un seguro de desempleo. El auxilio de cesantía es, desde la perspectiva constitucional, una indemnización por desempleo y no una parte del salario" (**Voto 2754- 95**).

d.- Finalmente, el artículo 67 de la Carta Política establece la obligación para el Estado de velar por la preparación técnica y cultural de los trabajadores.

En la praxis se han creado al menos dos instituciones que tienden a cumplir con tal obligación: el Instituto Nacional de Aprendizaje (INA) y el Instituto de Estudios del Trabajo (IESTRA), este último dependiente de la Universidad Nacional.

3.   *Protección a sectores sociales específicos*

a.- Los artículos 55 y 51 de la Constitución otorgan protección especial a las mujeres, a los niños, a los ancianos y a los enfermos desvalidos.

La primera norma citada indica que una institución especializada, denominada Patronato Nacional de la Infancia, es la encargada de la protección de la madre y el menor, con la colaboración de las otras instituciones del Estado.

El PANI es la institución rectora de la niñez costarricense, por lo que está constitucional y legalmente autorizada para tomar medidas tendentes a proteger el interés superior del menor. Dicha protección se acentúa cuando se trata de menores abandonados. En estas hipótesis el PANI debe buscarles padres adoptivos que puedan garantizar a los menores adoptados una vida en familia, que es el elemento natural y fundamento de la sociedad.

El órgano legislativo ha dictado una profusa legislación de protección a los menores en materia laboral, educativa, penal, acceso a los espectáculos públicos, etc.

La protección de la madre está siempre ligada con la de los menores, pues lo que se trata es que éstos crezcan en un ambiente familiar normal y digno, dentro del cual la madre siempre juega un papel central.

Dicha protección se da fundamentalmente respecto de las madres solteras, a las cuales el Estado tiene la obligación de proteger en todos los ámbitos. Por ejemplo, otorgándoles facilidades para beneficiarse de la seguridad social si no trabajan, o dándoles facilidades en sus centros de trabajo para que no descuiden sus obligaciones familiares, etc.

En la praxis, la última parte de la norma en examen no ha sido actuada, pues la protección de la madre y del menor la realiza exclusivamente el PANI, sin la colaboración de otras instituciones públicas.

b.- El numeral 51 ibídem establece, en lo conducente: "La familia....tiene derecho la protección especial del Estado. Igualmente tendrán derecho a esta protección la madre, el niño, el anciano y el enfermo desvalido".

Respecto de la tutela de los ancianos hace falta en nuestro ordenamiento una legislación específica, que los proteja en forma más adecuada.

Finalmente, en relación con el enfermo desvalido, como ha dicho la Sala Constitucional: "Nuestra Constitución Política, en su artículo 51, confiere una protección especial a los enfermos desvalidos. Pero, además, es evidente que dentro de las modalidades de esa protección constitucional, una debe encaminarse hacia el real y efectivo otorgamiento de oportunidades educativas, que les posibiliten integrarse de la mejor manera a la sociedad y alcanzar la autonomía, independencia y utilidad que permitan sus potencialidades individuales; en otras palabras, se trata de hacer posible su realización como seres humanos. En conclusión, la Administración está jurídicamente obligada a realizar todas las medidas que sean necesarias y ponerlas a disposición de la persona discapacitada, a efecto de hacer eficaz su derecho fundamental a la educación" (**Voto 3820- 94**).

4. *Protección a determinados bienes materiales*

a.- En los artículos 50 y 89 se otorga una protección muy especial al ambiente.

La reforma del artículo 50 en 1994, le introdujo dos párrafos relativos a la tutela del ambiente.

El segundo de ellos dispone que "El Estado garantizará, defenderá y preservará ese derecho (se refiere a un ambiente sano y ecológicamente equilibrado que consagra el primer párrafo). La ley determinará las responsabilidades y las sanciones correspondientes".

En consecuencia, la protección del ambiente debe encaminarse a su utilización adecuada e integrada con sus elementos y en sus relaciones naturales, socioculturales, tecnológicas y de orden político, para con ello salvaguardar el patrimonio al que tienen derecho las generaciones presentes y futuras.

Para que el Estado cumpla con su obligación constitucional de defender y preservar el ambiente, los poderes públicos están autorizados para tomar todas las disposiciones, tanto legislativas como administrativas, tendentes a que el ambiente se encuentre libre de contaminación, que es la condición en que se encuentra el mundo que nos rodea, cuando las alteraciones producidas tanto por el hombre como por la Naturaleza en el entorno próximo o lejano, no sobrepasan los máximos permisibles fijados por aquellas normas.

El último párrafo del artículo 50 otorga la titularidad de intereses difusos a los ciudadanos para que puedan accionar ante los tribunales de justicia en tutela del ambiente.

El artículo 89 constitucional establece la obligación, a cargo del Estado, de proteger las bellezas naturales. Es evidente que la protección de la belleza del paisaje está íntimamente relacionada con la defensa de la riqueza ecológica.

Por ello, proteger la Naturaleza desde el punto de vista estético no es comercializarla ni transformarla en mercancía, sino más bien educar al ciudadano para que aprenda a apreciar el paisaje estético por su valor intrínseco. En efecto, dese el punto de vista psíquico e intelectual, el estado de ánimo depende también de la Naturaleza, por lo que al convertirse el paisaje en un espacio útil de descanso y tiempo libre, es obligación del Estado y de todos ciudadanos preservarlo y conservarlo.

Ambas normas constitucionales han tenido importante desarrollo legislativo e institucional durante los últimos años, al punto que el 26% de nuestro territorio está legalmente protegido por medio de Parques Nacionales, Reservas Biológicas, etc.

b.- Las cooperativas se encuentran tuteladas por el artículo 64 constitucional, según el cual "El Estado fomentará la creación de cooperativas, como medio para facilitar mejores condiciones de vida a los trabajadores".

El constituyente reputó que el movimiento cooperativo es un instrumento de organización social que facilita mejores condiciones de vida a los trabajadores, por lo que estableció la obligación estatal de fomentar la creación de aquellas.

En la praxis esta obligación ha recibido una profusa actuación, tanto legislativa como institucional. Por ejemplo, existe prácticamente un Código Cooperativo, que regule en detalle su organización y funcionamiento, al mismo tiempo que a estas empresas se les conceden beneficios tributarios importantes. También se han creado instituciones específicas para promover el movimiento cooperativo.

c- El sector agrario, por su parte, se encuentra tutelado por el numeral 69, al disponer que "los contratos de aparcería rural serán regulados con el fin de asegurar la explotación racional de la tierra y la distribución equitativa de sus productos entre propietarios y aparceros".

Dicha norma consagra el principio de la explotación racional de la tierra, así como el de la distribución equitativa de sus productos entre propietarios y aparceros.

La jurisprudencia de la Sala Constitucional ha derivado de esta norma el principio de explotación racional de la tierra, al disponer que "Y esto es así en virtud de que el bien jurídico que se protege es el "recurso forestal", término que significa "la protección y preservación de la integridad del medio ambiente natural".., que existe en la zona declarada como parque nacional y que es reconocido tanto por la legislación internacional, por las leyes dictadas al efecto, como por las cartas políticas. En este sentido, el artículo 69 de la Constitución es el que habla de "explotación racional de la tierra", constituyéndose un principio fundamental de su protección" (**Voto 5399- 93**).

De donde se deduce que dicho principio le impone al Estado y a los particulares la obligación de proteger y preservar los recursos naturales renovables. Como ha dicho la jurisprudencia de la Sala Constitucional "La norma 69 de la Carta Política habla de *la "explotación racional de la tierra"*, lo que constituye un principio fundamental. En consecuencia, son cánones del orden constitucional, aquella protección y preservación, así como la explotación racional de los recursos que se han indicado" (**Voto 2233- 93**).

Esta norma ha tenido profusa actuación legislativa e institucional.

d.- Los bienes culturales, científicos, artísticos e históricos se encuentran tutelados en el artículo 89, al establecer esta norma que: "Entre los fines culturales de la República están: proteger las bellezas naturales, conservar y desarrollar el patrimonio histórico y artístico de la Nación y apoyar la iniciativa privada para el progreso científico y artístico".

En cuanto al patrimonio ecológico ya nos referimos líneas arriba a su contenido.

La segunda obligación que dimana de la norma en examen es la de conservar y desarrollar el patrimonio histórico y artístico de la Nación.

Los valores culturales e históricos de una Nación son su patrimonio más preciado, pues ellos constituyen la herencia para las generaciones futuras.

Por tanto, el Estado y todos los ciudadanos están obligados a conservar y desarrollar el patrimonio histórico y artístico de la Nación por todos los medios a su alcance. Verbigracia, incentivando la creación artística, mediante el establecimiento de galerías de exposición, la construcción de auditorios, la instauración de premios, la fundación de museos, mediante la financiación de publicaciones, la creación de archivos especializados, bautizando plazas y calles, erigiendo monumentos, difundiendo los valores históricos y artísticos a través de los programas oficiales de educación y por los medios de comunicación, entre otros.

No sólo en el artículo 89 en comentario, consagró el constituyente la obligación del Estado de proteger e incentivar las obras científicas y artísticas como un valor fundamental. En efecto, tanto el numeral 47, relativo a los derechos de propiedad intelectual, como el artículo 121 inciso 18, que es la norma que desarrolla en detalle las atribuciones de la Asamblea Legislativa, se establece la obligación específica de legislar para hacer posible el desarrollo científico y artístico del país, mediante el establecimiento de incentivos de diversa índole.

En ejecución de tales obligaciones, el Estado ha instaurado diversos premios nacionales y dictado la Ley de Protección a la Propiedad Intelectual.

La jurisprudencia de la Sala Constitucional ha señalado que "El Patrimonio Arqueológico Nacional consiste básicamente en los inmuebles y muebles, producto de las culturas indígenas anteriores o contemporáneas al establecimiento de la cultura prehispánica en el territorio nacional, así como los restos humanos, flora y fauna, relacionados con estas culturas. De lo anterior resulta el interés en la protección y conservación de estos hallazgos" (**Voto 729-96**).

Sobre la protección de tales bienes, la Sala ha dicho que "No obstante lo anterior, es evidente y aceptado por el recurrido que la consulta de la "Colección Especial" está sujeta a regulaciones, atendido el valor histórico de esos materiales y el deber del Estado de preservarlos al máximo. Las medidas tomadas sobre el particular, entonces, tienen una fundamentación razonable, si notamos que la misma Constitución Política establece dentro de los fines culturales de la República "conservar y desarrollar el patrimonio histórico" (**Voto 78- 89**).

e.- Finalmente, el artículo 65 de la Constitución establece la obligación a cargo del Estado de promover la construcción de viviendas populares.

Esta norma ha sido profusamente actuada en la praxis, mediante la creación de instituciones especializadas en la materia, como el Instituto Nacional de Vivienda y Urbanismo –INVU–, el Ministerio de la Vivienda, el Instituto Mixto de Ayuda Social –IMAS– y el Banco Hipotecario de la Vivienda, el bono de vivienda, etc.

5. *Protección a la educación*

a- El artículo 78 de la Constitución establece la obligación para el Estado de costear el sistema público de educación preescolar, general básica y la diversificada.

La misma norma también le crea la obligación al Estado de facilitar la prosecusión de estudios superiores a quienes carezcan de recursos pecuniarios.

De lo dicho se concluye que no existe un derecho a la gratuidad de la enseñanza superior. Sin embargo, el principio de solidaridad que permea el Estado Social de Derecho, autoriza al Estado y a los particulares para establecer mecanismos mediante los cuales se haga posible el acceso de las personas de escasos recursos económicos a los estudios universitarios. Verbigracia, el sistema de financiamiento que ofrece CONAPE.

La jurisprudencia de la Sala Constitucional sobre esta materia ha sido prolífica. Ha dicho, entre otras cosas, que "La prescripción constitucional torna imposible el cobro de una determinada suma de dinero como requisito para ingresar a un centro educativo público" (**Voto 902- 95**).

También ha sostenido que "Se ha producido también una violación al derecho de acceso a la educación, puesto, si bien es cierto, el Estado garantiza a sus ciudadanos el derecho a la educación, también ha de garantizar que los mecanismos de acceso a ésta sean racionales y guarden proporción entre sí, situación que no ha ocurrido en el presente asunto en el cual se está burlando el derecho que tienen los recurrentes de ingresar a la carrera de Medicina con los requisitos" (**Voto 2667-94**).

Sobre la gratuidad de la enseñanza superior la jurisprudencia de la Sala ha señalado que "Ni sobra decir que la gratuidad de la enseñanza superior, sobre todo en los países subdesarrollados, implica para el estudiante un eventual pero no seguro disfrute de ingresos y de posición económica y social bastante superior a la del promedio de la población, por lo que más bien, el principio de solidaridad parece aconsejar que se establezcan mecanismos mediante los cuales el acceso a personas de bajos recursos o carentes de ellos, sin embargo todos los beneficiarios paguen el costo o contribuyan a compensar el costo del servicio cada vez más oneroso" (**Voto 2330- 91**).

Dentro de este mismo orden de ideas, la Sala ha establecido que "Del numeral 78 de la Carta Magna, en el que se establece la gratuidad de la educación general básica, de la preescolar y la diversificada, dejándose expresamente excluida la universitaria para la que dispone que el Estado facilitará la persecución de estudios superiores a las personas que carezcan de recursos pecuniarios, lo que nos lleva a concluir que no existe lesión alguna a la citada norma constitucional. Es principio de solidaridad social, propio de un régimen democrático como el nuestro, que los que más tienen contribuyan al sostén de las instituciones públicas, en favor de los desposeídos, en el caso concreto quien no puede sufragar sus gastos universitarios, debe tener acceso al régimen de becas universitario, pero quien no posee los requisitos para ello, debe pagar su enseñanza, así un grupo mayor de ciudadanos podrá tener relación con los centros de enseñanza superior. Es obligación del Estado establecida en el artículo 78 de la Constitución el facilitar la prosecución de estudios superiores a las personas que carezcan de recursos pecuniarios, para ellos los programas de becas, para los restantes un aumento que no es desproporcionado en el gasto de la matrícula, no puede representar lesión alguna a la norma citada" (**Voto 142- 90**).

b.- El artículo 80, por su parte, establece que "La iniciativa privada en materia educacional merecerá el estímulo del Estado, en la forma que indique la ley".

De esta norma programática se deriva la prohibición para el Estado de establecer limitaciones irrazonables o que irrespeten el principio constitucional de proporcionalidad para la apertura y operación de centros privados de enseñanza.

Desde el punto de vista de los incentivos, el Estado puede subvencionar parcialmente los centros educativos privados, como lo hace hoy día con algunos de ellos.

494   RUBÉN HERNÁNDEZ VALLE

La jurisprudencia constitucional patria ha dicho que "El reclamo formulado en el amparo parte de la premisa falsa de que la creación de una " universidad" por parte de un colegio profesional, con fondos propios –provenientes éstos, ya sea de sus agremiados o del Estado, en su caso–, implica un "desestímulo", en forma automática, a la iniciativa privada en materia educacional, máxime si se toma en consideración que el vocablo "estímulo" –contenido en el artículo 80 constitucional– no implica, necesariamente, "financiamiento". En efecto, lo dispuesto en el artículo 80 de la Constitución Política conforma lo que la vieja (*sic*) doctrina constitucional llama una norma programática, cuyo contenido impone al Estado de la obligación de dotar a la iniciativa privada, en materia de educación, de las condiciones adecuadas para que esa iniciativa nazca y prospere, mas no así, necesariamente, dotarla de recursos económicos" (**Voto 5653- 96**).

También ha señalado que "El artículo 80 en forma expresa garantiza la iniciativa privada en materia educacional y el necesario estímulo del Estado a esta actividad. Consecuentemente, los habitantes de la República tienen derecho sin ningún tipo de limitación a las educación costeada por el Estado, sin perjuicio de poder acceder a la educación privada, lo que por su naturaleza no puede ser gratuita debiendo los beneficiados con la misma solventar los gastos que le son propios" (**Voto 2038- 91**).

c.- El numeral 82 de la Carta Política dispone que "El Estado proporcionará alimento y vestido a los escolares indigentes, de acuerdo con la ley".

Esta norma ha sido poco actuada tanto legislativa como administrativamente, con la excepción de los comedores escolares que funcionan en algunas escuelas ubicadas en barrios marginales y en centros educativos situados en zonas rurales.

d.- El artículo 83, por su parte, establece que "El Estado patrocinará y organizará la educación de adultos, destinada a combatir el analfabetismo y a proporcionar oportunidad cultural a aquellos que deseen mejorar su condición intelectual, social y económica".

La norma es muy ambiciosa y, por ello, ha quedado inactuada legislativa y administrativamente, salvo la existencia de programas específicos para la educación de adultos, tanto a nivel de primaria como de secundaria (escuelas y colegios vespertinos y nocturnos, así como la posibilidad de obtener el Bachillerato por madurez).

Dentro de este orden de ideas, la Sala Constitucional ha establecido que por ser ésta una norma programática, "por lo tanto el Estado debe, dentro de sus posibilidades y prioridades, tratar de desarrollar políticas y programas concretos que la materialicen. Empero, ello no quiere decir que con base en tales programas y desarrollos se pueda imponer conductas al Estado, si todo ello depende, como se dijo, de las necesidades y posibilidades reales y concretas que existan, en un momento determinado, para ejecutarlas" (**Voto 3633-94**).

e.- Finalmente, el numeral 86 crea la obligación a cargo del Estado para formar profesionales docentes por medio de institutos especiales, de la Universidad de Costa Rica y de las demás instituciones de educación superior universitaria.

Esta norma tuvo mucha importancia durante las décadas de los años cincuenta, sesenta y setenta, en que, por existir escasez de maestros y profesores, se realizaron programas intensivos de capacitación por medio de las denominadas Escuelas Normales y las Facultades de Educación de las diferentes universidades estatales.

Hoy día, al haber desaparecido tal escasez, la norma en cuestión ha perdido importancia práctica.

VI. LAS GARANTÍAS JURISDICCIONALES DE LOS DERECHOS PRESTACIONALES

1. *Las omisiones legislativas*

A pesar de lo indicado en los acápites anteriores, el incumplimiento del Estado para satisfacer los intereses materiales que integran los derechos prestacionales, encuentra un posible remedio, desde el punto de vista jurídico, en el ámbito de las omisiones legislativas.

Sobre el concepto existen dos tesis. Una primera, recientemente sostenida en forma coherente y prolija por el profesor español **José Julio Fernández Rodríguez**, la preceptúa como "la falta de desarrollo por parte del Poder Legislativo, durante un tiempo excesivamente largo, de aquellas normas constitucionales de obligatorio y concreto desarrollo, de forma tal que se impide su eficaz aplicación".

Esta concepción restringida presenta varios defectos. Primero está elaborada en forma teórica, sin fundamento en un ordenamiento específico, pues en España no está prevista legislativamente la inconstitucionalidad por omisión.

En segundo lugar, tiene dos elementos que, en nuestro criterio, no corresponden a la realidad del instituto, al menos como está prefigurado en el ordenamiento costarricense.

El primero de ellos es la necesidad de que la omisión se haya producido, según el citado autor, "durante un tiempo excesivamente largo". El tiempo de la inactividad legislativa no es realmente un criterio jurídico valedero para definir si una omisión es susceptible de ser impugnada por vicios de inconstitucionalidad. En realidad basta con la existencia de la omisión, sin que tenga ninguna trascendencia el tiempo transcurrido desde que se promulgó la Constitución y el momento en que se invoca jurisdiccionalmente aquella.

En segundo lugar, restringir la omisión sólo a aquellas "normas constitucionales de obligatorio y concreto desarrollo" limita sin fundamento válido las posibilidades de aplicación de este instituto, pues en todo ordenamiento constitucional existen numerosos principios y disposiciones –sobre todo en materia cubierta por los mal llamados derechos prestacionales– que, sin estar concebidas como normas de concreto desarrollo, establecen directrices al Estado para satisfacer importantes pretensiones materiales de los ciudadanos.

Además, la expresión "obligatorio desarrollo" es, en el fondo, tautológica, pues todos los principios y normas constitucionales son de "obligatorio desarrollo". De lo contrario habría que admitir que algunas de ellas carecen de eficacia jurídica.

Otra concepción más amplia y acorde con la regulación que dicho instituto tiene en el ordenamiento costarricense, la define como la abstención del legislador para desarrollar principios y preceptos constitucionales, independientemente de que sean de "obligatorio y concreto desarrollo".

A diferencia de la laguna, la omisión se caracteriza siempre por el incumplimiento de una obligación, expresa o implícita, de desarrollar una disposición o principio constitucional.

La doctrina italiana distingue entre omisión absoluta y omisión relativa. La primera se produce cuando falta todo tipo de actuación normadora destinada a aplicar el precepto o el principio constitucional.

En este caso, la inconstitucionalidad reside en la propia falta o insuficiencia de normativa por parte del Parlamento para dar actuación al "mandato del legislador" (**Rubio Llorente**), el cual puede ser expreso o implícito. En otros términos, existen preceptos y principios constitucionales que imponen al legislador la obligación de emitir una o un conjunto de normas que disciplinen algún aspecto del texto constitucional que allí sólo se encuentra delineado en sus rasgos más generales.

En cambio, se está en presencia de una omisión relativa cuando el legislador, al disciplinar cierto instituto sobre el cual interviene en el ejercicio de sus potestades discrecionales, omite respetar el principio de igualdad ante la ley. En otros términos, en los casos de omisión relativa el legislador no está obligado a actuar un principio o precepto constitucional. Sólo después de la intervención discrecional del Parlamento puede surgir un problema de legitimidad constitucional en relación con el principio de igualdad, dado que la omisión relativa deriva de actuaciones parciales de aquél al disciplinar una materia sólo para algunas relaciones determinadas, excluyendo otras análogas.

2. *La tipología de las sentencias constitucionales en materia de omisiones legislativas*

El Derecho Procesal Comparado ha elaborado una tipología de sentencias constitucionales para hacerle frente al problema de las omisiones legislativas.

En general existen dos tipos de sentencia constitucional que pueden remediar las omisiones legislativas: a.- las apelativas o de recomendación al legislador y b.- las aditivas.

a. *Las sentencias apelativas o de recomendación al legislador*

Sobre el particular existen dos modalidades: la primera, contemplada en el artículo 283 de la Constitución del Portugal, la cual crea un control abstracto de inconstitucionalidad por omisión.

Los sujetos legitimados para incoar el proceso son el Presidente de la República, el Defensor del Pueblo y, en su caso, los Presidentes de las Asambleas Regionales. Al Tribunal Constitucional le corresponde únicamente verificar si se ha producido un incumplimiento inconstitucional, como consecuencia directa de no haberse adoptado las medidas legislativas necesarias para actuar efectivamente la Constitución.

La sentencia estimatoria, en su caso, es meramente declarativa, pues se dirige a constatar la inconstitucionalidad por omisión y a comunicarlo al órgano legislativo para que tome las medidas del caso.

En una segunda vertiente, tales sentencias, que reciben diferentes nombres según el país ("apelativas" en España; "monito" en Italia y "Appellentschidungen" en Alemania), se caracterizan porque dirigen recomendaciones al Parlamento de cómo legislar una determinada materia o de cuándo debe hacerlo, de manera que se repare una inconstitucionalidad por omisión legislativa, tanto en los casos en que sólo se reconoce parcialmente y en favor de un determinado número de personas un derecho de contenido prestacional, o bien cuando no exista ninguna legislación en la materia.

Su eficacia es bastante dudosa, por lo que en Italia se terminaron construyendo las denominadas *"doppia pronuncia"*, porque en una primera sentencia la Corte Costituzionale advierte al Parlamento que si no legisla para equiparar a los excluidos del derecho prestacional dentro del plazo señalado en la sentencia, se dictará una nueva que declarará la inconstitucionalidad de la norma originalmente impugnada por omisión legislativa.

En otros términos, la sentencia original otorga un plazo al Parlamento para que colme el vacío legislativo parcial denunciado en la acción de inconstitucionalidad. Si el legislador no cumple dentro de ese plazo con lo indicado por el tribunal constitucional, entonces éste dicta una segunda sentencia que declara inconstitucional la omisión legislativa. Se produce entonces una *"doppia pronuncia"*, sea una sentencia inicial desestimatoria condicionante y, una segunda, de carácter estimatorio, si el legislador no cumple la condición contenida en la advertencia dirigida a él en la primera sentencia, por lo que en Italia, de manera irónica, se ha terminado llamándolas *"sentenze-delega"*.

En relación con los derechos prestacionales, este tipo de sentencias presenta dos hipótesis diferentes: en la primera de ellas, cuando se refieren a una omisión legislativa parcial, otorgan un plazo al Parlamento para que llene el respectivo vacío legislativo, a fin de satisfacer la pretensión material contenida en la norma constitucional actuada parcialmente. Si dentro del plazo fijado al efecto el Parlamento no emite la normativa correspondiente, en tal hipótesis la segunda sentencia declara inconstitucional la norma impugnada por omisión legislativa y reconoce el derecho prestacional originalmente denegado a los recurrentes.

En cambio, cuando se trata de una omisión legislativa absoluta, dado que no existe una norma previa que pueda ser declarada contraria a la Carta Política, sólo se dicta una sentencia que indica al Parlamento que debe colmar el vacío legislativo existente. Si éste no acatare la decisión del tribunal constitucional dentro del plazo fijado al efecto, en tal hipótesis, en el ordenamiento costarricense se tendrían por agotados los procedimientos internos a fin de que el o los afectados puedan acudir a la jurisdicción interamericana en tutela de sus derechos, en los términos del artículo 46.a del Pacto de San José.

b. *Las sentencias aditivas*

En el caso de las omisiones legislativas pueden darse dos hipótesis: la primera es aquella en que la omisión se entiende como exclusión y, por tanto, la adición lo que provoca es la admisión.

En esta hipótesis la ausencia de normativa no crea ningún problema en principio. Sólo después de la intervención positiva discrecional del legislador podría surgir eventualmente una cuestión de inconstitucionalidad por violación del principio de igualdad. En tal hipótesis, por tratarse de una omisión legislativa parcial, se recurriría al mecanismo de las sentencias de recomendación al legislador, analizadas en el acápite anterior.

El tema, sin embargo, se sitúa en una zona limítrofe entre las potestades propias de los tribunales constitucionales y las funciones que corresponden a los Parlamentos.

Es evidente que el monopolio en la elaboración de la legislación es tarea de aquéllos, sin que los tribunales constitucionales pueden, en ningún caso, sustituir a los órganos legislativos en sus tareas de fijar objetivos-fines y de la determinación de unos medios al servicio de aquéllos, que se materializan en la producción de normas primarias con eficacia **erga omnes.**

Pero, por otra parte, los tribunales constitucionales son los supremos garantes del Derecho de la Constitución, lo que los obliga a amparar cualquier violación, positiva o negativa, de sus preceptos.

De ahí que en cada caso concreto, los tribunales constitucionales, en aplicación del vieja técnica de la Supreme Court norteamericana del *"self restraint"*, deban valorar si pueden dictar sentencias aditivas de equiparación, o si ello es una opción política que corresponde al legislador de manera exclusiva.

La segunda hipótesis, en cambio, se produce en los casos de omisión legislativa absoluta. Aquí el contraste con la Constitución viene provocado por la inexistencia de una regla de actuación, por lo que el tribunal constitucional se ve obligado a integrar la laguna.

Aquí, por tratarse de una violación al "mandato del legislador" pareciera que, en principio, los tribunales constitucionales están obligados a integrar el ordenamiento para el caso concreto, con el fin de actuar los principios y preceptos constitucionales violados con la omisión legislativa absoluta.

Sin embargo, cuando se trata de derechos prestacionales es evidente que los tribunales constitucionales no pueden colmar la laguna legislativa, pues estarían invadiendo materia propia de la esfera del legislador. Como dice un autor italiano, hoy juez constitucional de su país, "No existe ningún monopolio de la Corte que la habilite para declarar en vía exclusiva los preceptos implícitos en la legislación, ni siquiera para enuclear el alcance de las reglas constitucionales...si la norma está presente en el sistema, corresponde al sistema (a todos los jueces) explicitarla; si no existe, corresponde al legislador (sólo al legislador) crearla. Interviniendo la Corte, en cambio, en el primer caso viola la esfera de competencia de los jueces; en el segundo caso, la del legislador" (**Zagrebelsky**).

Si aceptáramos la posibilidad de que el juez constitucional pueda emitir sentencias aditivas en materia de derechos prestacionales, es evidente que aquél asumiría una función típicamente legislativa, pues estaría ejercitando una potestad discrecional, de naturaleza política, que dentro de los ordenamientos constitucionales modernos corresponde ejercitar exclusivamente a los Parlamentos.

Legislar sobre derechos prestacionales implica valorar una serie de aspectos políticos, sociales y económicos que sólo los órganos políticos del Estado están en capacidad técnica de realizar, además de ser los únicos legitimados para ello dentro de un Estado democrático de Derecho.

Por tanto debe concluirse que las sentencias aditivas no son jurídicamente posibles en el ámbito de los derechos prestacionales, porque ello implicaría convertir a los tribunales constitucionales en legisladores a secas, competencia atribuida por los ordenamientos jurídicos modernos, de manera exclusiva, a los Parlamentos.

CAPÍTULO XVI

EL DERECHO A LA SEGURIDAD SOCIAL

I. CONCEPTO Y FUNDAMENTO

En doctrina encontramos numerosas definiciones de "seguridad social" con un común denominador: la contingencia social. Existen, sin embargo, dos tendencias claramente identificables: una amplia que la define como "la política del bienestar, generadora de la paz social, basada en el más amplio sentido de la solidaridad humana", y otra restringida, que es la que adoptó la OIT en 1952, al indicar que la seguridad social es aquella que va a "asegurar a cada trabajador y persona a cargo, por lo menos, medios de subsistencia que le permitan hacer frente a cada contingencia que ocasione la pérdida involuntaria de los ingresos del trabajador o que lo reduzca de manera que no pueda cubrir las necesidades de su familia".

Se han restringido los alcances de la seguridad social, por el objeto, en cuanto a las contingencias que cubre –o por el sujeto– los trabajadores. Existen, como es de suponer, posiciones mixtas o eclécticas. En todo caso, es necesario acotar que ha prevalecido el principio de universalización en este campo.

Independientemente de la posición que se adopte, debemos concluir que el fundamento de la seguridad social se encuentra en el derecho a la vida, a nivel individual y a nivel social, en el principio de la solidaridad, este último, como resguardo de la paz, la convivencia y el desarrollo mismo de los pueblos.

Los sistemas de seguridad social se presentan como un conjunto de normas, principios e instrumentos destinados a proteger al ser humano cuando surgen estados de vulnerabilidad, que le impiden satisfacer sus necesidades básicas, y las de aquellos que de él dependen.

Indudablemente el sistema de seguridad social tiene un carácter público. Como ha dicho la jurisprudencia del Tribunal Constitucional español: "El régimen de prestaciones de la seguridad social no es, en efecto, un régimen contractual, del que lo diferencian, radicalmente, las notas de universalidad, obligatoriedad y uniformidad. Se trata de un régimen legal que tiene como límites, entre otros, el respeto al principio de igualdad, la prohibición de la arbitrariedad y el derecho a la asistencia y presentaciones sociales suficientes para casos de necesidad" (**STC 134/1987**).

La jurisprudencia de la Sala Constitucional ha señalado, sobre el particular, que: "La seguridad social, esto es, el sistema público de cobertura de necesidades sociales, individuales y de naturaleza económica desarrollado en nuestro país a partir de la acción histórica de la previsión social, estructurada en nuestro país sobre la base de las pensiones y jubilaciones, de la mano de la intervención tutelar del Estado en el ámbito de las relaciones de trabajo, ha llegado a convertirse, con el tiempo, sin la menor reserva, en una de las señas de identidad principales del Estado social o de bienestar" (**Voto 846-92**).

II. LA SEGURIDAD SOCIAL EN EL ORDENAMIENTO CONSTITUCIONAL COSTARRICENSE

El proyecto elaborado por la Junta Fundadora de la Segunda República, con el objeto de que sirviera de base de discusión de la Asamblea Nacional Constituyente, proponía 4 artículos (108 a 111), con contenido novedoso.

La Comisión Redactora suprimió la referencia a entidades aseguradoras privadas y modificó la redacción del último párrafo del artículo 108, pero, como es bien sabido, el proyecto fue rechazado por contener "teorías extremas" y, en su lugar, se tomó como base de discusión el texto de la Constitución de 1871.

El debate fue amplio. Los constituyentes conservadores trataron de eliminar toda referencia a la función social del Estado y algunos aspectos de la seguridad social que venían desde la reforma del 43, por considerar que habían sido creación del régimen depuesto. Al final, la Asamblea aprobó dos artículos programáticos:

"El Estado procurará el mayor bienestar de todos los habitantes del país, organizando y estimulando la producción y el más adecuado reparto de la riqueza" (**Artículo 50**).

"La familia como elemento natural y fundamento de la sociedad tiene derecho a la protección especial del Estado. Igualmente tendrán derecho a esa protección la madre, el niño, el anciano y el enfermo desvalido" (**Artículo 51**).

Al discutir lo concerniente a los seguros sociales se hizo evidente la existencia de intereses gremiales de algunos médicos constituyentes, así como las posiciones encontradas en el seno de la Asamblea sobre esta materia, especialmente al analizar el punto de la autonomía de la CCSS. Sin embargo, al final se terminó aprobando el texto propuesto por los socialdemócratas, con pocos cambios.

"Se establecen los seguros sociales en beneficio de los trabajadores manuales e intelectuales, regulados por el sistema de contribución forzosa del Estado, patronos y trabajadores, a fin de proteger a estos de los riesgos de enfermedades, invalidez, maternidad, vejez, muerte y demás contingencias que la ley determine.

La administración y el gobierno de los seguros sociales estarán a cargo de una institución autónoma, denominada Caja Costarricense del Seguro Social.

No podrán ser transferidos ni empleados en finalidades distintas a las que motivaron su creación los fondos y las reservas de los seguros sociales.

Los seguros contra riesgos profesionales serán de exclusiva cuenta de los patronos y se regirán por disposiciones especiales". (**Artículo 73**).

También se incluyeron otras normas que complementan el régimen constitucional de Seguridad Social, a saber:

"El Estado mantendrá, mientras no exista seguro de desocupación, un sistema técnico y permanente de protección a los desocupados involuntarios, y procurará la reintegración de los mismos al trabajo" (**Artículo 72**).

"Los trabajadores despedidos sin justa causa, tendrán derecho a una indemnización cuando no se encuentren cubiertos por un seguro de desocupación". (**Artículo 63**).

"El Estado fomentará la creación de cooperativas, como medio de facilitar mejores condiciones de vida a los trabajadores" (**Artículo 64**).

"El Estado promoverá la construcción de viviendas populares y creará el patrimonio familiar del trabajador" (**Artículo 65**).

"La protección especial de la madre y del menor estará a cargo de una institución autónoma denominada Patronato Nacional de la Infancia, con la colaboración de las otras instituciones del Estado" (**Artículo 55**).

Estos últimos artículos, también de naturaleza programática, encuadran dentro de lo que podemos considerar una concepción amplia de seguridad social en nuestro ordenamiento constitucional.

III. LA SEGURIDAD SOCIAL EN LOS INSTRUMENTOS DE DERECHO INTERNACIONAL

Por vía de los artículos 7 y 48 de la Constitución Política, se encuentran incorporados en nuestro Derecho interno, con rango supralegal, conceptos y principios de la seguridad social consagrados en tratados y convenciones internacionales.

1. *Carta de las Naciones Unidas*

El artículo 55 dice que la organización promoverá:

a)   Niveles de vida más elevados.

b)   La solución de problemas internacionales de carácter económico, social y sanitario.

2. *Declaración Universal de Derechos Humano.*

El inciso 3 del artículo 16 dice que la familia tiene derecho a la protección de la sociedad y del Estado.

El artículo 22 menciona que toda persona, como miembro de la sociedad, tiene derecho a la seguridad social y a obtener la satisfacción de los derechos económicos, sociales y culturales indispensables a su dignidad y al libre desarrollo de su personalidad.

El inciso 1 del artículo 25 indica que toda persona tiene derecho a un nivel de vida adecuado que le asegure, así como a su familia, la salud y el bienestar, y en especial la alimentación, el vestido, la vivienda, la asistencia médica y los servicios sociales necesarios; tiene asimismo, derecho a los seguros en caso de desempleo, enfermedad, invalidez, viudez, vejez y otros casos de pérdida de sus medios de subsistencia por circunstancias independientes a su voluntad. Asimismo, el inciso 2 de ese mismo artículo señala que la maternidad y la infancia tienen derecho a cuidados y asistencia especiales. Todos los niños, nacidos de matrimonio o fuera de matrimonio tienen derecho a igual protección social.

3. *Pacto internacional de Derechos Civiles y Políticos*

El inciso primero del artículo 23 menciona que la familia es el elemento natural y fundamental de la sociedad y tiene derecho a la protección de la sociedad y del Estado.

El inciso uno del artículo 24 dice que todo niño tiene derecho, sin discriminación, a las medidas de protección que su condición de menor requiere, tanto por parte de su familia como de la sociedad y del Estado.

4. *Pacto Internacional de Derechos Económicos, Sociales y Culturales*

El artículo 7 señala que los Estados Partes en el presente Pacto reconocen el derecho de toda persona al goce de las condiciones de trabajo equitativas y satisfactorias que le aseguren, en especial, según el subinciso b, la seguridad e higiene en el trabajo.

El inciso primero del artículo 10 dice que se debe reconocer a la familia la más amplia protección y asistencia posible, asimismo, el inciso segundo menciona que se debe conceder especial protección a las madres durante un periodo de tiempo razonable antes y después del parto. Durante dicho periodo, a las madres que trabajen se les debe conceder licencia con remuneración o con prestaciones adecuadas de seguridad social, además, el inciso tercero indica que se deben adoptar medidas especiales de protección y asistencia a favor de todos los niños y adolescentes.

El artículo 11 apunta que los Estados Partes en el presente Pacto reconocen el derecho de toda persona a un nivel de vida adecuado para sí y su familia, y en su inciso segundo apunta a que debe estar protegida contra el hambre.

El artículo 12 explica que los Estados Partes en el presente Pacto reconocen el derecho de toda persona al disfrute del más alto nivel posible de salud física y mental, y en su inciso segundo, menciona que entre las medidas que deberán adoptar, a fin de asegurar la plena efectividad de este derecho, figurarán las necesarias para:

a) La reducción de la mortalidad y la mortalidad infantil, y el sano desarrollo de los niños.

b) El mejoramiento en todos sus aspectos de la higiene del trabajo y del medio ambiente.

c) La prevención y el tratamiento de las enfermedades epidémicas, endémicas, profesionales, y de otra índole y la lucha contra ellas.

d) La creación de condiciones que aseguren a todos asistencia médica y servicios médicos en caso de enfermedad.

5. *Convención sobre el Estatuto de los Refugiados*

El artículo 23 apunta a que los Estados Contratantes concederán a los refugiados que se encuentren legalmente en el territorio de tales Estados el mismo trato que a sus nacionales en lo que respecta a asistencia y a socorro públicos.

El inciso primero del artículo 24 menciona que el mismo trato que a los nacionales en lo concerniente a seguros sociales, entre otros. El inciso segundo dice que el derecho a indemnización por la muerte de un refugiado, a resultas de accidentes de trabajo o enfermedad profesional, no sufrirá menoscabo por el hecho de que el derecho habiente resida fuera del territorio del Estado contratante.

6. *Declaración Americana de los Derechos y Deberes del Hombre*

El artículo 6 señala que toda persona tiene derecho a construir una familia y a recibir protección para ellas.

El artículo 7 explica que toda mujer en estado de gravidez o en época de lactancia, así como todo niño, tiene derecho a protección, cuidado y ayuda especiales.

El artículo 11 indica que toda persona tiene derecho a que su salud sea preservada por medidas sanitarias y sociales.

El artículo 16 dice que toda persona tiene derecho a la seguridad social que le proteja contra las consecuencias de la desocupación, de la vejez y de la incapacidad que, proveniente de cualquier otra causa ajena a su voluntad, la imposibilite física o mentalmente para obtener los medios de subsistencia.

El artículo 35 menciona que toda persona tiene el deber de cooperar con el Estado y con la comunidad en la asistencia y seguridad sociales, de acuerdo con sus posibilidades y con las circunstancias.

El artículo 36 señala que toda persona tiene el deber de pagar los impuestos establecidos por la Ley para el sostenimiento de los servicios públicos.

7. Convención Americana sobre Derechos Humanos

Al respecto, el artículo 17 dice que la familia es el elemento natural y fundamental de la sociedad y debe ser protegida por la sociedad y el Estado.

El artículo 19 menciona que todo niño tiene derecho a las medidas de protección que por su condición de menor requiere por parte de su familia, de la sociedad y del Estado.

El artículo 26 dice que los Estados Partes se comprometen a adoptar providencias para lograr, progresivamente, la plena efectividad de los derechos que se derivan de las normas económicas, sociales y sobre educación, ciencia y cultura, contenidas en la Carta de la OEA en la medida de los recursos disponibles, por vía legislativa u otros medios apropiados.

8. Protocolo Adicional a la Convención Americana sobre Derechos Humanos en materia de Derechos Económicos, Sociales y culturales (Protocolo de San Salvado)

El inciso primero del artículo 9 dice que toda persona tiene derecho a la seguridad social que la proteja contra las consecuencias de la vejez y de la incapacidad que la imposibilite física o mentalmente para obtener los medios para llevar una vida digna y decorosa. En caso de muerte del beneficiario las prestaciones se seguridad social serán aplicadas a sus dependientes. El inciso segundo menciona que cuando se trate de personas que se encuentren trabajando el derecho a la seguridad social cubrirá al menor la atención médica y el subsidio o jubilación en caso de accidentes de trabajo o de enfermedad profesional y, cuando se trate de mujeres, licencia retribuida por maternidad antes y después del parto.

En los artículos 15, 16, 17 y 18 se consagra la protección de la familia, la niñez, los ancianos y los minusválidos, respectivamente. En el artículo 19 se establecen los medios de protección entre ellos con el compromiso de los Estados de informar de actos, respecto de las medidas progresivas, informes que serán evaluados por el Consejo Interamericano Económico y Social, el Secretario General de la OEA enviará copias de los informes a los organismos especiales del sistema interamericano del que sean miembros los Estados Partes, en materia de su competencia. Como solo se contemplan sanciones por violaciones a los derechos sindicales y de educación, en el párrafo siete se indica que la Comisión Interamericana de Derechos Humanos podrá formular las observaciones y recomendaciones que considere pertinentes sobre la situación de los derechos económicos, sociales y culturales.

IV. EL CONTENIDO DEL DERECHO A LA SEGURIDAD SOCIAL

1. *Fundamento*

La jurisprudencia de la Sala Constitucional ha dado, en este campo, un aporte invaluable en la revitalización del Derecho Constitucional, y en la efectiva protección de los derechos fundamentales.

El fundamento del derecho a la seguridad social lo ha expresado la Sala de la siguiente forma: "... del texto del artículo 73, de su ubicación en el capítulo de "Garantías Sociales" de la Constitución y de los instrumentos internacionales aludidos se desprenden, claramente, su sentido y su intención de consagrarlo como un derecho del trabajador y no como simple competencia de la Caja en beneficio de ésta, aunque también su cumplimiento se atribuya específicamente a esta última con el evidente propósito de darle al simple derecho reconocido una garantía administrativa, lo cual, además, no es extraño a la naturaleza misma de los llamados derechos económicos, sociales o culturales, o derechos de prestación que requieren para su eficacia de un complejo aparato económico e institucional" (**Voto 1147-90**).

Posteriormente ha ampliado este concepto indicando que "(...) La explicación de la actividad desplegada por la Caja parte del artículo 73 constitucional: allí se establecen los seguros sociales 'en beneficio de los trabajadores manuales e intelectuales..., a fin de proteger (los) contra los riesgos de enfermedad, invalidez, maternidad, vejez, muerte y demás contingencias que la ley determine...', y se prescribe que el Estado, los patronos y los trabajadores están forzados a contribuir para ese sistema –realmente, a sufragar el sistema de protección–. Es patente que la Constitución asegura a los trabajadores verdaderos derechos a los seguros sociales -derechos subjetivos constitucionales- aunque los propios trabajadores deben contribuir para su sostenimiento: por ende, la Caja es meramente la entidad a la que se encarga la operación (administración y gobierno) del sistema. Esto da fundamento para entender, pues, que los aportes que los patronos se ven forzados a hacer, y no simplemente obligados a hacer, son aportes para los trabajadores, es decir, para sostener los derechos de éstos a los seguros sociales (derechos de origen constitucional, como se ha dicho, que se concretizan o determinan caso por caso de conformidad con la normativa existente en la materia). Es decir, la Constitución dispone, por modo general, la existencia de esos derechos, y los protege de varias maneras: a fin de que sean viables, crea ella misma el aludido sistema de contribución forzosa, y para que sean reales, resguarda los fondos y reservas que resultan del sistema; por otro lado, dispone que se trata de derechos y beneficios irrenunciables. Finalmente, la Constitución inscribe el entero régimen de los seguros sociales en el marco de un valor superior que ella misma reconoce, a saber, la solidaridad (véase, en general, los artículos 73 y 74). De donde la prioridad de tales derechos, por voluntad de la Constitución, es innegable y puede ser un límite para el ejercicio de otros derechos y libertades. (...)" (**Voto 2165-96**).

Asimismo, sobre el régimen de seguridad social en solidaridad, el citado Tribunal Constitucional señaló lo siguiente: "(...) Sobre el régimen de la seguridad social. El artículo 73 de la Constitución Política, interpretado armónicamente con el artículo 50 ídem, consagra el Derecho de la Seguridad Social. La Sala ha señalado reiteradamente que este derecho supone que los poderes públicos mantendrán un régimen público de seguridad social para todos los ciudadanos en el más alto rango, de manera que garantice la asistencia y brinde las prestaciones sociales suficientes ante situaciones de necesidad para preservar la salud y la vida. El ámbito subjetivo de aplicación del derecho de la seguridad social incorpora el principio de universalidad, pues se extiende a todos los ciudadanos, con carácter de obligatoriedad. El ámbito objetivo asume el principio de generalidad, en tanto protege situaciones de necesidad, no en la medida en que éstas hayan sido previstas y aseguradas con anterioridad, sino en tanto se produzcan efectivamente. Además, incorpora los principios de suficiencia de la protección, según módulos cuantitativos y cualitativos y de automaticidad protectora, lo que se traduce en la adecuada e inmediata protección en materia de enfermedad, invalidez, vejez y muerte. Por expresa disposición constitucional, esta gestión ha de ser pública, a cargo del Estado, representado por la Caja Costarricense de Seguro Social, y la financiación responderá al principio cardinal de solidaridad social, pues se funda en la contribución forzosa y tripartita que realizan trabajadores, patronos y el Estado. En consecuencia, los principios del Derecho a la Seguridad Social, son, los de universalidad, generalidad, suficiencia de la protección y solidaridad social. (...) Por otro lado, los seguros sociales son un sistema contributivo basado en el principio de seguridad social, lo que implica que todas las personas cotizan para el régimen de acuerdo al salario que perciben, los montos ingresan a un fondo común y de este modo, se subvencionan a los que menos ingresos reciben. (...)" (**Voto 3483-03**).

El constituyente de 1943 introdujo los derechos y garantías sociales –entre ellos, el derecho fundamental a la seguridad social– inspirado en los principios de igualdad, solidaridad y universalidad, los cuales constituyen valores subyacentes que nutren su contenido jurídico.

2. *Finalidad*

En cuanto a la finalidad que persiguen las prestaciones de la seguridad social, la jurisprudencia de la Sala ha señalado que "las prestaciones de la seguridad social tienen la finalidad de garantizar al asegurado y a sus familiares una existencia digna cuando acaezca una circunstancia que afecte el desempeño del trabajo (invalidez, vejez)" (**Voto 5261-95**).

3. *Derecho de configuración legal*

En esta materia la Sala ha dicho que la Constitución instaura la seguridad social y sienta las bases organizativas de esta, no obstante, dada la brevedad de sus disposiciones, resulta imposible que regule todos los detalles relativos a ella. Corresponde al legislador desarrollar las disposiciones constitucionales y para esto debe respetar y cumplir la obligación contraída por el Estado costarricense, al aprobar diversos instrumentos internacionales sobre derechos humanos" (**Voto 5261-95**).

Es decir, dada la brevedad de las reglamentaciones constitucionales en materia, corresponde al legislador, dentro de los principios sentados por el Derecho de la Constitución, regular y desarrollar el derecho fundamental a la seguridad social. Dentro de este orden de ideas, el legislador tiene amplias facultades para configurar el derecho a la seguridad social, a condición de que respete los principios fundamentales contenidos en el Derecho de la Constitución.

V. LOS PRINCIPIOS DE LA SEGURIDAD SOCIAL

1. *Principio de universalidad*

Este principio postula que todas las personas deben participar de los beneficios del sistema de seguridad social.

Con ello se superan las limitaciones propias de los seguros sociales que nacieron con un carácter netamente clasista, es decir, como un sistema de protección exclusivo a favor de los trabajadores asalariados.

La función de la seguridad social es proteger al ser humano como tal, dentro de una determinada colectividad social, sin importar cual sea la actividad que desarrolla. De esa forma, el acceso a la protección que brinda la seguridad social deja de ser un derecho de unos y una concesión graciosa para otros, y se transforma en un derecho fundamental exigible frente al Estado.

2. *Principio de solidaridad*

Este principio constituye la otra cara de la moneda del principio de universalidad. Si con el principio de universalidad se pretende proteger a toda la población, con el de solidaridad, en cambio, se trata de que toda la población, en la medida de sus posibilidades, contribuya económicamente al financiamiento de aquella protección.

En la praxis, la solidaridad se manifiesta como el sacrificio de los jóvenes respecto de los ancianos, de los sanos frente a los enfermos, de los ocupados ante quienes carecen de empleo, de quienes continuamos viviendo ante los familiares de los fallecidos, de quienes no tienen carga familiar frente a los que sí la tienen, etc.

Si en el avance de la universalidad se han hecho grandes progresos, no puede decirse lo mismo respecto de la solidaridad. En efecto, el sostenimiento del sistema de seguridad social descansa fundamentalmente en el sector asalariado. Por ello, es necesario que se conviertan en contribuyentes forzosos del régimen todos los que participan en el proceso productivo, es decir, los trabajadores independientes, los empresarios, etc.

3. *Principio de unidad*

De acuerdo con este principio, el sistema de seguridad social considerado como un todo, debe funcionar con criterios congruentes y coordinados y otorgar prestaciones o beneficios similares para las diferentes categorías de personas protegidas bajo su régimen.

Este principio tiende a confundirse con la exigencia de centralizar en una sola unidad todo el sistema de seguridad social. Sin embargo, lo que enfatiza este principio es que debe existir una congruencia en la gestión de las diferentes entidades que participan en la administración del sistema de seguridad social, y los beneficios otorgados por ellas, de modo que la multiplicidad de instituciones no quiebre el principio de igualdad.

En el ámbito del derecho de atención a la salud, este principio ha tenido un desarrollo significativo, no así en relación con el derecho a la jubilación en el se mantienen importantes diferencias en las prestaciones y en las formas de financiamiento, sin que tales diferencias tengan respaldo técnico. Verbigracia, las ventajas evidentes de los regímenes administrados por el Poder Judicial y el Magisterio Nacional respecto del arbitrado por la CCSS.

4. *Principio de igualdad*

Este es un principio general de derecho y como tal aplicable al ámbito de la seguridad social. De acuerdo con este principio, se debe dar el mismo trato a todas las personas que se encuentran en la misma situación de hecho, y a la inversa, debe otorgárseles un trato diferente y adecuado a cada circunstancia a las personas que se encuentren en situaciones distintas.

Este principio se ha distorsionado en la praxis por la jurisprudencia de la Sala Constitucional, la cual tiende a otorgar el mismo trato a situaciones de hecho completamente distintas. Verbigracia, cuando exige brindarle el mismo tratamiento o suministrarles las mismas medicinas a pacientes que, desde el punto de vista médico, se encuentran en situaciones de hecho diferentes.

Este principio se refiere no sólo a los beneficios derivados de la seguridad social, sino también a las obligaciones frente a ella.

5. *Principio de evolución progresiva de los beneficios de la seguridad social*

Este principio se manifiesta en una doble vertiente: significa por un lado que los beneficios de la seguridad social deben crearse paulatinamente y continuar elevando progresivamente los beneficios más allá de los niveles mínimos de protección. Pero, al mismo tiempo, significa que una vez superada una fase evolutiva en relación con el contenido de las prestaciones no es dable devolverse a una etapa anterior.

La progresividad de los beneficios debe verse en forma global, de manera que la supresión de un beneficio no implica per se violación a este principio, sino que debe analizarse el sistema como un todo, de manera que es perfectamente posible la disminución o supresión de un beneficio en relación con el aumento o creación de un beneficio distinto en otra área del sistema de seguridad social.

Tampoco se quebranta este principio, cuando resulta necesario hacer un ajuste para corregir un error o bien para corresponder a la realidad económica del país o de la institución pública encargada de su administración.

La jurisprudencia de la Sala Constitucional ha recogido algunos de estos principios al señalar que "El artículo 73 de la Constitución Política, interpretado armónicamente con el artículo 50 ídem, consagra el derecho de la seguridad social. La Sala ha señalado reiteradamente que este derecho supone que los poderes públicos mantendrán un régimen público de seguridad social para todos los ciudadanos en el más alto rango, de manera que garantice la asistencia y brinde las prestaciones sociales suficientes ante situaciones de necesidad para preservar la salud y la vida. El ámbito subjetivo de aplicación del derecho de la seguridad social incorpora el principio de universalidad, pues se extiende a todos los ciudadanos, con carácter de obligatoriedad. El ámbito objetivo asume el principio de generalidad, en tanto protege situaciones de necesidad, no en la medida en que éstas hayan sido previstas y aseguradas con anterioridad, sino en tanto se produzcan efectivamente. Además, incorpora los principios de suficiencia de la protección, según módulos cuantitativos y cualitativos y de automaticidad protectora, lo que se traduce en la adecuada e inmediata protección en materia de enfermedad, invalidez, vejez y muerte. Por expresa disposición constitucional, esta gestión ha de ser pública, a cargo del Estado, representado por la Caja Costarricense de Seguro Social, y la financiación responderá al principio cardinal de solidaridad social, pues se funda en la contribución forzosa y tripartita que realizan trabajadores, patronos y el Estado. En consecuencia, los principios del derecho a la seguridad social, son, los de universalidad, generalidad, suficiencia de la protección y solidaridad social" (**Voto 3483-2003**).

VI.   EL DERECHO A LA PENSIÓN

1.   *Fundamento y finalidad*

Existe, en nuestro ordenamiento, un derecho fundamental a la pensión, el cual deriva de la interpretación armónica de los artículos 50, 73 y 74 de la Constitución, así como de los artículos 25, 28, 29 y 30 del Convenio 102 de la OIT; artículos 11 y 16 de la Declaración de los Derechos y Deberes del Hombre, artículos 22 y 25 de la Declaración Universal de los Derechos Humanos, artículo 31 de la

Carta Internacional Americana de Garantías Sociales; artículo 5 del Convenio 118 de la OIT y el artículo 9 del Pacto Internacional de Derechos Económicos, Sociales y Culturales, los cuales, conforme a los artículos 7 y 48 de la Constitución Política, integran también el Derecho de la Constitución en materia de derechos fundamentales.

Se trata de un derecho que debe ser reconocido por igual a todos los a trabajadores, en igualdad de condiciones y sin discriminaciones de ninguna índole, conforme lo establece el artículo 33 de la Constitución.

La Sala declaró que: "Existe un derecho constitucional y fundamental a la jubilación, a favor de todo trabajador, en general; derecho que, como tal, pertenece y debe ser reconocido a todo ser humano, en condiciones de igualdad y sin discriminación alguna, de conformidad con los artículos 33 y 73 de la Constitución" (**Voto 1147-90**).

2. Naturaleza jurídica

La pensión tiene como finalidad garantizar al asegurado y sus familiares una existencia digna cuando deje de ser un trabajador activo por razones de edad o de invalidez.

En otros términos, los regímenes de pensiones son institutos de seguridad social creados a favor de las personas que hayan pertenecido a la población económicamente activa del país durante un determinado período de sus vidas. Tales personas, una vez cumplidos los requisitos señalados por la ley de creación del régimen respectivo, pueden disfrutar de los beneficios económicos correspondientes.

Por consiguiente, el derecho a la pensión tiene una naturaleza jurídica sui géneris, la cual deriva de la materialización de la solidaridad humana y la seguridad social a que se refiere el artículo 73 de la Constitución Política. Dentro de esta óptica se puede concluir que las cuotas ingresadas a los regímenes de pensiones no son derechos patrimoniales que pertenecen a los trabajadores que forman parte de él, sino que, más bien, constituyen un fondo constituido a favor de ellos para protegerlos cuando por razones de edad o de invalidez ya no pueden procurarse sus sustento y el de su familia con su fuerza laboral.

Se trata, en consecuencia, de un fondo de carácter social, formado con contribuciones del patrono, del Estado y a veces el trabajador, del cual este tiene derecho a obtener ventajas económicas cuando reúna los requisitos fijados al efecto por la ley que crea el respectivo régimen.

La jurisprudencia de la Sala Constitucional ha dicho que estos sistemas no participan de las características tributarias, sino de la modalidad denominada contributiva, es necesario que el legislador defina, con base en estudios técnicos, la proporcionalidad y razonabilidad de los montos a deducir, de conformidad con las especiales consideraciones que presente el régimen jubilatorio (**Voto 5282-94**).

3. *Contenido*

a.- Ingreso al régimen jubilatorio: Sobre este tema la Sala desde sus inicios estableció que ese derecho deja de ser una simple expectativa y se adquiere desde que se ingresa al régimen jubilatorio, al menos como derecho general de pertenencia al mismo, y desde el instante en que el beneficiario se encuentra en las condiciones de hecho previstas para recibir el beneficio, como derecho a la prestación actual, sin que sea necesario que la haya reclamado, ni mucho menos declarado el reconocimiento o comenzado a percibirla (**Voto 1147-90**).

En otra sentencia posterior aclaró que la pertenencia a un régimen determinado de pensiones o jubilaciones se adquiere desde el momento en que se comienza a cotizar en dicho régimen (**Voto 487-94**).

b.- El derecho al disfrute de la pensión: El derecho al disfrute de la pensión, sin embargo, se adquiere en el momento en que el interesado cumple con todos los requisitos establecidos por la respectiva ley.

Estos requisitos son generalmente dos: haber laborado un determinado número de años y, por tanto, haber versado un número determinado de cuotas al régimen, y haber alcanzado la edad mínima de jubilación.

No obstante, en el caso de que haya variantes en el régimen y se aumenten ya sea los años de trabajo o la edad para pensionarse, la jurisprudencia de la Sala ha considerado lo siguiente: "El plazo de dieciocho meses durante el cual las modificaciones de las condiciones específicas del régimen no pueden afectar al administrado, que proyectaba cumplir con los requisitos para pensionarse durante ese plazo, ha sido reiterado por la Sala en varios de sus pronunciamientos, con el objeto de proteger al beneficiario de un determinado régimen de pensión, de cambios repentinos en los requisitos específicos necesarios para obtener el reconocimiento concreto del beneficio jubilatorio; cambios que pueden agravar las condiciones para obtener la pensión, cuando le faltaban al interesado pocos meses para adquirir el derecho al beneficio, con base en la norma modificada" (**Voto 5476-93**).

c.- Repartición de cargas: Dado que el artículo 75 de la Constitución establece el principio del régimen tripartito de financiamiento de las pensiones, la jurisprudencia de la Sala ha dicho que todas las personas incluidas dentro del régimen, ya sean contribuyentes para disfrutar del beneficio en el futuro, ya sea servidores pensionados o jubilados en el disfrute de los beneficios, deben repartirse las cargas, junto con el patrono y el Estado, para que el sistema de retiro pueda ser autosuficiente (**Voto 3819-94**).

d.- Cotización por un periodo mínimo: Otro principio fundamental en la materia, reivindicado por la jurisprudencia de la Sala Constitucional es el de que para tener derecho a la seguridad social, todo trabajador ha de cotizar un periodo mínimo que permita la sostenibilidad del régimen de pensiones y jubilaciones, es decir, debe haber contribuido al fortalecimiento del respectivo fondo (**Voto 5261-95**).

e.- Tope de las pensiones: La jurisprudencia de la Sala Constitucional ha considerado que el legislador, dentro del marco de su competencia, puede, perfectamente, establecer el límite máximo de los aportes con los que deba contribuir cada una de las partes involucradas y encomendar a un órgano definido por él mismo, la adecuada administración de los recursos con base en estudios técnicos (**Voto 3819-94**).

También ha dicho sobre el particular lo siguiente: "El tope para el cálculo inicial de la pensión probablemente obedece al respecto del principio general sentado por el mencionado artículo: nadie puede percibir más de una pensión del Estado, pero establecidas por el mismo legislador excepciones de ese principio, excepciones cuya constitucionalidad o inconstitucionalidad aquí no está en juego, no es razonable que esa cantidad, además de limitar el máximo del monto inicial del derecho de la jubilación, figure como límite a los periódicos aumentos por concepto de costo de la vida, pues esta interpretación desnaturalizada el derecho jubilatorio como proyección del derecho al salario (**Voto 2880-94**).

f.- La pensión no puede denegarse ni restringirse por condiciones ajenas a las causas de adquisición: En su primera y más célebre sentencia en la materia, la Sala Constitucional estableció claramente que el derecho a la pensión no puede denegarse ni restringirse por condiciones ajenas a las causas de adquisición.

Estableció la citada jurisprudencia lo siguiente: "La Sala considera que el derecho a la jubilación, en general, o en los regímenes especiales aludidos, no puede ser normalmente condicionado a la conducta de su titular, ya sea esta anterior o posterior a su consolidación como derecho adquirido que solo puede ser sujeto a condiciones y limitaciones previstas por las normas que lo reconocen y garanticen, y resulten, además, razonablemente necesarias para el ejercicio del derecho mismo, de acuerdo con su naturaleza y fin (principio de proporcionalidad)…Por el contrario, resulta, a todas luces, inconstitucional, por irrazonable, por desproporcionada y por desvinculada totalmente de la naturaleza y fin de la jubilación como derecho fundamental derivado de la prestación del trabajo y constituido en una medida importante por los aportes del propio trabajador, la privación de aquella por causas tales como la conducta impropia del beneficiario absolutamente incompatible con el concepto mismo de lo que es, según se dijo, un derecho del trabajador y no una concesión graciosa del Estado o del patrono… el derecho general a la seguridad social, en -todas sus manifestaciones fundamentales, entre ellas la jubilación, sigue siendo, tal derecho, universal, igual y exigible cualesquiera que sean la participación o los méritos legales o morales del beneficiario" (**Voto 1147-90**).

g.-Otros derechos derivados del derecho a la pensión: Sobre el contenido del derecho a la pensión, la Sala ha dicho, entre otras cosas, que los salarios extraordinarios son parte integrante del salario y no pueden, en consecuencia, dejarse por fuera al calcular la pensión de un trabajador (**Voto 846-92**); "se acepta que el trabajador pueda reivindicar tiempos servidor para cualquier dependencia o institución del Estado, en razón del concepto de único patrono, y ello no resulta irrazonable y tampoco lo es que se excluyan los tiempos servidos en la empresa privada, porque lo contrario sería alterar ese natural equilibrio que debe existir" (**Voto 2084-96**).

h.-La pluralidad de los regímenes de pensiones: La jurisprudencia de la Sala Constitucional ha establecido: "si el fin primordial del Constituyente fue mantener los seguros sociales para fortalecer la seguridad social, no hay razón para cuestionar la pluralidad de regímenes siempre que la contribución del Estado, como tal, sea igual, porcentualmente, sobre los salarios para todos los regímenes, incluyendo los de la empresa privada y la contribución del Estado como empleador en los diversos regímenes no sea superior a la que se impone a los demás empleadores" (**Voto 846-92**).

En otra sentencia posterior reiteró: "no lleva razón la acción al afirmar que en virtud de la universalización de los seguros sociales existe un solo sistema de relaciones obrero-patronales, de las que se derivan todas las consecuencias de la seguridad social" (**Voto 2084-96**).

Los argumentos de la Sala en esta materia no sólo no son convenientes, sino que además chocan frontalmente con el texto del artículo 75 de la Constitución, según el cual: "se establecen los seguros sociales en beneficio de los trabajadores manuales e intelectuales, regulados por el sistema de contribución forzosa del Estado, patronos y trabajadores, a fin de proteger a éstos contra los riesgos de enfermedad, invalidez, maternidad, vejez, muerte y demás contingencias que la ley determine".

La verdad es que la Sala no esboza ninguna razón jurídica para sostener la constitucionalidad de la pluralidad de los regímenes jubilatorios. La única razón para sostener tal tesis fue posiblemente de orden subjetivo: legitimar constitucionalmente el régimen del Poder Judicial.

4. *La naturaleza jurídica de las cuotas obreras y de las contribuciones de los patronos*

Las contribuciones forzosas que deben pagar los patronos o los
trabajador o ambos a un determinado régimen de pensiones, no implican la violación de derechos fundamentales en perjuicio de ninguno de ellos, pues se trata, repetimos, de un fondo social que pertenece no a cada trabajador individualmente considerado, sino más
bien al conjunto de todos los trabajadores que forman parte del
régimen respectivo, del cual, sin embargo, se benefician individualmente cuando cada uno de ellos cumple con los requisitos señalados al efecto por la ley de su creación. Dicho fondo se crea con
fundamento en el principio de solidaridad social que deriva de la
interpretación armónica de los artículos 73 y 74 de la Constitución
Política.

La Sala Constitucional ha dicho sobre el particular que desde
esta perspectiva, el pago de la cuota o contribución, según sea el
caso, no es un tributo, como quedó dicho en párrafos anteriores, sino el pago de una obligación legal, que es condición esencial para la
existencia misma del régimen, creada precisamente, en beneficio de
los mismos contribuyentes (**Voto 3819-94**).

Dentro de este orden de ideas, ha sostenido también que la no
devolución de cuotas pagadas al Fondo de Retiro del Poder Judicial
no implica violación del derecho de propiedad. El régimen de pensiones es un mecanismo previsto para personas que hayan pertenecido a la población económicamente activa del país durante un determinado período de su vida, hasta el momento que, cumplidos los
requisitos para alcanzar los beneficios, lo pueden disfrutar. Esto
obedece a la materialización de la solidaridad humana y la seguridad social a que se refiere el artículo 73 de la CPCR, no debiendo
entenderse que las cuotas ingresadas a un régimen puedan ser re-
clamadas como si se tratara de un mero derecho patrimonial. Lo que
sí puede el recurrente, si a bien lo tiene, es solicitar el traslado de
sus cuotas a la CCSS u otro régimen a fin de disfrutar este derecho
en el momento pertinente, sin importar la fecha en que lo solicite,
puesto que eso si es un derecho constitucionalmente reconocido
(**Voto 4033-93**).

CAPÍTULO XVII
LOS DERECHOS DE PROTECCIÓN AL AMBIENTE

I. LOS FUNDAMENTOS CONSTITUCIONALES DEL DERE-
    CHO AL AMBIENTE SANO Y ECOLÓGICAMENTE EQUI-
    LIBRADO

El derecho al ambiente sano y ecológicamente equilibrado encuentra un doble fundamento constitucional: por una parte del segundo párrafo del artículo 50 y, por el otro, la interpretación armónica de los artículos 21 y 89 *ibídem*.

Antes del reconocimiento expreso en el artículo 50 de la Carta
Política del derecho a un ambiente sano y ecológicamente equilibrado, ya la jurisprudencia de la Sala Constitucional lo había co-
rrectamente derivado de la interpretación armónica de los precitados
artículos 21 y 89 de la Constitución.

> "Estima la Sala que el tema debe ser analizado desde la perspec-
> tiva constitucional en aras de garantizar la protección del derecho a
> un ambiente sano ampliamente reconocido y protegido por esta juris-
> dicción y expresamente contemplado por el artículo 89 de la Consti-
> tución... Por ello podemos afirmar que del derecho a la vida y de la
> obligación estatal de "proteger las bellezas naturales" contenidos en
> los artículos 21 y 89 de la Constitución, surgen otros derechos de
> obligada protección e igual rango como son los de la salud y a un
> ambiente sano, en ausencia de los cuales o no sería posible el ejerci-
> cio de los primeros, o su disfrute se vería severamente limitado" (**Vo-
> to 6240-93**).

El otro fundamento constitucional lo encontramos recogido expresamente en el segundo párrafo del artículo 50, luego de la reforma de 1994, según el cual dice: "Toda persona tiene derecho a un
ambiente sano y ecológicamente equilibrado, por ello está legitima-

da para denunciar los actos que infrinjan ese derecho y para reclamar la reparación del daño causado. El Estado garantizará, defenderá y preservará ese derecho. La ley determinará las responsabilidades y las sanciones correspondientes".

El fundamento de la existencia de la protección del derecho a un ambiente sano y ecológicamente equilibrado se encuentra en el desarrollo y evolución favorable del ser humano. En efecto, según la jurisprudencia de la Sala Constitucional manifiesta lo siguiente: "El objetivo primordial del uso y protección del ambiente es obtener un desarrollo y evolución favorable al ser humano. La calidad ambiental es un parámetro fundamental de esa calidad de vida; otros parámetros no menos importantes son salud, alimentación, trabajo, vivienda, educación, etcétera, pero más importante que ello es entender que si bien el hombre tiene el derecho de hacer uso del ambiente para su propio desarrollo, también tiene el deber de protegerlo y preservarlo para el uso de las generaciones presentes y futuras, lo cual no es tan novedoso, porque no es más que la traducción de esta materia, del principio de la "lesión", ya consolidado en el derecho común, en virtud del cual el legítimo ejercicio de un derecho tiene dos límites esenciales: por un lado, los iguales derechos de los demás, y por el otro, el ejercicio racional y el disfrute útil del derecho mismo" (**Voto 2641-96**).

II. EL DERECHO AL AMBIENTE COMO PRESUPUESTO DE LOS DERECHOS A LA VIDA Y A LA SALUD

En una importante sentencia, la Sala Constitucional consideró que para disfrutar adecuadamente los derechos a la vida y a la salud, se debe necesariamente tutelar el derecho a vivir en un ambiente ecológicamente sano y equilibrado.

Dijo la Sala que "la vida es el fundamento, la condición necesaria y determinante de la existencia de la persona humana; es inherente a la persona humana. De ello se deriva el principio de la inviolabilidad de la vida humana, de modo que es deber de la sociedad y el Estado su protección. Es el más elemental y fundamental de los derechos humanos y del cual se despliegan todos los demás. El más inmediato derecho vinculado al derecho a la vida es el derecho a la integridad física y psíquica. El derecho a la vida demanda condiciones de salud en su más amplio sentido, de forma que el derecho a la salud, sin perder su autonomía, casi viene a presentarse como un aspecto del derecho a la vida. Así, la relación vida–salud está en la vida misma y en prioridad que asigne a su protección. El anterior análisis nos permite concluir que es necesario que se tome conciencia, a nivel gubernamental y colectivo, acerca de la importancia del ambiente para la salud humana y animal en la economía nacional, regional y mundial, por medio de la conservación de la naturaleza y de la vida misma en su más amplia acepción". (**Voto 4423-93**).

III. LA NATURALEZA JURÍDICA DEL DERECHO AL AMBIENTE SANO Y ECOLÓGICAMENTE EQUILIBRADO

El derecho fundamental a un ambiente sano y ecológicamente equilibrado presenta una naturaleza jurídica compleja.

Para comenzar, se le suele clasificar como un derecho de la tercera generación, los cuales no están jurídicamente bien determinados, pues dentro de esa categoría se incluyen algunos que no son propiamente derechos fundamentales por no ser, sus titulares, personas físicas, sino los pueblos (derecho a la autodeterminación, a la paz, al desarrollo), incluso dicha titularidad se imputa a la humanidad entera (**Sagués**).

Como dice el magistrado Piza: "No hay derechos humanos cuyo titular no sea "cada ser humano" como tal, y que por esto no me cabe la idea de que haya derechos humanos colectivos, es decir, derechos humanos que se atribuyan a la colectividad como un todo, como el llamado "derecho a la libre autodeterminación de los pueblos" ... o como algunos de los denominados derechos de "tercera generación" o de "solidaridad". Simplemente me opongo a considerarlos como derechos humanos, porque no se comportan como tales, y sobre todo porque estoy convencido de que al confundirlos con ellos, pierden unos y otras más de lo que gana ninguno, porque pierden sobre todo precisión y profundidad".

Consideramos erróneo incluir en la misma categoría jurídica el derecho al ambiente sano y ecológicamente equilibrado y los denominamos derechos de tercera generación y de solidaridad, por cuanto el primero si reviste las características de un auténtico derecho fundamental, es decir, se trata de un derecho subjetivo cuya titularidad pertenece a todas las personas y que es exigible, en caso de violación o amenaza de conculcación, ante los tribunales de justicia. Los segundos, en cambio, no revisten la naturaleza de derechos fundamentales por varias razones que no es el momento ni el lugar adecuado para indicarlo.

Como dice un autor nacional: "La satisfacción del derecho a un ambiente sano y ecológicamente equilibrado se logra, por una parte, mediante la abstención total de la sociedad (incluido el Estado) de contaminar y afectar negativamente el equilibrio ecológico, y por otra parte, mediante una explotación racional de los recursos del medio. Asimismo, con la obligación del Estado de buscar resarcir el daño al ambiente, obligando a que pague al que contamina y, por los medios jurisdiccionales, hacer efectivo el principio de que quien daña debe pagar" (**González Ballar**).

De lo dicho se deduce que el derecho al ambiente sano y ecológicamente equilibrado requiere, de parte de sus titulares, el ejercicio de obligaciones de abstención (no contaminar) y de hacer (desarrollar actividades productivas con respeto del principio del desarrollo sostenible), a la vez que el Estado también tiene una doble obligación: abstenerse de realizar actos de contaminación, pero a la vez realizar actos positivos (de prestación) obligando a que pague el que contamina y, por los medios jurisdiccionales, hacer efectivo el principio de que quien daña debe pagar.

IV. EL DESARROLLO SOSTENIBLE COMO MECANISMO DE PROTECCIÓN AL AMBIENTE

La jurisprudencia del Tribunal Constitucional español ha señalado que "En su virtud, no puede considerarse como objetivo primordial y excluyente la explotación al máximo de los recursos naturales, el aumento de la producción a toda costa, sino que se ha de armonizar la "utilización racional" de esos recursos con la protección de la naturaleza, todo ello para el mejor desarrollo de la persona y para asegurar una mejor calidad de vida" (**STC 64/1982**).

Este es uno de los temas neurálgicos en esta materia, pues las exigencias del desarrollo económico entran constantemente en conflicto con las regulaciones en materia ambiental. La jurisprudencia de nuestra Sala Constitucional ha tratado de equilibrar ambas necesidades en diversas sentencias.

Uno de los hitos jurisprudenciales de la Sala en materia ambiental fue justamente en el que definió el concepto de desarrollo sostenible en la siguiente forma: "El desarrollo sostenible es una de esas políticas generales que el Estado dicta para ampliar las posibilidades de que todos puedan colmar sus aspiraciones a una vida mejor, incrementando la capacidad de producción o bien, ampliando las posibilidades de llegar a un progreso equitativo entre un crecimiento demográfico o entre este y los sistemas naturales. Es el desarrollo sostenible, el proceso de transformación en la utilización de los recursos, orientación de las inversiones, canalización del desarrollo tecnológico, cambios institucionales y todo aquello que coadyuve para atender las necesidades humanas del presente y del futuro" (**Voto 4423-93**).

En una resolución de fecha posterior dijo que "Esta Sala también ha reconocido, que tanto el derecho a la salud como a un ambiente libre de contaminación, sin el cual el primero no podría hacerse efectivo, son derechos fundamentales, de modo que, es obligación del Estado proveer a su protección, ya sea a través de políticas generales para procurar ese fin o bien, a través de actos concretos por parte de la Administración. El desarrollo sostenible es una de esas políticas generales que el Estado dicta para ampliar las posibilidades de que todos puedan colmar sus aspiraciones a una vida mejor, incrementando la capacidad de producción o bien, ampliando las posibilidades de llegar a un progreso equitativo entre un crecimiento demográfico o entre este y los sistemas naturales" (**Voto 1763-94**).

Posteriormente ha tenido aplicaciones concretas muy importantes, como la que se refiere a la explotación racional que debe hacerse de los recursos que componen los humedales protegidos en el "Refugio Silvestre de Gandoca–Manzanillo", de conformidad con lo dispuesto en la "Convención de Ramsar sobre Humedales" (**Voto 1888-95**), así como la aplicación del "Convenio para la Conservación de la Biodiversidad y protección de Áreas Silvestres Prioritarias en América Central" y del "Convenio sobre la Diversidad Biológica", a fin de declarar la inconstitucionalidad del decreto ejecutivo que permitía la caza de las tortugas verde y lora, a pesar de constituir una especie en vías de extinción (**Voto 1250-99**).

Como indican algunos autores nacionales: "De los pronunciamientos indicados, se pueden extraer dos aspectos fundamentales: 1.–Que las normas internacionales vigentes en el país, son aplicadas plenamente por la Sala Constitucional, cuya supremacía –junto con las normas y principios Constitucionales– está garantizada por esa jurisdicción; 2.-Que el interés por conservar los recursos naturales a que se hizo referencia, trasciende el interés nacional para transformarse en un interés de carácter universal, que busca la preservación de las especies animales y vegetales, a fin de que las generaciones presentes y futuras puedan disfrutarlas" (**Álvarez et al**).

V. LA OBLIGACIÓN DEL ESTADO DE PROTEGER EL AMBIENTE

El último párrafo del artículo 50 de la Constitución Política establece que "El Estado garantizara, defenderá y preservará ese derecho. La ley determinará las responsabilidades y las sanciones".

Esta disposición constitucional se complementa con lo establecido en el numeral I del "Protocolo Adicional a la Convención Americana sobre Derechos Humanos en Materia de Derechos Económicos, Sociales y Culturales". De la interpretación armónica de ambas normas se deriva el denominado "principio precautorio", según el cual el Estado tiene que disponer todo lo que sea necesario dentro del ámbito permitido por la ley— a efecto de impedir que se produzcan daños irreversibles en el medio, y que "en materia ambiental la coacción a posteriori resulta ineficaz, por cuanto de haberse producido ya las consecuencias biológicas y socialmente nocivas, la represión podrá tener una trascendencia moral, pero difícilmente compensará los daños ocasionados al ambiente" (**Voto 1250-99**).

Dentro de esta óptica, la jurisprudencia de la Sala ha indicado también que "El principio de protección al medio ambiente no es una recomendación o una intención que da la Constitución, sino que, por el contrario, es un derecho de aplicación inmediata por lo que existe una obligación por parte de los organismos gubernamentales de vigilar porque se cumplan las disposiciones legales que tiendan a proteger el medio ambiente" (**Voto 132-99**).

También ha dispuesto, en relación con esta materia, que "el Estado no sólo tiene la responsabilidad ineludible de velar para que la salud de cada una de las personas que componen la comunidad nacional no sufra daños por parte de terceros, con relación a estos derechos, sino que, además, debe asumir la responsabilidad de lograr las condiciones sociales propicias a fin de que cada persona pueda disfrutar de su salud, entendido tal derecho, como una situación de bienestar psíquico, (o mental) y social. Así, la salud de las personas depende en gran medida de las condiciones ambientales que lo rodean" (**Voto 180-98**).

Por ello, la Sala ha sostenido que la falta de recursos económicos no es justificación para que un órgano o ente público no adopte las medidas que sean necesarias para preservar el medio ambiente, o suspender cualquier actividad que atente contra esa finalidad. En palabras de la Sala "dada la jerarquía y trascendencia del valor humano y Constitucional en juego, sea, la salud de las personas, así como su derecho a un ambiente sano, y en último caso, su derecho a respirar y vivir en una atmósfera dentro de las normas de salud; la simple excusa de falta de medios materiales para enfrentar los problemas por parte del Estado, no es admisible, porque en estos casos la Administración tiene la obligación de dar prioridad a las soluciones y realizar con los recursos limitados, lo que conforme con el ordenamiento jurídico sea necesario para llevarlas a cabo con prontitud" (**Voto 695-96**).

De esa obligación Constitucional del Estado de proteger el ambiente, ha derivado también la jurisprudencia de la Sala Constitucional la obligación de exigir los estudios de impacto ambiental. Dicha obligación la ha sustentado en que "el hecho de que se reconozcan tanto el derecho a la salud como el derecho a gozar de un ambiente ecológicamente equilibrado, como derechos fundamentales, obliga a la Sala a precisar que la solución del problema no puede estar fundamentada en soluciones rápidas; que, para adoptar una decisión en este campo, debe contarse con los estudios técnicos que garantizar que la solución que se propone, en cada caso concreto, no será el origen de un problema de salud pública o de alteración, indebida al ambiente" (**Voto 2671-95**).

Dentro de esta óptica, la Sala ha reflejado también que "En consecuencia, dado que el estancamiento del sistema de alcantarillado y el desbordamiento de aguas negras genera la contaminación del medio ambiente y, en consecuencia, constituye un peligro para la salud de los habitantes de la zona, estima la Sala que la omisión atribuida a la Municipalidad recurrida, atenta contra lo dispuesto en los artículos 21 y 50 de la Constitución Política" (**Voto 705-99**).

Asimismo, dicha jurisprudencia ha considerado que el hecho de no dotar de agua potable a una urbanización constituye una omisión violatoria del derecho a la salud derivado del derecho a la vida y, por ende, del derecho fundamental a un ambiente sano y ecológicamente equilibrado (**Voto 131-94**).

VI. LOS PRINCIPIOS CONSTITUCIONALES EN MATERIA AMBIENTAL

Los principios aquí enunciados no constituyen un numerus clausus, por lo que podrían eventualmente ser ampliados por la jurisprudencia de la Sala Constitucional.

1. *El principio de uso racional de los recursos*

Este principio deriva del artículo 69 de la Constitución, según el cual "Los contratos de aparcería rural serán regulados con el fin de asegurar una explotación racional de la tierra y la distribución equitativa de sus productos entre propietarios y aparceros".

Este principio se expresa diciendo que "el objetivo primordial del uso del ambiente es que a través de la producción y uso de prácticas y tecnología, se obtengan no sólo ganancias económicas (derecho de propiedad y libertad de empresa), sino en particular, un desarrollo y evolución favorable del medio ambiente y los recursos naturales con el ser humano, esto es, sin que se cause a éstos daño" (**Fernández Brenes**).

La Sala Constitucional lo ha recogido en su jurisprudencia manifestando que "La norma 69 de la Carta Política habla de la "explotación" racional de la tierra, lo que constituye un principio fundamental. En consecuencia, son cánones del orden constitucional, aquella protección y preservación, así como la explotación de los recursos que se han indicado" (2233-93).

2. El principio de la calidad ambiental

Este principio deriva de la interpretación armónica de los artículos 21, 50 y 69 de la Constitución, 11 del Protocolo a la Convención Americana sobre Derechos Humanos en materia de Derechos y el principio primero de la Declaración de Estocolmo sobre Medio Ambiente Humano. Además, a nivel legislativo se encuentra desarrollado por el artículo 11.3 de la Ley de Biodiversidad.

La Sala Constitucional lo ha consagrado en varias de sus sentencias y se puede caracterizar, antes que un principio como un parámetro de constitucional derivado del principio constitucional de la dignidad de las personas, dado que no es posible concebir que alguien tenga una vida digna si bebe agua contaminada, si la tierra se encuentra devastada por la erosión, los suelos agotados que no permiten la actividad agrícola, si existen serios problemas para eliminar la basura, etc., (Votos 4423-93; 1394-94; 6323-03 y 8945-05).

Es indudable que este principio, junto con la salud, alimentación, trabajo, vivienda y educación constituyen condicionantes para el disfrute de otros derechos fundamentales, en la medida en que una adecuada tutela del ambiente permite que el ser humano se desarrolle de manera equilibrada e integral, tanto desde el punto de vista físico como psíquico. De allí deriva la obligación del Estado de fomentar y procurar obtener una protección no sólo adecuada sino óptima del ambiente y, en consecuencia, de tomar las medidas necesarias para evitar que la actividad humana produzca serias lesiones al ambiente.

3. El principio precautorio

Este es uno de los principios constitucionales cardinales en materia ambiental. Se deriva del artículo 50 de la Constitución, aunque está consagrado expresamente en los artículos 15 de la Conferencia de las Naciones Unidas sobre el Medio Ambiente y el Desarrollo, Declaración de Río y a nivel legislativo interno, en el artículo 11 de la Ley de Biodiversidad.

Se enuncia como la actitud cautelosa que deben tomar, tanto los particulares como las autoridades, cuando surja alguna duda razonable, es decir que no sea comprobable mediante métodos objetivos científicos ni técnicos, en relación con la peligrosidad de cualquier actividad, por las posibles repercusiones negativas ambientales. En estas hipótesis, se debe evitar la eventual medida perniciosa para el ambiente, o bien adoptar medidas correctivas y cautelares con el propósito de eliminar el riesgo o impacto dañino.

La exigencia de los estudios de impacto ambiental se fundamenta justamente en esta óptica, pues tienden a evitar, de manera preventiva, que el desarrollo de proyectos produzcan daños irreversibles al ambiente, o bien que tales proyectos se ejecuten pero tomando una serie de medidas que mitigan los efectos desfavorables para aquél.

El principio precautorio se diferencia del principio de prevención. En virtud de primero cuando exista la certeza técnica y científica de que una determinada actividad de cualquier naturaleza provocará un daño al ambiente, el órgano o ente competente está imposibilitado de otorgar la respectiva autorización para que el proyecto sometido a valoración se lleve a cabo.

En cambio, el principio precautorio se aplica cuando los criterios científicos y técnicos arrojen dudas sobre la viabilidad ambiental del proyecto. Por tanto, la autorización respectiva para ejecutar la actividad sometida a control se otorga, pero sujeta a la adopción de medidas correctivas y cautelares con el objetivo de evitar el riesgo o el eventual impacto dañino.

La jurisprudencia de la Sala Constitucional lo ha reconocido ampliamente, mediante la exigencia de estudios de impacto ambiental previo a la iniciación de obras (**Votos 10466-2000; 1220-2002, entre otros**); para la aprobación de Planes Reguladores (**14293-95**); para la instalación de rellenos sanitarios (**Voto 6323-2003**), para la explotación de recursos mineros (**Voto 12039-95**), entre otros ejemplos.

4. *El cumplimiento de las normas ambientes sólo se exceptúa en los estados de necesidad constitucionalmente declarados*

Dado que la normativa ambiental reviste un evidente interés público por la importancia que tiene la materia tutelada para todos los habitantes de la República, es claro que su desaplicación sólo puede jurídicamente justificarse en casos de estado de necesidad constitucionalmente declarados.

Por tanto, todas aquellas obligaciones ambientales que son previsibles a mediano o largo plazo, tales como la planificación urbana, se encuentran dentro del concepto de administración ordinaria del Estado. De esa forma, las instituciones estatales tienen que adoptar todas las medidas necesarias, con antelación, para evitar catástrofes humanas o evitar que hechos de la naturaleza desemboquen en inundaciones, derrumbes u otros hechos que atenten contra el ambiente y la vida humana.

5. *La falta de recursos económicos de las instituciones públicas no es excusa para justificar la omisión de tutelar adecuadamente el ambiente*

El Estado y sus instituciones no pueden escudarse en que no tutelan adecuadamente el ambiente por falta de recursos naturales, por cuanto esa omisión es violatoria del artículo 50 de la Constitución Política, norma que obliga al aparato estatal a adoptar todas aquellas conductas positivas (obligaciones de hacer) para lograr que los ciudadanos gocen efectivamente de un ambiente sano y equilibrado (**Votos 726-98 y 6323-2003**).

VII. PRINCIPIOS JURISPRUDENCIALES EN MATERIA DE PROTECCIÓN AL AMBIENTE

La jurisprudencia de la Sala Constitucional ha establecido una gran cantidad de principios en materia de tutela al ambiente, la cual conviene reservar brevemente, al menos los de mayor importancia.

1. *Potestades municipales en materia de recolección de desechos*

La Sala ha reivindicado la competencia de las Municipalidades, basada en su autonomía garantizada a nivel Constitucional para autorizar el funcionamiento de los rellenos sanitarios dentro de sus respectivos cantones. Dijo la Sala sobre el particular "Es por ello que para autorizar el funcionamiento de un relleno sanitaria es imprescindible que se cumplan los requisitos correspondientes, siendo como se dijo en consideraciones anteriores, en razón de la especialidad de la materia y de la autoridad de gobierno local que será entonces el Ministerio de Salud y a la Municipalidad del lugar, a quienes corresponde, una vez revisados los estudios técnicos que deban presentarse al efecto, como por ejemplo, el estudio de impacto ambiental contaminación de aguas y otros que deban, razonablemente, y tomando en consideración los intereses nacionales y locales, autorizar o no el funcionamiento del proyecto que interesa" (**Voto 2231-96**).

2. *Contaminación sónica como manifestación lesiva del derecho a un ambiente sano y equilibrado*

La contaminación sónica se ha convertido en uno de los problemas principales dentro de los centros urbanos. La falta de planificación urbana en el pasado permitió que industrias fueran localizadas en zonas residenciales y viceversa.

Dentro de este orden de ideas, la jurisprudencia Constitucional ha dicho que "El derecho a la salud es un derecho fundamental que el Estado está llamado a proteger en forma eficiente y rápida, lo que a juicio de ese Tribunal Constitucional no sucedió en este caso, ya que se ha permitido al negocio en cuestión funcionar en forma ilegal y violatoria de la salud mental y del derecho al descanso de los vecinos del lugar, dado el desmedido ruido provocado aun a altas horas de la noche" (**Voto 661-96**).

También la Sala ha subrayado la obligación en que se encuentran las autoridades públicas de evitar y controlar la contaminación sónica: "la Administración no sólo está facultada sino obligada a tomar las medidas necesarias a fin de evitar la contaminación ambiental y, por ello, las actuaciones de los recurridos a fin de investigar la queja interpuesta por un administrado, por la contaminación sónica supuestamente producida por el establecimiento comercial cuyo permiso sanitaria de funcionamiento se solicito renovar, están dentro de sus facultades y atribuciones, pero también es cierto que debe actuar en forma diligente, lo que se echa de menos en este caso, pues de conformidad con el informe rendido ni siquiera se realizó la medición sónica correspondiente en forma oportuna" (**Voto 2613-96**).

3. *Desarrollos urbanísticos*

Otro importante aporte de la jurisprudencia Constitucional en materia de tutela al ambiente es el de haber establecido la obligación para los complejos urbanísticos para desarrollarse en armonía con el medio ambiente. Lo anterior supone una limitación importante al derecho de propiedad (**Voto 6010-96**).

4. *El tendido de cables de alta tensión*

En el controvertido caso de INTEL, la jurisprudencia de la Sala Constitucional estableció el principio de que, bajo determinadas circunstancias, el cableado de alta tensión pueda provocar daños a la salud de los habitantes de la zona por donde pasa, así como al ambiente. Dijo la citada sentencia sobre el particular que "Será preciso seguir con interés, entonces, el debate científico sobre el tema, particularmente en cuanto a las investigaciones que desarrolla la Organización Mundial de la Salud ... y haciendo una correcta aplicación de la doctrina de la evitación prudente al caso concreto, se juzga necesario ordenar al Instituto Costarricense de Electricidad que adopte todas las medidas que sean requeridas para asegurar que el campo magnético generado por las obras, no exceda, en las viviendas, los márgenes a que se ha comprometido con la Sala y con la comunidad" (**Voto 2806-98**).

5. *La no aplicación del silencio positivo en materia ambiental*

Como es sabido, el instituto del silencio positivo se aplica en materia de permisos y autorizaciones, de conformidad con las reglas contenidas en los artículos 330 y 331 de la LGAP.

La jurisprudencia de la Sala Constitucional ha señalado que en materia de permisos de aprovechamiento de recursos forestales, marinos, entre otros, no se aplica dicha figura por estar de par medio el valor superior de la tutela del ambiente.

En palabras del citado tribunal: "la protección y preservación de la integridad del medio ambiente natural, dentro del cual se encuentra la riqueza forestal, es un derecho fundamental de modo que no puede entenderse que el silencio positivo opere simplemente por el transcurso del plazo dentro del cual la Administración debió pronunciarse sobre el permiso de explotación forestal, sin que lo hiciera, pues ello implicaría poner en inminente peligro el patrimonio forestal del país al permitirse, por esa vía su explotación irracional e indiscriminada" (**Voto 1730-94**).

VII. LA LEGITIMACIÓN PROCESAL EN MATERIA AMBIENTAL

Antes de la reforma Constitucional del artículo 50 de la Constitución en 1994, la jurisprudencia de la Sala consideraba que en materia ambiental cualquier persona podía accionar ante esa jurisdicción como titular de un interés difuso, por cuanto el interés no solo atañía a la sociedad en su conjunto, sino también a cada una de las personas que forman parte de ella.

Dentro de este orden de ideas, estableció dicha jurisprudencia que "Es decir, los intereses difusos participan de una doble naturaleza, ya que son colectivos por ser comunes a una generalidad o individuales, por lo que pueden ser reclamados en tal carácter. Y precisamente ello es lo que sucede en el presente caso, en el cual el recurrente, evidentemente, tiene un interés individual en el tanto está siendo afectado por la contaminación de que es objeto su comunidad, pero también existe un interés colectivo, ya que la lesión también se produce a la colectividad como un todo" (**Voto 3705-93**).

No obstante, a partir de la reforma precitada del artículo 50 Constitucional el interés difuso para accionar en la vía jurisdiccional se transformó en un interés colectivo, pues el ordenamiento Constitucional reconoce expresamente la existencia de un derecho fundamental al ambiente sana y ecológicamente equilibrado. El propio texto del artículo 50 es claro al disponer que "Toda persona tiene derecho a un ambiente sano y ecológicamente equilibrado, por ello está legitimada para denunciar los actos que infringen ese derecho y para reclamar la reparación del daño causado".

Como dicen algunos autores nacionales "En el momento en que se traspasa esa situación puramente fáctica, y el ordenamiento reconoce la existencia del interés difuso, estableciendo sus condiciones formales, este se habrá convertido en un interés colectivo, de suerte que se trata de "un interés difuso jurídicamente reconocido" (**Álvarez et al**).

En conclusión, la tutela jurisdiccional del medio ambiente ha trascendido las fronteras de los intereses difusos, para transformarse en un interés colectivo, dado que se ha reconocido por parte del ordenamiento Constitucional la existencia de un derecho al ambiente sana y ecológicamente equilibrado a favor de todas las personas, es decir, como interés general de toda la colectividad.

CAPÍTULO XVIII
EL RÉGIMEN JURÍDICO DE LOS EXTRANJEROS

I. EL CONTENIDO DEL PRINCIPIO DE IGUALDAD ENTRE NACIONALES Y EXTRANJEROS

El artículo 19 de la Constitución dispone que "Los extranjeros tienen los mismos derechos y deberes individuales y sociales que los costarricenses, con las excepciones y limitaciones que esta Constitución y las leyes establecen. No pueden intervenir en los asuntos políticos del país, y están sometidos a la jurisdicción de los tribunales de justicia y de las autoridades de la República, sin que puedan ocurrir a la vía diplomática, salvo lo que dispongan los convenios internacionales".

En principio, los extranjeros tienen los mismos derechos y deberes que los nacionales, salvo las limitaciones expresamente señaladas en la Constitución y las que establezca la ley, pero con respeto absoluto de los principios constitucionales de la razonabilidad y de la proporcionalidad.

Dentro de esta óptica, ha dicho la Sala Constitucional que "Sin embargo, la hipótesis asentada en el párrafo 1 de esa norma permitiría ampliar la prohibición de participación política prevista por el párrafo 2 a otras excepciones y limitaciones que esta Constitución y las leyes establecen". Como primer parámetro para fiscalizar el ejercicio de esa facultad por el legislador, estaría la referencia obligada del artículo 28 de la Constitución, que define el régimen de libertad. Esta norma, en consecuencia, interpretada y aplicada en armonía con el artículo 19, permitiría la intervención del legislador en aras de concretar situaciones jurídicas disímiles en las que los extranjeros estarían sujetos a reglas singulares. Claro está la legislación de que se trate estará sujeta a la fiscalización respecto de la proporcionalidad, y razonabilidad, en tanto estos conceptos de referencia permitirían a la judicatura, en especial a esta jurisdicción constitucional valorar el prudente, moderado y sensato ejercicio de la delegación acordada por la Constitución al establecer esas "limitaciones excepcionales" (**Voto 4601--94**).

En efecto, por medio de la vía legal no puede desconstitucionalizarse, en forma liberal y arbitraria, el principio de igualdad de los derechos y deberes de los extranjeros respecto de los nacionales, sancionado por el artículo 19 de la Constitución, dado que dicha equiparación deriva de principios universales de igualdad y no de discriminación, que imponen el respeto necesario de su contenido esencial.

En todo caso y de conformidad con lo estipulado en el artículo 48 de la Constitución, los principios que sancionan la igualdad de derechos entre todos los seres humanos, independientemente de su nacionalidad, contenidos en los artículos 2 y 26 del Pacto Internacional de Derechos Civiles y Políticos, en los numerales 1 y 24 de la Convención Americana sobre Derechos Humanos, en el artículo 2 de la Declaración Americana de Derechos y Deberes del Hombre y en los numerales 1, 2 y 7 de la Declaración Universal de los Derechos Humanos, forman parte integrante de nuestro ordenamiento con rango de normas constitucionales, por ser instrumentos internacionales, de conformidad con lo estipulado en los numerales 7 y 48 de la Constitución Política.

Conforme a tales principios, las únicas excepciones o restricciones admisibles a los derechos de igualdad y donación de los extranjeros son "aquellas que, además de amparadas a la estricta reserva de ley formal aplicable al régimen de libertad y demás derechos fundamentales, sean también razonablemente necesarias, en función de la naturaleza de los derechos así exceptuados a las tradiciones, valores, cultura y sentimientos nacionales, en un Estado democrático de Derecho como el que Costa Rica aspira a realizar a plenitud" (**Voto 12--89**).

Dentro de este orden de ideas, es razonable la prohibición de que los extranjeros participen en actividades de carácter político, tal y como lo establece la norma constitucional en examen.

Algunas otras normas constitucionales, expresa o implícitamente subrayan tal prohibición. Verbigracia, el artículo 90 constitucional solo le confiere la ciudadanía a los nacionales y el 98 ibídem otorga exclusivamente a los ciudadanos el derecho formar partidos políticos. De esa forma, los extranjeros no pueden elegir ni ser electos para cargos de elección popular ni ser miembros de los partidos políticos.

También hay una restricción indirecta para los extranjeros en el sentido de que aquellos que se acojan a la nacionalidad costarricense, en ningún caso podrán llegar a ser Presidentes de ninguno de los tres Poderes.

También la Constitución restringe los derechos de los extranjeros en el ámbito sindical al prohibirles el artículo 60 ejercer cargos de dirección dentro de ellos. En el 68 *ibídem*, al prohibir el establecimiento de discriminaciones respecto del salario, ventajas o condiciones de trabajo entre costarricense y extranjeros, de manera concomitante consagra el principio de que, en igualdad de condiciones, deberá preferirse al trabajador costarricense.

Otras discriminaciones las encontramos en el artículo 22, cuya garantía de libertad de movimiento dentro del territorio nacional solo se sanciona en favor de los costarricenses; el 32, por su parte, consagra el principio de que "Ningún costarricense puede ser compelido a abandonar el territorio nacional". Tales derechos no son reconocidos, en principio, a los extranjeros, lo que permite una amplia reglamentación por vía legislativa de los requisitos de ingreso, permanencia, expulsión y deportación del territorio nacional.

Sin embargo, debe entenderse que la limitación o supresión de cualesquiera otros derechos fundamentales en perjuicio de los extranjeros no puede ser arbitraria, sino que deben respetarse siempre los principios constitucionales de la razonabilidad, de la proporcionalidad y del debido proceso.

Dentro de este orden de ideas, la jurisprudencia de la Sala Constitucional ha sido amplia en reconocer la igualdad de los derechos y deberes entre nacionales y extranjeros. Por ejemplo, ha establecido que los extranjeros privados de libertad son titulares de los mismos derechos que los costarricenses que se encuentren en la misma condición (**Voto 1175- 98**).

También ha considerado que "con relación a la transferencia de información y de bienes de un país a otro deben tenerse presente que los artículos 45 y 24 constitucionales –aplicables a nacionales y extranjeros– protegen, por su orden, la propiedad privada y la inviolabilidad de los documentos y comunicaciones privadas y limita a los tribunales de justicia la posibilidad de intervención en esos campos (Art. 153 de la Constitución Política), lo que harán, desde luego, de acuerdo con el procedimiento previsto –o por prever– en el derecho interno. Es por lo anterior que no podría interpretarse el convenio en el sentido de que se autoriza una cooperación directa e irrestricta entre los Estados, con prescindencia de lo que disponga el ordenamiento jurídico interno costarricense" (**Voto 1204-97**).

La jurisprudencia de la Sala Constitucional asimismo ha señalado que "En cuanto a la prohibición que establece el artículo 14 de la Ley 7012 para participar como comerciante en el Depósito Libre de Golfito, en contra de los extranjeros, estima la Sala que lesiona el artículo 19 de la Constitución. Las limitaciones establecidas en los términos que determina ese artículo se refieren principalmente a los derechos políticos, sin permitir el establecimiento de discriminaciones irrazonables, por ejemplo en materia de Libertad de comercio, donde del artículo impugnado ni de la Ley de Creación del Deposito se deduce la razonabilidad de la medida, por lo que el eliminar la posibilidad a los extranjeros para participar como comerciantes en el Depósito Libre Comercial de Golfito, es inconstitucional" (**Voto 319-95**).

También la Sala ha declarado inconstitucional por ser contraria al derecho fundamental al trabajo, la ilimitación contenida en el artículo 3 de la antigua Ley del Notariado que prohibía a los extranjeros ejercer dicha actividad profesional.

Dijo la Sala sobre el particular: "Esta Sala ha admitido que la función notarial es pública, pero no hay fundamento alguno para entender que el ejercicio de funciones públicas es privativo de los costarricenses, y excluye la participación de extranjeros... Es decir, la naturaleza de la función –pública o privada– no constituye, sin más, a priori, una razón suficiente para normar un trato jurídico distinto" (**Voto 2093-93**).

II. EL ASILO POLÍTICO

El asilo es el derecho que tiene una persona para que un tercer Estado le otorgue refugio inviolable en su territorio o en su legación diplomática, con el fin de brindarle protección contra persecuciones de naturaleza política, y de evitar que sea extraído de su refugio y devuelto al país que lo persigue.

El asilo es territorial cuando el Estado concedente, lo otorga, dentro de su propio territorio, en tanto que el asilo diplomático es aquel que se otorga en el recinto de una legación diplomática o en otros lugares similares. Este puede concederse solo en los locales ocupados por las misiones diplomáticas, en los buques de guerra y en las aeronaves y campamentos militares.

Conviene señalar que existe una diferencia sustancial entre asilado y refugiado, pues el primero solo adquiere tal calificativo cuando es perseguido por razones políticas, en tanto que el segundo se ve compelido a abandonar su territorio, además de razones políticas, por motivos de carácter social económico o cultural.

En nuestro país, el asilo está garantizado en el artículo 31 de la Constitución, al disponer que "El territorio de Costa Rica será asilo para todo perseguido por razones políticas. Si por imperativo legal se decretare su expulsión, nunca podrá enviársele al país donde fuere perseguido".

La Sala Constitucional lo considera un derecho fundamental bajo el siguiente argumento: "Efectivamente, el asilo figura entre los "Derechos y Garantías Individuales", derechos subjetivos reforzados que la Administración y todos los poderes públicos y privados deben respetar, situación que no es singular de la Constitución costarricense: la Ley fundamental de Bonn estatuye que "los perseguidos políticos gozarán del derecho de asilo" (artículo 16 inciso 2), con ubicación similar al artículo 31 de la Constitución costarricense, pues figura entre los "Derechos Fundamentales" que vinculan a los órganos estatales "a titulo de derecho directamente aplicable" (Ley de Bonn, artículo 1, inciso 3)" (**Voto 1747-95**).

No obstante, esta tesis entra en conflicto con las potestades que la propia Sala le reconoce al Estado en la materia de aceptar o denegar discrecionalmente las solicitudes de asilo. Si se tratare de un autentico derecho subjetivo, el Estado estaría en la obligación de motivar debidamente el rechazo del asilo, de manera que la propia Sala, por la vía del amparo, pudiera valorar si el acto denegatorio conculcó o no el derecho fundamental al asilo en el sentido de si el Poder Ejecutivo pondero adecuadamente, en el caso concreto, si se trataba o no de un perseguido político y de si existía urgencia en protegerlo.

El Estado tiene una potestad discrecional para denegar el asilo. Como ha dicho la Sala Constitucional "La Convención sobre Asilo Diplomático confiere al Estado asilante un amplio espacio de discrecionalidad en lo que hace a calificar si los motivos de la persecución son en efecto políticos ... y en punto a apreciar si concurre en el solicitante la urgencia que esa Convención exige ... Aunque no se trata de inexistencia de sujeciones jurídicas, la discrecionalidad del Ejecutivo en esta materia es por lo demás propia del otorgamiento del asilo, como parte de fa dirección de las relaciones internacionales, que la Constitución le encomienda (Art. 140 inciso 12) si bien, desde luego, una vez concedido el asilo, solo con arreglo al debido proceso puede dejársele sin efecto" (**Voto 5462-94**).

El artículo II de la Convención sobre Asilo Diplomático establece que "Todo Estado tiene derecho a conceder asilo; pero no está obligado a otorgarlo ni a declarar porque lo niega". Es decir, este instrumento internacional otorga a los Estados una amplia discrecionalidad para calificar si los motivos de la persecución son efectivamente políticos y si en el solicitante concurre el requisito de urgencia que exige la misma Convención para el otorgamiento del asilo.

La jurisprudencia de la Sala ha sostenido la tesis de que el derecho de asilo tiene preeminencia sobre la extradición, al señalar que "la figura del asilo político, como derecho constitucional y en consecuencia del más alto grado, tiene prevalencia sobre la extradición –figura de cooperación entre Estados– y en consecuencia ningún juez que tramite una solicitud de extradición podrá resolver por el fondo la solicitud del Estado requirente, hasta tanto el Poder Ejecutivo, por medio del Ministerio de Relaciones Exteriores y Culto, no haya resuelto definitivamente la gestión del asilo" (**Voto 6441–98**).

III. LA EXTRADICIÓN

El artículo 31, párrafo segundo de la Constitución, dispone que "La extradición será regulada por la ley o por los tratados internacionales y nunca procederá en casos de delitos políticos o conexos con ellos, según la calificación costarricense".

La jurisprudencia de la Sala Constitucional ha señalado que la finalidad del procedimiento de extradición no es la de juzgar al requerido, dado que el mismo será sometido a proceso penal o a la respectiva ejecución de la pena, según corresponda, en el país requirente, sino mas bien la entrega, bajo la observancia estricta de ciertos requisitos esenciales, al país requirente. Por ello, la extradición se erige como una garantía para el requerido, en el sentido de que deben cumplirse todos los principios que la informan como institución jurídica, tales como, por ejemplo, el principio de legalidad y de doble incriminación, así como el respeto de los bienes jurídicos esenciales para nuestro sistema de Derecho, respeto que debe observar el juez que conoce el asunto (**Voto 123-93**).

Se trata, en consecuencia, de un acto de asistencia jurídica internacional para hacer posible la presencia del imputado en un proceso penal o que una persona condenada vaya a descontar la pena impuesta en el país requirente. Su fundamento se encuentra en la solidaridad de los Estados y en la necesidad de superar las limitaciones que impone a la persecución y castigo de los delitos el principio de territorialidad, que impide aplicar la ley penal a hechos ocurridos fuera del país en que ha buscado refugio el presunto delincuente.

Dentro de este orden de ideas, ha dicho la Sala Constitucional que "Este acto de cooperación internacional entre Estados, debido a los problemas de territorialidad, distancia, diferencia de culturas y sistemas jurídicos, está dotado de una serie de trámites y regulaciones que buscan superar los obstáculos que se pueden presentar debido a estas diferencias, a la vez que busca conciliar y hacer respetar los ordenamientos jurídicos de ambos países, incluyendo las normas de protección a los derechos del presunto delincuente. Precisamente esas diferencias anotadas, hacen que la detención y envió de la persona acusada a los tribunales de justicia, este regulado en forma distinta a la detención de un presunto delincuente en el propio país" (**Voto 5179-93**).

1. *Límites*

La extradición se rechaza cuando se trata de delitos políticos o conexos con ellos, según la calificación del ordenamiento penal costarricense, dado que de lo contrario se dejaría sin efecto alguno el instituto del asilo político.

La jurisprudencia constitucional ha establecido que la extradición no procede contra nacionales (**Voto 2849-94**), por cuanto el numeral 32 de la Constitución consagra en su favor el derecho a no ser compelido a abandonar el territorio nacional.

Otro de los límites fundamentales a la extradición es el cumplimiento del principio de la doble incriminación o identidad de la norma, según el cual el hecho o los hechos que motivan el requerimiento de entrega del extraditable, constituyan delito, tanto en el Estado requirente como en el requerido.

El hecho de que el acusado guarde prisión por procesos penales pendientes no impide que el juez penal inicie las diligencias de extradición. La jurisprudencia de la Sala Constitucional ha justificado la anterior medida en que "el hecho de que existan procesos penales pendientes, incide precisamente en el fondo de la resolución que conceda o no la extradición, en los términos contemplados en el artículo 3 de la Ley citada, pero no en el momento inicial de las diligencias, en las que apenas se ha dado tramite a las mismas" (**Voto 1039-96**).

IV. POTESTADES ADMINISTRATIVAS EN MATERIA DE EXTRANJERÍA

1. Derecho de extranjería

El denominado Derecho de Extranjería está relacionado con las potestades administrativas del Estado en materia de ingreso, permanencia y salida de los extranjeros del territorio nacional.

Su fundamento se encuentra en la soberanía. En el ejercicio de dicha potestad el Estado puede regular y controlar el ingreso y la permanencia, temporal o definitiva, de los extranjeros en su territorio.

La regulación de dicha materia está cubierta por una reserva legal. En efecto, como ha dicho la jurisprudencia de la Sala Constitucional "Resulta de todo lo anterior que el ingreso, la permanencia, a expulsión o la deportación –como especie de la anterior– la extradición y en general todo lo que tenga que ver con el llamado Derecho de Extranjería, por voluntad expresa del constituyente, queda reservado al desarrollo y regulación por vía legal y, en esto, nuestro ordenamiento jurídico se fundamenta y sigue los principios del Derecho Constitucional en esta materia. En consecuencia, estima la Sala que existe plena habilitación constitucional para que el país regule por medio de una ley ordinaria, todo lo que concierne a estos derechos, como manifestación del ejercicio de sus potestades soberanas" (**Voto 1684-91**).

No obstante, la potestad reguladora del Estado en la materia, no puede conculcar los derechos fundamentales de los extranjeros. Dentro de esta óptica, la citada Sala declaro inconstitucional el artículo 54 de la Ley General de Migración y Extranjería por cuanto permitía cancelar la residencia de un extranjero sin respetar la garantía del debido proceso. Asimismo declaró inconstitucional el artículo 113 de la misma ley, que autorizaba la detención de extranjeros por incumplimiento de obligaciones migratorias (**Voto 3754-93**).

2. El rechazo

El rechazo es la acción mediante la cual la autoridad competente, al efectuar el control migratorio, niega a un extranjero su ingreso al país, y ordena su traslado inmediato al país de embarque, de origen o a un tercer país que lo admita.

Entre otras causales de rechazo, pueden evitarse los siguientes: cuando el extranjero tenga una enfermedad contagiosa; los previamente deportados o expulsados del país, aquellos cuyos antecedentes hagan presumir que comprometerte el orden público o la seguridad nacional o cuando no presenten la documentación exigida para ingresar al país.

3. Deportación

La deportación es el acto ordenado por la autoridad migratoria competente, mediante la cual se pone fuera del territorio nacional al extranjero que haya ingresado clandestinamente al país, o sin cumplir con las normas que reglamentan su ingreso o admisión; haber obtenido el ingreso o permanencia en el país mediante declaraciones o presentación de documentos falsos; permanezca en el país vencido el plazo autorizado; permanezca en el país, una vez cancelada la residencia; cuando a los no residentes se les cancele su permanencia y no hagan abandono del país en el plazo otorgado.

La jurisprudencia de la Sala Constitucional ha dicho que el hecho de que una mujer extranjera tenga una hija nacida en Costa Rica, no legaliza su situación, pero si impide su deportación, "pues los efectos de ese acto contraría, por lo menos, el interés superior de la hija y, por ende, los derechos de esta. La deportación, además, implica incumplimiento de los deberes de especial protección que el Estado tiene con respecto al grupo familiar, a la madre y a la hija, en una situación en que nada obsta para que esos deberes sean asumidos par medio de la correcta interpretación y aplicación del ordenamiento" (**Voto 3768-96**).

También la Sala ha dicho que procede la deportación, una vez declarada la ilegalidad de la permanencia. En efecto, "Si es exigible tener un determinado status migratorio para permanecer legal mente en el país, en el momento en que las condiciones bajo las cuales se otorgo desaparecieron, la permanencia se torna ilegal y puede la Dirección General de Migración y Extranjería –una vez declarada la ilegalidad de la permanencia– proceder a la deportación" (**Voto 6656-94**).

La expulsión es la orden emanada del Ministerio de Gobernación y Policía por medio de la cual el extranjero residente debe hacer abandono del territorio nacional en el plazo fijado al efecto.

Las causales de expulsión son: cuando, cualquiera que fuere el estatus migratorio, se considere que la presencia del extranjero es nociva, o que sus actividades comprometen la seguridad nacional la tranquilidad o el orden público; cuando el extranjero haya sido condenado por los tribunales del país a sufrir pena de prisión mayor de tres años y cuando el extranjero incumpla las condiciones propias del asilado político o del refugiado.

La jurisprudencia constitucional ha subrayado que la expulsión de un extranjero no puede realizarse válidamente si no es mediante el respeto irrestricto de la garantía constitucional del debido proceso (**Voto 4601-94**).

La Sala Constitucional también ha señalado que la expulsión de un extranjero no implica la desprotección a su familia. En palabras del propio tribunal: "Estima la Sala que si bien la protección a la familia es un deber ineludible del Estado, no implica ello que un extranjero que amerite ser expulsado o deportado no deba serlo, sin que ello implique una desprotección a la familia. En efecto, al igual que un costarricense que infringe la ley puede verse obligado a separarse de su familia en virtud de una sanción, el extranjero que incumple lo dispuesto por la ley, objetivamente hablando, no puede verse exonerado de la falta, que en estos casos conlleva la obligación de abandonar el territorio nacional so pretexto de lo dispuesto en el artículo 51 de nuestra Constitución" (**Voto 349-95**).

V. EL DERECHO A CONSERVAR INDEFINIDAMENTE LA NACIONALIDAD COSTARRICENSE

Luego de la reforma constitucional de 1995, el artículo 16 de la Constitución Política establece claramente que "*La calidad de costarricense no se pierde* y es irrenunciable".

La norma en examen no hace distinciones entre costarricenses por nacimiento y costarricenses por naturalización. En consecuencia y en aplicación de los principios "*pro homine*" y "*pro libertatis*" que informan nuestro régimen de protección procesal de los derechos fundamentales, hay necesariamente que concluir tal disposición constitucional se aplica indiscriminadamente tanto a los costarricenses por nacimiento como a los por naturalización.

Consecuencia de lo anterior, todas las disposiciones legales relativas a la cancelación de la nacionalidad quedaron derogadas desde junio de 1995.

Por tanto, el Registro Civil está constitucionalmente inhibido para cancelar la nacionalidad costarricense a un extranjero que la hubiera obtenido por naturalización, pues éstos son titulares de un derecho fundamental a conservar indefinidamente la nacionalidad costarricense.

CAPÍTULO XIX
LOS DERECHOS QUE TUTELAN LA SEGURIDAD JURÍDICA

I. EL PRINCIPIO DE SEGURIDAD JURÍDICA

Uno de los principios fundamentales de todo ordenamiento constitucional democrático, es la seguridad jurídica, pues es necesario que los ciudadanos sepan, en todo momento, a qué atenerse en sus relaciones con el Estado y con los demás particulares.

El principio de seguridad jurídica, en consecuencia, debe entenderse como la confianza que los ciudadanos pueden tener en la observancia y respeto de las situaciones derivadas de la aplicación de normas válidas y vigentes.

La seguridad jurídica se asienta sobre el concepto de predectibilidad, es decir, que cada uno sepa de antemano las consecuencias jurídicas de sus propios comportamientos. Como dicen los ingleses *"legal security means protection of confidence"* (**Marshall**).

Dentro de este orden de ideas, el Tribunal Constitucional español lo ha configurado como "suma de certeza y legalidad, jerarquía y publicidad normativa, irretroactividad de lo no favorable, interdicción de la arbitrariedad, pero que, sin agotarse en la adición de estos principios, no hubiera precisado de ser formulado expresamente. La seguridad jurídica es la suma de estos principios, equilibrada de tal suerte que permita promover, en el orden jurídico, la justicia y la igualdad en libertad" (**Voto 27- 81**).

La seguridad jurídica garantiza la confianza que los ciudadanos pueden tener en la observancia y el respeto de las situaciones derivadas de la aplicación de normas válidas y vigentes. Por ello, como dice el Tribunal Constitucional español "Entendida en su sentido más amplio, la seguridad jurídica supone la expectativa razonablemente fundada del ciudadano en cuál ha de ser la actuación del poder en aplicación del Derecho" (**STC 36/ 1991**).

La Sala Constitucional ha señalado al respecto que "En aplicación del principio de seguridad jurídica, el Estado viene obligado a proveer un marco normativo para que el ciudadano sepa a qué atenerse en sus relaciones con la administración. Así, **la seguridad jurídica** en sentido estricto, no precisa tener un determinado contenido, sino que bastará con la existencia de un conjunto de disposiciones que fijen consecuencias jurídicas frente a ciertos hechos o actos. (**Voto 10375-11**).

El valor seguridad jurídica no es absoluto, dado que de lo contrario el ordenamiento jurídico existente se congelaría, al impedirse su necesaria renovación para adaptarlo a las coordenadas del tiempo y del espacio. Dicho principio, en consecuencia, no ampara la necesidad de preservar indefinidamente el régimen jurídico que se establece en un momento histórico dado en relación con derechos o situaciones determinadas.

Dentro de este orden de ideas, la jurisprudencia de la Sala Constitucional ha establecido que "De esta manera, el **principio de seguridad jurídica** está en la base de todo ordenamiento, y que se traduce en la necesidad de que las situaciones jurídicas consumadas no se mantengan en estado precario todo el tiempo, con menoscabo del orden público y la paz sociales. Consecuentemente, la prescripción, como institución jurídica que viene a dar término a las relaciones jurídicas en virtud de un plazo o término determinado, coadyuva en esta función primordial, en tanto su objetivo primordial es ordenar y dar seguridad ciertas a las relaciones en sociedad. Por eso, no conviene estimular situaciones en las que se genere inseguridad o "incerteza" en esas relaciones y, por eso, es un tema fundamental de la organización social (**Voto 10176-11**).

Por ello, el principio de seguridad jurídica no puede invocarse para hacer valer derechos adquiridos frente al legislador. Sin embargo, éste también se encuentra vinculado por el principio de seguridad jurídica, dado que las normas legales no pueden ser inciertas.

Justamente por ello el principio de seguridad jurídica tiene una importancia radical en el ámbito del Derecho Parlamentario, pues el procedimiento de formación de las leyes debe estar impregnado de certidumbre para los eventuales destinatarios de la legislación.

Bajo el concepto de seguridad jurídica, se conjugan tanto el aspecto individual como colectivo, en la medida en que ésta se desplaza hacia la seguridad de los bienes jurídicos como justicia social. Esto implica además, la ruptura del antagonismo entre justicia y seguridad, haciendo prevalecer lo colectivo sobre lo individual, sin perjuicio de las indemnizaciones respectivas. Se procura, en definitiva, la protección de aquellos bienes jurídicos que social y políticamente se consideran fundamentales e imprescindibles para la adecuada convivencia social. Esta noción de la seguridad jurídica l como certeza subjetiva, es la que ha imperado en la jurisprudencia de la Sala I de Casación, cuando, refiriéndose a la distinción entre "titular" y "dueño" ha dicho que: "Asimismo, una interpretación en este sentido, atenta contra los principios de seguridad jurídica los cuales constituyen el pilar fundamental de la publicidad registral en materia de bienes inmuebles. Ella viene a constituir un grave obstáculo a la celeridad de las transacciones y negociaciones atinentes a estos bienes. De mantenerse tal distinción entre "titularidad" y "carácter de dueño", nada o poco valdría lo indicado en el Registro en cuanto a la pertenencia de los bienes o a la constitución de derechos reales y personales en ellos. Quien quisiera establecer relaciones jurídicas respecto de esos bienes, estar, estaría compelido a realizar todas las investigaciones pertinentes para conocer su realidad extra registral (...) En nuestro sistema, la condición de propietario, tratándose de bienes inscritos, se demuestra con su titularidad registral" (**Voto N° 50-F-98**).

En nuestro ordenamiento constitucional encontramos tres aplicaciones concretas del principio de seguridad jurídica: 1) el principio de irretroactividad y 2) el principio de irrevocabilidad de los actos propios declaratorios de derechos subjetivos y 3) el principio de la confianza legítima.

II. EL PRINCIPIO DE IRRETROACTIVIDAD

El artículo 34 de la Constitución consagra el principio de irretroactividad, al disponer que "A ninguna ley se le dará efecto retroactivo en perjuicio de persona alguna o de sus derechos patrimoniales adquiridos o de situaciones jurídicas consolidadas".

El principio en cuestión puede analizarse tanto por el grado de vinculación como por su extensión.

1. *El grado de vinculación*

Esta faceta alude a los actos normativos que quedan sujetos al principio en estudio. Dentro de este contexto podemos afirmar que el principio de irretroactividad es aplicable no sólo a las leyes propiamente dichas, sino además a los actos con valor de ley, a los reglamentos y a los actos administrativos en general (**Grotonelli Santi**).

Como ha dicho la jurisprudencia de la Sala Constitucional "El principio de irretroactividad, al igual que los demás relativos a los derechos o libertades fundamentales, no es tan sólo formal, sino también y sobre todo material, de modo que resulta violado, no sólo cuando una nueva norma o la reforma de una anterior altera ilegítimamente derechos adquiridos o situaciones consolidadas al amparo de la dicha norma anterior, sino también cuando los efectos, la interpretación o la aplicación de esta última produce un perjuicio irrazonable o desproporcionado al titular del derecho o situación que ella misma consagra" (**Voto 1147- 90**).

Para determinar los alcances del principio respecto de los actos administrativos, es necesario diferenciar entre el principio de irretroactividad, el respeto de los derechos adquiridos y el principio de intangibilidad de los efectos individuales de los actos administrativos.

El principio de irretroactividad se refiere a los efectos del acto en relación con su vigencia. De donde deriva que un acto puede aplicarse a hechos anteriores o al contenido de una situación ya constituida, a condición de que sus efectos sean posteriores a su vigencia. Por ello, el Tribunal Constitucional español ha dicho que "sólo puede afirmarse que una norma es retroactiva, cuando incide sobre relaciones consagradas y afecta situaciones agotadas" (**Voto 99 - 87**). Por ello, lo que prohíbe este principio es la retroactividad, entendida como la incidencia de la nueva normativa en los efectos jurídicos ya producidos en situaciones anteriores.

Por otra parte, el principio de intangibilidad de los efectos individuales de los actos administrativos implica una prohibición para los órganos administrativos de afectar los derechos adquiridos.

En consecuencia, el principio de irretroactividad se aplica a los actos administrativos que establecen nuevas disposiciones, lo mismo que a las resoluciones que suprimen medidas administrativas anteriores. En efecto, si la Administración retira, de manera retroactiva un acto regular, actúa con evidente exceso de poder, y, en tal hipótesis, queda sujeta a responsabilidad.

Por consiguiente, puede afirmarse que, en términos generales, los actos administrativos son retroactivos, al menos en las siguientes hipótesis: a) cuando se apliquen a actos jurídicos nacidos antes de su intervención; b) cuando modifiquen una situación jurídica objetiva con respecto a una época anterior a su publicación y c) cuando modifiquen una situación jurídica subjetiva, aunque fuese solamente para el futuro (**Diez**).

El principio de irretroactividad, sin embargo, tiene límites en materia administrativa: el principio de legalidad, la naturaleza del acto y el hecho de que para la seguridad jurídica sea indiferente la retroactividad.

Dado que la Administración puede anular retroactivamente sus actos ilegales, hay que concluir que el principio de irretroactividad encuentra un límite en el principio de legalidad.

Cuando se anula un reglamento por irregular, los efectos de la anulación se producen desde el momento en que tal acto se dictó. Es decir, la revocatoria de un Reglamento que contiene irregularidades tiene efecto retroactivo.

Por otra parte, ocurre con alguna frecuencia que un acto administrativo anulado por una resolución judicial requiera la emisión de un nuevo acto administrativo para que se pueda ejecutar aquella; es claro que, en este caso, el nuevo acto administrativo tiene efecto retroactivo.

De lo anterior se colige que las decisiones administrativas retroactivas pueden ser destructivas. Se da la primera hipótesis cuando complementan el caso indicado de una resolución judicial anulatoria de otro acto administrativo anterior; la segunda posibilidad se presenta cuando un nuevo acto administrativo trata de reconstruir la parte del ordenamiento jurídico que regulaba el acto anulado. En otros términos, para reconstruir el ordenamiento es necesario dictar actos con efecto *ex tunc*.

Los actos declarativos, confirmatorios, correctivos pueden ser retroactivos, si son declarativos. Es decir, sus efectos se retrotraen al momento en que tuvo origen el hecho constatado por el acto. Si un acto corrige, complementa o consolida uno anterior y asegura los efectos del primero, es naturalmente un acto retroactivo.

En estas hipótesis, la retroactividad se extiende hasta la fecha en que se emitió el acto inicial que complementa o corrige. Esta doctrina la recoge el artículo 187 de la LGAP, al disponer que:

"1.- El acto relativamente nulo por vicio en la forma, en el contenido o en la competencia podrá ser convalidado mediante uno nuevo que contenga la mención del vicio y la de su corrección.

2.- La convalidación tiene efecto retroactivo a la fecha del acto convalidado".

Finalmente, hay que indicar que el principio de irretroactividad no es aplicable cuando el acto perjudica a los administrados, sólo cuando los beneficia. No obstante, si el acto es beneficioso para un grupo de personas, pero simultáneamente lesiona derechos o intereses de terceros, en tal hipótesis el acto no puede aplicarse retroactivamente. El artículo 142 de la LGAP recoge este principio al disponer que "Para que produzca efecto hacia el pasado en favor del administrado se requerirá que desde la fecha señalada para el inicio de su efecto existan los motivos para su adopción, y que la retroacción no lesione derechos o intereses de terceros de buena fe".

Sólo quedan fuera de este principio los actos constitucionales que por su propia naturaleza son retroactivos y los decretos de facto, sean los emanados por los Gobiernos de facto, dado que al asumir éstos el poder, monopolizan el ejercicio del Poder Constituyente, por lo que no quedan sujetos a ninguna vinculación jurídica de fondo ni de forma (**Heraud**).

2. *La extensión del principio de irretroactividad*

Este segundo aspecto se refiere directamente al contenido mismo del principio de irretroactividad de la ley. Sobre esta faceta del problema se ha escrito profusamente y cada autor tiene su propia teoría.

Nuestro ordenamiento acoge la tesis francesa de los derechos adquiridos y de las situaciones jurídicas consolidadas. Es curioso observar que ya desde principios de siglo la doctrina francesa criticaba acremente esta teoría, pues se afirmaba que "Jamás ninguna persona ha sabido lo que es un "derecho adquirido". Si se admite la existencia de derechos subjetivos estos derechos existen o no existen; una persona es titular de un derecho o no lo es" (**Duguit**).

En pocas palabras, según esta teoría, los adquiridos son los derechos eventualmente existentes al momento de la emanación de la nueva ley y que han surgido bajo el imperio de la ley anterior en base a un hecho, idóneo según la ley misma, para producirlos (**Donati**).

Lo anterior significa que en que Costa Rica, la regla de la irretroactividad de la ley y, en general, de todas las normas, cede ante los derechos adquiridos y las situaciones jurídicas consolidadas. Estos se adquieren o consolidan cuando se realiza la situación de hecho prevista por la norma para que se produzcan los efectos que la misma norma regula. Verbigracia, el derecho al pago de las prestaciones laborales nace en el momento del despido sin justa causa; el derecho a recibir la pensión nace cuando se cumplan simultáneamente los años de servicio y la edad fijadas por la ley, etc.

El problema surge, en consecuencia, al determinar qué debe entenderse por derechos adquiridos. Se afirma que, en principio, el derecho adquirido es aquel que ha entrado, en forma definitiva, en el patrimonio de su titular. Se trata, por lo tanto, de un acto adquisitivo válido según la ley precedente. La nueva ley no puede válidamente incidir sobre él porque el hecho constitutivo del derecho se produjo bajo el imperio de la ley anterior.

No obstante, si se acogiere un concepto amplio de los derechos adquiridos, no habría posibilidad de que el ordenamiento se renovara. Por ello, la doctrina suele circunscribir los derechos adquiridos a los de carácter económico y a las situaciones jurídicas derivadas de contratos.

Dentro de este orden de ideas, se ha definido al derecho adquirido como "todo aquel derivado de un acto jurídico o contrato; no directamente de la ley ni de un mero hecho. La distinción fundamental en que la doctrina se basa es la que procede ante situaciones jurídicas objetivas y subjetivas" (**Ortiz**).

Como es bien sabido, las situaciones jurídicas objetivas son las que derivan de las normas o de un acto condición. Tienen la particularidad de ser generales, constantes y configuran estados jurídicos de todas las personas a que se refieren. Las normas (ley, reglamento, etc.) pueden válidamente modificar una situación objetiva existente en el momento de su promulgación y no tendría, en este caso, efectos retroactivos.

La ley o reglamento, en su caso, que modifica una situación jurídica objetiva no altera los derechos preexistentes, pues la modificación se produce hacia el futuro. Como la situación nace de la ley, entonces debe seguir todas sus vicisitudes, por lo que no cabe hablar de derechos adquiridos frente a ella.

Las situaciones jurídicas subjetivas son, en cambio, situaciones individuales, especiales y temporales. Sus alcances están determinados por un acto o negocio jurídico concreto y no por la norma que autoriza el acto o negocio. Por ello, la situación individual no puede ser modificada por una norma posterior. Si la norma llegare a modificar la situación jurídica subjetiva sería retroactiva, porque lesionaría el acto individual que da origen a la situación subjetiva (**García de Enterría**).

La jurisprudencia de la Sala Constitucional ha dicho sobre el particular lo siguiente: "Los conceptos de "derecho adquirido" y "situación jurídica consolidada" aparecen estrechamente relacionados en la doctrina constitucional. Es dable afirmar que, en términos generales, el primero denota aquella circunstancia consumada en la que una cosa material o inmaterial, trátese de un bien previamente ajeno o de un derecho antes inexistente ha ingresado en (o incidido sobre) la esfera patrimonial de la persona, de manera que ésta experimenta una ventaja o beneficio constatable... En ambos casos (derecho adquirido o situación jurídica consolidada), el ordenamiento protege tornándola intangible la situación de quien obtuvo el derecho o disfruta de la situación, por razones de equidad y de certeza jurídica. En este caso, la garantía constitucional de la irretroactividad de la ley se traduce en la certidumbre de que un cambio en el ordenamiento no puede tener la consecuencia de sustraer el bien o el derecho ya adquirido del patrimonio de la persona, o de provocar que si se había dado el presupuesto fáctico con anterioridad a la reforma legal, ya no surja la consecuencia (provechosa, se entiende) que el interesado esperaba de la situación jurídica consolidada" (**Voto 2765- 97**).

Asimismo, ha subrayado la Sala que "El principio de irretroactividad, al igual que los demás relativos a los derechos o libertades fundamentales, no es tan solo formal, sino también y sobre todo material, de modo que resulta violado, no solo cuando una nueva norma o la reforma de una anterior altera ilegítimamente derechos adquiridos o situaciones consolidadas al amparo de la dicha norma anterior, sino también cuando los efectos, la interpretación o la aplicación de esta última produce un perjuicio irrazonable o desproporcionado al titular del derecho o situación que ella misma consagra" (**Voto 1147-90**).

Los derechos adquiridos, en consecuencia, surgen de las situaciones jurídicas subjetivas. Por tanto, no tienen carácter de derechos adquiridos los incorporados a una situación jurídica objetiva, por lo que la ley o el reglamento pueden válidamente reformar los derechos determinados que hubieren nacido a su amparo.

3. *El principio de irretroactividad y la ley abolida*

El problema de la retroactividad, como lo indicamos líneas arriba, sólo surge en la hipótesis de que se trate de una situación o estado jurídicos, surgidos durante la vigencia de una ley derogada y prolongada bajo el imperio de la ley nueva.

Cuando la Corte Plena actuaba como juez constitucional dijo en una ocasión sobre el particular que "Los problemas de la ley abolida están íntimamente ligados con el principio de la irretroactividad de la ley, a cuyo tenor, conforme lo dispone el artículo 34 de la Constitución Política, la ley no tiene efecto retroactivo contra situaciones jurídicas consolidadas o derechos adquiridos. De suerte que la ley nueva –y en este caso se encuentran las que derogan otras anteriores– no pueden aplicarse hacia atrás si con su aplicación se lesionan situaciones o derechos de esa índole y si la ley nueva no tiene aplicación, entonces adquirieron esos derechos o se consolidaron esas situaciones. Todo ello demuestra que la ley abolida puede mantener sus efectos mientras existan relaciones o situaciones que deban resolverse con arreglo a sus normas o principios" (**Voto del 27/6/73**).

4. *Las leyes interpretativas*

Las leyes interpretativas son un ejemplo de normas retroactivas en virtud de una ficción legal.

Se entienden por interpretativas aquellas leyes que tienen como finalidad aclarar conceptos oscuros o dudosos de otra ley, estableciendo cuál su sentido preciso. Es decir, en el fondo, las leyes interpretativas lo que buscan es descubrir la intención del legislador que dictó la norma interpretada. Por ello, se considera que la norma interpretativa se incorpora, de manera retroactiva, al contenido de la norma interpretada, sin que por ello se viole el principio en cuestión, pues la normas interpretativas tienden justamente a establecer el alcance original de la norma interpretada, que se considera oscuro o confuso.

No obstante, si la norma interpretativa, so pretexto de aclarar conceptos oscuros de una norma anterior, legisla *ex novo*, ya sea reformando el texto original o introduciéndole preceptos no contenidos en la primera, es evidente que en tal hipótesis no estaríamos en presencia de una ley interpretativa, sino más bien de una nueva norma, la que, por consiguiente, no puede tener efecto retroactivo.

Consecuencia de lo anterior, la norma en cuestión sería inconstitucional, por violación de los numerales 121 inciso 1) y 34 de la Constitución Política.

La jurisprudencia de la Sala Constitucional ha dicho sobre el particular: "Dictar las leyes, reformas, derogarlas y darles interpretación auténtica (…)' (Artículo 121, inciso 1). La competencia que en ese sentido se le otorga al legislador para interpretar auténticamente encuadra dentro del ejercicio de la función materialmente legislativa, aunque es distinta de la atribución de dictar, reformar o derogar leyes. La diferencia estriba en lo siguiente:

> '(...) la norma interpretativa se ve restringida por aquella cuyo contenido está precisando. No existiendo diferencia entre el procedimiento que se sigue para la emisión de cualquiera de los dos tipos de normas es imposible hablar de un vicio de tipo procedimental. La consecuencia se centra más bien en sus efectos. Así, el resultado natural del dictado de una disposición interpretativa es que ella se incorpora a la que interpreta, con todas sus consecuencias, especialmente el momento a partir del cual la última adquirió vigencia, de modo que cuando el contenido de la norma interpretativa exceda el papel que la Constitución le asignó y esté más bien produciendo una norma nueva, reformando o derogando otra legislación, no podrá tener tal efecto retroactivo...' (Sentencia número 5797-98 de las 16:18 hrs. del 11 de agosto de 1998).

Bajo esta inteligencia, la ley interpretativa pretende aclarar conceptos oscuros o dudosos de otra ley, precisando cuál es su verdadero sentido normativo. Para ello, el legislador identifica con precisión la norma que es objeto de interpretación respetando el marco material a que dicha disposición se refiere. En este sentido, la norma interpretativa intenta descubrir la verdadera intención del legislador y por eso se incorpora o integra retroactivamente al contenido de la norma interpretada. En lo que respecta a la incorporación retroactiva, la Sala en la sentencia N° 7261-94 de las 08:30 hrs. del 9 de diciembre de 1994, consideró lo siguiente: '(...) La ley que interpreta auténticamente una norma jurídica no solo es posible aplicarla retroactivamente, sino que esa es su característica principal...' Finalmente, aparte de cumplir las exigencias antes señaladas, la ley interpretativa no debe agregarle a la norma interpretada un contenido que no esté comprendido en su ámbito material. (...)" (**Voto 8424-05**).

5. *Los fenómenos de la ultraactividad y de la hiperretroactividad*

La doctrina comparada sostiene que cuando las leyes penales establecen penas más graves que las contempladas en la legislación anterior para un determinado delito, se produce el fenómeno de la "ultraactividad", ya que en estos casos la norma penal derogada continúa siendo aplicable a los delitos cometidos bajo el imperio de la ley anterior. Por tanto, tales hechos deben juzgarse conforme a la vieja normativa, aunque todavía no hayan sido ventilados ante los tribunales de justicia al momento de entrar en vigencia la nueva legislación (**Mortati**).

En Costa Rica, ya hemos visto que nuestra jurisprudencia ha resuelto el caso estableciendo que la ley aplicable es la derogada, con lo cual se admite plenamente la citada teoría de la ultraactividad. Podría añadirse que tal principio es aplicable no sólo a la materia penal, sino también a todas las demás materias, especialmente las de carácter sancionatorio.

La teoría de la hiperretroactividad, en cambio, postula que bajo determinadas circunstancias, la ley tiene la virtud de modificar retroactivamente inclusive sentencias pasadas en autoridad de cosa juzgada. En el fondo, se trata de una aplicación extrema del principio de retroactividad de las leyes denominadas de orden público, lo cual, en nuestro concepto, sólo sería admisible respecto de las normas constitucionales, pero nunca en relación con cualesquiera otra clase de normas o actos jurídicos, ya sean estos leyes, actos con valor de ley, reglamentos o meros actos administrativos.

La excepción de la aplicación retroactiva de las normas constitucionales se produce porque éstas, por su propia naturaleza y por ser el producto del Poder Constituyente, tienen la virtud jurídica de reformar y derogar el ordenamiento anterior sin sujeción a ningún límite de carácter jurídico.

III. EL PRINCIPIO CONSTITUCIONAL DE IRREVOCABILIDAD DE LOS ACTOS PROPIOS

De la combinación de los artículos 11 y 34 de la Constitución, así como del principio de la buena fe, se deriva el principio constitucional de la irrevocabilidad de los actos propios declaratorios de derechos subjetivos en favor de los administrados.

Según este principio, la Administración está inhibida para anular o dejar sin efecto, total o parcialmente, en sede administrativa, sus actos declaratorios de derechos subjetivos en beneficio de los particulares, salvo los casos de excepción contemplados en la ley y conforme a los procedimientos que ella misma señala al efecto.

La Sala Constitucional lo ha desarrollado de manera límpida en los siguientes términos: "Finalmente, es necesario resaltar la limitación impuesta al poder público por los artículos 11 y 34 de la Constitución en relación con la posibilidad de anular o revocar unilateralmente sus propios actos declarativos de derechos. En este sentido el principio de los actos propios, en su vertiente de la prohibición a la Administración incluso de hacerse justicia por mano propia, excluye de sus atribuciones la de prever aquellos actos mediante los cuales ha otorgado o reconocido derechos subjetivos a favor de los administrados, con el fin de desconocer o anular estos derechos, salvo casos extremos como los de revocación dentro de lo dispuesto en el artículo 155, y los de nulidad absoluta, evidente y manifiesta y previo dictamen de la Procuraduría General de la República, conforme lo disponga el artículo 173, ambos de la Ley General de la Administración Pública. En efecto, es un principio de rango constitucional derivado, entre otros, de los derechos adquiridos y las situaciones jurídicas consolidadas" (**Voto 1635- 90**).

También ha señalado que "la anulación o revisión de oficio de los actos administrativos favorables o declaratorios de derechos para el administrado, como posibilidad de las administraciones públicas y sus órganos, constituye una excepción calificada a la doctrina de la **inderogabilidad de los actos propios** y favorables para el administrado o del principio de intangibilidad de los actos propios, al que esta Sala especializada le ha conferido rango constitucional por derivar del ordinal 34 de la Constitución Política. La regla general es que la administración pública respectiva no puede anular un acto declaratorio de derechos para el administrado, siendo las excepciones la anulación o revisión de oficio y la revocación. Para ese efecto, la administración pública, como principio general, debe acudir, en calidad de parte actora y previa declaratoria de lesividad del acto a los intereses públicos, económicos o de otra índole, al proceso de lesividad (artículos 1 y 34 del Código Procesal Contencioso-Administrativo), el cual se ha entendido, tradicionalmente, como una garantía para los administrados" (**Voto 9738-08**).

La intangibilidad del derecho adquirido se obtiene no sólo con la firmeza del acto que lo genera, sino también por la existencia de obligaciones contraídas por su titular con base en el acto de otorgamiento. En otros términos, el derecho del particular frente a la Administración se adquiere y consolida desde el momento en que su titular contrae obligaciones frente a terceros, dado que es la propia Administración concedente la que lo indujo razonablemente a adquirirlas, al habilitarle una conducta que, a partir del respectivo acto autorizativo, se presume válida, eficaz y de duración indefinida.

En consecuencia, la Administración no puede revocar el acto concedente de derechos subjetivos y, por mayoría de razón, está inhibida para realizar conductas que contradigan el derecho otorgado, de manera tal que perturbe o imposibilite el cumplimiento de las obligaciones contraídas de buena fe por su titular frente a terceros al amparo de aquél.

Finalmente, cabe añadir que cuando el acto concedente de derechos subjetivos está viciado de nulidad relativa, la Administración respectiva debe acudir al contencioso de lesividad para anularlo.

IV. EL PRINCIPIO DE CONFIANZA LEGÍTIMA

El principio constitucional de confianza legítima fue desarrollado inicialmente por la doctrina alemana, la cual lo vincula directamente con la seguridad jurídica y la buena fe en la esfera del Derecho Público. Ese principio juega un papel de refuerzo de tales argumentaciones, en aquellos casos en que las actuaciones de los entes y órganos del Estado sorprenden la confianza de los destinatarios respecto de lo que podían esperar en el marco de su actividad.

La aceptación de este principio en el ámbito administrativo implica la protección de la permanencia y la continuidad de lo que ya existe; y, ante la posibilidad de cambio, el deber de indemnizar al ciudadano afectado, o en su defecto, la adopción de medidas que reduzcan el impacto negativo.

La jurisprudencia de la Sala Constitucional ha establecido que "el de seguridad jurídica, que se conforma por la suma de certeza, legalidad y proporcionalidad, entre otros subprincipios. Es decir, la seguridad es un principio complejo, necesariamente balanceado de forma tal que asegure, a su vez, libertad e igualdad. Este principio es sustentado por la *confianza ciudadana* de que las instituciones, en su actividad, respetarán aquellas normas que, el Poder Constituyente Originario escogió para conformar el sistema político y económico. La seguridad jurídica es un principio dirigido a las instituciones generadoras o aplicadoras de las normas, que las obliga a desarrollar una actividad cuyo producto o resultado, sean normas o actos administrativos, que estén siempre caracterizados de la misma tutela de los derechos fundamentales" (**Voto 2771-03**).

Posteriormente, en una sentencia relativa al tema de la contratación administrativa, dijo la Sala que "Cabe agregar que, nada lo impide, en aras de los *principios de confianza legítima*, la buena y la intangibilidad del patrimonio, que la empresa constructora pueda acudir ante la Jurisdicción Contencioso- Administrativa (artículo 49 de la Constitución Política) para demandar, a partir de tales actuaciones públicas irregulares, la responsabilidad administrativa por los daños y perjuicios causados a esa sociedad por la frustración de sus expectativas y los compromisos o endeudamientos eventualmente contraídos para iniciar las primeras fases del proyecto. La empresa Constructora...*confió legítimamente en las actuaciones irregulares apuntadas* y de buena fe incurrió en una serie de gastos y desembolsos que, de existir mérito, le podrán ser resarcidos en esa vía ordinaria" (**Voto 1923-04**).

En consecuencia, el principio general de la confianza pública, como modulador de la conducta administrativa, enerva no sólo la posibilidad de que pueda llegarse a sancionar al administrado por un error imputable a la Administración, *sino también que la supresión de aquella situación origina el deber de resarcir al afectado*.

CAPÍTULO XX
EL PRINCIPIO DE IGUALDAD

I. INTRODUCCIÓN

El artículo 33 de la Constitución Política dispone que "Todo hombre es igual ante la ley y no podrá hacerse discriminación alguna contraria a la dignidad humana".

La igualdad ante la ley constituye, sin duda alguna, una de las principales reivindicaciones de los revolucionarios liberales, al punto que forma parte del lema de la Revolución francesa: libertad, igualdad y fraternidad.

La reivindicación del principio de igualdad, durante la Revolución Francesa, tiene hondas raíces históricas, pues durante el viejo régimen coexistía una pluralidad de ordenamientos y, en consecuencia, de posiciones jurídicas diferentes, por lo que la ley aplicable era distinta según el ordenamiento que regulara a cada destinatario.

Por ello, el principio de igualdad tenía inicialmente que ver más con los efectos de la ley que con la igualdad de los ciudadanos, pues lo que se buscaba era convertir a la ley en una norma de alcances generales.

Dentro de este orden de ideas, la ley debía ser universal, o sea, con validez extensiva a todos sus ciudadanos; general y abstracta, es decir, elaborarse para la generalidad y no para un grupo o grupos determinados de ciudadanos; finalmente, tenía que ser duradera y no una regulación transitoria para resolver situaciones concretas. Por ello, se prohibía la existencia de leyes singulares, con destinatarios concretos en razón de sus circunstancias personales, sociales, etc.

Posteriormente, sin embargo, esta concepción original evolucionó para convertirse de la simple igualdad ante la ley en una igualdad de carácter material, o sea, igualdad dentro de la ley o en la ley y en el terreno de aplicación de la ley. Consecuencia de lo anterior, hoy día proliferan las leyes singulares o sectoriales y las leyes diferenciadoras, que otorgan distintos tratamientos a los destinatarios según las características propias de cada categoría de sujetos. De esa forma, las Constituciones modernas tienen una vocación de procurar una igualdad real y efectiva de todos los ciudadanos.

Esa evolución ha cambiado, como antes dijimos, el concepto actual de igualdad ante la ley. Hoy día se construye, ante todo, como un límite de actuación de los poderes públicos y como un verdadero mecanismo de reacción frente a la eventual arbitrariedad del poder. En síntesis, se trata de un principio negativo, limitativo, que restringe el ámbito competencial de los poderes públicos, y reaccionar, en la medida en que permite reaccionar frente a las actuaciones arbitrarias de éstos.

II. LA CONFIGURACIÓN DEL DERECHO A LA IGUALDAD

El artículo 33 de la Constitución configura la igualdad, no sólo como un principio que informa todo el ordenamiento, sino, además, como un auténtico derecho subjetivo en favor de todos los habitantes de la República.

Se trata, como dijimos líneas arriba, de un derecho relacional, puesto que no se viola nunca la igualdad en abstracto, sino más bien en relación con la regulación, ejecución o aplicación de una norma. Verbigracia, el acceso a los cargos públicos, el otorgamiento de beneficios fiscales, los derechos laborales, etc.

Por eso, el derecho de igualdad se proyecta sobre todas las relaciones jurídicas, especialmente las que se traban entre los ciudadanos y el poder público. Por consiguiente, el derecho a la igualdad se resume en el derecho a ser tratado igual que los demás en todas y cada una de las relaciones jurídicas que se constituyan.

De lo anterior deriva, asimismo, que la igualdad sea también una obligación constitucionalmente impuesta a los poderes públicos, la cual consiste en tratar de igual forma a los que se encuentren en iguales situaciones de hecho.

Ahora bien, si la igualdad es también una obligación para los poderes públicos, es lógico concluir que se erige también en un límite a su actuación. De esa forma, el principio de igualdad es un límite inexpugnable tanto para el legislador, como para la Administración y los tribunales.

El Tribunal Constitucional español ha precisado estas características del derecho de igualdad, al sostener que "el artículo 14 CE, al establecer el principio general de que los españoles son iguales ante la ley, establece un derecho subjetivo a obtener un trato igual, impone una obligación a los poderes públicos de llevar a cabo ese trato igual y, al mismo tiempo, limita al poder legislativo y los poderes de los órganos encargados de la aplicación de las normas jurídicas" (**Voto 49- 82**).

Por otra parte, es un dato empíricamente comprobable que los ciudadanos son iguales ante la ley, pero son desiguales en la realidad. De allí deriva que los ordenamientos constitucionales otorguen a los poderes públicos una especie de función promocional que culmine en la concreción real de la igualdad formal. Nuestro ordenamiento prevé dicha competencia estatal en el artículo 50, al establecer que "El Estado procurará el mayor bienestar a todos los habitantes de la República, organizando y estimulando la producción y el más adecuado reparto de la riqueza".

Esta función promocional puede entrar en conflicto –y a menudo ocurre– con otro principio recogido en el mismo artículo 33 de la Constitución: la prohibición de la arbitrariedad de los poderes públicos.

El límite entre las actuaciones del poder público que promueven la igualdad real y la arbitrariedad se enmarcan, muchas veces, en una zona muy gris. De ahí que sea necesario deslindar dos conceptos diferentes, pero que a veces se confunden en la praxis: la discriminación y la diferenciación.

Lo que la Constitución prohíbe es la discriminación, pero, desde luego, no excluye que los poderes públicos puedan otorgar tratamientos diferenciados a situaciones distintas.

La distinción entre uno y otro concepto se encuentra en que la discriminación es injustificada y no razonable, además de estar constitucionalmente vedada; la diferenciación, en cambio, es posible, siempre y cuando se funde sobre una base objetiva y razonable. En síntesis, lo que el principio de igualdad prohíbe es la diferencia de trato arbitrario.

III. LOS ELEMENTOS DELIMITADORES DE LA DIFERENCIACIÓN

Existen varios elementos que permiten distinguir entre una diferencia de trato justificada y otra que no lo es.

En consecuencia, para que una actuación de un poder público no se considere discriminatoria, debe reunir una serie de características que analizaremos de inmediato.

En primer lugar, debe tomarse en cuenta la desigualdad de los supuestos de hecho. De esa forma, el principio de igualdad sólo se viola cuando se trata desigualmente a los iguales. Por ello, está constitucionalmente prohibido el trato desigual ante situaciones idénticas.

La segunda condición es la finalidad. En efecto, todo trato diferenciado debe perseguir una finalidad, es decir, debe estar constitucionalmente justificada. Se trata de una finalidad concreta, no abstracta.

La finalidad, por su parte, debe reunir el requisito de la razonabilidad. Se debe tratar, en suma, de una finalidad constitucionalmente admisible, o sea razonable desde la óptica constitucional.

Basta con que la finalidad sea constitucionalmente posible, en el sentido de que no colisione con el sistema de valores constitucionalmente consagrado. Por tanto, para que una diferenciación de trato sea constitucionalmente legítima y no caiga en el terreno de la arbitrariedad, debe tener una justificación razonable y que sea conforme con el sistema de valores constitucionalmente propugnado.

La razonabilidad de la finalidad debe estar determinada no desde la perspectiva de la óptima realización de los valores constitucionales, sino más bien de la perspectiva de lo que es constitucionalmente legítimo o admisible.

Al criterio de la razonabilidad, debe añadirse el concepto de la racionalidad, la cual se concibe como la adecuación del medio a los fines perseguidos. Es decir, la racionalidad es la adecuación del medio a los fines perseguidos, o sea, que debe existir una conexión efectiva entre el trato desigual que se establece, el supuesto de hecho que lo justifica, y la finalidad que se persigue.

"La racionalidad, es por tanto, la anulación del trato desigual que se realiza a una concreta finalidad que, como ya se ha visto, debe ser razonable, esto es, constitucionalmente admisible" (**García Morillo**).

Aunque existen notables semejanzas entre la razonabilidad y la racionalidad, existen también diferencias importantes. En efecto, mientras que la razonabilidad introduce un elemento de coherencia en el trato desigual con un dato externo, es decir, lo constitucionalmente posible, la racionalidad, en cambio, es una característica estructural interna, de coherencia entre los distintos elementos, es decir, el supuesto de hecho, el trato desigual y la finalidad, de la actuación de que se trata. Por tanto, puede perfectamente ocurrir que un trato desigual racional –o sea que el supuesto de hecho, el trato desigual y la finalidad son coherentes entre sí– no sea razonable, por cuanto la finalidad perseguida no es constitucionalmente admisible. Viceversa, podría ocurrir que unos supuestos de hecho distintos con una finalidad constitucionalmente admisible y una consecuencia jurídica igualmente admisible sean, sin embargo, incoherentes entre sí.

Finalmente, es necesario que la relación entre el trato desigual constitucionalmente admisible, la finalidad constitucionalmente legítima y la adecuación entre el supuesto de hecho, la consecuencia jurídica y la finalidad perseguida sean proporcionales.

En otros términos, debe existir una relación de proporcionalidad entre todos los elementos anteriores, pues para que el trato no sea arbitrario debe existir una proporción entre el trato desigual que se otorga y la finalidad perseguida.

La proporcionalidad, sin embargo, no puede confundirse con la oportunidad o el carácter de óptima opción de la medida adoptada, pues se trata de criterios de carácter político que están fuera del marco jurídico. La proporcionalidad se limita a determinar que la medida adoptada, o la consecuencia jurídica de la desigualdad de hecho, se encuentren dentro de un rango cuyos extremos marquen lo que es proporcional en relación con la situación de hecho y la finalidad perseguida. Por consiguiente, son constitucionalmente válidas todas aquellas consecuencias jurídicas que guarden esa relación de proporcionalidad.

En resumen, siempre que el trato diferenciado reúna las notas antes analizadas será constitucionalmente válido.

IV. EL PRINCIPIO DE NO DISCRIMINACIÓN

Como vimos, el artículo 33 constitucional consagra también el principio de no discriminación, al prohibir una diferencia de trato contraria a la dignidad humana.

El concepto jurídico indeterminado empleado por la norma constitucional en examen, nos permite concluir que se trata de un *"numerus apertus"*, cuya determinación debe realizarla el juez caso por caso.

Discriminación, desde el punto de vista jurídico, significa otorgamiento de trato diferente basado en desigualdades injustas o arbitrarias, que son contrarias a la igualdad entre los hombres.

La prohibición de discriminar cobija la interdicción de hacerlo por cualquier circunstancia personal o social; o sea, que toda diferenciación que carezca de justificación objetiva y razonable puede calificarse de discriminatoria.

De esa forma, son contrarias al principio de no discriminación las desigualdades de trato que se funden exclusivamente en razones de sexo, raza, condición social, etc.

Nuestra jurisprudencia considera que "Desigualdad puede existir en diversos planos de la vida social y aún cuando ello no es deseable, su corrección resulta muchas veces menos complicada. Pero cuando de lo que se trata es de una discriminación, sus consecuencias son mucho más graves y ya su corrección no resulta tan fácil, puesto que muchas veces responde a una condición sistemática del *status quo...* En términos generales discriminar es diferenciar en perjuicio de los derechos y la dignidad de un ser humano o grupo de ellos (**Voto 716- 98**).

V. LA PROYECCIÓN DEL PRINCIPIO DE IGUALDAD

En primer término, el principio de igualdad, en su doble faceta de igualdad de trato y de interdicción de discriminación, se proyecta en relación con los poderes públicos, en dos planos diferentes: a) igualdad en la aplicación de la ley y b) igualdad en la ley.

1. *La igualdad en la aplicación de la ley*

La igualdad en la aplicación de la ley obliga a que todos los operadores jurídicos la apliquen efectivamente de forma igual para todos aquellos que se encuentran en la misma situación de hecho, sin que el operador pueda establecer diferencia alguna en razón de las personas o circunstancias que no sean precisamente las presentes en la norma.

Existe, sin embargo, una diferencia en la aplicación de este principio en relación con la diferente situación que se hallan frente a él la Administración y los tribunales de justicia.

En cuanto a la primera, es claro que no está vinculada por el precedente, pero sí sujeta al control de los tribunales, tanto contencioso administrativos como de la jurisdicción constitucional. De esa forma, tanto el ejercicio de potestades regladas, como aquellas otras de ejercicio discrecional, están sometidas concomitantemente a los contralores de legalidad y de constitucionalidad, los cuales pueden fiscalizar si los actos administrativos impugnados violan o no el principio de igualdad.

En relación con los tribunales, el problema es mucho más complejo, pues en virtud del principio de independencia judicial (art. 154 C.P.) los órganos jurisdiccionales tienen plena libertad en la determinación de los hechos y en la interpretación de las normas, sin quedar sujetos al contralor de ningún otro órgano estatal.

Dentro de esta óptica, el Tribunal Constitucional español ha establecido una clara distinción entre el control que ejercen los tribunales constitucionales, en relación con la aplicación del principio de igualdad, tanto por los órganos legislativos como por los tribunales de justicia, estableciendo que "En el control de diferenciaciones normativas, la intervención del Tribunal garantiza que la singularización enjuiciada responda a una finalidad objetiva y razonable y no a un puro voluntarismo selectivo y, por ello mismo, discriminatorio. En el control de la aplicación de la ley, lo garantizado no es la obtención de una resolución igual a las que se hayan adoptado o puedan adoptarse en el futuro por el mismo órgano judicial, sino la razonable confianza (que a su vez se enlaza con el principio de seguridad jurídica) de que la propia pretensión merecerá del juzgador, salvo que por éste se fundamente la imposibilidad de atender tal expectativa, la misma respuesta obtenida por otros en casos iguales" (**Voto 30- 87**).

Lo que la aplicación del principio de igualdad prohíbe es la interpretación arbitraria de los jueces, o una ruptura irreflexiva o irrazonada de los precedentes. Sin embargo, el principio de independencia judicial en relación con el de igualdad, tiene dos implicaciones específicas: la primera, impide la comparación entre sentencias procedentes de órganos jurisdiccionales diferentes y, en segundo lugar, nada impide que los órganos judiciales puedan rectificar sus propios precedentes y la anterior interpretación dada a las mismas normas. Lo anterior se funda en el hecho de que la firmeza de una sentencia y los efectos de la cosa juzgada material no pueden quedar subordinados a criterios posteriores en la aplicación de la ley del mismo tribunal.

Sin embargo, cuando se produzca un cambio de criterio, el tribunal debe atender a dos criterios para decidir si esa modificación es lesiva del principio de igualdad.

El primero de tales elementos lo constituye la identidad de los aspectos sustanciales de los supuestos de hecho; sin esta identidad, es imposible hablar de que se ha violado el principio de igualdad ante la ley.

El segundo elemento es la motivación del cambio de criterio. Es decir, cualesquier cambio de criterio en relación con los precedentes, debe estar debidamente motivado por el tribunal, de manera que éste quede claramente establecido. Con ello se evita que las resoluciones judiciales invadan el campo de la arbitrariedad.

2. *La igualdad en la ley*

La igualdad en la ley, es decir, frente al legislador que cubre también al poder reglamentario de la Administración, impide configurar a los supuestos de la norma de forma tal que se otorgue trato diferente a personas, que desde puntos de vista legítimamente adoptables, se encuentran en la misma situación de hecho.

De donde se deduce que el legislador tiene la obligación de no establecer distinciones artificiosas o arbitrarias entre situaciones de hecho cuyas diferencias reales, en caso de existir, carecen de relevancia, así como de no atribuir consecuencias jurídicas arbitrarias o irrazonables a los supuestos de hecho legítimamente diferenciados.

La igualdad en la ley no cubre, sin embargo, los casos de "discriminación por indiferenciación", es decir, la posibilidad de que el legislador le otorgue distinto trato a lo que es igual, así como que dos supuestos diversos reciban idéntico trato jurídico.

El principio de igualdad impone límites al legislador que se proyectan tanto sobre el contenido como sobre el alcance de la ley.

Aquí entra en juego el tema de las leyes singulares o de caso único, que "son aquellas dictadas en atención a un supuesto concreto, singular, que agotan su contenido y eficacia en la adopción y ejecución de la medida tomada por el legislador ante ese supuesto de hecho, aislado en la ley singular y no comunicable con otro" (**Fernández Segado**).

Hoy día su admisión es pacífica y en el caso de Costa Rica habría que comenzar afirmando que no existe en nuestra Constitución ninguna disposición, expresa o implícita, que imponga una determinada estructura formal a la leyes, impidiendo que éstas tengan carácter singular, si bien existen principios que obligan a concebir a tales leyes como excepcionales, tales como la prohibición contemplada en el numeral 122 constitucional, según el cual la Asamblea Legislativa está inhibida para "conceder becas, pensiones, jubilaciones o gratificaciones".

Sin embargo, la promulgación de leyes singulares está sujeta a límites concretos, como el mismo principio de igualdad ante la ley, que impone a la ley una vocación de generalidad. Por ello, el canon de constitucionalidad es la razonabilidad y proporcionalidad de la misma al supuesto de hecho sobre el que se proyecta. Por consiguiente, como ha dicho el Tribunal Constitucional español "la ley singular sólo es compatible con el principio de igualdad cuando la singularidad de la situación resulte inmediatamente de los hechos, de manera que el supuesto de que la norma venga dado por ellos y sólo corresponda al legislador establecer las consecuencias jurídicas necesarias para alcanzar el fin que se proponen" (**Voto 166- 86**).

De lo anterior se concluye que el contralor de constitucionalidad opere en estos casos en dos planos: por una parte excluyendo la creación arbitraria de supuestos de hecho y, de otro, asegurando la razonabilidad en función del fin propuesto y de las medidas adoptadas.

Nuestra jurisprudencia constitucional ha señalado que "El principio de igualdad en la aplicación de la ley exige, no tanto que la ley siempre reciba la misma interpretación para que los sujetos a los que se aplique resulten igualmente afectados por ella, sino que, de ocurrir un cambio de criterio, este se emita como solución genérica conscientemente diferenciada de la que anteriormente se venía manteniendo y no como respuesta individualizada a la situación concreta que se resuelve. Entonces, lo que resulta vedado al juez es desaplicar arbitrariamente un criterio jurisprudencial consolidado, pero no se le impide cambiar de criterio. Lo actuado por la Sala Segunda no excede el marco fundamental de la independencia de la función jurisdiccional ni violenta arbitrariamente el principio de igualdad" (**Voto 1972- 96**).

VI. EL PRINCIPIO POLÍTICO DE IGUALDAD

Como indicamos supra, el artículo 50 de la Constitución le otorga fundamento normativo al Estado social de Derecho, por cuanto persigue la igualdad real de todos los habitantes.

De este principio derivan, a su vez, una serie de corolarios para los poderes públicos que, siguiendo la línea de pensamiento jalonada en este sentido por el Tribunal Constitucional español, el cual ha tenido amplia oportunidad de desarrollar el tema, podemos resumir como sigue:

a.- Los poderes públicos deben promover los valores superiores del ordenamiento. Es decir, no sólo se debe respetar la igualdad formal ante la ley, sino promover también la igualdad real.

b.- La efectividad de la igualdad y de la libertad están vinculadas al objetivo de garantizar un bienestar generalizado.

c.- Todo lo anterior requiere de los poderes públicos actuaciones positivas para remover obstáculos y para promover condiciones y cauces institucionales para esa efectividad de la libertad y de la igualdad y para la solución de los conflictos sociales.

d.- El legislador puede, sin reducirse a la pura igualdad ante la ley, introducir conscientemente ciertas diferencias de tratamiento jurídico con vistas a esa igualdad real y efectiva.

e.- Existe una proporcionalidad entre la finalidad constitucionalmente lícita de proporcionar una igualdad real y efectiva y los medios empleados para ello. Esto justifica, bajo ciertos supuestos, que determinadas desigualdades jurídicas tiendan a corregir desigualdades de hecho y, por tanto, a conseguir una igualdad real.

f.- La función de la igualdad real y efectiva no puede dar lugar a resultados contrarios a los derechos y libertades fundamentales, ni pueden producirse normas contrarias a otros preceptos o principios constitucionales, como tampoco se puede con tal motivo vulnerar el principio jurídico de igualdad, el cual rechaza diferencias discriminatorias.

g.- La medida diferencial debe ser necesaria para la protección de bienes y derechos pretendida por el legislador, y este fin ser, asimismo, constitucionalmente relevante. No puede el legislador establecer distinciones artificiosas o arbitrarias entre situaciones homogéneas o cuyas diferencias reales, si existen, carecen de relevancia para ese trato diferente.

En resumen, puede concluirse que el principio político de igualdad orienta al legislador, en tanto que el principio de igualdad lo limita (**Torres del Moral**).

Dentro de este orden de ideas, la jurisprudencia de la Sala Constitucional ha señalado que "Las disposiciones dispares de la ley, frente al régimen común, tal cual la disminución de aranceles de importación o de la admisión de márgenes de utilidad son medidas compensatorias que favorecen la igualdad real, empleando como herramienta una desigualdad formal, en tanto que no se alcance la primera. Gracias a que el trato preferencial para una zona deprimida no es fin sino el medio ideado por el legislador para ayudar a los habitantes de ésta, no se produce un quebranto a la Constitución, en materia de igualdad jurídica y de libertad de comercio" (**Voto 321- 95**).

V. EL PRINCIPIO DE LA INTERDICCIÓN DE LA ARBITRARIEDAD

Del principio de igualdad ante la ley, deriva también el de interdicción de la arbitrariedad.

La jurisprudencia de la Sala Constitucional se ha decantado en el sentido de que "El principio de interdicción de la arbitrariedad supone la prohibición de la arbitrariedad, esto es, de toda diferencia carente de una razón suficiente y justa. El principio de interdicción de la arbitrariedad no está contenido en el de igualdad ante la ley, arbitrariedad es sinónimo de injusticia ostensible y la injusticia no se limita a la discriminación. La actuación arbitraria es la contraria a la justicia, a la razón o las leyes, que obedece al mero capricho o voluntad del agente público. La prohibición de la arbitrariedad lo que condena es la falta de sustento o fundamento jurídico objetivo de una conducta administrativa y, por consiguiente, la infracción del orden material de los principios y valores propios del Estado de Derecho. En esencia, el principio de interdicción de la arbitrariedad ha venido operando como un poderoso correctivo frente a las actuaciones abusivas y discriminatorias de las administraciones públicas cuando ejercen potestades discrecionales (abuso o exceso de discrecionalidad). En lo que se refiere a la aplicación del principio de interdicción de la arbitrariedad en el ámbito de la potestad reglamentaria, debe indicarse que al ser ésta, naturalmente, discrecional, el principio prohibitivo de la arbitrariedad cumple un papel de primer orden. (**Voto 11155-07**).

La eficacia directa e inmediata de los derechos fundamentales se irradia fuertemente, también, al ámbito o sector privado. No sólo los poderes públicos están llamados al respeto de los derechos fundamentales, sino que también cualquier otro particular u organización de Derecho Privado están obligados a respetarlos y establecer las condiciones para su goce y ejercicio efectivos.

Dentro de este orden de ideas, la jurisprudencia de la Sala Constitucional ha dicho que "... se evidencia en la especie una violación al principio de rango constitucional de interdicción de la arbitrariedad, de aplicación no solamente a sujetos de derecho público sino también de derecho privado, debido al efecto irradiante de los derechos fundamentales y humanos al ámbito privado, según ha establecido la jurisprudencia constitucional..." (**Voto 11390-08**).

BIBLIOGRAFÍA BÁSICA

1. Alexy, Robert *"Teoría de los derechos fundamentales"*, Centro de Estudios Constitucionales, Madrid, 1997.

2. Barile, Paolo, *"Le libertà nella Costituzione"*, Cedam, Padova, 1966.

3. Bidart Campos, German, *"Derecho de amparo"*, Ediar, Buenos Aires, 1961.

4. Braud, Philippe, *"La notion de liberté publique en droit français"*, LGDJ, París, 1968

5. Brewer Carías, Allan, *"Garantías constitucionales de los derechos del hombre"*, Editorial Jurídica venezolana, Caracas, 1976.

6. Burdeau, G, *"Les libertés publiques"*, 2° ed, LGDJ, París, 1961

7. Colliard, A., *"Libertés Publiques"*, Presse Universitaires de France, 1966.

8. Cruz Villalón, Pedro *"Estados excepcionales y suspensión de garantías"*, Tecnos, Madrid, 1984.

9. Favoreu, Louis et alts, *"Cours Constitutionnelles européennes et droits fondamentaux"*, Presses Universitaires D´Aix-Marseille, 1987.

10. Ferrer Mac Gregor, Eduardo (coord),*"Derecho procesal constitucional"*, Porrúa, México, 2001.

11. Fix Zamudio, Héctor, *"La protección procesal de los derechos humanos ante las jurisdicciones nacionales"*, Civitas, Madrid, 1982.

12. García de Enterría, Eduardo, *"El sistema europeo de los derechos humanos"*, Civitas, 2ª ed, Madrid, 1983.

13. García Torres, Jesús y Jiménez Blanco, Antonio *"Derechos fundamentales y relaciones entre particulares"*, Civitas, Madrid, 1986.

14. González Pérez, Jesús, *"La dignidad de la persona"*, Civitas, Madrid, 1986.

15. Grossi, Pierfrancesco, *"Introduzione ad un studio sui diritti inviolabili nella Costituzione italiana"*, Cedam, Padova, 1972.

16. Häberle, Peter, *"La Verfassungsbrechwerde nel sistema della giustizia tedesca"*, Giuffré, Milano, 2000.

17. Hesse, Konrad, "Significado de los derechos fundamentales", en *Manual de Derecho Constitucional*, Madrid, 1996.

18. Hesse, Konrad, *"Escritos de Derecho Constitucional"*, Centro de Estudios Constitucionales, Madrid, 1983.

19. *"Introducción los Derechos Fundamentales"* (X Jornadas de Estudios) Dirección General del Servicio Jurídico del Estado, 3 Vols. Ministerio de Justicia, Madrid, 1988.

20. López Guerra, Luis y otros *"Derecho Constitucional"*, Vol. I, Tirant lo Blanch, Valencia, 1991.

21. López Pina, Antonio (dir), *"La garantía constitucional de los derechos fundamentales"*. Alemania, España, Francia e Italia. Civitas, Madrid, 1991.

22. Peces Barba, Gregorio, *"Derechos Fundamentales"*, Latina Universitaria, Madrid, 1980.

23. Pérez Luño, Antonio, *"Los derechos fundamentales"*, Tecnos, Madrid, 1984.

24. Pizzorusso, Alessandro, *"Lezioni di Diritto Costituzionale"*, Edizioni Il Foro Italiano, Roma, 1981.

25. Prieto Sanchís, Luis, *"Estudios sobre derechos fundamentales"*, Editorial Debate, Madrid, 1990.

26. Rivero, J, *"Les libertés publiques"*, Presses Universitaires de France, París, 1973.

27. Robert, Jacques, *"Libertés Publiques"*, Editions Montchrestien, París, 1977.

28. Sagüés, Pedro Néstor, *"Compendio de derecho procesal constitucional"*, Astrea, Buenos Aires, 2009.

29. Stein, Ekhart, *"Derecho Político"*, Aguilar, Madrid, 1973.

30. Stern, Klaus, *"Derecho Constitucional"*, Vol. I, Centro de Estudios Constitucionales, Madrid, 1985.

31. Tribe, *"American Constitucional Law"*, Foundation Press, New York, 1978.

32. Virga, Pietro, *"Libertá giuridica e diritti fondamentali"*, Giuffré, Milano, 1947.

33. Zagrebelsky, Gustavo, *"Giustizia Costituzionale"*, Il Mulino, Bologna, 1977.

ÍNDICE GENERAL

CAPÍTULO I
TEORÍA GENERAL

CAPÍTULO II

LA INTERPRETACIÓN DE LOS DERECHOS FUNDAMENTALES

CAPÍTULO III

¡ERROR! MARCADOR NO DEFINIDO.LA SUSPENSIÓN DE LOS DERECHOS FUNDAMENTALES

CAPÍTULO VI

LOS DERECHOS DE LA PERSONA EN SU DIMENSIÓN VITAL

CAPÍTULO VII

LOS DERECHOS DE LA PERSONA COMO SER LIBRE

CAPÍTULO VIII

LOS DERECHOS A LA LIBERTAD Y SEGURIDAD PERSONALES

CAPÍTULO IX
EL DERECHO A LA JURISDICCIÓN

CAPÍTULO X

DERECHOS DE LA PERSONA COMO SER ESPIRITUAL

CAPÍTULO XI

LOS DERECHOS FUNDAMENTALES DE PROYECCIÓN SOCIAL

CAPÍTULO XII

LOS DERECHOS DE LA PERSONA EN CUANTO MIEMBRO DE LA COLECTIVIDAD POLÍTICA

CAPÍTULO XIV

LOS DERECHOS DE LA PERSONA EN CUANTO MIEMBRO DE UNA COMUNIDAD SOCIO-ECONÓMICA

CAPÍTULO XV
LOS DERECHOS PRESTACIONALES

CAPÍTULO XVI
EL DERECHO A LA SEGURIDAD SOCIAL

CAPÍTULO XVII

LOS DERECHOS DE PROTECCIÓN AL AMBIENTE

CAPÍTULO XVIII

EL RÉGIMEN JURÍDICO DE LOS EXTRANJEROS

CAPÍTULO XIX

LOS DERECHOS QUE TUTELAN LA SEGURIDAD JURÍDICA

CAPÍTULO XX

EL PRINCIPIO DE IGUALDAD

www.ingramcontent.com/pod-product-compliance
Lightning Source LLC
Chambersburg PA
CBHW021805270326
41932CB00007B/54